厦门大学会计学系列教材

会计信息系统

（基于业财融合的ERP系统环境）

主　编 / 薛祖云　　副主编 / 林朝南

厦门大学出版社 XIAMEN UNIVERSITY PRESS | 国家一级出版社 全国百佳图书出版单位

图书在版编目(CIP)数据

会计信息系统:基于业财融合的 ERP 系统环境 / 薛祖云主编. —厦门 :厦门大学出版社,2018.8

(厦门大学会计学系列教材)

ISBN 978-7-5615-7031-9

Ⅰ. ①会… Ⅱ. ①薛… Ⅲ. ①会计信息-财务管理系统-高等学校-教材
Ⅳ. ①F232

中国版本图书馆 CIP 数据核字(2018)第 151288 号

出 版 人 郑文礼
策划编辑 陈丽贞
责任编辑 陈丽贞
封面设计 李夏凌
技术编辑 许克华

出版发行 厦门大学出版社
社　　址 厦门市软件园二期望海路 39 号
邮政编码 361008
总 编 办 0592-2182177　0592-2181406(传真)
营销中心 0592-2184458　0592-2181365
网　　址 http://www.xmupress.com
邮　　箱 xmup@xmupress.com
印　　刷 厦门市万美兴印刷设计有限公司

开本 787 mm×1 092 mm 1/16
印张 23.5
字数 542 千字
印数 1～3 000 册
版次 2018 年 8 月第 1 版
印次 2018 年 8 月第 1 次印刷
定价 50.00 元

本书如有印装质量问题请直接寄承印厂调换

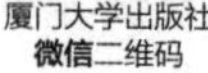
厦门大学出版社
微信二维码

厦门大学出版社
微博二维码

前 言

“会计职业或许有一天会消失，但会计精神永存。”

——厦门国家会计学院院长　黄世忠

究竟发生了什么，让中国著名的会计学者黄世忠教授发出这样的感慨！

时间追溯到20世纪末期，当时国际会计界出现了“会计悲观论”、“会计消亡论”或“会计无用论”的观点。其论据是：高新技术特别是信息技术的发展使得计算机逐渐完成对会计人员的替代成为可能；会计造假盛行，使得会计信息与证券市场股票价格的相关性逐渐丧失。在国内，中国最有影响力的两家财务软件系统商用友和金蝶分别在上海证券交易所和香港联交所上市，用友的U8系列和金蝶的K3系列等财务软件大批量在企业上线，替代传统手工会计作业，大量的会计人员转岗或下岗。2001年，美国能源巨头安然公司财务造假事件导致国际五大会计师事务所之一的安达信会计公司破产。华尔街的金融家们再一次把矛头指向会计界。同年，美国的萨班斯法案出台；之后，时任中国国务院总理的朱镕基奋笔题词“不做假账”，其牌匾现仍立于北京国家会计学院门口；全球会计界开始反思会计职业何去何从；再之后，会计界似乎找到了方向，把注意力集中到会计准则的修订完善和企业内部控制建设上来，中国逐步完成了会计准则的国际化，企业内部控制建设也得到全面开展。矛盾的转移让会计界又繁荣了近二十年。时至今日，人们突然发现，信息技术发展突飞猛进，企业信息化建设如火如荼，全自动化的ERP系统应用得到普及，会计流程已经“面目全非”。财务共享服务中心的兴起，移动互联网、云技术、大数据分析技术的企业应用，人工智能的财务机器人的出现……新一代信息技术的应用又一次无情冲击着会计职业界。这次冲击来得有点猛，会计界又一次陷入深思，会计职业未来路在何方？

作为一名会计教育工作者，我们自然不认同“会计消亡论”，我们认为信息技术替代的是会计的“形”，但不能替换会计的“核”。会计的核是什么？一是会计的职业判断。有人认为，人工智能的财务机器人能够进行会计职业判断，但这至少在未来相当长时间内是不可能实现的，比如收入确认要依据合同条款，尽管机器人能一字不漏地审阅合同，但买卖双方的合同不是标准文本，机器人没有一定数量的“经验”积累（大数据支持），是不可能做出正确的会计职业判断。二是会计对企业经济交易与事项的反映职能。企业经营与管理的数据按照会计一系列程序与方法加工生成会计信息，而会计的程序与方法需要会计人去设计，加工处理可以让系统自动化完成，但丰富的会计思想是不能被机器替代的。三是与人沟通的能力以及面对复杂商业环境选择最有用的信息进行分析并做出决策的能力。

这至少在短时间内是人工智能难以超越的。所以,会计职业界只要守住这三条底线,会计就不会消失。当然,我们也要反思现行的会计教育体系和模式。如何让学生更好地适应会计未来的变化,正是我们会计教育工作者需要思考的问题。

有学者认为,现在会计专业大学生到企业实习不应该到财务部门,更不能去财务共享中心,因为那里根本学不到会计的实践知识,会计实习应该到业务一线,了解业务流程。现实正如此言!新一代信息技术不断应用于企业的会计实践,会计环境发生了根本性的变化。随着业务财务一体化会计信息系统的普及,以及财务共享服务中心在集团企业的广泛应用,传统的会计循环业务在企业会计实践中已经很难看到,会计核算部门已经演变为一个单纯的数据处理中心,企业会计环境基本都是基于业财融合的 ERP 系统。反观我们的会计教育课程体系,大多数还停留在传统的会计流程,会计教学实验系统大多数还在用单机或中小型版会计软件,会计教育与会计实践已经发生严重背离。本教材就是在此背景下,基于业财融合的 ERP 系统环境编写而成的。

"会计信息系统"是融计算机技术、会计学和信息系统为一体的综合性学科,是随着科技进步、计算机应用普及和社会需求增大而发展起来的新兴学科。本教材是以普通高等院校本、专科会计专业以及经济管理相关专业"会计信息系统"课程教学为使用目的而编写的。

《会计信息系统(基于业财融合的 ERP 系统环境)》共分 12 章:第一章对信息技术、会计信息系统的结构及相关概念等做了概述性描述。第二章首先对 ERP 的演进及相关理论进行探讨,进而基于企业业财融合 ERP 系统环境,介绍会计模块在其中所扮演的角色。第三章至第十章以用友 ERP-NC 6.5 管理软件为蓝本,重点介绍了动态建模平台的设置与管理、采购与应付子系统、存货控制子系统、销售与应收子系统、薪酬管理子系统、固定资产子系统、账务处理子系统和会计报表子系统。其中,第三章动态建模是对集团企业的组织变革、流程优化、集团管控优化、资源权限动态管理提供平台层面的解决方案,包括组织管理、用户、角色和权限的设置,会计科目设置,各个子系统主要编码设计及功能模块设置等;第四章至第十章的内容主要是从业务子系统概述、子系统流程分析、子系统相关初始化设置及日常业务处理四方面进行介绍,各章体系基本一致,便于教师教学和学生理解。需要说明的是,一般传统的制造企业会单独设置"成本核算子系统"章节。本教材之所以没有设置该章节,主要基于以下两点:一是在业财融合的 ERP 系统环境下,成本核算自动化程度最高,生产费用归集、分配到产品的过程是系统固化完成的,这个系统需要输入的数据很少;二是我们将成本核算子系统的部分内容并到第五章"存货子系统"中去,专门设置了"存货成本核算"章节。第十一章着重论述会计信息系统的开发、设计与实施管理的理论和方法,包括会计信息系统开发概述、系统调查与分析、系统设计及系统实施等内容。第十二章重点介绍了会计信息系统的内部控制,尤其是信息化环境下企业内部控制的基本理论和方法。全书知识点布局合理、概念清晰、内容翔实,体现了理论与实践的密切结合。

本教材由薛祖云教授总负责,参加编写工作的有林朝南副教授、徐玉霞副教授以及研究生代思思、林汐、郭哲奕、赵佳珉等。由于信息技术的发展日新月异,加上作者水平、能力、知识的缺陷,本教材数据、资料或表述难免存在众多偏误,敬请读者批评指正。

编者

2018 年 6 月

目录

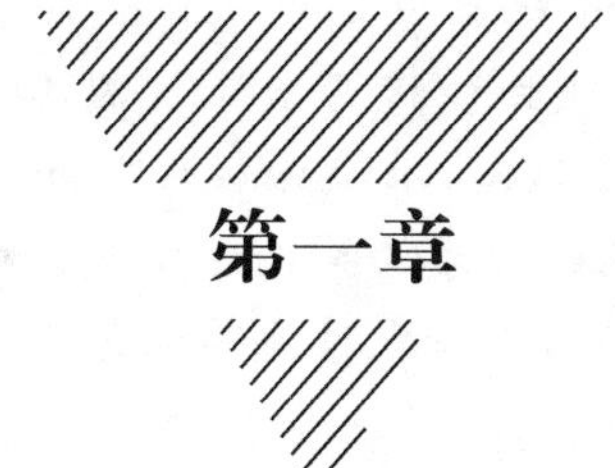

第一章 会计信息系统概述

会计是以货币为主要计量单位,运用本身特有的一些方法,对经济过程中占有财产物资和发生消耗的原始数据进行收集、存储、加工和传输,并提供给有关部门和人员在经济管理中所需要的各种以财务信息为主的经济信息,以反映过去的经济活动,控制目前的经济活动,并预测未来的经济活动。

会计是一个信息系统,它旨在向利害攸关的各个方面传递某一企业或其他经济个体的以财务信息为主的经济信息。会计的各项活动体现了对信息的某种作用。填制和审核凭证是收集和初步确认信息;设置账户是为了取得某种信息而预先设置好塑造该种信息的模型或框架;复式记账是信息的分类;登记账簿是确认账面信息;成本计算是通过各种分类的方法,把有关成本信息从发生的总费用中分离出来;会计管理是会计信息的使用;会计检查主要是审查会计信息。所有这些会计活动都有着紧密的内在联系,它们相互依存、环环紧扣,是一个有序的数据处理和信息生成的过程。这一过程可分为若干部分,每一部分都有各自的信息处理任务,但所有部分又相互联系、相互配合,服从于一个统一的目标,形成一个会计活动的有机整体。这个有机整体就称为会计信息系统(accounting information system,简称为 AIS)。

20 世纪 60 年代,计算机陆续被一些发达国家应用于会计领域,从而引发了会计数据处理的重大变革。计算机在会计中的应用,虽然并没有改变会计作为一个经济信息系统的本质,但却给会计科学带来了深远的影响。这种影响不仅表现在会计数据处理工具和会计信息载体的变革上,而且还表现在会计理论、会计方法以及会计行为等方面上。到目前为止,计算机在会计中的应用已经不仅仅是替代传统的手工作业，完成有关的会计核算，更重要的是，计算机的应用使传统的核算型会计信息系统向管理型会计信息系统转变。会计信息系统集成了企业业务处理、会计核算、会计管理、财务管理于一体，构成了"业财融合的集成会计信息系统"，这种系统能够充分利用企业内部业务处理及核算信息和企业外部经济信息，准确分析现状和预测未来，为企业提供管理、分析和决策服务。我们把这样的系统简称为计算机会计信息系统。为了叙述上的方便，除了为了强调与传统的手工会计的区别，本书中对计算机会计信息系统一般简称为会计信息系统。

第一节 信息技术概述

自20世纪90年代以来，信息技术革命席卷全球。毕马威会计公司(KPMG)合伙人Bob Elliort曾借用"第三次浪潮"一词来形象地形容："IT引起的变革浪潮正在撞击着会计的海岸线，在20世纪70年代，它彻底冲击了制造业，80年代它又荡涤了服务业，而到了90年代，会计界将接受它的洗礼。"信息技术的迅猛发展和应用，改变了会计工作的传统模式，使会计人员从繁重的手工会计作业中解放出来。目前，越来越多的企业和其他组织已经采用各种信息技术设备执行会计作业，或者已建立起计算机会计信息系统。因此，在学习会计信息系统之前，有必要对计算机系统的作业原理以及相关信息技术的发展有一定的了解。一般而言，信息技术的主要构成包括计算机技术、数据库管理技术、数据通信及计算机网络技术、传感技术、微缩影像技术、大数据分析与云技术、人工智能等。本节将予以分别介绍。

一、计算机技术

一个完整的微型计算机系统应包括硬件系统和软件系统两个部分。计算机硬件是指组成一台计算机的各种物理装置，它们是由各种器件所组成。直观地看，计算机硬件是一大堆设备，它是计算机进行工作的物质基础。计算机软件是指在硬件设备上运行的各种程序以及有关的资料。所谓程序实际上是用于指挥计算机执行各种动作以便完成指定任务的指令集合。人们要让计算机做的工作可能是无止境的，因而指挥计算机工作的程序也就可能变得更为庞大而复杂，而且还要经常对程序进行修改、完善和升级。为了便于阅读和修改，还必须对程序作必要的说明，并整理出有关的资料。这些说明和资料(称之为文档)在计算机执行过程中可能是不需要的，但人们在阅读、修改、维护、交流这些程序时却是必不可少的。

通常，把不装备任何软件的计算机称为硬件计算机或裸机。目前，普通用户所面对的一般都不是裸机，而是在裸机之上配置若干软件之后所构成的计算机系统。计算机之所以能够渗透到各个领域，正是由于软件的丰富多彩，能够出色地完成各种不同的任务。当然，计算机硬件是支撑计算机软件工作的基础，没有足够的硬件支持，软件也就无法正常地工作。实际上，在计算机技术的发展进程中，计算机软件随硬件技术的迅速发展而发展，反过来，软件的不断发展与完善，又促进了硬件的新发展，两者的发展密切地交织着，缺一不可。

(一)计算机硬件技术

计算机的组成部件可以分为四大类：中央处理器、存储器、输入设备和输出设备。

1.中央处理器

中央处理器简称CPU(central processing unit)，它的内部结构分为控制单元、逻辑单元和存储单元三大部分。其中，运算器和控制器是计算机的核心部件，通常将这两个部件集成在一块芯片上，称为中央处理器CPU芯片。有时为了区别大、中、小中央处理器CPU和微处理器，而称后者为MPU。

计算机发生的所有动作都是受CPU控制的。其中，运算器主要完成各种算术运算(如加、减、乘、除)和逻辑运算(如逻辑加、逻辑乘和非运算)；而控制器不具有运算功能，它只是读取各种指令，并对指令进行分析，进行相应的控制。通常，在CPU中还有若干个寄存器，它们可以直接参与运算并存放运算的中间结果。

CPU品质的高低直接决定了一个计算机系统的档次。反映CPU品质的主要参数包括内核结构、主频、外频、倍频、接口、缓存、多媒体指令集、制造工艺、电压、封闭形式、整数单元和浮点单元等。其中，内核结构和主频是决定CPU品质的最重要的参数。

核心(Die)又称为内核，是CPU最重要的组成部分。CPU中心那块隆起的芯片就是核心，是由单晶硅以一定的生产工艺制造出来的，CPU所有的计算、接受/存储命令、处理数据都由核心执行。不同的CPU(不同系列或同一系列)都会有不同的核心类型，每一种核心类型都有其相应的制造工艺，核心类型在某种程度上决定了CPU的工作性能。

主频，也就是CPU的时钟频率，简单地说就是CPU的工作频率，例如我们看到“Intel i7 8700 K，3.7 GHz”，后面这个3.7 GHz(3 700 MHz)就是CPU的主频。一般说来，一个时钟周期完成的指令数是固定的，所以主频越高，CPU的速度也就越快。CPU的主频＝外频×倍频。其中，外频即CPU的外部时钟频率，主板及CPU标准外频主要有100 MHz、133 MHz、166 MHz、200 MHz、400 MHz等多种，主板可调的外频越多、越高越好，特别是对于超频者比较有用；倍频则是指CPU外频与主频相差的倍数。

2.存储器

存储器是计算机的记忆部件，用于存放计算机进行信息处理所必需的原始数据、中间结果、最后结果以及指示计算机工作的程序。在存储器中含有大量的存储单元，每个存储单元可以存放八位的二进制信息，这样的存储单元称为一个字节(byte)。存储器的容量是以字节(B)为基本单位的，通常又用KB、MB与GB作为存储器容量的单位，其中1KB＝1 024字节，1 MB＝1 024 KB，1 GB＝1 024 MB。存储器中的每一个字节都依次用从0开始的整数进行编号，这个编号称为地址。CPU就是按地址来存取存储器中的数据。

由于计算机的基本存储单元的记忆容量是有限的，因而都需要使用一定的辅助储存设备，借以提供扩充的记忆容量，满足对大容量资料处理的需要。故计算机的存储器分为内存(储器)和外存(储器)。

(1)内存，又称为主存。CPU与内存结合在一起，一般称为主机。内存储器是由半导体存储器组成的，它的存取速度比较快。内存的考核指标是容量和速度。容量的计量单位是字节，如 16 G 内存。速度是指能以多快的速度存储和检索数据。内存速度的常用计量单位是毫微秒(百万分之一秒)。毫微秒数值越低，计算机花在内存管理上的时间就越短。通常内存的速度越快，硬件的价格就越高。按其工作方式的不同，可以分为随机存取存储器和只读存储器。

随机存储器(random access memory，也称 RAM)允许随机地按任意指定地址的存储单元进行存取信息。由于信息是通过电信号写入这种存储器的，因此，在计算机断电后，RAM 中的信息就会丢失。

只读存储器(read-only memory，也称 ROM)只能读出所储存的信息而不能随意写入。ROM 中的信息是厂家在制造时用特殊方法写入的，断电后其中的信息也不会丢失。所以 ROM 有着较高的安全性和可靠性，主要用于储存一些不宜删除或更改的程序指令和资料，如计算机的基本输入/输出系统(BIOS)，即使停机，这些指令程序和相关资料仍可以被保存于 ROM 之中而不会丢失，下次开机时仍可启动运作。

(2)外存，又称辅助存储器(辅存)。外部存储器与内存的不同之处：一是外存设备中记录的数据在计算机关机后不会丢失，在需要的时候，外部储存器中的数据可以被载入内存进行处理；二是内存每字节的成本比辅存每单位字节的成本高很多；三是外存的容量都比较大，而且可以移动，便于不同计算机之间进行信息交流。

现今计算机系统中，常用的外存有磁盘、光盘等。目前最常用的是磁盘，磁盘又分为机械硬盘和固态硬盘(SSD)、可移动的优盘。

3.输入设备

输入设备是外界向计算机传送信息的装置。一般而言，可划分为非联机(off-line)输入设备和联机(on-line)输入设备。

(1)非联机输入设备。非联机输入设备主要适用于涉及大量交易的应用程序，尤其是对交易资料的整批处理。而且，非联机输入可以避免计算机系统的输入/输出约束限制，即中央处理器在资料输入或输出时将处于等待闲置状态。较常用的非联机输入设备包括：

①键盘输入设备(keying input devices)。它可供连续性键盘输入作业，即先把交易资料键入储存媒体，随后再由计算机系统读取，因此又可称为资料准备设备，尤其适用于对大量资料的准备和处理。

②字符辨识设备(character-recognition devices)。系统可以直接从书面文件或交易原始凭证上辨别、读取字符的设备，如光字符辨别器、磁墨字符辨别器和图像阅读设备等，可用于处理大量的书面记录的输入。现今出现的财务机器人就需要使用这些设备识别电子发票、合同等文档。

(2)联机输入设备。联机输入设备可以在交易发生之时立即把资料直接输入计算机系统，进而减少资料输入转换过程中产生的差错以及增进交易处理时的有效性。常见的联机输入设备包括：

①计算机终端机(terminals)。它是使用者和计算机系统之间的中介，可供使用者按不同方式输入资料。

②影像显示终端机(video display terminals)。又称为阴极射线显像管(CRT)终端机，可用于执行不同方式的资料输入，包括使用光电笔在感应屏幕上书写输入、手触屏幕

式输入、手写板书写输入、鼠标点触式输入等等。

③语音终端机(voice terminals)。即通过电话线路使这些终端机接受语音指令。

④专门功能终端机(specialized functioning terminals)。用于执行既定的专门功能，如员工工时考勤记录的指纹机、自动化银行柜台、航空公司或饭店的订位终端机等。

⑤多媒体输入设备(multimedia input device)。用于多媒体的输入，如麦克风、游戏控制杆等。

⑥其他(others)。如光扫描器、图像读取设备和磁碟输入设备等。

4.输出设备

输出设备的作用是将计算机中的数据信息传送到外部媒介，并转化成某种为人们所需要的表示形式。例如，将计算机中的程序、程序运行结果、图形、录入的文章等在显示器上显示出来，或者用打印机打印出来。在微机系统中，最常用的输出设备是显示器和打印机。有时根据需要还可以配置其他的输出设备，如绘图仪、传真设备等。

(1)显示器

显示器又称监视器(monitor)，它是计算机系统中最基本的输出设备，也是计算机系统不可缺少的部分。计算机系统中使用的一般为阴极射线显示器(简称 CRT)和液晶显示器(LCD)。显示器分辨率主要有 1 280×960、1 600×1 200、2 048×1 536、2 560×1 440(2K)、3 840×2 160(4K)等。

(2)打印机

打印机也是计算机系统最常用的输出设备。目前常用的打印机有：点阵打印机、喷墨打印机与激光打印机。各种打印机与主机的连接大多是通过标准接口，其中有标准的串行接口、并行接口和 USB 接口。

(二)计算机软件技术

相对于计算机硬件而言，软件是计算机的无形部分，但它的作用并不亚于硬件。如果只有好的硬件，但没有好的软件，计算机是不可能显示出它的优越性的。所谓软件是指能指挥计算机工作的程序与程序运行时所需要的数据，以及与这些程序和数据有关的文字说明和图表资料，其中文字说明和图表资料又称为文档。

计算机的软件系统可以分为系统软件和应用软件两大类。

1.系统软件

系统软件指管理、监控和维护计算机资源(包括硬件和软件)的软件，也称为操作系统(operating system)。现代计算机的操作系统已经把早期系统中由人工执行的协调控制或程序管理作业予以自动化，构成更易于执行的操作系统。常见的大型计算机操作系统包括美国 Digital Equipment 公司的 VMS 系统以及美国 ULTRIX 公司和 IBM 公司合作开发的 VSE、MVS 和 VM 等系统。运用于个人计算机的操作系统包括微软的 Windows 系列，苹果的 Mac、IOS，BELL 的 UNIX 系统和 IBM 的 LINUX 等。相对于个人电脑或微型机而言，大型计算机的操作系统架构较为复杂，开发设计成本相对较高。它们可按照较快的速度指挥与协调各项指令程序的运作，还可控制大型及复杂的电子通信网络。但是，无论是大型计算机还是个人计算机的操作系统，都包括如下基本功能：

（1）控制资料和指令程序是在基本储存单元内部，或是基本储存单元与辅助储存媒体之间流动。此功能由一个“监控器”程序来执行。

（2）载入初始程序启动计算机系统，随后把控制功能移交给“监控器程序”作业。

（3）通过作业控制语言执行读取或载装指令程序与资料的功能。

（4）分派与管理计算机处理的各项作业以及输入与输出设备。大型计算机使用“输入/输出管理程序”控制全部设备，微型机或个人电脑有时必须通过驱动盘执行对输入/输出设备的管理。

（5）确定各项系统程序或应用程序作业所需资料的处理顺序和时间。

（6）监控各项程序的作业状态。

（7）分配基本储存区域，通过“文件管理员”程序执行对全部内存和辅助储存媒体区域的记忆，以有效地对各项指令程序和相关资料分配储存区域。

2.应用软件

应用软件是指除了系统软件以外的所有软件，它是用户利用计算机及其提供的系统软件为解决各种实际问题而编制的计算机程序。由于计算机已渗透到了各个领域，因此，应用软件是多种多样的。目前，常见的应用软件有：各种用于科学计算的程序包、各种字处理软件、统计分析软件以及计算机辅助设计、辅助制造、辅助教学和各种图形软件等。

所有这些软件都需要在计算机信息系统中正确地运行，而且任何应用软件程序的修改都可能影响它与其他软件的相互配合。因此，信息系统管理者必须知道何时升级软件，同时还要注意软件的兼容性问题，避免使用盗版软件。无论是系统软件还是应用软件，使用盗版软件可能给企业信息系统带来致命的打击。

二、数据库管理技术

（一）数据库的含义

数据库（data base）是按一定结构组织起来的企业或组织交易资料的整合型数据管理系统。在传统的计算机信息系统中，交易数据通常是根据不同的交易循环、用户系统或是特定应用程序分别汇集于相应的数据文档（data files）。例如，销售与采购交易的有关资料分别按这两个交易循环产生的数据进行编排与贮存，并且需要由各自的应用程序独立地存取与应用。然而，交易数据属于重要资源，往往可同时满足企业的多方面使用者或不同应用程序的需要。如果将企业的各种交易数据加以汇集、集中管理和整合使用，无疑可增进交易数据的利用价值。数据库系统的开发应用就是为了实现这一目的。

从理论上说，如果交易数据集中贮存，并且同时满足两个（或更多）交易处理子系统或应用程序的数据需求，即可视为一个数据库。例如，某企业建立了一个适用于生产调度与存货管理的数据库，如图 1-1 所示：

图 1-1 中的数据库集中贮存了生产调度与存货管理两个交易循环子系统的各项资料，因此，无论是生产调度或存货管理的应用程序均可从数据库中存取所需的交易数据。这样不仅可以省略交易子系统的自备资料贮存，而且由于数据集中贮存，可以对各个交易

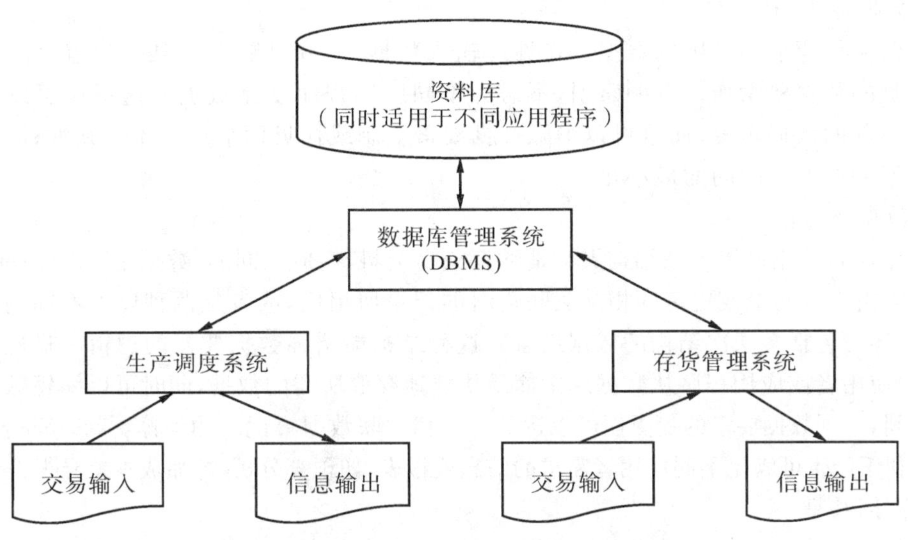

图 1-1　生产调度与存货管理数据库示意图

子系统或应用程序提供更多的有用资料或信息。

不同交易处理子系统或应用程序从数据库存取所需要的资料，必须通过一个专门的数据库应用软件，即数据库管理系统(data base management system，DBMS)。企业的各种交易数据全部汇集于数据库，并非依照各种交易子系统或应用程序的特定需求(包括数据格式、贮存位置与存取方式)来贮存与管理，因此，DBMS 就成为接近数据库的关键性中介。通过 DBMS 的调度与监控，各种应用程序才能有效地存取及应用所需的特定种类与格式的相关数据。

在实务中，数据库可以依据企业的主要交易循环分别设立，如侧重于销售与收款系统的数据库，或是采购与付款系统数据库等。数据库的内容范围极具弹性，除了适用于不同的交易循环，企业也可以建立大型的整合性数据库，涵盖企业的全部经营活动或是可容纳全部使用者所需的交易与数据。高度整合的数据库可称为“数据仓库”(data warehouse)，它可以充分利用企业的各种资料和资源，最有效地满足企业经营决策者的信息需求。

(二)数据库系统的基本特征

1.数据独立性

在采用数据库的信息系统中，经营交易或事项所产生数据的实体贮存与使用和应用程序相分离。各项数据集中于数据库贮存，并且独立于特定使用者或应用程序的使用方式或规格，从而可以简化应用程序的编写及其容量，应用程序仅需指明所需数据要素的“名称”，由 DBMS 通过联机资料词典查索，然后调取数据供有关的计算机程序操作应用。

2.数据标准化

数据库中的数据要素具有标准化含义与构成方式。比如，代表一项销售订单的数据要素只有一种名称，其含义和格式，不必因不同应用程序的特定规格而采用不同的表现形式。标准化数据可以与多个应用程序或不同使用者需要相兼容，增加资料的利用率。

3.数据输入与贮存

经营交易或事项产生的数据一次性地输入数据库,并且贮存于某一位置。除了需要复制少量的数据要素作为查阅索引,不需为不同应用程序复制数据。这不仅可以减少信息系统内部的数据重复,而且可以消除数据要素复制或拷贝而形成的不一致性;同时还可实现数据存取处理时间的最小化。

4.数据整合性

数据库可利用逻辑关系结构灵活地贮存交易资料,构成不同的"数据集"(data sets)。数据集可以由来自两个或更多的相互关联资料的记录所组成,或者是两种以上不同用途表格的集合,还可包括多层次结构的数据组合。这种结构能增强数据要素的逻辑一贯性和可靠性,方便使用者或应用程序从数据库中简易快捷地存取所需的数据,同时可以缩短数据更新处理时间,一项数据要素的变更便可以达到与其相关联数据集记录的整体更新。整合性数据特别有利于产生可满足不同使用者需求的信息或报表,如预算分析、产品成本差异报告等。

5.数据共享

数据的整合性衍生出数据共享的特点,数据库内的各项数据为企业或组织的全部使用者所共有。无论是生产、采购、销售或会计部门的使用者,都可利用同一个数据库,满足其经营决策的需要。数据共享表示使用者有可能交叉存取所需的资料。这些使用者还可能扩展至企业外部,如银行的储户可以直接调阅其账户数据或执行付款转账等交易。但是,数据共享并不意味使用者可以自由地存取数据库中的交易数据。通过 DBMS 对资料的管理,将有效地保证用户对各项交易数据的合法使用。

6.集中式数据管理

采用数据库的信息系统通常都设有专门的数据库管理员(data base administrator),集中管理全部资料、资源和 DBMS 的运作。数据库管理员的职责包括:界定数据概要与子概要的数据需求、设计数据储存与读取结构、标准化数据更新、监控对数据库的存取和数据库维护等。集中式数据管理有助于减少数据存取与使用中的差错或弊端。

(三)数据库系统的优缺点

采用数据库系统可以达到一系列的效果,如表 1-1 所示:

表 1-1 数据库系统的优点

数据特征	产生的效益	可达到的结果
数据独立性 数据标准化	·增强数据储存与应用的弹性	·应用程序的编写与变动更为简易快捷,且节省费用
数据整合性 联机数据切入	·减少数据重复储存 ·可以消除数据要素之间的不一致	·节省数据储存空间 ·缩短数据存取时间 ·提升数据的可信性
数据整合性 数据共享	·提高数据存取与应用效率	·更简易快捷地储存所需资料 ·满足多方面的数据需求
集中式数据管理	·增强数据安全与内部协调	·有效防止未授权人士擅自存取数据 ·数据记录可以及时更新

但数据库系统在目前的发展阶段仍存在一定的局限性，体现在三个方面：

(1)成本较高。数据库的系统硬、软件相对更加复杂，如其硬件须包括配置大容量主储存器的处理器以及可以联机切入数据库的终端机和辅助储存器；数据库系统的运作则须借助 DBMS 专门软件，如著名的甲骨文(Oracle)数据库管理系统。这些硬、软件设备都比较昂贵。不过，随着企业从主机系统转为微机系统或是用户服务器系统，以及最新的云储存技术的开发，数据库成本可以显著降低。

(2)初始阻力。数据库系统与一般的数据文档系统有着显著的差别，在数据库的开发初期往往会遇到较大的阻力。如系统开发人员因不熟悉数据库技术而遇到困难；不同职能部门(如生产、销售、采购、存货等)管理者可能不愿意与其他部门使用者分享自己职能范围之内的交易数据，或者不能接受集中式的数据管理。

(3)系统脆弱性。数据库所储存的数据具有高度整合性，难免具有较脆弱的缺陷。如果系统中某个硬、软件发生故障，可能导致整个数据库无法运作以及全部应用程序无法作业。此外，如果程序编写中出现差错、失误，或者由于非授权人士的舞弊或破坏，都可能导致大容量数据的丢失或毁损。

三、数据通信与计算机网络技术

当今的数据通信和计算机网络技术不仅可以快速有效地传递信息，而且还有存储、处理、采集、显示、数据交换和社交等功能，数据通信和计算机网络技术已经成为信息技术的一个重要组成部分。信息技术在信息系统应用中的一个重要标志是数据通信(包括移动通信技术)与网络作业的普及，以下将对此作一扼要介绍。

(一)数据通信

在企业信息系统发展的早期，数据通信(data communication)尚未引起人们的重视，因为那时对交易资料输入、记录、处理和输出的载体都是纸张，并且以手工处理为主。现在，随着计算机信息技术的应用，数据通信已成为会计信息系统的重要构成部分。

数据通信技术的兴起与会计信息系统的下述发展直接相关：

(1)交易记录由计算机作业和磁性媒体所取代。例如，在大型超市中，电子收银机利用条形码扫描器阅读商品的品类和数量，然后在计算机系统中的有关资料档案中查取商品价格，进而计算销售和收款金额。整个交易过程已完全由计算机系统处理完成。

(2)交易产生的影响已不再局限于销售点。例如，企业总部通过数据通信可以随时掌握各种商品在不同分销网点的销售与库存情况，从而及时调配货物或调整经营决策。

(3)交易成败取决于数据通信。例如，当顾客使用信用卡购物时，售货员可以通过数据通信技术或网络从信用卡网络中心获取顾客信用情况，继而决定交易能否达成。当顾客采用支付宝或微信等第三方支付系统支付货款时，系统也能够通过移动通信技术瞬间完成认证交易。

一般来说，数据通信系统有着三个必不可少的组成部分：处理交易的计算机系统、信息分析与存档设备以及数据通信借以进行的一整套逻辑和实体连接技术，或称为网络

(network)。网络可以是微型机组成的区域网络,也可以是用户根据需要构建起来的不同形式的通信装置。

数据通信网络的优点包括:降低信息成本、改进对顾客的服务、协助管理者决策等。数据通信网络的使用几乎遍及所有行业。例如,航空公司利用数据通信网络为旅客提供全国性甚至全世界范围的机票与旅馆预订,以及组织旅游等多项服务;银行利用网络使客户可以利用其他银行的自动提款机存取现金;医院利用网络为医生传送诊断图像,或者对居家护理的病人实行全天候监测等。

数据通信可利用不同的通信媒体或中介进行发送与接收并且具有不同的处理方式。例如,可以利用现有的电话线路,通过调制解调器(modem)进行发送与接收,也可以另行铺设专用通信传导线路(如使用普通电话线、同轴电缆或是光纤维电缆等多种传导材料),或者采用 WIFI、4G/5G 移动通信传输。选择通信媒介还需要考虑数据传导的同步或异步处理。采用同步处理,数据传送持续不断,速度较快,但如果在传送过程中出现遗漏或丢失,则必须重新传送全部数据。异步传送的速度较慢,但设备成本相对较低。

(二)电子网络作业系统

无论是大型计算机或是微型机,若是单独地使用,其功能都有一定的限制。例如,一个现代企业包含了多个组织职能部门,伴随着交易处理的电算化,各个职能部门都有必要采用计算机设备执行各自的交易数据处理。由于各个职能部门所处理的交易之间互有关联,可能需要读取或处理某些相同或相关联的交易数据。若每个职能部门的计算机设备互相独立,不仅造成计算机资源配置的重叠浪费,而且可能由于各自选用小型计算机或微型机,使计算机系统的功能容量无法执行大量的资料储存与处理作业。因此,若将分布于不同职能部门或不同地点的计算机设备加以连接,有可能更为迅速和有效地完成各个相关交易数据的处理。

为此,企业内部的不同计算机设备可相互连接,组成一个完整的电子网络作业系统,这样不仅可以提高信息系统的功能容量和处理效率,而且相应地降低资源耗费。

(三)计算机网络的分类

计算机网络有很多种分类方法,主要的有两种:一种是根据网络所使用的传输技术分类,另一种是按网络的覆盖范围与规模分类。按网络覆盖的范围大小、性能和使用环境分类可以很好地反映不同类型网络的技术特征。根据网络的覆盖范围可以将网络分为局域网、城域网和广域网。

1.局域网 LAN(local area network)

局域网是一种覆盖范围有限、成本低、应用广、深受用户欢迎的网络类型。通常在一个单位(如学校、工厂、机关)范围内使用,由该单位所独有。由于其价格低廉,使用方便,性能可靠,易于建立、维护和扩展,因此技术发展迅速,应用日益广泛。它的主要特点是:数据传输距离较短、数据传输率高、传送误码率低、网络结构规范等。

2.城域网 MAN(metropolitan area network)

在一个城市或地区建立的网络通常简称为城域网。它是介于局域网和广域网之间的一种高速网络。因此,其涉及目标是要满足几十公里到几百公里内大量机关、企业、公司或社会服务部门计算机联网的需求,实现大量用户、多种信息传输的综合信息网络。它的特点是:传输距离在100公里以内,传输速率较高,网络系统机构灵活,综合性应用强等。

3.广域网 WAN(wide area network)

它是采用远距离通信手段将不同地区、不同国家的计算机连接起来形成的规模更大、信息量更丰富的网络。广域网内,用于通信的传输装置和介质一般由电信部门提供,网络规模大,能实现较大范围内的资源共享。它的主要特点是:传输距离长、传送速率低、网络结构不规范,可根据用户需求随意组网等。

广泛使用的 Internet 就是典型的广域网。而 Internet(企业内部网)就是一种利用 Internet 各项技术建立起来的企业内部信息网络。

(四)Internet 简述

1.Internet 的定义

Internet 是按照一定的通信协议(TCP/IP)将分布于不同地理位置上,具有不同功能的计算机或计算机网络通过各种通信线路在物理上连接起来的全球计算机网络的网络系统。通信协议目前有两个版本:TCP/IPv4 和 TCP/IPv6。

2.Internet 的特点

Internet 的特点是采用 TCP/IP 网络协议,提供大量共享资源,不受法规约束,与公用电话交换网互联。

3.Internet 的主要功能

Internet 的主要功能包括:获取和发布信息、电子邮件(E-mail)、网上交际、电子商务、网络电话、网上事务处理;其他如远程教育、远程医疗、远程主机登录(提供 Internet 用户从一台计算机远程登录到另外的计算机系统)、远程文件传输(为 Internet 用户提供将文件从一台计算机拷贝到另一台计算机的服务)等等。

(五)Intranet 介绍

Intranet(内部网)指采用 Internet 技术建立的企业内部专用网络,是按照 Internet 的连接技术将企业内部分布在不同地理位置的局域网联结起来的网络系统。它是 Internet 的一个小型系统。一般它们通过防火墙禁止没有权限的用户进入,也有的是通过代理服务器来过滤它的用户。它以 TCP/IP 协议作为基础,以 Web 为核心应用,构成统一和便利的信息交换平台。Intranet 可提供 Web 浏览、电子邮件、广域互联、文件管理、打印和网络管理等多种服务。

Intranet 并不需要从零开始建立,而是完全建立在现有公司内部网络硬件基础之上。企业需要管理的信息包括结构化信息(如人事档案)和非结构化信息(如大量的文字资料图片、声音、影像等)。据统计,前者只占信息总量的20%,而后者占80%之多。传统的管理信息系统(MIS)只能管理结构化的信息,因此实用程度有限。而新兴的基于 Internet 的 Web 技术能够把文字、图形、图像、声音、影像等多媒体信息都放在 Intranet 上,以浏览的方式实现信息查询,大大提高了企业的内部通信能力和信息交换能力。Intranet 在企业新闻发布、销售服务、提高工作群体的生产力、内部交流与支持、员工的培训和数据库开发等方面，将发挥不可缺少的作用。它为企业提供了一套完整的信息系统框架，包括：开放的 TCP/IP 标准协议下的信息的共享；信息的发布和传递；面向网络数据库的信息交流与工作协同；保证企业内部数据安全、保密的防火墙技术等。在技术上，Intranet 为企业提供了保障，但要建立一个高质量的 Intranet 却需要对企业的信息需求有深刻的理解，需要对企业信息流的正确组织与管理，使其能在企业的实际运作中起到关键性的作用。

对于企业来说，它们对于 Intranet 的建立兴趣更加浓厚，因为 Intranet 能够帮助企业协调内部通信和提高劳动生产率。作为一个动态的、交互式的、跨平台的信息服务系统，Intranet 对于企业是一场信息网络化的革命。无数大中小型企业迫不及待地建立或筹划建立自己的 Intranet 系统，一场范围波及全球、意义深远的企业信息系统革命正在迅速进行。

四、传感技术

传感技术是关于从自然信源获取信息，并对之进行处理（变换）和识别的一门多学科交叉的现代科学与工程技术，它涉及传感器信息处理和识别的规划设计、开发、制造、测试、应用及评价改进等活动。传感技术综合了物理、化学、生物、电子和微电子、材料、精密机械、微细加工和实验测量等方面的知识和技术。

传感技术中的核心是传感器，它是光仪电系统的“感觉器官”，是测量系统中的一种前置部件，它将输入变量转换成可供测量的信号。按照信息论的凸性定理，传感器的功能与品质决定了传感系统获取自然信息的信息量和信息质量，是高品质传感技术系统构造的第一个关键。随着信息技术的迅速发展和应用的普及，传感器品种达到 3 万余种。传感器种类繁多，有多种分类方法。

（一）传感器的分类

1.按被测量信息量分类

按照被测量信息量来分，传感器主要分为物理量传感器、化学量传感器和生物量传感器。其中，物理量传感器包括力学量传感器（如压力传感器、速度传感器、位移传感器等）、热学量传感器（如温度传感器、热流传感器、热导率传感器等）、光学量传感器（如红外光传感器、紫外光传感器、亮度传感器等）、磁学量传感器（如磁场强度传感器、磁通传感器等）、声学量传感器（如声压传感器、噪声传感器、超声波传感器等）以及射线传感器等。化学量传感器则包括离子传感器、气体传感器、湿度传感器等。生物量传感器包括生化量传感器（如酶式传感器、免疫血型传感器、微生物型传感器、血气传感器、血液电解质传感器等）、生理量传感器（如体压传感器、脉搏传感器、心音传感器、体温传感器、血流传感器、呼吸传感器、血容量传感器等）。

2.按测量原理分类

按测量原理来分，包括电容式传感器、电位器式传感器、电阻式传感器、电磁式传感器、电感式传感器、电离式传感器、电化学式传感器、光导式传感器、光伏式传感器、光纤传感器、热电式传感器、伺服式传感器、谐振式传感器、应变(计)式传感器、压电式传感器、压阻式传感器、磁阻式传感器、差动变压器式传感器、霍耳式传感器、激光传感器、(核)辐射传感器、超声(波)传感器和声表面波传感器等。

3.按输出形式分类

按输出形式进行分类,传感器可以划分为数字传感器和模拟传感器等。

4.按制造工艺分类

按照制造工艺可以划分为集成传感器、薄膜传感器、厚膜传感器和陶瓷传感器等。

5.按材料的晶体结构分类

按照材料的晶体结构进行划分,传感器可以分为单晶材料传感器、多晶材料传感器和非晶材料传感器等。

(二)传感技术的现状与发展趋势

1.传感技术的现状

传感器产业是国内外公认的具有发展前途的高技术产业,它以其技术含量高、经济效益好、渗透能力强、市场前景广等特点为世人瞩目。目前全世界约有40个国家从事传感器的研制、生产和应用开发,研发机构6 000余家。其中以美、日、俄等国实力较强,它们建立了包括物理量、化学量、生物量三大门类的传感器产业,研发生产单位4 000余家、产品20 000多种,对应用范围广的产品已实现规模化生产,大企业的年生产能力可达几千万支到几亿支。比较著名的传感器厂商有美国霍尼韦尔(Honcywcll)公司、福克斯波罗(Foxboro)公司、ENDEVCO公司,英国Bell&Howell公司、Solartron公司,荷兰飞利浦公司,俄罗斯热工仪表所等。我国已经初步建立了敏感元件与传感器产业,但同发达国家相比还有很大的差距。

2.传感技术的趋势

传感器系统正向着微型化、智能化、多功能化和网络化的方向发展:

(1)微型化

为了能够与信息时代信息量激增、要求捕获和处理信息的能力日益增强的技术发展趋势保持一致,人们对于传感器性能指标(包括精确性、可靠性、灵敏性等)的要求越来越严格;与此同时,传感器系统的操作友好性亦被提上了议事日程,因此还要求传感器必须配有标准的输出模式。而传统的大体积弱功能传感器往往很难满足上述要求,所以它们已逐步被各种不同类型的高性能微型传感器所取代。后者主要由硅材料构成,具有体积小、重量轻、反应快、灵敏度高以及成本低等优点。

(2)智能化

智能化传感器是指那些装有微处理器的,不但能够执行信息处理和信息存储,而且还能够进行逻辑思考和结论判断的传感器系统。这一类传感器就相当于是微型机与传感器的综合体一样,其主要组成部分包括主传感器、辅助传感器及微型机的硬件设备。如智能化压力传感器,主传感器为压力传感器,用来探测压力参数,辅助传感器通常为温度传感器和环境压力传感器。采用这种技术时可以方便地调节和校正由于温度的变化而导致的测量误差,而且环境压力传感器测量工作环境的压力变化并对测定结果进行校正。硬件系统除了能够对传感器的弱输出信号进行放大、处理和存储外，还执行与计算机之间的通信联络。

(3)多功能化

通常情况下，一个传感器只能用来探测一种物理量，但在许多应用领域，为了能够完美而准确地反映客观事物和环境，往往需要同时测量大量的物理量。由若干种敏感元件组成的多功能传感器则是一种体积小巧而多种功能兼备的新一代探测系统，它可以借助于敏感元件中不同的物理结构或化学物质及其各不相同的表征方式，用单独一个传感器系统来同时实现多种传感器的功能。随着传感器技术和微机技术的飞速发展，目前已经可以生产出将若干种敏感元件组装在同一种材料或单独一块芯片上的一体化多功能传感器。

(4)网络化

传感器网络是当前国际上备受关注的、多学科高度交叉的新兴前沿研究热点领域。传感器网络综合了传感器技术、嵌入式计算技术、现代网络及无线通信技术、分布式信息处理技术等，能够通过各类集成化的微型传感器协作实时监测、感知和采集各种环境或监测对象的信息，通过嵌入式系统对信息进行处理，并通过随机自组织无线通信网络以多跳中继方式将所感知信息传送到用户终端，从而真正实现“无处不在的计算”理念。

五、微缩影像技术

随着信息系统的广泛采用，需要保存的信息资源也越积越多，如何将其不失真地保存下去，并尽可能大地节约保存成本，是必须要面对的难题。缩微影像技术的应用为解决这一难题提供了重要途径。

(一)基本概念

1.缩微影像技术

缩微摄影，是指在感光材料(通常是硅片)上记录缩微影像的技术和过程。缩微影像技术是信息资源管理的一种有效手段，它采用专门的设备、材料和工艺，把信息资源以缩小影像的方式记录在胶片上，然后制作成缩微品保存和使用。

2.缩微品

缩微品是指含有缩微影像的各种信息载体。根据使用形式的不同，缩微品可以归纳为两大类，即卷式缩微品和片式缩微品。卷式缩微品主要有片盘式、盒式、片夹式等形式，片式缩微品主要有缩微平片、条形缩微胶片、开窗缩短微卡片、印刷缩微卡片以及相纸缩微卡片等形式。

(二)缩微技术的特点

1.存储密度大

缩微影像技术普通缩小比率范围为 1/48～1/7，超高缩小比率范围可达 1/250～

1/90。按其面积计算，普通缩小比率的缩小影像是原件面积的 1/2 304～1/49，超高缩小比率的缩小影像是原件面积的 1/62 500～1/8 100。

2.记录效果好

用缩微影像技术记录信息资源时，可以将信息的原貌忠实地记录在缩微胶片上，形成与原件完全相同的缩小影像。缩微胶片的解像力和清晰度等质量指标都超过其他介质的同类指标，因此可以获得质量好、可读性高的复制品。

3.记录速度快

连续拍摄的轮转式缩微摄影机每分钟可以记录 A4 幅面的原件 200～300 页，电子计算机输出缩微胶片装置每分钟可以记录相当于 A4 幅面的原件 500 页。拍摄原件的数量越多，其优越性也就越明显。

4.使用范围广

由于缩微摄像机镜头和缩微胶片都具有良好的成像和记录性能，因而在可见光线下，对于可读的各种原件(凭证、账簿、照片和图表等)均可以记录在缩微胶片上。

5.易于还原拷贝

缩微胶片可以方便地进行拷贝、放大阅读和复印。利用高效能的拷贝机拷贝一盘胶片只要十几分钟；利用阅读复印件放大复印一张纸印件，也只需几秒钟。

六、XBRL 技术

网络财务报告为利益相关者快速获取公司财务信息提供了便利。目前网络财务报告格式通常有 PDF、WORD、EXCEL、XBRL、HTML、文本格式及多媒体格式等等。其中，作为一项新兴的信息技术，XBRL 技术以其优越的性能吸引了学术界和实务界的目光，很可能会成为未来财务报告的标准格式，目前已在我国的证券市场得到应用和推广。

2009 年 4 月，财政部印发《关于全面推进我国会计信息化工作的指导意见》，决定按照“标准先行”的思路推进企业会计工作信息化，实现会计管理工作现代化，集中力量推动 XBRL 这一世界通用的电子财务报告数据标准在我国的应用。经过 4 年时间，XBRL 技术规范系列国家标准制定发布后，迅速应用推广，产生巨大的经济和社会效益，为企业降低财务信息生产和使用成本、提高财务报告编制效率、提升财务报告信息分析和利用价值等方面做出了贡献，促进了软件行业发展，并在推广应用中创造了我国独特的应用模式。在 2013 年 2 月 21 日召开的全国标准化工作会议上，财政部推荐的 XBRL 技术规范四项国家标准，获得国家质检总局和国家标准化管理委员会颁发的 2013 年“中国标准创新贡献奖”项目一等奖。以下对 XBRL 技术进行简要介绍。

(一)XBRL 的概念

XBRL，即可扩展的商业报告语言(extensible business reporting language)。它是一个公开的标准，由可扩展标识语言(extensible markup language，XML)定义的一种新语言，专用于财务与商务报表方面。2000 年 7 月，由 AICPA(美国注册会计师协会)结合美国五大会计师事务所以及 Microsoft，IBM，Oracle，Morgan Stanley，Dean Witter，SAP，

Standard & Poor's 等世界知名企业所成立的 XBRL.org 组织正式发布了 XBRL 1.0 规范，并由该组织负责 XBRL 全球化的推展。

XBRL.org 对 XBRL 的定义是："XBRL 提供一个以可扩展标记语言(XML)为基础构架的全球信息供应链，以方便使用者编制、交换和分析财务报表信息。"我国财政部 2010 年发布的《可扩展商业报告语言(XBRL)技术规范(征求意见稿)》将 XBRL 定义为一种基于可扩展标记语言(XML)的业务报告技术标准，它通过给财务会计报告等业务报告中的数据增加特定标记，使计算机能够"读懂"这些报告，并进行符合业务逻辑的处理。

从以上定义可以看出，XBRL 具有如下特征：一是从技术层面看，XBRL 是一种计算机标记语言，是 XML 在会计报告披露方面的应用；二是从应用层面上看，XBRL 是一种会计信息的电子披露手段，它并不影响原有的会计假设、会计准则，仅仅是为财务报告数据的传递、报出提供一个标准。

(二)XBRL 的技术框架

XBRL 的技术框架包括三个部分：

1.XBRL 技术规范(specification)

XBRL 技术规范是官方指定的技术说明书，是一份详细介绍 XBRL 分类标准和实例文档的语法和语义的技术文档，也是 XBRL 的使用手册和说明书。它定义了 XBRL 的各种专业术语，说明如何建立分类标准和实例文档，并对 XBRL 标签做出统一规定。

2.XBRL 分类标准(taxonomy)

XBRL 分类标准，是对会计报告内容标准的描述与分类。XBRL 分类标准由模式定义文件(.xsd)和链接库文件(.xml)两部分构成：模式定义文件负责定义和描述 XML 文档的结构和内容模式；链接库文件提供关于 XBRL 元素之间的额外信息，特别是财务数据元素之间关系的信息。一个 XBRL 分类标准包括一个模式定义文件和五个链接库(linkbase)文件。

3.XBRL 实例文档(instance document)

XBRL 实例文档是根据 XBRL 规范和分类标准做成的财务报表，其实质就是 XBRL 数据的文档，是一个使用分类标准预先定义好的标签进行标注的一套数据元素的集合。公司要披露财务报表，只需在 XBRL 分类标准定义好后，使用其标签，将公司的财务数据放在相应的标签内，这些内容就成了实例文档。

(三)XBRL 的优势

XBRL 建立在 XML 的基础上，技术上的特点决定了 XBRL 具有 XML 的特点，包括：技术的开放性，可跨平台使用，内容和格式分离，强大的搜索功能，数据追踪和深度的分析功能等。

这些特点造就了 XBRL 财务报告相对于其他财务报告格式无法比拟的优势：

(1)XBRL 可提高财务报告编制和发布的效率，同时保证数据的准确性；

(2)XBRL 提供方便快捷的数据检索，便于使用者分析其所需要的数据；

(3)XBRL 为会计信息的监管提供了便利，提高了会计信息的透明度；

(4)XBRL 在降低信息供给成本、增强财务信息的可比性、提高信息的相关性等方面发挥着重要的作用,并推动了财务报告的国际接轨。

六、信息技术的革新与会计职业的未来

信息技术突飞猛进,企业级的应用如火如荼。信息技术的创新和应用不断地撞击会计职业的边界,也催生了会计的不断变革。在企业信息化应用新信息技术的同时,会计信息系统在现代 ERP 系统中的边界已经变得越来越模糊了,特别是近年发展迅猛的移动互联网技术、云技术、大数据分析技术、区块链技术、人工智能和财务机器人技术等,更引发了会计学界的担忧。

(一)移动互联网技术

在我国互联网的发展过程中,PC 互联网已日趋饱和,而移动互联网却异端突起。根据中国互联网络信息中心(CNNIC)发布的第四十一次《中国互联网络发展状况统计报告》的数据,截至 2017 年 12 月,我国网民规模达 7.72 亿,普及率达到 55.8%,超过全球平均水平 4.1 个百分点,超过亚洲平均水平 9.1 个百分点。其中,手机网民占97.5%。

互联网一直在创造经济神话。如果在 7.7 亿手机用户这样一个消费群体上建立一个平台,使之广泛应用到企业、商业和农村之中,是否会创造更惊天动地的奇迹?答案是肯定的!我国移动互联网经过 3G、4G 时代的井喷式发展后,正在引领世界迈向 5G 时代。

移动互联网,就是将移动通信和互联网二者结合起来,成为一体是互联网的技术、平台、商业模式和应用与移动通信技术结合并实践的活动的总称。移动互联网的特点:

①移动性:智能终端(智能手机、平板电脑等)最大的特点是具有移动性,用户可以实现随时随地的网络接入、信息获取和数据交换。

②个性化:用户将个人与移动终端绑定,个体通常可以选择自己喜好的应用和服务;移动网络可以实时跟踪并分析用户需求和行为变化,并以此做出相应改变来满足用户个性服务。

③碎片化:一方面,表现在时间上的间断性,与传统 PC 不同,移动上网的时间很短,而且很容易被打断;另一方面,用户在获取信息上呈现出间断性的特点,可以利用碎片化的时间来获取信息和娱乐。

移动互联网正在颠覆我们的时代。各大 ERP 厂商正在应用移动互联技术来改造传统的 ERP 系统。因为移动互联网的移动性、个性化和碎片化的特点,移动互联网技术的应用大大拓展了 ERP 系统的功能、边界和时空限制。未来的 ERP 系统因为移动互联技术的应用,将呈现出一种新的格局。

(二)大数据(big data)与云技术(cloud technology)

维克托·迈尔·舍恩伯格及肯尼斯·库克耶编写的《大数据时代》中提到:大数据指不用随机分析法(抽样调查)这样的捷径,而采用所有数据进行分析处理。维基百科给大

数据下的定义是：大数据是指无法在可承受的时间范围内用常规软件工具进行捕捉、管理和处理的数据集合。大数据研究机构 Gartner 给出了这样的定义：大数据是需要新处理模式才能具有更强的决策力、洞察发现力和流程优化能力的海量、高增长率和多样化的信息资产。IBM 指出大数据的 5V 特点：volume（大量）、velocity（高速）、variety（多样）、value（低价值密度）、veracity（真实性）。

大数据带给我们三个颠覆性观念转变：一是全部数据，而不是随机采样；二是大体方向，而不是精确制导；三是相关关系，而不是因果关系。

（1）不是随机样本，而是全体数据：在大数据时代，我们可以分析更多的数据，有时候甚至可以处理和某个特别现象相关的所有数据，而不再依赖于随机采样（随机采样，以前我们通常把这看成是理所应当的限制，但高性能的数字技术让我们意识到，这其实是一种人为限制）。

（2）不是精确性，而是混杂性：研究数据如此之多，以至于我们不再热衷于追求精确度。之前需要分析的数据很少，所以我们必须尽可能精确地量化我们的记录，随着规模的扩大，对精确度的痴迷将减弱。拥有了大数据，我们不再需要对一个现象刨根问底，只要掌握了大体的发展方向即可，适当忽略微观层面上的精确度，会让我们在宏观层面拥有更好的洞察力。

（3）不是因果关系，而是相关关系：我们不再热衷于找因果关系，寻找因果关系是人类长久以来的习惯，在大数据时代，我们无须再紧盯事物之间的因果关系，而应该寻找事物之间的相关关系。相关关系也许不能准确地告诉我们某件事情为何会发生，但是它会提醒我们这件事情正在发生。

云技术（cloud technology）是基于云计算商业模式应用的网络技术、信息技术、整合技术、管理平台技术、应用技术等的总称。最简单的云计算技术在网络服务中已经随处可见，例如搜寻引擎、网络信箱等，使用者只要输入简单指令即能得到大量信息。有这样一种说法，当今世界只有五台计算机，一台是 Google 的，一台是 IBM 的，一台是 Yahoo 的，一台是 Amazon 的，一台是 Microsoft 的，因为这五个公司率先在分布式处理的商业应用上捷足先登引领潮流。Sun 公司很早就提出"网络就是计算机"。伴随着互联网行业的高度发展和应用，将来每个物品都有可能存在自己的识别标志，都需要传输到后台系统进行逻辑处理，不同程度级别的数据将会分开处理，各类行业数据皆需要强大的系统后台支撑，所有数据处理只能通过云计算来实现。

云储存是在云计算概念上延伸的一个新概念。它是指通过集群应用、网格技术、分布式文件系统或类似网格计算等功能联合起来协同工作，并通过一定的应用软件或应用接口，向用户提供一定类型的存储服务和访问服务。企业能够将资源切换到需要的应用上，根据需求访问备份的数据，它将备份服务器、备份软件、存储设备集合在一起，形成云存储。

大数据与云计算的关系就像一枚硬币的正反面一样密不可分。大数据必然无法用单台计算机进行处理，必须采用分布式计算架构。它的特色在于对海量数据的挖掘，但它必须依托云计算的分布式处理、分布式数据库、云存储和虚拟化技术。

大数据就是海量数据的高效处理，云计算就是硬件资源的虚拟化。

(三)人工智能与财务机器人

2016 年 3 月 14 日,经过将近五个小时的鏖战,人类代表韩国围棋九段李世石终于战胜了 AlphaGo,将比分扳为 1∶3。这是 AlphaGo 在向人类顶尖高手挑战过程中,第一次投降。世界媒体在慌乱中恢复矜持,以为人工智能不过是一场虚惊,毕竟是人类制造了 AlphaGo 然后再教会它下围棋。载入史册的那天夜晚,疲惫的韩国围棋九段李世石早早睡下,养精蓄锐准备第二天与 AlphaGo 再次对弈。然而,在漫漫长夜中,AlphaGo 又和自己下了一百万盘棋。第二天太阳升起,AlphaGo 已变成完全不同的“阿尔法狗”,可李世石依旧是李世石。从此以后,人类再无机会。

从 AlphaGo 开始,人类在智慧技艺对弈中一次又一次输给了人造物,但这并不会让人们气馁,因为它毕竟也是人类智慧的产物。但是随后的 AlphaGo Zero 却迅速颠覆了人类的认知:它在没有被输入任何棋谱残局这种“人类智慧”的情况下,仅用了数十天的自我学习就打败了人类教出来世界第一的前辈 AlphaGo Master,它俩之间的棋局甚至已经不是人类能看懂的了。

人工智能不再是科幻小说,在越来越多的领域,人工智能正在快速超越人类。有人提出,未来是否能实现把一个人一生的记忆存储之后,再植入到人工智能里面去达到超越生命的存在?这也意味着,倘若人类不去自我改变,就只能被社会淘汰。

这其中,会计行业自然首当其冲。

德国最新开发的财务机器人,一个机器人可以顶替 15 个财务人员的工作,而且可以每周 24 小时×7 日地不间断工作。36 万小时的人力工作,财务机器人只需几秒就能完成,1 分钟便可以完成人工 1 小时的工作。

与每代信息技术革新一样,人工智能财务机器人的出现,又一次无情冲击着会计职业界。这次冲击来得有点猛,会计界又一次陷入深思,会计职业未来路在何方?

人工智能最先取代的,必然是高重复性、低复杂性的工作,譬如会计记账、报表生成、报税等。作为一名会计教育工作者,我们不认同“会计消亡观”。我们认为信息技术替代的是会计的“形”,但不能替换会计的“核”。会计的核是什么?一是会计的职业判断。有人认为,人工智能财务机器人能进行会计职业判断。我们认为,这在未来相当长时间内是不可能实现的,比如收入确认要依据合同条款,尽管机器人能一字不漏地审阅合同,但买卖双方的合同不是标准文本,机器人没有一定数量的“经验”积累(大数据支持),是不能做出正确的会计职业判断的。二是会计对企业经济交易与事项的反映职能。企业经营的数据要靠会计一系列程序与方法加工生成会计信息,而会计的程序与方法需要会计人去设计,加工处理可以让系统自动化完成,但会计思想是不能被机器替代的。三是与人沟通的能力,以及面对复杂商业环境挑选最有用的信息进行分析做出决策的能力。这至少在短时间内,是人工智能难以超越的。所以,会计职业界只要守住这三条底线,会计就不会消失。

第二节　交易循环与会计循环

无论是何种类型的组织，管理者在决策过程中都需要运用大量的信息，以制订经营计划和实施控制，实现既定的经营目标。这些信息主要来自组织的会计信息系统，也就是反映在特定期间经营过程或交易事项的财务性信息。为了便于理解信息系统的功能及其在组织的经营过程中的作用，有必要先说明经营过程的特征、会计信息系统的作业原理以及相关信息。

一、交易循环

信息来源于经营过程中所发生的交易或事项产生的相关资料。种类繁多、数量庞大的交易或事项均会形成大量的会计记录。为了便于分析说明，通常可以把企业的各种经营事项按其处理流程或其相关资产、资源的流动方式归并为若干个交易处理循环（transaction processing cycles），或者简称为交易循环。每个交易循环包括有关的资产或资源流动，以及必须经过类似处理流程的交易或事项，其流程周而复始，持续不断。

交易循环的划分及其特征因不同企业或组织的经营活动而异，但是又有一定的共性。一般而言，制造企业包括以下五个基本交易循环。

(一)销售(收入)循环(revenue cycle)

销售循环包括三项基本的经营活动，即销货、应收账款处理和现金收取。它起始于接受客户订单、确定销售条件（如赊销或现销以及销货折扣与客户信用审核）、发运物品或提供客户所需的服务、开列销货发票或账单、登录应收账款及定期对账、收回客户支付的货款和应收账款。

(二)采购循环(purchase cycle)

采购业务是企业价值实现的起点。采购循环着重于生产或销售活动所需的原料、配件和劳务的采购，应付账款处理以及货款的支付。一般而言，采购循环还包括对购入物品的验收与仓储、付款支票的签发与审批等各项作业。

(三)生产循环(production cycle)

生产循环包括与产品制造过程相关的各项交易或经营事项，譬如产品的设计与开发，原材料或配件的领取与耗用，固定资产的取得、使用、维护与处置，制成品的质量检验及其存储等，内容繁多，并可能与采购循环有一定的重叠。就非制造业而言，由于不涉及产品的设计与生产制造，这一循环可能由资源管理循环（resource management cycle）所替代。

(四)人力资源循环(human resource cycle)

人是组织中重要的资源。人力资源循环也称为薪资循环(payroll cycle),包括对企业所需各种类别或等级员工的招募、培训、作业工时统计与分配,薪资和福利的计算与发放等事项或作业。这一循环也可以并入采购、销售或生产循环,但由于它具有相对的独立性,作为一个单独的循环会更有利于分析。

(五)账务处理与财务报告循环(general ledger and financial reporting cycle)

财务处理与财务报告循环属于对企业经营事项或交易的会计处理。这一循环较为独特,因为它并不完全限于对个别事项或交易的处理,而是对其他交易循环产生的数据执行会计处理,并且还包括发生于会计期末的非常规及调整性质的会计事项处理。一般而言,账务处理与财务报告循环处于其他交易循环的中心,它的主要作业包含总分类账户的登记、过账和结账,以及产生满足企业内、外部使用者需要的财务报表或其他的管理与绩效报告。

这些基本交易循环之间的关系如图 1-2 所示:

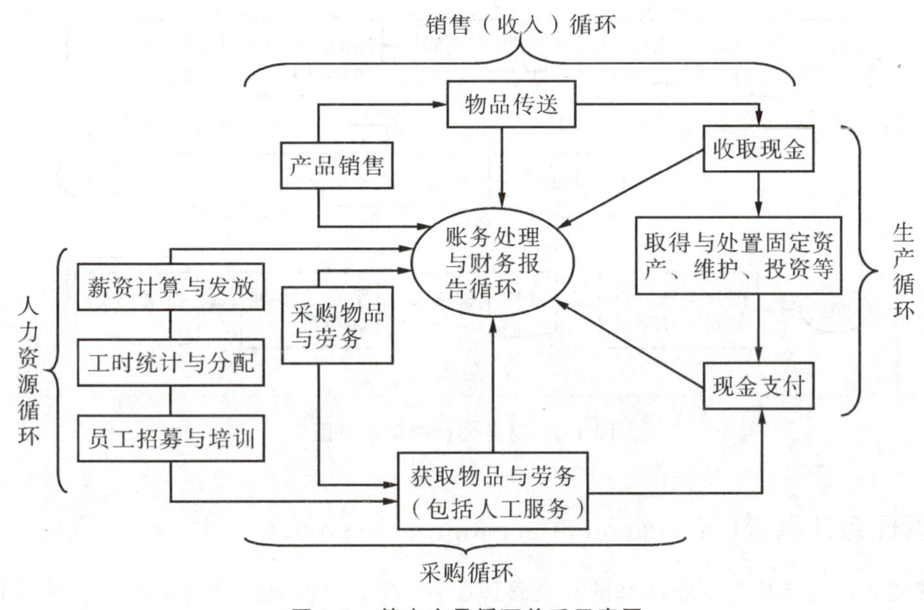

图 1-2 基本交易循环关系示意图

二、会计循环

企业的会计信息系统为内部和外部使用者提供有用的信息。由于使用者在信息需求方面存在着一定的差别,企业的会计信息系统可分为若干个相关的子系统。其中,财务会计系统和管理会计系统为两个最主要的会计信息处理子系统。

(一)财务会计系统(financial accounting system)

财务会计侧重于通用目的会计资料的处理,必须遵循规定的会计准则或法规,其输出的财务会计信息主要是针对企业的外部使用者,也可以为企业内部管理者使用。在财务会计系统中,从经营交易或事项的数据到会计信息的转化,必须经过下述各项主要会计处理步骤:

(1)确认、计量和记录经营交易或事项的相关原始数据(原始记录);

(2)把交易或事项的原始记录依据既定的会计科目表予以分类或编码归类;

(3)对已分类或编码的交易数据编制会计记录(journal entries),登录日记账;

(4)根据预定的会计科目表,把会计分录过入分类账户(包含对明细分类账户和总分类账户的过账);

(5)汇总与整理分类账户的记录,形成特定格式的货币性信息输出,如试算表、损益表、资产负债表和现金流量表等。

上述会计处理步骤在各个会计期间内周而复始,因此也可以视为一个财务会计循环,如图 1-3 所示:

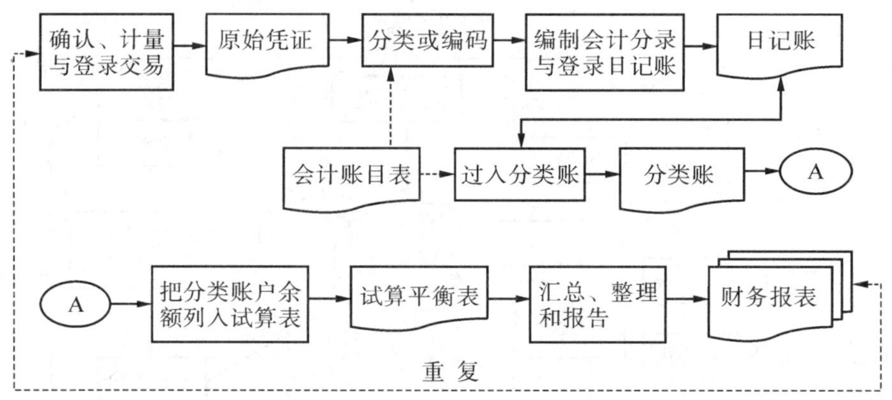

图 1-3 财务会计循环示意图

(二)管理会计系统(management accounting system)

管理会计主要是为企业内部的经营管理服务,着重为各级管理者的经营决策提供相关的信息。管理会计系统可能与财务会计系统有着一定的重叠,如在交易数据的收集、初始处理与记录储存等方面。管理会计既可以提供货币性信息输出,也可以提供非货币性的数据(如销售变动趋势、生产率增长比率等)。管理会计信息可以按两种途径输出与传导:一是定期输出供经营规划和管理控制使用的各种报表;二是依据管理者的特定决策模式(decision models)产生与传导相关的信息,同时满足管理者制定战略性和技术性决策的信息需求。

在管理会计系统中,信息处理亦表现为周而复始的循环过程。一次决策的行动结果又反馈进入管理会计系统,以供后期再处理。例如,各项营运作业的实际成本将反馈对比预先设定的标准或定额成本,产生本期绩效差异分析报告,或是作为修订下期标准或定额成本的依据。图 1-4 为管理会计循环的示意图：

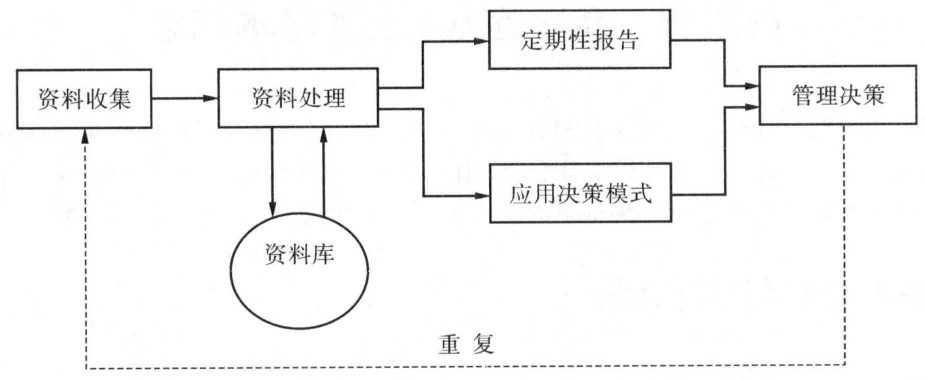

图 1-4　管理会计循环示意图

三、信息系统在经营过程中的作用

企业的经营规划、控制和决策需要应用多种多样的信息，除了会计信息之外，还有一部分并非来自会计信息系统。例如，产品市场需求变化、整体经济状况或银行利率走势等资料。这些信息也对企业的战略性决策有着重大影响，但是它们不属于企业的经营事项或交易，未被会计系统接受。因此，企业内部存在多种多样的信息系统，包括管理信息系统、决策支持系统、专家系统、行政主管信息系统等。图 1-5 反映了企业信息系统的结构：

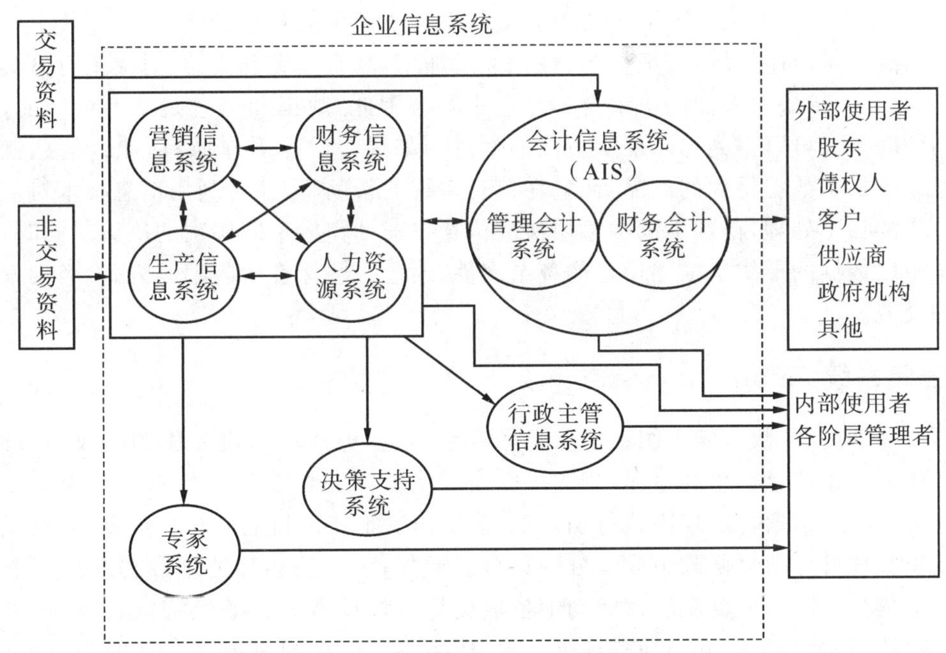

图 1-5　企业信息系统结构示意图

第三节　会计信息系统的基本概念

本节主要对会计信息系统涉及的有关基本概念作一个总体的阐述，目的是加深对会计信息系统的认识。这些基本的概念包括：数据、信息、系统、信息系统，以及会计信息系统。正确地理解这些概念对后续章节的学习是至关重要的。

一、数据、信息与信息系统

(一)数据(data)和信息(information)

数据是人们用符号化的方法对现实世界的记录，是用可鉴别的符号记录下来的现实世界中客观实体的属性值。数据表示的是客观事实，是一种真实存在。

信息在社会中无所不在，但是在不同研究目的和研究角度下，对信息的理解和解释不尽相同：《辞海》(中国)的解释是，信息是指对消息接受者来说预先不知道的报道；《韦氏字典》(美国)则认为信息是用以通信的事实，是在观察中得到的数据、新闻和知识；信息论的观点认为，信息是不确定量的减少，是用以消除不确定性的东西；控制论视信息为人们在适应外部世界并且将这种适应反作用于世界的过程中，同外部世界进行交换的内容的名称，接受信息和使用信息的过程，就是我们适应外部偶然性的过程；决策学的代表人物西蒙则提出，信息是影响人改变对于决策方案的期待或评价的外界刺激。

在信息技术应用领域，一般认为：数据经过加工，具有一定含义的、对决策有价值的结果是信息，这一结果对人们的决策行为产生影响。因此，数据和信息是密不可分的，而信息之间的联系又可以得到抽象层次更高的信息。如果将数据看作原料，那么信息就是通过信息系统加工数据得到的产品，而且在信息系统的帮助下，还可利用信息技术对信息进行进一步的加工处理，得到不同抽象层次的信息来辅助完成不同层次的决策。同时，在信息系统中以数据的形式来描述信息的各个属性，通过一些标准化的编码方式，大大方便了信息的交流。

(二)信息系统(information system)

在许多情况下，数据的组织和加工是通过手工、脑力或计算机完成的。数据的输入、处理转化为有用信息输出的过程，构成一个信息系统。所谓信息系统，包括对有关交易资料的收集、存储，依据特定规则执行加工处理，输出满足特定目的的相关信息，以及提供反馈机制来实现目标的数据或组成部分的集合。譬如，企业的会计处理过程就是一个重要的信息系统。其输入为企业经营活动中各项交易或事项所产生的经济资料，经过对这些资料的确认、计量、记录、分类和整理等步骤，产生各种财务报表或者其他财务信息，满足企业内部管理者和外部使用者的决策需要。信息系统又可分为人工处理系统和计算机处理系统。随着信息技术的发展，现今的信息系统多为计算机信息系统。

一般而言,任何信息系统都是在既定目标下,通过输入、处理、输出和反馈四个部分来达成目的,其基本关系如图 1-6 所示:

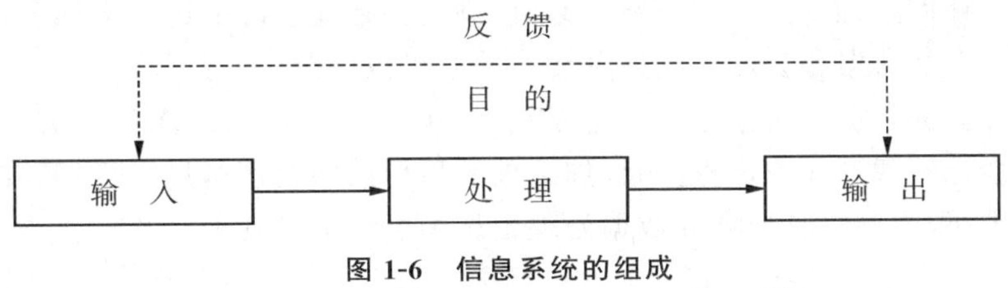

图 1-6　信息系统的组成

信息系统应具有以下属性:

1.开放性。指信息系统与外部环境之间有着信息、物质或能量的交换关系,对外部环境变化具有一定的适应能力。

2.系统的集成性及信息的集成性。企业信息系统是由许多子系统组成的,每个子系统完成各自特定的功能,但每个子系统都要服从为信息使用者服务的总目标,因此信息系统是一个整体,具有系统集成性和信息集成性。系统集成性有五个层次:硬件集成,软件集成,数据和信息集成,管理、技术和生产等功能集成,人和组织机构的集成。

3.人—机协作系统。信息系统是一个"人—机协作"系统,即信息系统中人与机器必须相互密切合作、相互适当配合才能发挥各自的作用,忽视了任何一方,信息系统的目标就不能很好地实现。这是信息系统的重要特点之一,也是信息系统应用上的难点之一。

二、会计数据和会计信息

(一)会计数据

会计数据是用于描述经济业务属性的数据,它是对企业经济业务发生情况的客观记录。在会计工作中,从不同渠道、不同来源取得的各种原始资料、原始凭证以及记账凭证等上面所记载的数据一般都属于会计数据。根据会计业务处理的特点,会计数据具有连续性、系统性和周期性的特点。但这些会计数据本身并不能作为人们判断和得出结论的可靠依据,它还必须按照一定的加工程序加工成为对会计工作有用的、有价值的会计信息。

(二)会计信息

会计信息是指按照一定的要求或需要,通过一系列专门的会计核算方法,对会计数据加工或处理后提供给企业内外部信息使用者管理决策所需要的各项会计数据,包括资产、负债、所有者权益信息,收入、费用、利润信息,以及其他能以货币表现的信息。由于会计信息在经济管理中有极重要的作用,因此准确、及时是会计信息的基本要求。

(三)会计数据和会计信息的关系

会计信息和会计数据既有密切的联系又有本质的区别。会计信息是通过对会计数据的处理而产生的,会计数据也只有按照一定的要求或需要进行加工或处理,才能成为满足管理需要的会计信息。但二者并没有截然的界限。会计信息具有相对性,有的对某些管理者来说是会计信息,而对另一些管理者来说则需要在此基础上进一步加工处理,才能变成会计信息。会计数据和会计信息这种相对关系可以用图 1-7 表示。

尽管会计数据和会计信息存在一定差别,但在实际工作中,二者经常被不加区别地使用。因为在会计处理过程中,经过初级加工处理后形成的会计信息,往往又成为后续深度加工的数据来源,因此有时把会计数据处理也称为会计信息处理。

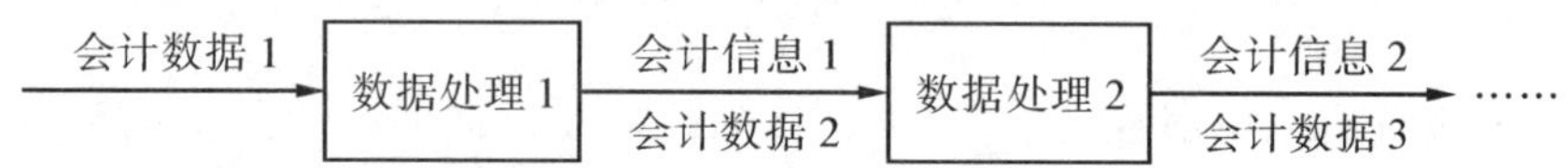

图 1-7 会计数据与会计信息的关系

(四)会计数据和会计信息的特点

会计数据与会计信息有如下主要特点:

(1)会计数据和信息是反映与资产、负债或所有者权益的增减变动有关的经济业务的数据或信息。

(2)会计数据和信息的处理具有周期性。很多会计数据和信息的处理是周期性的,每个周期的处理方法基本上是一样的。如每个月的工资计算、资产折旧、每天的凭证处理、每月的银行存款对账、每月结账、打印会计报表,都是可重复的循环。所以会计数据和会计信息的处理十分适合用计算机来完成。

(3)会计数据和信息是管理信息的重要组成部分。

(4)会计数据与信息不仅对企业外部利益关系人的决策有用,而且对企业各级管理人员的管理与决策有用。许多管理工作中的分析、预测、决策、规划、控制、考核、评价等所需的数据和信息,均以会计数据和会计信息为基础。

(5)会计数据和信息要求客观、真实、公允。由于会计数据和信息具有客观、真实、公允的要求,因此,对会计数据和信息的收集、处理及结果的输出都必须有严格的控制措施,以保证会计数据和信息的合法、完整、准确、客观真实与可靠。

(五)会计数据和会计信息的分类

按照不同的分类标准,会计数据和会计信息可有不同的分类。如:

(1)按用户对象和处理规则,可分为财务会计信息与管理会计信息。财务会计和管理会计具有同源分流的关系,它们的许多初级数据、信息是同源的或者是相同的,但其主要目标与职能不同,因此,相应信息的使用对象与处理规则不同。

(2)按用途层次,可分为业务处理型、管理控制型、决策支持型的会计数据与信息。

(3)按综合程度分,可分为业务凭证型、账簿和业务报表型、会计报表型的会计数据信息。

(4)按数据信息载体,可分为纸质会计数据信息、电子会计数据信息。前者如纸质的

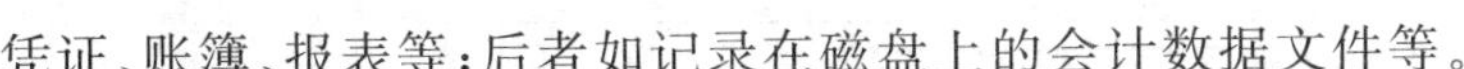

凭证、账簿、报表等；后者如记录在磁盘上的会计数据文件等。

(5)对计算机信息系统来说，按其流向可分为输入的和输出的会计数据信息。

(六)会计数据和会计信息的用途

综合来说，会计数据和信息是为企业内部各层次的管理人员和企业外部的政府机构、债权人和股东等利益相关者的管理和决策服务的。

具体来说，财务会计信息面向企业外部信息使用者，管理会计信息主要用于企业内部管理；业务凭证型会计数据和信息(如入库存单、出库单、记账凭证等)主要供信息系统输入、处理，以提供更综合、高级的账簿和业务报表型的会计信息(如出入库汇总表)；账簿、业务报表型的会计数据信息主要供中层管理、控制、决策使用(如进行库存管理，制定采购、销售等计划与预算，并对相应业务实行控制等等)和编制会计报表；会计报表型会计信息供企业内高层领导决策和企业外部各利益相关者决策使用；纸质会计信息可直接供用户使用；电子会计信息可直接供计算机处理，转化为屏幕或纸质可视信息后供管理者使用。

三、会计信息系统

(一)会计信息系统的概念

会计是个信息系统，它通过确认、收集、处理，把这些经济信息传递给利害相关的各个方面。任何企业在发生经济业务时，首先是填制和审核凭证，然后用复式簿记的方法登记账簿，定期或不定期进行财产清查；在会计期末需要编制会计报表，在平时需要对经济活动要进行分析考核，运用会计信息进行管理。所有这些活动都紧密相连，相互依存，环环紧扣，是一个有序的数据处理和信息生成的过程。会计程序的每一过程又可分为若干部分，每一部分都有各自的信息处理任务；但所有部分又相互联系、配合，服从于一个统一的目标，形成一个会计活动的有机整体。这个有机整体就称为会计信息系统(accounting information system，简称 AIS)。随着科学技术的进步和信息技术不断地应用于会计工作，会计程序的操作也从手工发展到了目前的计算机网络操作，从而形成了计算机会计信息系统。

因此，可以对会计信息系统下如下的定义：利用信息技术对会计数据进行采集、存储、处理和传递，旨在向企业或主体的内部管理人员和企业或主体的外部信息使用者提供有助于进行决策的经济信息系统。

和其他信息系统一样，会计信息系统也包含输入、处理和输出三个基本构成要素。

(1)输入。着重于确认企业经营过程中发生的内、外部交易或事项的资料，确认能够进入会计信息系统处理的相关资料，并且根据既定的会计原则或准则予以定量化记录反映。

(2)处理。输入会计系统的交易资料必须经过一系列的会计处理，如计量、记录、分类、汇总、过账、调整与结账等。

(3)输出。按既定的报告格式与时间要求，把已经处理的资料传送给特定的使用者。

会计信息系统的基本架构如图 1-8 所示：

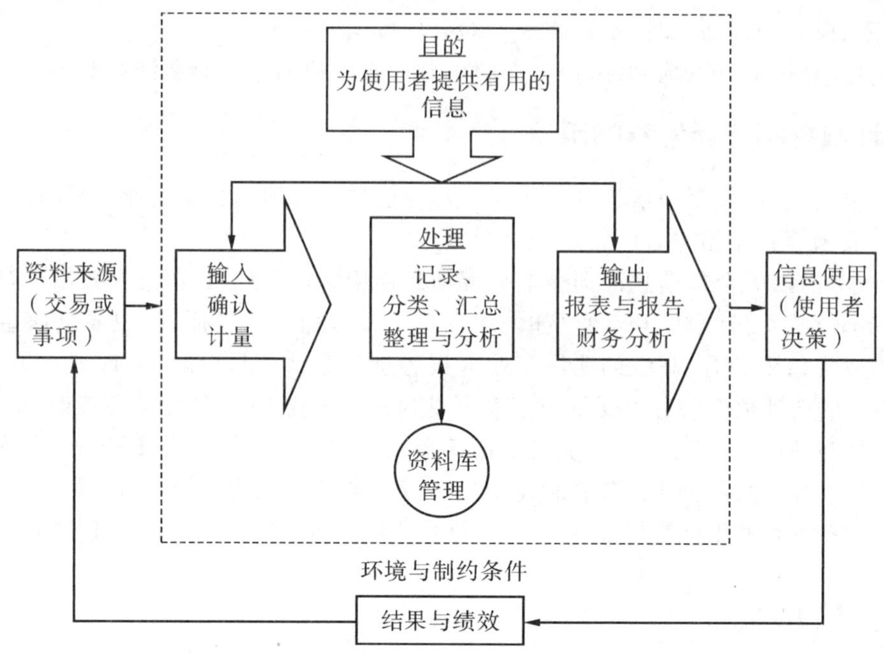

图 1-8　会计信息系统示意图

(二)会计信息系统的目标

会计信息系统是为企业服务的，是企业会计工作必不可少的组成部分。会计信息系统的目标应该服从于企业、企业信息系统、会计三者的目标，也即为企业内外部的决策者提供所需要的会计信息。会计信息系统的功能、规模和结构的不同，决定了会计信息用户可以得到的信息内容和质量。

当然，具体到不同的决策者，由于需要的不同，希望获取的会计信息也会各不相同。会计信息系统要满足所有信息使用者的需求是不切实际的，因此，会计信息系统要有一个基本功能定位，也就是：利用各种会计规则和方法，加工来自企业各项业务活动中的数据，产生满足外部信息使用者的财务会计信息和提供企业经营管理需要的管理会计信息，以辅助人们利用会计信息进行相关的决策。其中，会计规则和方法是由会计人员根据信息用户的需求综合制定的，它们并不是一成不变的，而是随着外界情况的变化不断调整的。

(三)会计信息系统的特点

1.综合性

会计信息是全面反映企业供、产、销和企业管理各个环节的综合信息。企业的活动通常分为三大类，一类是生产活动，一类是管理活动，还有一类是商务活动。在生产活动过程中，各部门都会有某种程度上的会计数据的发生，而在管理活动和商务活动中又会利用大量的会计信息。因此，会计信息系统能够综合地反映、监督和控制整个企业生产经营活动。

2.复杂性

会计信息系统本身是一个独立的整体，由许多职能子系统组成，如账务处理子系统、职工薪酬子系统、固定资产子系统、存货核算子系统、成本核算子系统等，内部结构较为复杂，各子系统在运行过程中进行数据的收集、加工、传递、使用，联结成一个有机的整体。另外，由于会计信息系统全面地反映企业各个环节的信息，它跟其他管理子系统和企业外部的联系也十分复杂。会计信息系统从其他管理信息子系统和系统外界获取信息，也将处理结果提供给有关系统，使得系统外部接口较复杂。

3.会计信息的及时性、准确性和可靠性

通过计算机对会计数据的实时处理，可以及时提供生产经营活动中的最新信息，并大大缩短会计核算周期。同时，会计信息直接关系到国家、企业及个人的经济利益，会计信息应该符合一定的质量要求，包括：严格遵守会计准则（制度）、法规的要求；连续、完整、真实、准确地反映经济业务；及时提供相关的会计信息等。

4.内部控制严格

会计信息系统中的数据不仅在处理时要层层复核，保证其正确性，还要保证在任何条件下以任何方式进行核查核对，留有审计线索，防止犯罪破坏，为审计工作的开展提供必要的条件。因而，会计信息系统的控制要求更为严格，内容更为广泛。

第四节　会计信息系统的结构

按照系统论的观点，系统是若干要素的有机体，系统结构是系统中各要素的中介，系统通过结构将要素联结起来，并决定系统的性质。一个完整的会计信息系统通常由硬件、软件、操作人员等要素组成，系统软件可分为操作系统软件和应用软件两个层次，应用软件又再可分为财务会计和管理会计两个层次。因此，会计信息系统的结构是指组成会计信息系统内各层次要素的组织形式、规则。会计信息系统的结构决定了会计信息系统的功能与目标。

一、会计信息系统的应用层次

系统要素的组织形式是系统的结构，但结构又可分为不同的等级或层次。从应用层次来分类，会计信息系统可以分为以下三种。

（一）核算型会计信息系统

核算型会计信息系统是一种面对业务数据处理的信息系统。主要功能是对业务数据进行登记、编辑、存储，按规定输出信息。它所追求的目标是用计算机代替人工操作，提高处理效率。我国目前大多数中小企业会计核算业务的计算机会计信息系统即属于这一层次。

（二）管理型会计信息系统

管理型会计信息系统是为实现辅助管理功能而设计的一种信息系统。它是由核算型会计系统逐渐发展形成的。主要功能是在电子数据处理的基础上，依靠电子计算机存储的数据和建立的相应经济管理模型，迅速地为管理的规划、实时控制提供必要的参考信息。我国目前的通用会计软件基本上已完成了由核算型会计信息系统向管理型会计信息系统的过渡。

(三)决策支持型会计信息系统

决策支持型会计信息系统是以提高决策的效果为目标,面向决策者的一种信息系统,是由管理型信息系统逐渐发展形成的。决策支持型会计信息系统的关键组成部分是一个以计算机为基础的、反映决策者面临的某些方面问题的模型库和对应的方法库。利用MIS系统数据库中的信息,以及大量外部的、往往是半结构化和非结构化的信息。决策者可以模拟实际经营活动中可能出现的情况,在计算机上试验各种各样的处理方案,并且选择最优方案辅助决策。例如,管理者可能模拟在不同市场竞争状况下采用不同的产品定价政策对企业销售收入和利润的影响程度或结果,选择最佳的定价决策方案。

决策支持型系统具有以下特征:

(1)包含大量的资料和不同的决策模型;

(2)有助于解决半结构化(semi-structured)或非结构化(non-structured)的决策问题;

(3)其主要功能在于增进决策的效果(effectiveness),而不是效率(efficiency);

(4)仅扮演辅助支持决策的角色,而不是替代管理者做出决策。

决策可以根据待解决问题的结构化程度和决策者的管理层次分类。信息系统必须与决策需要相吻合。不同层次的决策需要应用不同的资料和模型。例如,下层管理者主要需要有关企业内部营运作业的详细资料;下层管理者所做出的决策大多属于结构化、常规作业性决策。但随着管理层次的上升,决策将越来越非结构化。结构化与非结构化的划分是相对的,无论是哪一管理层次的决策者,都需要处理兼具结构化和非结构化的决策问题。

决策支持系统因功能不同而种类繁多,但一般包括四个基本构成部分:

(1)系统启动器。决策支持系统启动器是一个使用第四代计算机程序语言的套装软件,如交换式财务计划系统(IFPS)、资料库管理系统中的"集合点"(focus),以及个人电脑中的某些通用电子工作底稿套装软件(如 Lotus 123 和 EXCEL)等等。

(2)使用者界面。它是决策支持系统和使用者沟通的终结。使用者界面的设计至关重要。如果系统和沟通界面清晰易懂,将便于使用者使用。目前,图像界面技术普遍受到欢迎。较流行的图像界面包括菜单选项(menu)、查询机制、资料弹性切换等多种方式。

(3)资料库。它用于储存大容量的交易资料、数据和事项记录。使用者通过数据库管理系统可以调取多种不同形式与用途的资料,如整体经济状况分析、银行利率变化趋势、客户商业信用评估等,以满足不同决策的需要。

(4)决策模型库。它储存多种统计分析和管理行为的决策模型,供不同的决策者选择使用。决策模型库是决策支持系统有别于其他信息系统的主要标志。比较常用的决策模型包括线性回归分析、相关性分析、时间系列统计分析模型,以及其他多种管理行为模型,比如蒙地卡罗模拟(Monte Carlo simulation)、决策表和决策树、多重变量标准决策法(multiple criteria decision-making techniques)。此外,决策模型库一般都配置了电子工作底稿、试算表和绘图功能,以协助决策者分析或应用。

决策支持系统的主要优点在于可以提供大量与及时的定量化资料,协助决策者正确地分析问题。特别是，决策支持系统可以重复量化模型，可以提供前后一致的客观分析和结论，克服决策者主观臆测的偏差，制定有效的经营决策。决策支持系统还可以为决策者针对特定的经营活动的不确定性，提供不同的选择或解决方案，开拓管理者的思路和决策能力。一般地说，应用决策支持系统有助于提高管理者制定决策的效果与效率，同时可以使管理者腾出更多的时间与精力解决企业面临的重大经营问题。

二、会计信息系统的功能结构

会计信息系统的功能结构是指一个完整的会计软件由哪几个子系统组成，每个子系统完成哪些功能，以及各子系统之间的相互关系等。

会计信息系统是随着信息技术革命和会计学科的发展逐步发展和完善的。早期的会计信息系统包含的子系统非常少，主要为账务处理、职工薪酬、报表等子系统，每个子系统功能也比较简单，主要是帮助财会人员完成记账、算账、报账等基本核算业务。随着信息技术和会计学科的发展，会计信息系统已经从核算型过渡到管理型，它涵盖供、产、销、人、财、物以及决策分析等企业经济活动的各个领域，功能不断完善，子系统不断扩展，尽可能满足各行各业会计核算和管理的需要。

以制造企业为例，会计信息系统按业务职能划分，其结构如图 1-9 所示：

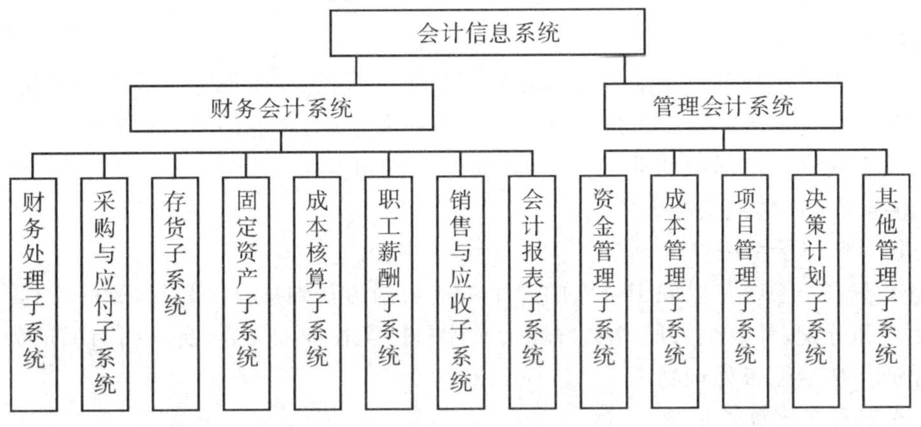

图 1-9　会计信息系统功能结构图

制造企业会计信息系统由两大系统组成，即财务会计系统和管理会计系统。财务会计系统一般按会计循环划分，包括账务处理、采购与应付核算、存货核算、成本核算、职工薪酬核算、固定资产核算、销售与应收核算、会计报表和银行对账等职能。管理会计系统一般包括资金管理、成本管理、项目管理、预算管理、决策计划，以及利润分析和销售预测等子系统。

除了以上从会计自身职能考虑之外，会计信息系统中还必须包括数据的期初录入、系统的环境参数设置等系统设置功能。另外，由于数据处理方式的改变，原有的会计档案保存形式等发生了变化，必须专设数据管理功能，进行数据的存储、备份与保护等。因而除了前面讨论的基本功能之外，会计信息系统一般还要专设系统初始化设置、系统维护两个子系统。

(一)财务会计各子系统的主要功能

1.账务处理子系统

账务处理子系统用于日常账务处理,从记账凭证的填制开始,完成凭证的审核、记账、对账、结账等业务处理,并对总账、明细账、日记账以及凭证、科目汇总表等账证进行查询,提供各种形式的查询打印功能。

账务处理子系统是整个电算化会计信息系统的核心。各业务核算子系统如职工薪酬、存货核算、成本核算、销售与采购业务核算等生成的凭证需要转入账务处理子系统进行登账,同时,其总账、明细账等会计信息也是会计报表子系统的数据基础。

2.采购与应付子系统

材料是制造企业加工生产过程中的劳动对象,它在生产过程中或者直接构成产品实体,或者辅助产品的形成,或者作为劳动工具在生产过程中消耗。材料是制造企业存货的重要组成部分。企业为购买材料必须付出一定的资金,形成应付账款。该系统反映企业采购业务管理和采购成本核算的实际需要,制订采购计划,对采购订单、采购到货以及入库状况进行全程管理,为采购部门和财会部门提供准确及时的信息,辅助管理决策以及对各种应付账款的登记、核销以及应付账款的分析预测工作;及时分析各种流动负债的数额及偿还流动负债所需要的资金;提供详细的客户和产品的统计分析,帮助财会人员有效地管理应付款。

3.存货子系统

存货子系统主要针对企业存货的收发存业务进行核算,掌握存货的耗用情况,及时准确地把各类存货成本归集到各成本项目和成本对象上,为企业的成本核算提供基础数据;动态反映存货资金的增减变动,提供存货资金周转和占用的分析,为降低库存,减少资金积压,加速资金周转提供决策依据。

4.职工薪酬子系统

职工薪酬子系统是以职工个人的原始工资数据为基础,完成职工薪酬的计算、薪酬费用的汇总和分配,计算个人所得税,查询、统计和打印各种工资表,自动编制工资费用分配转账凭证传递给账务处理功能。

5.固定资产核算子系统

固定资产核算子系统主要是对设备进行管理,即存储和管理固定资产卡片,灵活地进行增加、删除、修改、查询、打印、统计与汇总;进行固定资产的变动核算,输入固定资产增减变动或项目内容的变化原始凭证后,自动登记固定资产明细账,更新固定资产卡片;完成计提折旧和分配,产生“折旧计提及分配明细表”、“固定资产综合指标统计表”等,费用分配转账凭证可自动转入账务处理等子系统;可灵活地查询、统计和打印各种账表。

6.成本核算子系统

企业生存和发展的关键,在于不断提高经济效益。提高经济效益的手段,一是增收,二是节支。增收靠创新,节支靠成本控制。而成本控制的基础是成本核算工作。成本核算是工业企业会计核算的中心内容,它按成本计算对象,采用一定的方法对费用进行归集和分类，并计算成本计算对象的总成本，编制成本报表。由于成本子系统的数据来源比较复杂，与外部联系密切，同时成本核算工作量大，而且各企业成本核算方法也不尽相同，难以做到通用化，因此在成本核算子系统中需要设置的参数通常较多。

7.销售与应收子系统

对制造企业而言，产成品是企业生产经营活动的成果，销售是产成品价值实现的过程。产成品的完工、发出、结存关系到企业的产、销计划的完成和流动资金占用情况。销售是企业流动资金周转的最后阶段，使产成品资金占用转化为货币资金回笼。该子系统对产成品、销售、应收客户往来等方面进行处理，以反映企业营运状态和经营成果，还可以根据企业管理的需要，对所收集到的数据进一步加工，进行产品销售预测、账龄分析、利润预测和分析等，辅助管理人员进行管理决策。它主要反映销售核算和管理、应收账款管理等。

8.会计报表子系统

报表处理子系统主要根据会计核算数据(如账务处理子系统产生的总账及明细账等数据)完成各种会计报表的编制与汇总工作，产生各种内部报表、外部报表及汇总报表，根据报表数据生成各种分析图等。

随着网络技术的发展，报表子系统能够利用现代网络通信技术，为行业型、集团型用户解决远程报表的汇总、数据传输、检索查询和分析处理等功能，既可满足母公司合并报表的需要，又可用于分、子公司单独编制报表，而且还支持多级单位层层上报、汇总的应用。

(二)管理会计各子系统的主要功能

1..资金管理子系统

随着市场经济的不断发展，资金管理越来越受到企业管理者的重视，为了满足资金管理的需求，目前有些软件提供了资金管理子系统。它可以满足制造企业、商业企业或行政事业单位等对资金管理的需求；以银行提供的单据、企业内部单据凭证为依据，记录资金业务以及其他涉及资金管理方面的业务；处理对内、对外的收款、付款、转账等业务；提供逐笔计息管理功能，实现每笔资金的管理；提供积数计息管理功能，实现往来存贷资金的管理；提供各单据的动态查询情况以及各类统计分析报表。

2.成本管理子系统

随着企业成本管理意识的增强，目前很多商品化软件增加了成本管理子系统，以满足企业对成本管理的事前预测、事中控制和事后分析的需要。它包括：(1)成本计划功能，通过费用计划单价和单位产品费用耗量生成计划成本，为成本预测和分析提供数据；(2)成本预测功能，运用一次移动平均和年度平均增长率法以及计划(历史)成本数据对部门总成本和任意产量的产品成本进行预测，满足企业经营决策需要；(3)成本分析功能，可以对分批核算的产品进行追踪分析，计算部门内部利润，对历史数据对比分析，分析计划成本与实际成本差异，分析产品的成本项目构成比例。

3.项目管理子系统

项目成本管理是以项目管理和成本会计为基础，对项目进行成本核算管理。项目管理系统可根据企业的实际情况灵活定义项目信息、灵活定义项目的直接成本项、间接成本项和期间费用项;可以通过定义要素分摊方案的方法,将归集的公共要素按照用户的要求以多种形式分摊到项目;同时可以从总账的凭证中取数据,灵活获取项目成本核算所需求的数据;系统提供灵活的自定义报表查询,能满足企业不同角色对成本信息的需求。

4.决策计划子系统

决策计划子系统的特点在于以交互方式支持决策者解决半结构化决策问题。在此基础上又提出了群体决策与计划系统,支持决策群体共同决策以及编制与分解各种计划。

5.其他

除了以上各子系统外,管理会计系统还包括投资决策、筹资决策、利润分析和销售预测、财务计划、全面预算管理等子系统。

三、会计信息系统的物理结构

会计信息系统的物理结构,是指系统的硬件、软件、数据等资源在空间的分布情况。物理结构可分为集中式和分布式两大类。

(一)集中式系统

集中式系统是资源在空间上集中配置的系统。单机系统是典型的集中式系统,将软件、数据和主要外部设备集中在一套计算机系统之中。由分布在不同地点的多个用户通过终端共享资源的多用户系统,也归类于集中式系统,如图 1-10 所示。

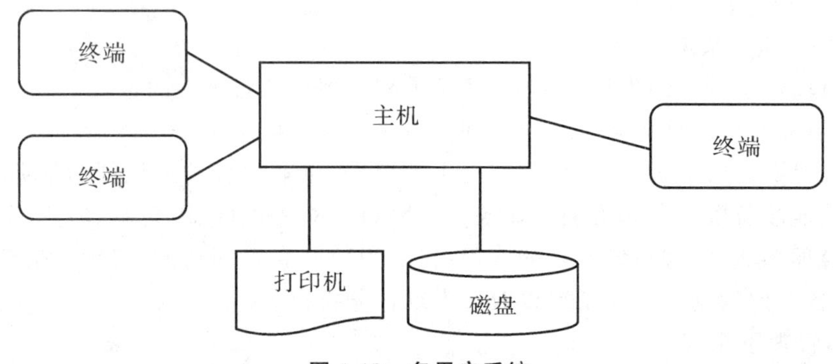

图 1-10 多用户系统

集中式系统由于资源集中,便于管理,资源利用率高。专业人员也相对集中,有利于他们发挥作用及培训提高。早期的会计信息系统多采用这种形式。随着系统规模的扩大,系统越来越复杂,系统的维护管理越来越困难,也不利于发挥用户开发、管理的积极性。另外,资源过于集中,系统比较脆弱,主机一旦出现故障,可能使系统瘫痪。

(二)分布式系统

分布式系统通过计算机网络把不同地点的计算机硬件、软件、数据等资源联系在一起,服务于一个共同的目标。实现不同地点的资源共享,是这种系统的一个主要特征。各地的计算机系统既可以在网络系统的统一管理下工作,又可以脱离网络环境利用本地资源独立工作。

分布式系统又可分为一般分布式系统和客户—服务器式(client/server，简称 C/S)系统，如图 1-11 所示。

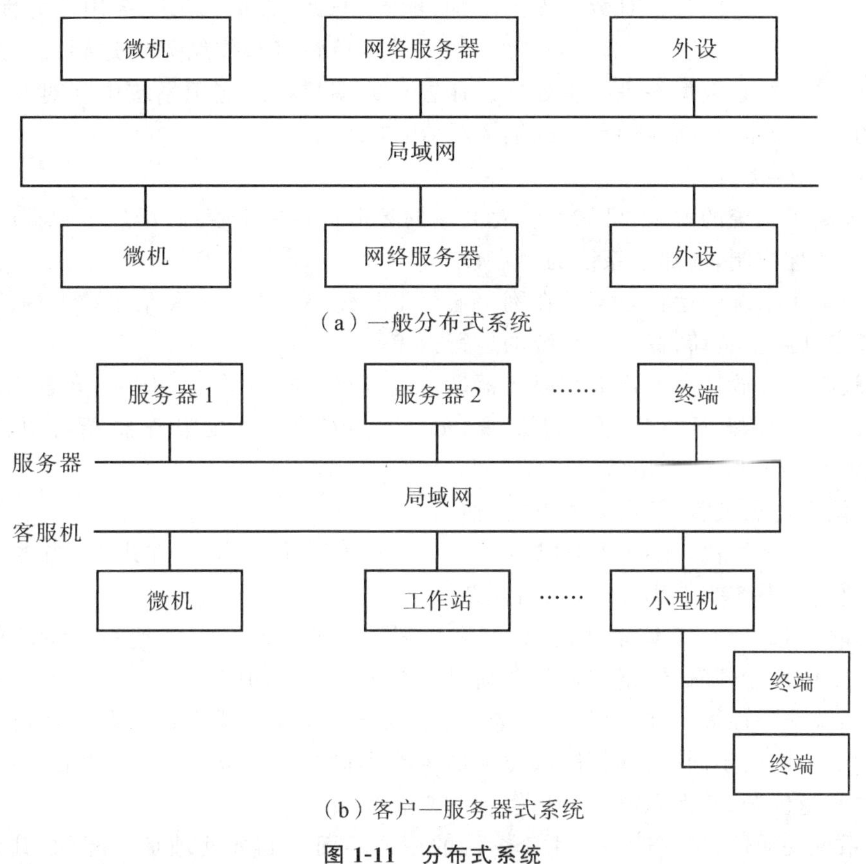

(a) 一般分布式系统

(b) 客户—服务器式系统

图 1-11　分布式系统

1.一般分布式系统

一般分布式系统中的服务器只提供软件和数据的文件服务，各计算机系统可以根据规定的权限存取服务器上的数据文件和程序文件。

它的优点是，在服务器上网络操作系统，对共享数据的其他管理均由工作站的相应系统管理。

而它的缺点也显而易见，包括：

(1)对共享数据的应用操作分布在各网络服务器上，容易引起数据的不一致性。

(2)对共享数据请求服务后，共享数据将从微机上不经任何处理全部传递到各网络服务器上，增加了网络的通信负荷，易造成网络通道的堵塞。

2.客户—服务器式(C/S)系统

在客户—服务器式系统中，网络上的计算机分为客户和服务器两大类。服务器可以包括文件服务器、数据库存服务器、打印服务器等等。网络结点上的其他计算机系统都称为客户机。用户通过客户机向服务器提出服务请求，服务器根据请求向用户提供加工过的信息。当然,客户机本身也承担本地的信息处理工作。它的硬件环境与一般分布式的硬件环境基本一样,但其软件的分布结构及对共享数据管理的结构是不同的。在服务器上不仅存放了共享信息资源及其数据库管理系统 DBMS,且将应用系统中有关对共享数据的基本操作和管理,包括对数据库的增加、删除、修改、查询、统计、多用户并发管理、数据一致性控制等应用操作全部在服务器端完成,然后在将操作结果传送到工作站上进行显示、打印或对结果数据作进一步处理。在客户终端只存放应用系统中除对共享数据操作以外的其他操作,包括应用系统的输入/输出界面等。

C/S 结构的优点:

(1)提高了系统的安全、可靠性。对共享的数据进行集中管理,增加了数据的安全性、可靠性、一致性控制,增加了系统的稳定性。

(2)提高了系统的运行效率。在网络通信上只传递请求服务和结果数据的信息,大大减轻了通信线路上负荷,提高了系统的运行效率。

(3)较强的开放性。客户端与服务器端可以选择不同的平台。例如,在客户端可以选择在 Windows 环境下的各种软件工具,如 VB、VC 等,而在服务器端可以选择各种 DBMS,例如 Access、Oracle 等。

C/S 体系优点虽多,但也有弱点,包括:

(1)系统复杂性高,系统维护成本高。在二层 C/S 体系结构方式下,当客户机很多时,如果要进行系统维护,升级就相当复杂。

(2)在实施二层 C/S 体系结构(只有客户端和服务器端)时,如何在二者之间合理分工来提高整体性能,降低网络传输的负荷是一个十分复杂的问题。

(3)系统局限性大。在二层 C/S 体系结构方式下,客户端配置复杂。客户软件随服务器软件的不同而不同,访问不同的服务器需要不同的客户软件,随着功能的扩展,客户端变得越来越复杂,使得系统的维护管理越来越复杂。

(4)系统灵活性、扩展性差。由于系统的用户界面与业务处理是一起的,其中一方发生变化,客户端软件就需要重新调整。另外,系统不支持 Internet/Intranet 。

现在更先进的 C/S 是三层的,它是在二层客户—服务器系统基础上发展起来的,结构如图 1-12 所示:

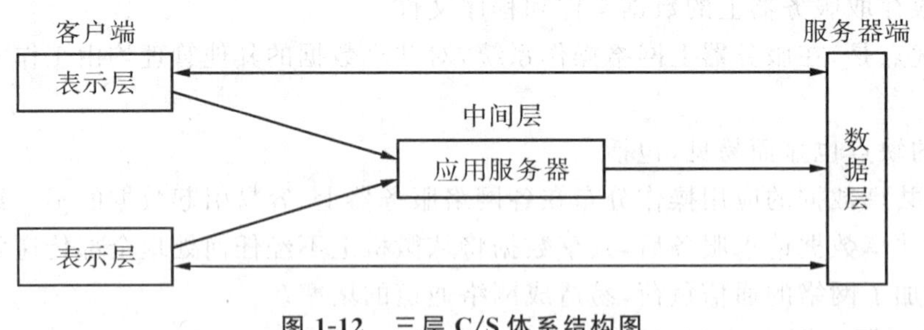

图 1-12 三层 C/S 体系结构图

三层结构是一种先进的协同应用程序开发模型,这种方案将客户—服务器系统中各种各样的部件划分为三层服务,它们共同组成一个应用环境,这三层包括:

(1)客户端服务:主要完成输入/输出界面,发出各种处理请求。

(2)业务服务和其他"中间层"服务:主要完成各种业务处理。

(3)数据服务:主要完成对共享数据的操作。

三层C/S结构与二层C/S结构的主要区别在于将原客户端的应用程序又分解成两个逻辑部分:其一是与业务规则无关的表示层,主要内容是一些面向最终用户的可视化接口,通常表现为用户界面;其二是执行业务处理的应用服务层,它是表示层和数据层间的"桥梁",它们将响应表示层的用户发来的请求,执行某种业务任务,如果需要访问共享数据库,则再向数据层提出服务请求。

分布式系统可以根据应用需求来配置资源,提高了系统对用户需求和环境变化的应变能力,系统扩展方便,网络上某个结点出现故障一般不会导致全系统瘫痪。它的不足之处是,由于资源分散,且一般分属于各个子系统,系统维护管理的标准不易统一,协调比较困难,不利于安全保密。

随着企业组织朝着扁平化、网络化发展,以及计算机网络和通信技术的迅速发展,分布式系统已成为信息系统结构的主流模式。根据需要,可以把分布式和集中式两种结合起来,即网络上的部分结点采用集中式(分时终端)结构,其余的按分布式配置。这种结构又称为分布集中式结构。

四、会计信息系统的组织结构

由于各组织的规模、行业、管理要求等不同,其会计信息系统的组织结构也不可能一致。会计软件开发商针对不同的企业规模提出了不同解决方案,一般为:集团版、通用版和中小企业普及版。其技术特点是:集团版一般基于大型数据库,具有卓越的扩展性、业界领先的数据仓库解决方案、完整Internet应用支持、易于管理和使用。采用多层次结构的程序构架,符合NUI网络标准,全方位提高企业竞争能力,为企业的中长期决策提供可靠的信息支持。

通用版一般采用NUI标准、对象化技术等,为企业提供完善的管理功能,实现账务与业务的高度集成,支持跨平台的解决方案(可运行于Windows系列、苹果Mac系列等多平台)。中小型企业普及版一般提供了系统使用的方便性,以高度智能的软件系统来保障操作的"傻瓜性"、实用性,满足中小企业的日常核算要求。这些产品均有用户版和网络版之分。

五、会计信息系统的数据关联

在会计信息系统中,会计的整体功能通过各个子系统局部功能加以实现,各业务子系统一方面要对各自的原始凭证进行处理,输出满足特定管理要求的报表资料;同时要汇总原始数据,编制出记账凭证,传输到其他子系统中。

各个子系统之间的数据传递和数据共享,以及子系统之间相互作用、相互联系,形成了一个完整的会计信息系统。

目前,一个完整的计算机会计信息系统内各子系统间数据传递的方式大体有三种。

(一)集中传递式

集中传递式是指各子系统之间的数据传递关系，通过一个专门的自动转账系统来实现。相应地，在这种形式下还需要专门建立一个自动转账子系统，它一般具有转账模式的定义(如转账凭证模式的定义)、费用汇总模式定义、根据转账模式从子系统中提取数据并生成汇总转账数据(如转账凭证)、自动将转账数据发送到其他子系统，以及转账数据的查询、打印等功能，如图 1-13 所示：

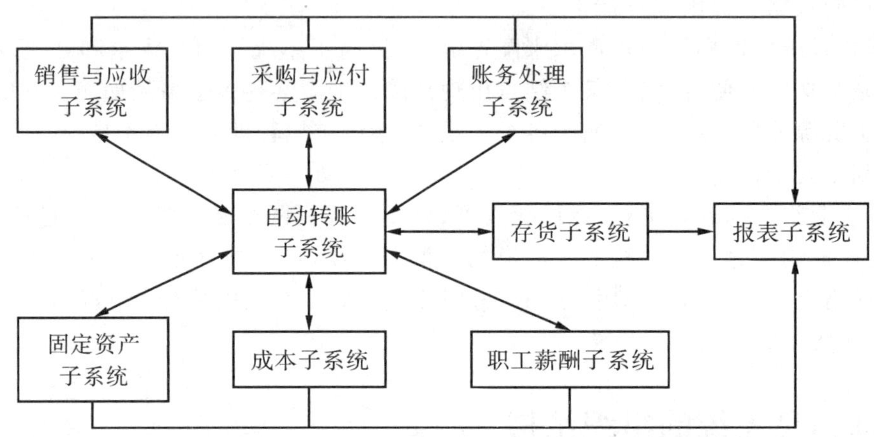

图 1-13　子系统之间数据传递关系——集中传递式

(二)账务处理中心式

账务处理中心式是指各业务子系统对原始凭证汇总、处理后，编制出记账凭证直接传递到账务处理子系统，账务处理子系统对涉及成本、费用的凭证进行汇总后，传递到成本子系统。会计报表则直接由账务处理子系统生成。采用此方式，相应地要求有关科目按产品设明细科目，以便可以方便地汇集直接费用。如图 1-14 所示：

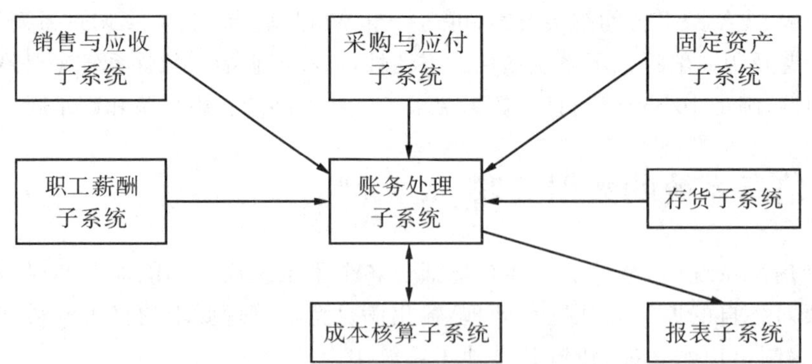

图 1-14　子系统之间数据传递关系——账务处理中心式

(三)直接传递式

直接传递式是指各业务子系统首先对原始凭证汇总、处理后,编制出记账凭证传递到账务处理子系统进行账务处理;同时,职工薪酬、固定资产、存货、销售与应收、采购与应付等业务子系统以及账务处理子系统要将各种直接的、间接的费用按一定的标准汇总后传递到成本核算子系统进行成本计算。如图 1-15 所示:

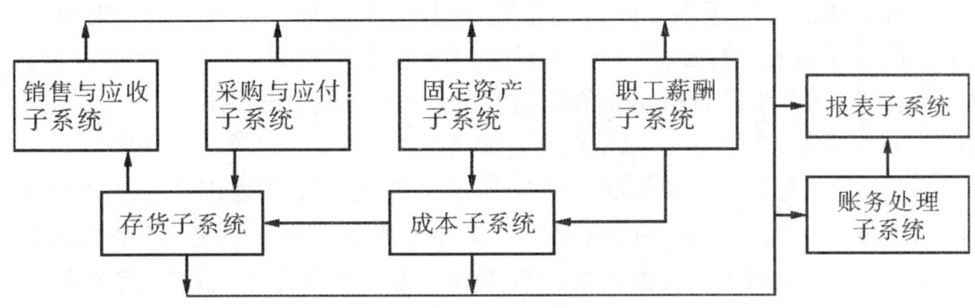

图 1-15 子系统之间数据传递关系——直接传递式

以上分析可知,会计信息系统内子系统间的相互关系主要表现为数据传递关系。从图 1-13、图 1-14、图 1-15 中可以发现,各子系统之间接收和传递数据的类型也有三类:第一类为单向接收型,即该类型的子系统只接收来自其他子系统的数据,而不向外部传递数据,如报表子系统。第二类为单向发送型,即该类型的子系统只向其他子系统传递数据,而不接收数据,如图 1-15 中的职工薪酬子系统、固定资产子系统以及采购与存货子系统等。第三类为双向联系型,即该类型的子系统既向其他子系统传递数据,又接收来自其他子系统的数据,如账务处理子系统、存货子系统、销售与应付子系统和成本子系统等。

一般而言,会计信息系统都是以账务处理子系统为核心,其他各个子系统围绕它展开。因此,账务处理子系统与其他各个子系统的数据联系是最重要的。下面简要介绍账务处理子系统与其他子系统之间数据联系。

1.账务处理子系统与职工薪酬子系统之间的数据联系

账务处理子系统的初始化设置数据,如会计科目、部门、职员等,职工薪酬子系统可以共享,这些初始数据在账务处理子系统中设置之后,在职工薪酬子系统中就不必重复设置。同样,在职工薪酬子系统中所增加或修改的这部分数据,在账务处理子系统中也可以共享。

在职工薪酬子系统中进行薪酬业务处理完毕后,各项薪酬费用的分配,可以通过生成相应的转账凭证传送到账务处理子系统中,不必手工填制相关业务的记账凭证。

2.账务处理系统与固定资产管理子系统之间的数据联系

固定资产子系统和账务处理子系统可以共享会计科目、部门、固定资产期初余额等初始设置数据。固定资产子系统的日常业务处理中所产生的业务数据,如固定资产增加、固定资产减少或固定资产的其他变动方式所产生的固定资产变动数据,可以通过生成相应的转账凭证传递到账务处理子系统中;每月固定资产折旧费用的计提与分配数据,也可以生成相应的转账凭证直接传递到账务处理子系统中。

3.账务处理子系统和采购与应付、存货子系统之间的数据联系

采购与应付、存货子系统的职能主要是负责企业材料的采购、生产领用和库存的核算和管理，除了部分基础数据可以共享账务处理子系统的初始化设置数据之外，这两个职能子系统中的大部分初始数据是需要单独设置和输入的，因此，它们的独立性相对强一些。

采购与应付、存货子系统中所使用的会计科目，如往来单位、部门、材料或产品项目等基础数据取自于账务子处理系统的初始设置；材料的采购数据在该系统中处理完成之后，以转账凭证传输到账务处理子系统中；企业生产所领用的材料，其业务数据经过该系统处理后，通过成本核算系统进行成本核算，最终汇集到账务处理子系统中。

4.账务处理子系统与成本子系统的数据联系

比较而言，这二者之间的数据联系要比其他子系统与账务处理子系统之间的数据联系更为密切和复杂。成本子系统的数据主要来源于账务处理子系统、存货子系统、职工薪酬子系统和固定资产子系统，其处理的结果主要为账务处理子系统和存货子系统所用。

成本子系统中所使用的会计科目、部门、产品项目等直接来源于账务处理子系统的初始设置数据，各产品的主要成本核算数据如职工薪酬、材料、动力耗用、管理费用、制造费用等来源于账务处理子系统或职工薪酬子系统、存货子系统、固定资产管理子系统等职能子系统的业务数据；成本核算的处理结果以转账凭证的方式传输到账务处理子系统中。

5.账务处理子系统与销售与应收子系统之间的数据联系

一般来说，销售与应收子系统的核算对象主要是账务处理子系统中所指的产成品和客户的往来账项，销售与应收子系统的业务数据与账务处理子系统密切相关。销售与应收子系统的基础数据如会计科目、部门、往来单位、产品项目等与账务处理子系统共享。销售与应收子系统中的一些业务处理数据，如销售产品的数据来源于库存系统中的产成品数据，其处理产生的销售数据、应收账款数据以转账凭证的方式输出到账务处理子系统中。

6.报表子系统与各核算子系统之间的数据联系

会计报表的本质，是将一定时期会计主体的财务状况和经营成果以书面文件的方式进行反映。报表子系统的职能，就是将会计信息系统中各相关子系统的会计数据进行收集和整理，并以报表文件的形式向报表的使用者反映会计主体的财务状况和经营状况。为实现报表子系统的职能，系统要求使用人员事先定义报表的取数函数与取数公式，这些函数、公式与各子系统的数据相关联。

此外，在计算机会计信息系统中，会计数据传递模式的变化，还表现在子公司与总公司之间、子公司与子公司之间、国内不同的地域之间、海内海外之间会计数据的传递。随着网络技术的发展，企业内联网、企业间网络、国际互联网已经越来越受到重视，通过网络来传递不同地域的会计数据已经成为可能，并且使会计数据的传递方式、共享方式以及披露方式发生了质的飞跃。

第二章 业财融合的 ERP 系统

进入 21 世纪的中国,挑战与机遇并存。所有企业都将面临更加激烈的国际竞争,必须解决迅速获取更准确的市场信息和生产信息、进一步降低生产成本、提供更多满足顾客需求的个性化产品等一系列的问题。解决这些问题的一个必经途径是企业管理信息化。可以毫不夸张地说,现在几乎所有的企业都认识到管理信息化的重要意义了。在企业管理信息化的道路上,企业资源计划(ERP)已经成为一朵绚丽的奇葩,受到越来越多企业的青睐。ERP 综合运用了先进的管理理论和信息技术的最新成果,可以使企业一切的商务交易活动处于系统掌控之下,合理配置企业内外所有的资源,从而提高企业的运营效率。

本章从会计信息系统的角度,对业财融合的 ERP 系统加以简要介绍并探讨一些相关问题。本章第一节遵循历史与逻辑统一的原理,介绍了 ERP 的演进简史,力图通过 ERP 的历史发展过程,使读者了解 ERP 及其雏形从简单到复杂的逻辑发展过程,帮助读者理解 ERP 的基本原理。本章第二、三、四节遵循理论与实践相结合的逻辑线索,其中,第二节对 ERP 进行了理论探讨,主要分析了 ERP 的定义、ERP 所蕴含的管理思想、ERP 同 MRP 和 MRPⅡ 的关系、ERP 同 BPR 的关系以及 ERP 同电子商务的关系,以帮助读者进一步理解 ERP 的实质和特征;第三节对 ERP 软件作一浏览,简要介绍了几家国内外知名的 ERP 厂商及其 ERP 软件产品;第四节介绍了业财融合 ERP 系统环境下的会计流程再造。

图 2-1 是本章的导航地图,它可以帮助读者一目了然地了解本章的主要信息点和整体逻辑结构。

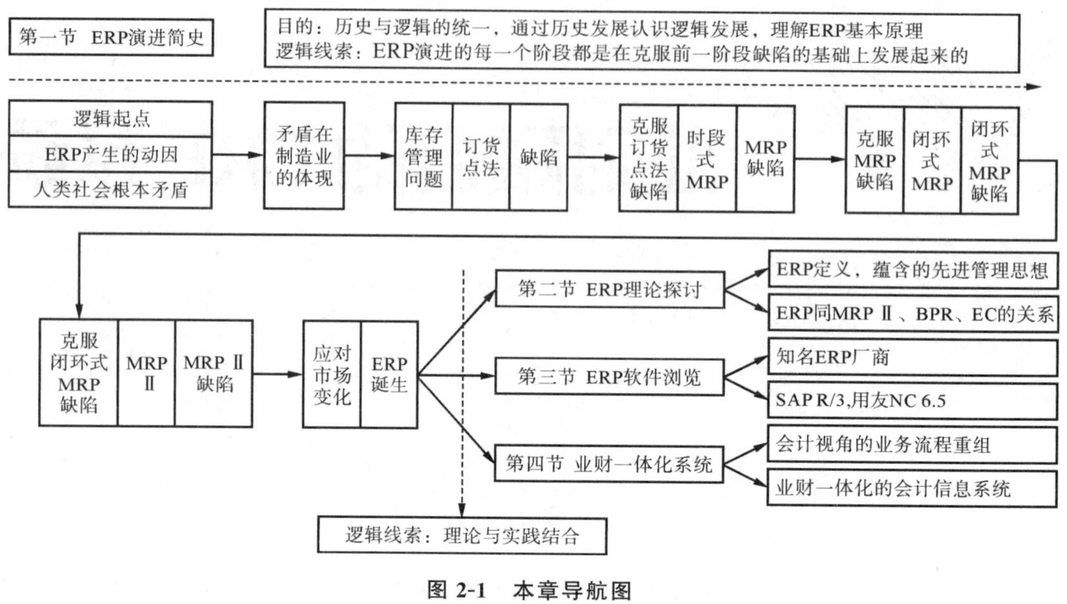

图 2-1 本章导航图

第一节 企业资源计划(ERP)演进简史

一、ERP 产生的根源动因

ERP 作为一种借助现代信息技术在企业中实现的管理思想、管理制度，并不是管理学家凭空想象出来的，也不是研究者们在象牙塔中思考出来的，而是人们在长期的企业管理实践中，遇到实际问题，不断探寻解决问题的办法而逐渐总结出来的。那么，到底是什么动因促使人们去思考和总结出一些科学的管理方法、管理思想和管理制度，来提高企业生产经营管理的效率呢？

(一)人类社会的基本矛盾——所有管理方法产生的根源动因

人类与人类社会所面临的最基本问题是生存与发展，而为了生存与发展，就要不断地用物质产品和劳务来满足人的需求。人的需求最大的特点就在于无限性，即需求永远没有得到满足的时候。虽然中国传统的道德观念把人的需求视为罪恶的根源，但毋庸置疑，正是这种无限性推动人类不断地去追求、去探索，才有了人类社会的进步和发展。人类需求的无限性，正是人类和人类社会进步发展的最根本动力。

人的欲望需要用各种物质产品和劳务来满足，而物质产品和劳务的取得与生产需要耗用各种各样的资源。众所周知，自然赋予人类的资源无论有多少，相对于人们无限的需求而言，总是有限的、不足的。用经济学专业的术语讲，资源具有稀缺性。资源的稀缺性是人类与人类社会面临的永恒问题。资源的稀缺性与人类需求的无限性构成了人类和人类社会一对最根本的永恒矛盾。可以毫不夸张地说，人们所做的一切事情，归根结底都是为了解决这一矛盾；同时，也正是这一根本矛盾推动人类和人类社会不断向前发展进步。

为了解决人类社会这一根本矛盾，人们唯有在生产中尽可能地提高生产效率，即用最少的资源消耗，取得最多的物质产品或劳务。为了提高生产效率，大致可以从两个方面入手：其一是生产技术方面，通过科学技术的运用提高生产效率；其二则是生产组织方面，通过科学的经营管理提高生产效率。所以，人们经常把科学技术的发展和管理水平的提高称为人类社会走向文明的两个车轮。

(二)制造业企业管理的起点——库存管理

企业是人们为了生产产品或提供劳务而建立的组织，因此，人们提高生产效率的种种努力最直接的体现就是在企业管理之中。抽象地看，企业管理不外是对以下四种资源流动的管理：物料流①、资金流、信息流和工作流。对于制造业企业，所进行的主要生产经营活动是原材料的购进、加工和产成品的销售，所以物流是制造业企业最根本最主要的资源流动，自然也是制造业企业提高生产经营效率最直接的着手点。而在制造业物料流动的全过程中，人们最常遇到的令人头痛的问题，集中在原材料库存管理上。

我们知道，在生产经营中，如果原材料短缺，必然造成停工待料，不但使得机器、人员等生产资源闲置浪费，而且难免影响交货的及时性，给企业造成巨大的有形损失和无形损失。解决原材料存货短缺问题最简单的办法就是保持大量的存货。然而，这样的解决办法并不理想，因为它造成了另一方面的问题：存货积压。保持大量的存货不但要占用大量的资金，需要大面积的仓库、支付大额的保管费用，而且如果因为企业转产而不再使用某些原材料，那势必造成死库存。

综上所述，科学的库存管理办法，必须能够做到既不短缺，又不积压。这是自从制造业企业出现以来，人们就一直在苦苦追寻解决之道的问题。企业资源计划(ERP)就是在追寻解决这一问题的过程中逐渐产生和发展起来的。

二、ERP 演进简史

溯源而上，我们可以把制造业企业库存管理的经典方法作为 ERP 的最初起点。尽管用现代 ERP 的观点来看，这些库存管理的经典方法显得十分的简陋，存在着很多缺陷，但其中已经包含了 ERP 优化企业资源配置，提高生产效率的思想。而且，ERP 正是从对这些方法逐步改善中发展起来的。

ERP 的演变发展大致经历了五个阶段：20 世纪 40 年代的订货点法、20 世纪 60 年代的时段式 MRP、20 世纪 70 年代的闭环式 MRP、20 世纪 80 年代的 MRPⅡ 和 20 世纪 90

① 在 ERP 中，物料是个广义的概念，它不仅仅包含原材料，还包含自制品、产成品、外购件和服务件，相当于会计上的存货概念。

年代的 ERP。每个发展阶段都是为了解决前一阶段的缺陷，而在前一个阶段的基础之上发展起来的。

(一)订货点法

1.订货点法的原理

如前所述，科学的库存管理办法，必须能够做到既不短缺，又不积压。订货点法是在计算机产生之前的条件下，为避免缺货的发生而提出的一种按过去的经验预测未来的物料需求的方法。这种方法的实质是着眼于“库存补充”的原则。库存补充的原则是保证在任何时候仓库里都有一定数量的存货，以便需要时随时取用，当库存低于某一数量时，就发出订单，进行采购，补充存货。这一数量被称为“订货点”。当时人们希望用这种做法来解决由于不能确定近期内准确的必要库存储备数量和需求时间所造成的问题。订货点法依靠对库存补充周期内的需求量预测，并保留一定的安全库存储备，来确定订货点。一旦库存储备低于预先规定的数量，即订货点，则立即进行订货来补充库存。

订货点的基本公式是：

订货点＝单位时间的需求量×订货提前期＋安全库存量

其中：

单位时间的需求量＝一段时期内的耗用量÷相应时间长度

订货提前期＝发出订单到物料运抵仓库的时间间隔

安全库存的设置是为了应对需求的波动，防止提前期内物料耗用量大于平均值造成缺货。例如：某项物料的需求量为每周 1 000 件，提前期为 5 周，并保持 2 周的安全库存量，那么，该项物料的订货点可计算如下：

订货点＝1 000×5＋2 000＝7 000(件)

当该项物料的现有库存和已发出的订货之和低于订货点时，必须进行新的订货，以保持足够的库存来支持新的需求，如图 2-2 所示。用订货点法管理库存时，一般采用某种形式的经济批量计算方法来确定每次补充订货的批量。

2.订货点法的缺陷

订货点法曾引起人们广泛的关注，也曾经被人们认为是科学的库存控制方法。然而，由于订货点法所依据的前提假设很难和实际情形相符，所以在实际应用中存在着不少缺陷，主要表现在以下几个方面：

(1)订货点法是针对零部件的，而不是针对产品的。订货点法不考虑物料项目之间的配套关系，各项物料的订货点分别独立地加以确定。然而，在制造业实际的生产经营过程中，往往是各项物料的数量必须配套，以便能装配成产品。由于订货点法是对各项物料分别独立地进行预测和订货，在装配时往往会发生各项物料数量不匹配的情况。这样，虽然单项物料的供货率提高了，但总的供货率却降低了。在企业实际生产中，一件产品由成百上千甚至上万个零部件组成的情况是常有的。如果这些零部件的库存量是根据订货点法分别确定的，那么，要想在总装配时不发生零件短缺，那只能是巧合。

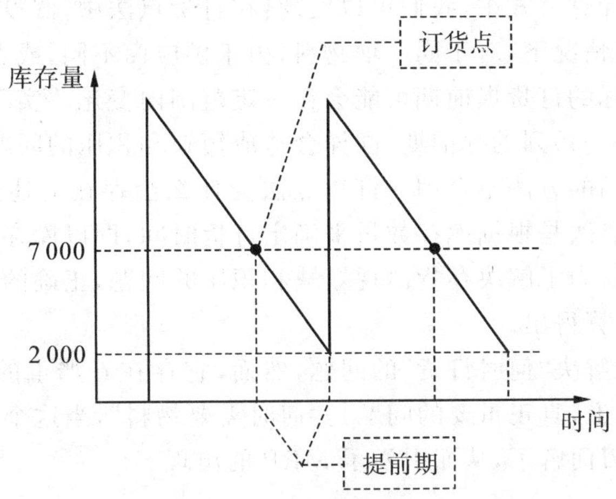

图 2-2 订货点法下库存数量示意图

(2)订货点法使用一段时期内的耗用量除以时间所得的平均值来计算单位时间的需求量,这种计算隐含着一个前提假设:库存项目的需求是连续发生的,且需求相对均匀,库存消耗稳定。在此前提下,计算出的订货点才有意义。然而,在制造业中,对零部件的需求通常恰恰是不均匀、不稳定的,库存消耗是间断的。原因是制造业中,对零部件的需求,是由下道工序的批量要求引起的。即使对最终产品的需求是连续的,由于生产过程中的批量需求,也将造成对零部件和原材料需求的间断性。这种情况使得订货点法很难发挥预期的作用,存货仍然会出现积压和短缺的问题(参见图 2-3)。

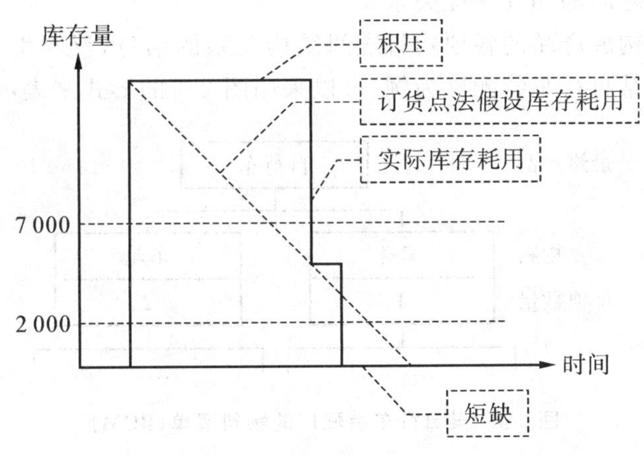

图 2-3 零部件需求间断性的示意图

(3)"库存补充"原则过于武断。在订货点法下,当某项物料的库存数量低于订货点时,就必须立刻发出订单,补充库存。但是正如上述,在制造业中,库存消耗通常是间断的。那么"库存补充"原则的做法非但没有必要,而且可能造成库存积压。例如,某种产品可能在一年中得到客户的订货次数并不多,比如只有一两次,如果遵循"库存补充"原则,那么制造这种产品所需的专用物料在一年内的大部分时间将处于积压状态。

(4)从订货点的计算公式中,我们可以发现:在订货点法中,假设订货提前期是固定的已知值,然而,在现实情况下,对于同一项物料,由于供应商不同,或者是不同的市场环境、运输条件等原因,实际的订货提前期可能会在一定范围内变化。实际上,订货点法是用历史数据的均值来代替一系列的提前期,同样会造成短缺和积压的问题。

(5)确定订货时间的方法不合理。订货点法为什么会存在上述严重的缺陷呢?究其根源,答案在于订货点法是根据库存数量来确定订货时间,即以库存数量低于订货点之时作为订货时间。然而,为了解决存货出现短缺和积压的问题,正确的订货时间应该根据物料的实际需求时间计算得出。

订货点法致力于解决"何时订货"的问题,然而,它存在着严重的缺陷,并不能很好地解决这一问题。实际上,真正重要的问题是"何时需要物料",当这个问题解决之后,"何时订货"的问题也就迎刃而解了,从而引发了 MRP 的出现。

(二)时段式 MRP

为了解决订货点法的缺陷,美国学者于 20 世纪 60 年代提出了时段式 MRP(time phased material requirements planning),简称 MRP(material requirements planning,物料需求计划)。

1.时段式 MRP 的原理

(1)时段式 MRP 对订货点法的改进

①为了解决订货点法没有考虑物料项目之间的配套关系的问题,时段式 MRP 通过产品结构文件(亦称物料清单,bill of material,简称 BOM)把所有物料的需求联系起来,考虑不同物料需求之间的相互匹配关系。

物料清单含有构成产品的各项物料之间结构关系的信息,反映生产某项产品所需物料的配套关系。以某自行车装配厂为例,可以采用图 2-4 的形式来表示 BOM。

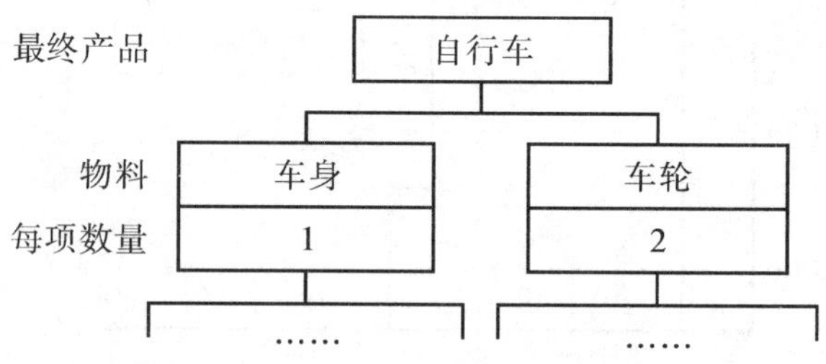

图 2-4 某自行车装配厂的物料清单(BOM)

时段式 MRP 把所有物料划分为独立需求项和非独立需求项。如果某项物料的需求量不依赖于企业内其他物料的需求量而独立存在,则称为独立需求项目,如:最终产品、某些维修件、可选件和工厂自用件等等。反之,如果某项物料的需求量由企业内其他物料的需求量决定,则称为非独立需求项目或相关需求项目,如:企业的原材料、零部件等都是非独立需求项目。独立需求项目的需求量和需求时间通常由客户订单、销售预测等外部因素所决定。而非独立需求项目的需求量和需求时间则必须由 MRP 系统所决定。

②为了准确回答何时订货的问题，时段式 MRP 对物料的库存状态数据加上了时间坐标，也就是按具体的日期或计划时区记录库存状态数据，这样就可以准确地回答和时间有关的各种问题。

(2)时段式 MRP 的数据处理

MRP 系统主要按照以下步骤进行数据处理：

第一，根据客户订单、销售预测等制定主生产计划(master production schedule，MPS)，确定"我们将要生产什么"；

第二，根据物料清单，将计划生产的产品分解为需求的物料，得出物料毛需求，确定"为了生产所需的产品，我们需要用些什么"；

第三，将物料毛需求同库存记录进行比较来确定物料净需求，即回答"我们还需要再得到什么"；

第四，根据物料净需求，考虑订货经济批量、提前期等参数，就可以制订出具有准确时间与数量的物料采购计划和物料生产计划。

时段式 MRP 的整个流程大致如图 2-5 所示。

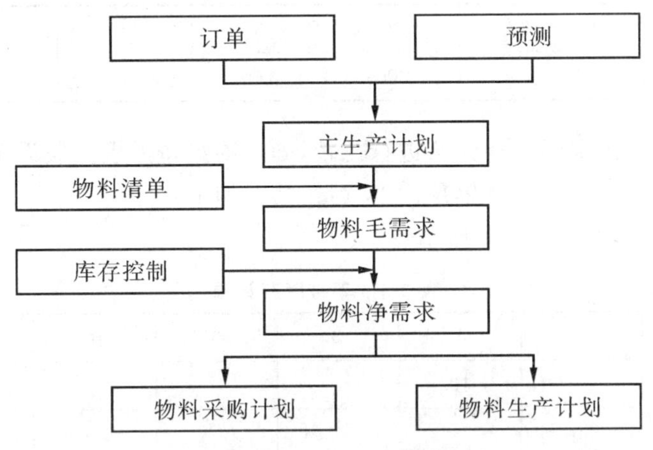

图 2-5 时段式 MRP 流程示意图

下面仍以前述自行车装配厂为例，简要说明时段式 MRP 的处理流程。

假设该自行车厂生产的某种品牌的高级山地车使用采购原配件装配生产的形式，物料清单如图 2-4 所示，即生产每辆自行车需外购车身 1 个、车轮 2 个。假设该高级山地车的生产周期为 3 周。

根据已签订客户订单和销售预测得出的最终产品需求量如表 2-1：

表 2-1 最终产品需求量

时区(周)	1	2	3	4	5	6
最终产品需求量					100	70

时段式 MRP 系统的处理流程如下：

第一，制订主生产计划。根据上述各时区最终产品需求量，按生产周期（3 周）提前投产，确定各时区需要投产的数量，制订主生产计划如表 2-2：

表 2-2 投产数量

时区（周）	1	2	3	4	5	6
投产数量		100	70			

第二，根据物料清单，将计划生产的产品分解为需求的物料：

（1）车身毛需求，如表 2-3 所示：

表 2-3 车身毛需求

时区（周）	1	2	3	4	5	6
毛需求量		100	70			

（2）车轮毛需求，如表 2-4 所示：

表 2-4 车轮毛需求

时区（周）	1	2	3	4	5	6
毛需求量		200	140			

第三，将物料毛需求同库存记录进行比较，确定物料净需求。假设车身和车轮的期初库存量和计划入库量（已发出订单预计到货量）情况如下：

（1）车身库存记录，如表 2-5 所示：

表 2-5 车身库存记录

时区（周）	0	1	2	3	4	5	6
计划入库量		40					
库存量	50						

（2）车轮库存记录，如表 2-6 所示：

表 2-6 车轮库存记录

时区（周）	0	1	2	3	4	5	6
计划入库量		100					
库存量	150						

净需求量是从毛需求量中减去库存可用量和预计入库量之后的差。在计算上，净需求量的值可以通过库存量的变化而得到。方法是首先按下面公式计算出各时区的库存量：

某时区库存量＝上时区库存量＋本时区预计入库量－本时区毛需求量

当库存量出现第一个负值时，就意味着出现了净需求，净需求量的值等于这个负值的绝对值。以后出现的库存量负值，其绝对值表示直至所在时区的净需求量累计值。该厂物料净需求计算如下：

①车身净需求，如表 2-7 所示：

表 2-7　车身净需求

时区(周)	0	1	2	3	4	5	6
毛需求量			100	70			
计划入库量		40					
库存量	50	90	－10	－80			
净需求量			10	70			

计算说明：

第 1 周的库存量＝上时区库存量 50＋本时区预计入库量 40－本时区毛需求量 0＝90

第 2 周的库存量＝上时区库存量 90＋本时区预计入库量 0－本时区毛需求量 100＝－10

库存量出现第一个负值，意味着出现了净需求，净需求量的值等于－10 的绝对值。

第 3 周的库存量＝上时区库存量(－10)＋本时区预计入库量 0－本时区毛需求量 70＝－80

其绝对值 80 表示直至第 3 周的净需求量累计值，本周的净需求量为 70。

物料的净需求及其发生的时间指出了即将发生的物料短缺。因此，MRP 可以预见物料短缺。

②同理可得车轮净需求，如表 2-8 所示：

表 2-8　车轮净需求

时区(周)	0	1	2	3	4	5	6
毛需求量			200	140			
计划入库量		100					
库存量	150	250	50	－90			
净需求量				90			

第四，根据物料净需求，考虑订货经济批量、提前期等参数，就可以制订出具有准确时间与数量的物料采购计划和物料生产计划。假设车身的订货提前期为 2 周，车轮的提前期为 1 周，不考虑经济批量，可以制订物料采购计划如下：

①车身采购计划，如表 2-9 所示：

表 2-9　车身采购计划

时区(周)	0	1	2	3	4	5	6
毛需求量			100	70			
计划入库量		40	10	70			

续表

时区(周)	0	1	2	3	4	5	6
库存量	50	90	0	0			
净需求量			0	0			
采购计划量	10	70					

说明：

第 2 周的净需求 10，提前 2 周(在第 0 周)订货，将于第 2 周入库，解决物料短缺的问题。同理，第 3 周的净需求 70，提前 2 周(在第 1 周)订货，将于第 3 周入库，解决物料短缺的问题。

②同理可得车轮采购计划，如表 2-10 所示：

表 2-10　车轮采购计划

时区(周)	0	1	2	3	4	5	6
毛需求量			200	140			
计划入库量		100		90			
库存量	150	250	50	0			
净需求量				0			
采购计划量			90				

(3)MRP 的前提条件

仔细思考 MRP 的数据处理流程，我们可以发现：建立和使用 MRP 系统应当具备一定的基础数据和前提条件：

①要有准确的最终产品计划需求量数据和产品生产周期数据，以便制订准确的主生产计划；

②每项物料赋予一个唯一的物料代码；

③计划编制期间必须有一个通过物料代码表示的物料清单；

④要有完整的库存记录，所有物料必须经过入库登记处理；

⑤已知所有物料的订货提前期，并且能够准时到货；

⑥每项物料的消耗都是间断的。

2.时段式 MRP 的缺陷

时段式 MRP 能根据有关数据计算出相关物料需求的准确时间和数量，与订货点法相比有了质的进步，但是，它只局限在物料需求方面，没有考虑到企业现有的生产能力和采购能力等有关条件的约束。

物料需求计划仅仅是生产管理的一部分，而且要通过车间作业管理和采购作业管理来实现，同时还必须受到生产能力的约束。因此，时段式 MRP 得出的物料需求有可能因设备和工时的不足而没有能力生产，或者因采购能力的限制而无法及时获得必需的物料。

例如：在上面自行车装配厂的例子中，第 2 周计划投产 100 辆高级山地车，但是，可能企业每周最多只能投产 80 辆,这样主生产计划就由于生产能力的限制而无法实现,根据主生产计划制订的物料需求计划也就没多大意义了。

同时,由于物料需求计划没有涉及车间的作业计划和分配,因此不能满足以最佳顺序安排作业和有效利用设备的要求。所以,人们一般把时段式 MRP 称为基本 MRP。只有基本 MRP 还是很不够的。

(三)闭环式 MRP

1.闭环式 MRP 的原理

(1)闭环式 MRP 对时段式 MRP 的改进

于是,针对时段式 MRP 的不足,人们在 20 世纪 70 年代又提出了闭环式 MRP 系统。所谓闭环有两层意思:一是把生产能力计划、车间作业计划和采购作业计划纳入 MRP,形成一个闭环式系统;二是在计划执行过程中,必须有来自车间、供应商和计划人员的反馈信息,并利用这些反馈信息进行计划调整平衡,从而使生产计划方面的各个子系统得到协调统一。闭环式 MRP 的工作过程是一个“计划—实施—评价—反馈—计划”的过程。

(2)闭环式 MRP 的处理流程

闭环式 MRP 的主要处理流程如图 2-6 所示。

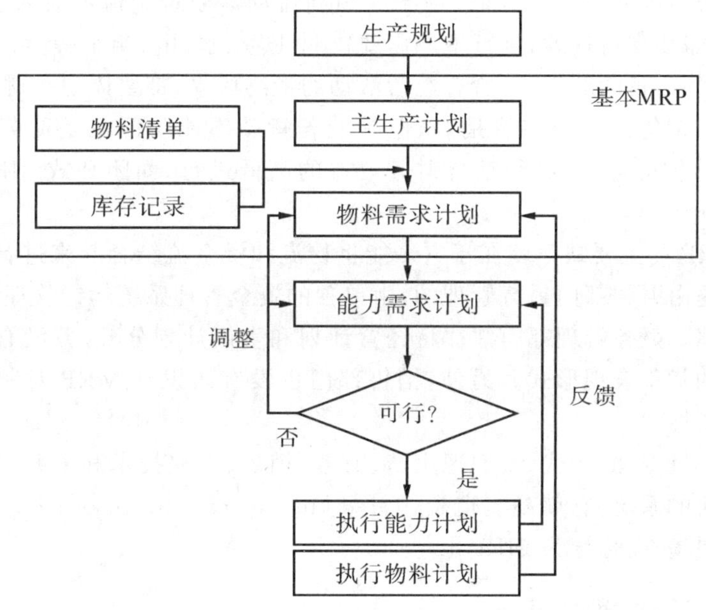

图 2-6 闭环式 MRP 的主要处理流程示意图

第一,依据已签订或极可能将要签订的订货合同、销售预测量制订生产规划,确定总的生产指标,如品种、数量等。

第二,将生产规划中的内容进行细化并做出时间上的安排,制订主生产计划。例如:生产规划只定出年产量、季产量或月产量指标,而主生产计划则把这些指标细分到各个具体的时区。

第三,根据物料清单和库存记录对主生产计划作进一步的分解,确定各个层次上的物料需求的数量和时间,制订物料需求计划。

第四,在按照物料需求计划的要求下达生产指令之前,必须由能力需求计划来核算企业的生产能力及其需求负荷的平衡情况。一般而言,企业的生产能力是有限的,所以,物料需求计划要受到能力需求计划的约束。如果能力需求计划的输出表明不可行,并且重排能力需求计划仍不能解决问题,就要将有关的信息反馈给物料需求计划,对其调整重排,如还不行,就要把信息反馈到主生产计划,甚至有可能要对生产规划加以调整。

第五,物料需求计划与能力需求计划协调可行之后,就可以执行能力需求计划和物料需求计划了。在实际执行过程中同样也应当进行类似的信息反馈,在能力需求计划和物料需求计划中动态反映出计划执行的情况。

可见,闭环式 MRP 系统处理的数据量巨大,所有这些计划之间的协调、平衡、信息的追踪、反馈,显然必须借助计算机系统才能完成,这样才能真正实现闭环式 MRP 系统。

2.闭环式 MRP 的缺陷

闭环式 MRP 系统的出现,使生产管理方面的各种子系统得到了集成。但是,在企业管理系统中,生产管理只是其中的一个方面,它涉及的仅仅是物流,而企业中的资金流与物流的关系是密不可分的。一方面,物流的顺利流动需要资金流的有效支持和配合,例如:购买原材料需要支付货款,进行生产需要支付工资、水、电、租金等生产费用。另一方面,企业是以盈利为目的的组织,所有经营活动的最终成果,都要体现在财务效益上,物流也不例外。产品销售出去了固然是好,但是倘若货款不能收回也是徒劳。物料需求计划和能力需求计划的考量,必须结合财务效益的高低进行,而闭环式 MRP 系统无法做到这点。

闭环式 MRP 的主要缺陷就在于它未能将物流和资金流结合起来进行计划管理。资金流在企业中是由财务部门另行管理的,由单独的资金管理系统运行管理,造成了数据的重复录入与存储。财务管理部门往往将经营计划和生产计划分开,并没有体现出经营计划是生产计划的货币表现形式。另外,销售部门也没有认识到 MRP 对制订合理可行的销售计划的重要性。

于是,在 20 世纪 80 年代,人们把生产、财务、销售、工程技术和采购等各个子系统集成为一个一体化的系统,它就是制造资源计划(manufacturing resources planning)系统,为避免名词的混淆,简称记为 MRPⅡ。

(四)制造资源计划 MRPⅡ

1.MRPⅡ的原理

MRPⅡ由闭环式 MRP 系统发展而来,在生产管理方面,它实际上就是闭环式 MRP 系统。但 MRPⅡ包括了财务管理和模拟的能力,这就有了本质意义的区别。

(1)MRPⅡ的系统结构

生产系统中的物料流动总是伴随着资金流动,MRPⅡ集成了物流和资金流,可以同步地从生产系统中获得财务信息，把实物形态的物料流动直接转换为价值形态的资金流动，保证生产和财务数据的一致。同时，财务部门还能通过及时获得的资金流信息控制成本，通过资金流动状况反映物料和经营情况，随时分析企业的经济效益，参与决策，及时地指导和控制企业的生产经营活动。通过物流和资金流信息的集成，MRPⅡ可以对企业有限的制造资源包括人、财、物、时间等进行有效和周密的计划、合理配置，从而提高企业的竞争力，故称制造资源计划。MRPⅡ的基本原理如图 2-7 所示。

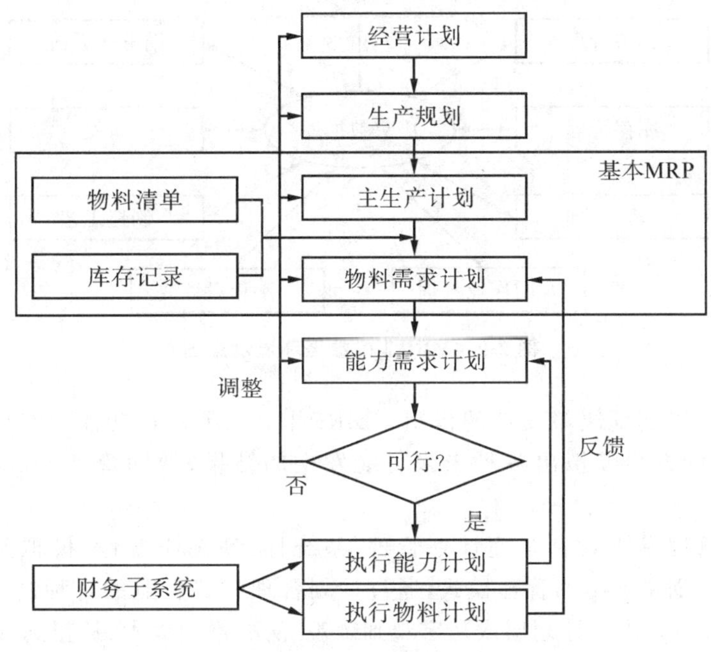

图 2-7　MRPⅡ基本原理示意图

MRPⅡ一般由预测子系统、订单管理子系统、销售管理子系统、工程技术和生产数据控制子系统、主生产计划子系统、库存控制子系统、采购管理子系统、能力需求子系统、车间作业管理子系统、成本计划与控制子系统等十几个子系统组成。各个子系统具有一定的独立性，但相互之间又紧密联系和配合，依次执行，构成一个密不可分的整体，形成 MRPⅡ系统。MRPⅡ的系统结构因企业具体情况的不同可能有所差异，但还是存在共同之处的，如图 2-8 所示。

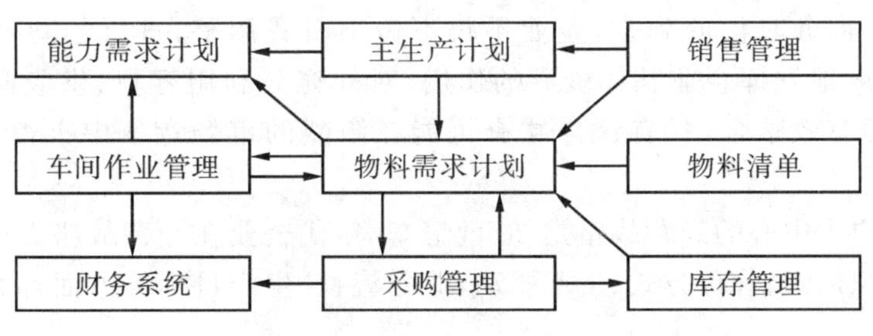

图 2-8　MRPⅡ系统结构示意图

(2)MRPⅡ的特点

MRPⅡ具有以下特点：

①MRPⅡ是面向整个企业的一体化系统，把企业中的各子系统有机地结合起来。其中，生产和财务两个子系统的关系尤为密切。MRPⅡ的所有数据储存于企业的中央数据库，各子系统在统一的数据环境下工作，消除了“信息孤岛”的问题。如图 2-9 所示。

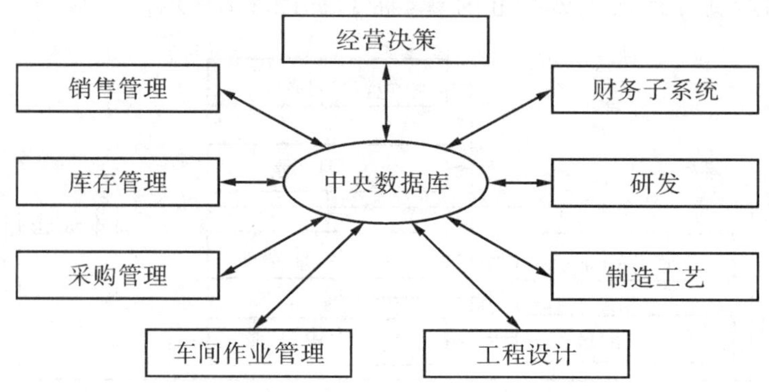

图 2-9　MRPⅡ的数据环境示意图

②MRPⅡ可以起到决策支持的作用。MRPⅡ引入了模拟功能，通过决策方案的模拟运行，根据不同方案模拟出各种未来可能发生的结果，帮助管理人员判断方案的优劣。

③MRPⅡ管理模式具有全面计划管理、系统性、动态应变性、模拟预见性的特点。MRPⅡ是一个计划主导型的管理模式，通过计划合理配置企业的各种制造资源，以求达到企业整体效益最大化。计划层次从宏观到微观、从战略到战术、从粗到细都始终保持与企业的经营战略目标一致。计划具有一贯性和可行性，“一个计划”是 MRPⅡ的基本原则。

MRPⅡ管理模式具有系统性。传统的管理是由各项职能管理简单相加而成的离散型管理，利用 MRPⅡ统一控制和协调各部门的工作可以达到更好的整体效果，使管理上升到系统化的高度。MRPⅡ是一个闭环系统，可以快速地对企业内外环境条件的变化做出反应。同时，MRPⅡ具有模拟预见性，支持用户进行多方案择优决策。

2.ERP 产生的背景

进入 20 世纪 90 年代，随着全球化竞争的加剧，市场需求变化的加速，信息技术的飞跃发展，电子商务时代的到来，企业不得不做出自我调整，进行创新，这种创新表现为对内最大限度地发挥企业整体资源的作用，对外充分利用客户、供应商、分销商等资源，将内外资源有效整合，只有这样才有可能在激烈的市场竞争中求得生存并获取更多的效益。

实施以客户为中心的经营战略是 20 世纪 90 年代企业在经营战略方面的重大转变，要求企业在组织形式、管理方式、生产驱动、业务流程、生产目标等方面都有重大的转变，如表 2-11 所示。

表 2-11　客户为中心的经营战略

项目	传　统	创　新
经营战略的中心	企业自身	客户
组织形式	按职能划分的层次结构	动态的、可组合的弹性结构
管理方式	着眼于企业内部纵向的控制和优化	着眼于按客户需求形成的增值链的横向优化
生产驱动	由产品驱动	由客户需求驱动
业务流程	按标准产品组织	根据客户需求迅速重组业务流程，消除其中非增值作业
客户	企业的大部分职能部门将其视为外部对象，除了销售和客户服务部门之外的其他部门都不直接与客户打交道	客户和供应商被集成在增值链中，成为企业受控对象的一部分
企业的生产目标	依次为成本、质量、交货期	依次为交货期、质量和成本

在以客户为中心的经营战略下，产品不再是定型的，而是根据客户需求选配的；业务流程和生产流程不再是一成不变的，而是针对客户需求，以减少非增值作业为原则而重新组合；特别是企业的组织也必须是灵活、动态可变的。显然，这种需求变化是传统的 MRPⅡ所难以满足的，而必须转向以客户为中心、面向整个供需链的 ERP 系统。这就是 ERP 产生的客观需求背景。

同时，90 年代以后信息技术的高速发展，面向对象的技术、计算机辅助软件工程以及开放的客户机/服务器网络环境又为实现 MRPⅡ的进一步演进提供了技术基础。逐渐产生和完善的价值链、全面质量管理、适时制生产、敏捷制造、供需链管理、顾客关系管理等先进的管理思想为 ERP 的产生提供了理论基础。于是，ERP 应运而生。

第二节　ERP 理论探讨

ERP 是 Gartner Group Inc.（加特纳集团公司）在 20 世纪 90 年代初提出的概念。加特纳公司是一家在国际上颇有影响的研究机构和顾问公司，专门研究和分析信息技术重大发展和动向，经常对各种管理软件进行综合评价，不定期地发布具有重要参考价值的研究报告。90 年代初，当加特纳公司提出 ERP 概念之时，国际互联网才刚刚开始应用。加特纳公司只是根据信息技术发展和供需链概念，推论制造业企业在未来信息时代管理信息系统的发展趋势。随着 MRPⅡ在企业应用的实践和发展，特别是信息技术的快速发展、国际互联网的应用和普及、电子商务的兴起、市场竞争的加剧、企业管理思想和实践的创新发展，ERP 已经有了相当丰富的内涵和理论内容，而且还在不断地扩展。ERP 的出现和发展，特别是它与电子商务的结合，将会是一场广泛而深刻的信息技术应用革命，对企业经营管理模式和世界经济发展起到不可估量的作用。本节对 ERP 相关的理论内容进行初步的探讨，主要涉及：ERP 的定义，ERP 所蕴含的管理思想，ERP 同 MRP、MRPⅡ、BPR、EC 的关系等内容。

一、ERP 的定义

ERP 业界“老大”、全球最大的管理软件公司 SAP 根据其 20 多年的企业管理软件开发与服务的实践，对 ERP 提出了革命性的“管理＋IT”的定义：

(1)ERP 不只是一个软件系统，而是一个集组织模型、企业规范和信息技术、实施方法为一体的综合管理应用体系；

(2)ERP 使得企业的管理核心从“在正确的时间制造和销售正确的产品”，转移到了“在最佳的时间和地点，获得企业的最大利润”，这种管理方法和手段的应用范围也从制造业企业扩展到了其他不同的行业；

(3)ERP 从满足动态监控，发展到了商务智能的引入，使得以往简单的事务处理系统，变成了真正具有智能化的管理控制系统；

(4)从软件结构而言，现在的 ERP 必须能够适应互联网，可以支持跨平台、多组织的应用，并和电子商务的应用具有广泛的数据、业务逻辑接口。

ERP 系统通过信息技术实现先进的管理思想，反映时代对企业合理配置资源，最大化地创造社会财富的要求，已成为企业在信息时代生存、发展的基本条件和营运模式。我们可以从管理思想、软件产品、管理系统三个角度来理解 ERP。

(1)ERP 是一种管理思想。ERP 是在 MRPⅡ基础上进一步发展而成的面向供需链(supply chain)的管理思想，ERP 体现了一系列的先进管理思想。

(2)ERP 是一种软件产品。ERP 是综合应用了现代信息技术的最新成果，以 ERP 管理思想为灵魂的软件产品。

(3)ERP 是一种管理系统。ERP 是整合了企业管理理念、业务流程、基础数据、人力物力、财务、计算机硬件和软件于一体的企业资源管理系统。

综上所述，我们可以给 ERP 下一个较为简洁的，同时又能够反映出 ERP 管理思想最核心本质的定义：

ERP 是利用现代信息技术，将以系统化计划管理为核心的一系列先进管理思想运用于企业管理之中，面向整个供需链，以合理配置企业所有内外资源为目标的一种综合管理应用体系。

二、ERP 所蕴含的管理思想

正如 ERP 的定义所述，ERP 是一种综合管理应用体系。因此，不要错误地认为 ERP 仅仅是一种计算机软件。实际上，ERP 更是一系列管理思想的综合，不过是通过计算机软件等现代信息技术而付诸企业管理实践。那么，ERP 体现了哪些先进的管理思想呢？

(一)系统化计划管理

ERP 最核心的管理思想就在于其中的“P”字，即“planning”，通过系统化的全面计划管理来合理配置企业所有内外资源，尽可能消除企业供需链上可能存在的无序、相互冲突的问题，使整个供需链有条不紊地运转，发挥出企业全部内外资源的最高效用。

ERP 系统中的计划体系主要包括：主生产计划、物料需求计划、能力计划、采购计划、销售执行计划、利润计划、财务预算和人力资源计划等等，而且这些计划功能与价值控制功能已经完全集成到整个供需链系统中。此外，ERP 系统通过在事务处理发生时的动态会计跟踪，保证了资金流与物流的同步记录和数据的一致性，可以实现对资金来龙去脉的追踪，便于实现事中控制和进行实时决策。

(二)供需链管理

供需链管理(supply chain management，SCM)近年来被誉为“企业利润的第三源泉”，是当前国际企业管理的重要方向，也是国内企业富有潜力的应用领域。供需链的概念早在 20 世纪 80 年代就已经提出，它是在军事科学中的后勤学(logistics)的基础上发展起来的管理思想。现代企业的竞争已经不是单一企业之间的竞争了，而是供需链之间的竞争，企业必须把自身资源结合经营过程中的有关各方，如供应商、制造工厂、分销网络、客户等纳入一个紧密的供需链中，才能获得竞争优势。

供需链包括从最初原材料的获取到转换成最终产品，直至交付给最终用户的整个生产、销售过程。供需链是物流、资金流、信息流的统一体，信息流反映物料和资金的流动。供需链上物料流动的过程实际也是一个增值的过程，因而供需链也可称增值链。减少非增值的环节就可以减少浪费，供需链管理就是使企业与其供需链中的其他企业协同工作、协同管理，以优化供需链，共同为客户提供优质的产品和服务，共同降低成本和库存，赢得市场。供需链管理不再针对企业的某一个元素，而从根本上集成所有元素，包括：分销、制造、存货控制等，从整体上优化企业。而且管理的范围将扩展到企业外部，包括与企业关系紧密的商业伙伴。企业可以查看供应者的库存和能力，控制其生产日程以满足自己的需要，也可以查看购货商的库存和未来需求，以调整自己的生产计划。供需链管理是在满足服务水平需要的同时，为了追求系统成本最小而采用的把供应商、制造商、仓库和商店有效地结合成一体来生产商品，并把正确数量的商品在正确的时间配送到正确地点的一套方法。供需链管理能够真正地产生价值，通过大幅度地改进计划、响应和执行的能力，使企业在尽力满足市场需求的过程中快速应对不可避免的例外情况。ERP 系统正是适应了这一市场竞争的需要，实现了对整个企业供需链的管理。供需链管理是 ERP 的核心管理思想之一。

(三)信息集成

自从计算机投入商业应用以来，为数众多的企业开发了形式多样的计算机辅助管理系统，如电算化会计核算、人事工资管理、库存管理、档案管理等，使得各个部门的工作效率有了显著的提升。然而，这些系统往往缺乏统一的整体规划，能够带来单个部门效益的提升，却无法带来企业整体效益的提升。系统之间无法共享信息，数据重复录入，甚至相互矛盾，这就是所谓的“信息孤岛”问题。

企业的信息缺乏有效集成，导致销售预测能力差、市场响应速度慢、生产管理水平低、生产成本难以控制、库存资金占用多、产品积压、客户服务水平差、业务停滞不前等问题。

企业销售人员无法通过孤立的信息系统，获得产品和市场的状态信息，所以难以做出准确的预测。生产计划人员在安排生产时，无法通过孤立的信息系统获知生产车间的产能现状，导致生产能力不均、产品积压；采购人员无法通过孤立的信息系统，获知各种物料的库存可用量和需求量，所以库存难以控制；生产管理人员无法通过孤立的信息系统，即时获知某笔生产订单在各个工序上的完工状态，所以产品成本和质量难以控制。由此可见，信息集成和整体业务的优化是提高企业整体效益的基础。

ERP将企业的设计、采购、生产、财务、营销等各个环节集成起来，共享信息和资源，有效地支撑经营决策，实现整个供需链上的信息集成。

信息集成是企业管理信息化的目标和方向之一。信息集成必须做到对信息或知识的有效储存、传递、管理和应用。从MRP到ERP的发展，是信息集成应用范围不断扩展的过程。MRP实现了物流信息的集成，MRPⅡ在MRP的基础上实现了物流信息与资金流信息的集成，ERP是市场竞争全球化形势下的企业管理信息系统，是一个信息高度集成的管理信息系统，它在MRPⅡ的基础上进一步实现了面向整个供需链的信息集成。

(四)精益生产

ERP体现了“精益生产”(lean production，LP)”的思想，同时又是精益生产得以实现的必要手段。精益生产由麻省理工学院的国际汽车研究项目的研究人员于1990年发表的《改变世界的机器》(*The Machine that Changed the World*)一书中提出的。精益生产将取代大批量生产，成为21世纪企业的特征。精益生产和大批量生产的主要差别在于：

1.目标不同

大批量生产的目标是生产同一产品的大量拷贝，而精益生产有三个目标：第一是一次就得到完美的产品。第二是浪费最小化，精益(lean)的本意就是没有浪费，浪费包括人力浪费、设备浪费、厂房浪费等。第三是持续改进，实现以较少的投入，提高生产效率和产品质量，生产出种类更多的最终产品。

2.生产人员和工具不同

大批量生产模式中，首先由少数有技术的专业人员设计产品，然后由无技术或半技术的工人，在贵重的单用途机器上大批量地生产；而在精益生产中，由生产系统各层次的多技能工人，使用高度弹性但自动化程度更高的工具，来生产种类繁多的产品。

大批量生产是对手工生产革命性的发展，精益生产具有同样的革命性意义。精益生产吸收了手工生产和大批量生产的优良特性，成本可以比传统的大批量生产更低，又可以像手工生产那样制造高度人格化、种类繁多的产品。因而它具有高度的弹性和适应性，这对于当今不确定和多变的世界而言，是非常有意义的。

(五)敏捷制造和同步工程

“敏捷制造”(agile manufacturing)的思想是1991年由Lehigh大学的一个研究小组提出的，其核心思想是：当市场上出现新的机会，而企业的基本合作伙伴不能满足新产品开发生产的要求时，企业组织一个由特定的供应商和销售渠道组成的短期或一次性供需链，形成“虚拟企业”(virtual enterprise)，把供应和协作单位看成是企业的一个组成部分，运用“同步工程”(SE),组织生产,用最短的时间将新产品打入市场,时刻保持产品的高质量、多样化和灵活性。敏捷制造和精益生产的目的是一致的,那就是提高响应市场的速度,降低成本,提高产品的质量。但为了达到这个同样的目的,两者强调的途径不同。精益生产强调改善内部生产过程,而敏捷制造强调利用外部的资源。两者一内一外,互相补充,并不矛盾。两者的另一个不同之处在于对企业同供应商之关系的不同看法。精益生产认为,企业与供应商之间成功的关系必须通过长期的培养。而敏捷制造则认为,在任何需要的时刻,都可以从开放竞争的市场上找到最好的供应商。

综上所述,ERP 来源于管理实践,但它决非仅仅是管理实践的计算机实现,而是吸收了管理理论的最新成果,利用现代信息技术的支持,将先进的管理思想付诸企业管理实践,最大限度地提高企业运营的效率。ERP 是先进的管理理论、管理思想应用于管理实践的有效桥梁。此外,ERP 又将领先于管理实践,并带动管理实践不断走向进步,不断探索和创新发展管理思想。目前,ERP 系统已经是相当庞大复杂的体系了,但它始终是一个持续发展的开放系统,将与管理理论、管理实践相辅相成、互为促进地不断共同发展。

三、ERP 同 MRP、MRPⅡ的关系

从第一节有关 ERP 发展演进的简要介绍中,我们可以知道,ERP 是 MRP、MRPⅡ进一步发展的成果,MRP、MRPⅡ、ERP 是一脉相承的。那么,是否 ERP 是对 MRP、MRPⅡ的一种否定呢?ERP 出现之后,MRP、MRPⅡ是否就走向消亡了呢?与 MRP、MRPⅡ相比,ERP 有什么先进之处呢?下面我们从联系和区别这两个维度,对 ERP 同 MRP、MRPⅡ的关系作一简要探讨,以求进一步了解 ERP 及其特点。

(一)ERP 同 MRP、MRPⅡ的联系

可以这样来概括 ERP 同 MRP、MRPⅡ的联系:对于制造业企业而言,MRP“融合”于 MRPⅡ之中,而 MRPⅡ“融合”于 ERP 之中,作为 ERP 物流和资金流管理的核心模块而存在,MRP、MRPⅡ并没有消亡。

制造业区别于诸如服务业等其他行业的主要特点,就在于物流是制造业的第一要素。任何制造业企业的生产经营活动都是围绕其产品展开的,其最主要的经营业务就是从供应方购买原材料,经过加工或装配,制造出产品,销售给需求方。制造业的信息系统自然应当以物流管理为核心。

从 ERP 发展演进的历史中,我们知道,MRP 通过系统化计划管理的方法,解决了制造业的存货短缺与积压的矛盾,实现了制造业企业物料流动信息集成,实现制造业物流的高效管理。生产系统中的物料流动总是伴随着资金流动,MRPⅡ由 MRP 系统发展而来,在生产管理方面,它实际上就是 MRP 系统。但 MRPⅡ包括了财务管理和模拟的能力,集成了物流和资金流,同步地从生产系统中获得财务信息,把实物形态的物料流动直接转换为价值形态的资金流动,保证生产和财务数据的一致。同时,财务部门还能通过及时获得的资金流信息控制成本,通过资金流动状况反映物料和经营情况,随时分析企业的经济效益,参与决策,及时地指导和控制企业的生产经营活动。通过物流和资金流信息的集

成，MRPⅡ可以对企业有限的制造资源包括人、财、物、时间等进行有效和周密的计划、合理配置，从而提高企业的竞争力。

ERP是一个高度集成的管理系统，它扩展了MRPⅡ，必然体现物流信息同资金流信息的集成。传统的MRPⅡ系统所包括的制造、供销和财务三大子系统依然是ERP系统不可缺少的重要组成。因此，MRP“融合”于MRPⅡ之中，而MRPⅡ“融合”于ERP之中参见图2-10示意。

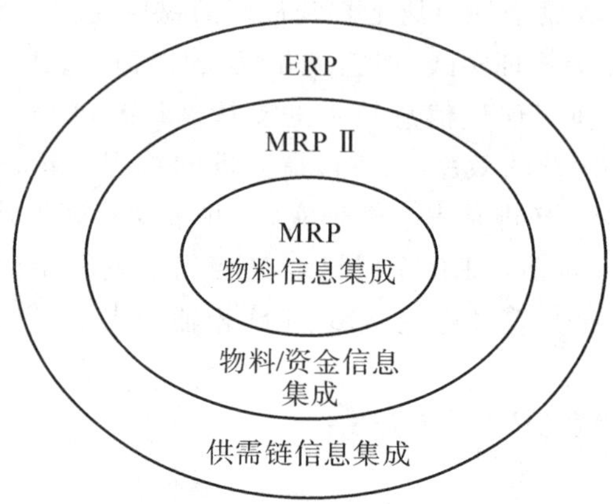

图2-10 ERP同MRP、MRPⅡ的联系

(二)ERP同MRP、MRPⅡ的区别

ERP是MRP、MRPⅡ进一步发展的成果，因此，ERP同MRP、MRPⅡ最主要的区别就在于它对MRPⅡ的拓展。

1.管理范围的拓展

MRPⅡ主要侧重对企业内部人、财、物等资源的管理，相对于标准MRPⅡ系统而言，ERP增加了若干管理子系统，在MRPⅡ的基础上拓展了管理范围，覆盖整个供需链，把客户需求、企业内部制造活动以及供应商的制造资源整合成完整的供需链，并对其中所有环节，如：战略规划、订单、预测、计划、采购、库存、生产制造、质量控制、运输、分销、服务与维护、财务管理、人事管理、实验室管理、项目管理、配方管理等进行全面系统化高效管理。

2.应用环境的拓展

按照生产类型的划分标准，制造业可分为离散式和流程式两种。离散制造中，产品的生产过程通常被分解成很多加工任务来完成，每项任务仅要求企业的一小部分能力和资源；流程制造则包括连续生产和重复生产两种类型。连续生产的产品是连续不断地经过加工设备，一批产品通常不可分开；重复生产又称大批量生产，与连续生产有很多相同之处，但生产的产品可分离。早期的MRPⅡ往往用于离散式的制造环境。

而ERP支持混合方式的制造环境，包括以下3个方面：

(1)生产方式的混合。首先是指离散式制造和流程式制造的混合，其次是指单件生产、面向库存生产、面向订单装配以及大批量重复生产方式的混合。

(2)经营方式的混合。这是指国内经营与跨国经营的混合。ERP系统应用完整的组织架构，从而可以支持跨国经营的多国家地区、多工厂、多语种、多币制应用需求。

(3)多种行业、多种业务的混合。ERP 与 MRPⅡ相比，已经不仅仅适用于制造行业，也适用于公用事业、交通运输、金融证券、商业流通、建筑、信息服务、新闻媒体等几乎所有行业。

3.管理功能的拓展

MRPⅡ采用精密计算进行计划和排程，制定准确的物料采购和生产计划，它提供的信息主要是用于支持结构化的决策活动。然而，在企业经营管理中，还有大量半结构化和非结构化的问题，如新产品开发、企业合并、收购等问题。而 ERP 由于拓展了许多其他的管理功能，不仅能提供定量信息，还能提供丰富的定性信息，使决策的过程更为智能化，提供半结构化和非结构化的决策支持功能。

MRPⅡ通过计划的调整来控制整个生产过程，实时性较差，通常只能实现事中控制。而 ERP 系统支持在线分析处理(on line analytical processing，OLAP)，为企业提供了对产品服务质量、企业内外环境变化、客户满意、经营绩效等关键问题的实时分析能力，使企业具有事前控制能力，能够进行并行作业管理。此外，在 MRPⅡ中，财务系统只是起到并行的信息反映作用，将物流的数量信息转变为价值信息。而 ERP 系统则将财务计划和价值控制功能集成到了整个供应链上。

4.应用技术的拓展

ERP 不断地吸纳信息技术飞速发展所形成的最新成果，包括：开放的服务器技术、图形用户界面(GUI)、计算机辅助软件工程(CASE)、面向对象技术、关系数据库、第四代语言、网络技术、海量存储、数据挖掘、电子商务等等，从而使 ERP 系统得以实现供需链管理的信息集成。

四、ERP 同 BPR 的关系

(一)BPR 简介

1.BPR 的定义和特点

BPR 是 business process reengineering 的缩写，中文译为业务流程重组。BPR 概念的提出，最早见于著名管理学家 Michael Hammer1990 年的论文“*Reengineeing Work：Don't Automate，But Obliterate*”。1993 年，Michael Hammer 和 James Champy 在 Reengineering The Corporation 一书中正式对 BPR 做出了如下定义：“BPR 是从根本上重新考虑并彻底重建企业的业务流程，其目的是在成本、质量、服务和速度等方面取得显著的改善，使企业能最大限度地适应以顾客、竞争、变化为特征的现代企业经营环境”。

此后，许多学者根据自己的研究对 BPR 做了不同的定义，选择部分列举如下：

Alter 认为：“BPR 是一种使用信息技术从根本上来改变企业流程，以实现主要企业目标的方法性程序。”

Davenport 和 Short 则提出：“BPR 是对组织中及组织间的工作流程和程序所进行的分析和设计。”

Venkatraman 给出了这样的定义："BPR 涉及使用信息技术为中心的企业重组。企业流程被重新设计以充分发挥信息技术的能力，而不是将现有流程作为信息技术基础架构设计时的限制。"

综合各位学者对 BPR 所作出的定义，我们认为 BPR 具有以下三个特点：

(1)BPR 以改善企业经营绩效为目的；

(2)BPR 是对整个供需链范围内的业务流程所进行的根本性重组；

(3)BPR 一般结合信息技术的应用而进行。

2.BRP 的类型

根据重组特征和流程范围，BPR 可以分为以下三类：

(1)功能内的 BPR，指对职能内部的流程进行重组。企业往往存在着中间层次多、各职能管理机构重叠的问题，而一些中间管理层一般只进行一些非创造性的统计、汇总、填表等工作。利用信息技术可以使每项职能的全过程只由一个机构管理，使非增值的中间层消失，做到机构不重叠、业务不重复。例如：会计核算工作只需把原始数据输入计算机，其余工作由计算机完成，变多级核算为一级核算等。

(2)功能间的 BPR，指在企业范围内，跨越多个职能部门边界的业务流程重组。例如：将集团各子单位的信息管理、人力资源管理从各子单位中分离出来，成立整个集团范围内的信息管理中心、人力资源管理中心。

(3)组织间的 BPR，指发生在两个以上企业之间的业务流程重组。例如：传统的采购流程是需方物色供应商，下采购订单，供方接收订单，组织制造生产，完工后进行质检发货。需方收货后，验收入库，再发送到生产车间，经过多方核对无误后进行财务付款。整个流程时间长，重复作业(如质检)和无效作业(如订单收发、入库出库)多，造成成本较高。在组织间的 BPR 下，订单的下达和款项的结算通过电子商务完成，供方完成制造后，会同需方一起检验，验收合格的货物，直接按照需方的生产计划，发送到生产车间，消除了重复作业和无效作业，节约了时间，降低了成本。组织间的 BPR 是目前业务流程重组的最高层次，也是重组的最终目标。

(二)ERP 同 BPR 的关系

ERP 与 BPR 之间存在着相辅相成、密不可分的关系。首先，ERP 离不开 BPR。BPR 是 ERP 成功实施、发挥系统应有效用的基础。ERP 要做到将系统化计划管理为核心的一系列先进管理思想运用于企业管理之中，要做到面向整个供需链，合理配置企业所有内外资源，必须对企业原有的流程进行分析，判别出哪些流程是不符合 ERP 管理思想、未能利用信息技术的优势、非增值的重复流程和无效流程，然后依照 ERP 管理思想的要求，以信息技术为支持，对企业和业务流程进行重组。这样才有可能使 ERP 的实施获得成功，发挥出 ERP 先进管理思想的威力。如果不进行 BPR，仅仅简单地将企业原有的业务流程加以电算化，用计算机系统完全模拟手工工作，那么无异于让 ERP 这辆先进的"高速赛车"行驶在企业落后流程的"羊肠小道"上，无法发挥 ERP 应有的作用。其次，BPR 也离不开 ERP。BPR 应通过 ERP 实现，BPR 的过程应当以适应 ERP 管理思想为目标和指引。在当今信息时代，BPR 离不开信息技术的支持，它最终是由计算机系统来执行的，即通过 ERP

和电子商务及其支持性 IT 技术和相关技术来实现，ERP 是 BPR 最终计算机信息化实现的手段。因此，在进行 BPR 时，一开始就要以 ERP 管理思想为其目标和指引。

五、ERP 同电子商务的关系

ERP 是企业实施电子商务最基础、最核心的支撑系统。电子商务是通过电子方式进行的商务活动。它通过电子方式处理和传递数据，涉及许多方面的活动，包括货物电子贸易和服务、在线数据传递、电子资金划拨、电子证券交易、电子货运单证、商业拍卖、合作设计和工程、在线资料、公共产品获得。它包括了产品和服务、传统活动和新型活动。其实质就是充分利用电子技术、信息技术和网络技术来替代传统的手段和工具，完成市场分析、物料采购、产品销售、物流配送、资金的结算与支付和客户服务等各种商务活动的全过程。针对企业经营而言，电子商务最关键的要素在客户关系管理（customer relationship management，CRM）、供应链管理（supply chain management，SCM）、产品研发管理（product lifetime management，PLM）三个环节上，而这三个环节都属于 ERP 的子系统。虽然电子商务运作还包含有配送系统、银行付款方式等要素，但最核心的因素还是要求企业本身具有资源的协调和控制能力，这对企业电子商务的制约作用更大。也就是说，要开展电子商务首先要在内部的管理平台和信息平台上，准确控制和掌握物流、资金流和信息流，这要求流程的规范统一和优化，涉及流程和管理理念的电子化，这正是 ERP 的目标所在。从这个意义上说，ERP 是企业抢占电子商务的战略制高点的重要途径和必要条件，谁先做好 ERP，谁就先拥有优势，谁才有可能发展电子商务。

第三节　ERP 软件浏览

本章第二节，我们对 ERP 的定义和相关理论进行了简要的探讨。我们知道可以从管理思想、软件产品和管理系统三个角度来理解 ERP。从表象上看，ERP 最直接的体现是一种软件产品。ERP 是综合应用了现代信息技术最新成果，以 ERP 管理思想为灵魂的软件产品。因此，在本节中，我们先对目前几个常见的 ERP 软件产品作一浏览，然后以 SAP 公司的 R/3 系统为例，对 ERP 软件通常具备的主要功能模块进行简要介绍，以帮助读者对 ERP 软件产品的总体概貌形成一个感性的认识。

一、常见 ERP 软件浏览

ERP 市场是一个竞争激烈、发展迅速的市场，国内外提供 ERP 软件产品的厂商为数众多。国外著名的 ERP 软件厂商有：SAP、Oracle、J. D. Edward、PeopleSoft、Baan、SSA、JBA、Marcam、Intentia、Fourth Shift、Scala、QAD、FRONT STEP 等等。台湾地区的 ERP 软件厂商有：鼎新、普扬、汉康、艾一、天心等公司，鼎新公司在大陆已与神州数码合资组建神州数码管理系统有限公司，汉康公司也已在大陆地区以汉邦的名义发展业务，天心公司在大陆地区的中小企业中销售业绩不错。香港地区的 ERP 厂商进入内地时间较短，较知名的有盛创和佛氏两家公司。大陆地区的 ERP 厂商主要分为两大类：第一类是在财务软件领域取得成功之后，向 ERP 软件拓展的公司，如：用友、金蝶、新中大、安易、浪潮国强等。第二类是以提供 ERP 软件产品为主的公司，如：北京利玛、北京开思(2001 年 12 月被金蝶收购)、北京和佳、易通国际、鼎太科技等公司。目前在全球市场排名前几位的公司是：SAP、Oracle、J. D. Edward、PeopleSoft、Baan，在国内市场排名前几位的公司是：SAP、用友、金蝶。下面对在国内外市场较知名的公司及其 ERP 软件产品进行简要介绍。

(一)SAP 的 R/3

SAP 公司成立于 1972 年，总部设在德国南部的沃尔道夫市，是世界第一的管理软件供应商，是 ERP 业界的"老大"。其客户在世界范围内超过 2 万家，世界 500 强企业有 80%使用 SAP 的 ERP 软件产品，500 强企业前 10 家中有 9 家是 SAP 的用户，包括 IBM、Microsoft、HP、Sun、Intel 等许多各行业的领先企业都在使用 SAP 的 ERP 产品。SAP 公司于 1995 年在中国设立子公司，一段时间内长期在国内 ERP 市场上位居榜首，虽然近年来在总体市场份额上被用友和金蝶超过，但仍牢牢占据国内高端市场，遥遥领先于其他 ERP 厂商，国内已经有上千家客户，包括四川长虹、海尔、中国化工、上海通用、一汽大众、宝洁等大型集团公司。SAP 公司提供的软件产品为 R/3 系统。R/3 系统具有完善的功能、高度集成的模块、适应于多种行业、国际适用、开放应用环境等特点。其具体的功能模块见本节下文的介绍。

(二)用友的 U8 和 NC

1988 年 12 月 6 日，用友创始人王文京凭借着 5 万元的借款、1 台电脑，在北京中关村 1 间 9 平方米的租房内，成立了用友财务软件服务社。经过近 30 年的发展，用友公司成为中国最大的财务软件供应商。用友公司在财务软件市场占有率一直稳居中国市场首位，市场占有率近 40%，在各行各业得到了广泛深入的应用，成为推动中国会计、财务管理信息化的主流应用软件和实际应用标准，为中国的会计信息化提供了强有力的系统应用工具。2001 年 5 月，用友公司股票在上海证券交易所挂牌上市(股票简称：用友软件；股票代码：600588)。目前，用友公司是中国最大的管理软件/ERP 供应商。在制造业、流通业、服务业、金融业、政府机构，用友软件都得到了广泛的应用，根据中国权威的 IT 市场研究机构 CCID 的调查：从 2002 年开始，用友 ERP 成为中国 ERP 市场的龙头老大(客户数量)。

用友提供的 ERP 软件产品主要有用友 ERP-U8 和用友 ERP-NC①。用友 ERP-U8 包括财务、购销存和决策三大部分。其中，财务部分包括总账、会计报表、工资管理、固定资产管理、成本管理、资金管理、财务分析、应收管理和应付管理、现金流量表等 10 个子系统；购销存部分包括采购计划、采购管理、库存管理、存货核算和销售管理等 5 个子系统；

① 从严格意义上讲，用友的 U 系列产品不是真正的 ERP 产品，它只是在传统的会计软件上扩充了若干会计管理的职能，其他核心还是以会计核算为主。用友真正的 ERP 产品是它于 2000 年开始研发的 NC 系列(new century)。

而决策部分则包括决策支持和行业报表两个子系统，整个软件将核算、管理、决策融为一体。用友 ERP-NC 是用友公司为企业建立先进应用系统推出的应用架构和个性化的应用解决方案。用友 ERP-NC 不单是一套复杂的软件产品，更是一种通过引入符合中国企业需求的全球化经营管理模式、先进的软件技术以及专业的应用服务来提高企业核心竞争能力的手段。用友 ERP-NC 的系统结构主要由五个层次构成，分为系统平台、中间件平台、应用平台、核心应用和行业解决方案。系统平台支持 UNIX/WIN NT/LINUX 以及 ORACLE/DB2/SQL SERVERR。应用平台包括：工作流平台、审批流平台、预警平台、动态会计平台、数据交换平台和二次开发。核心应用包括：财务软件、SCM、CRM、EAM、数据仓库、商业智能(BI)等等。使用用友 ERP-NC 的应用架构，可以构造基于 Web 的、可伸缩的、安全的企业应用系统，实现全面资源计划以及财务资源的集中管理，树立供应链核心地位，抓住客户资源市场，推动企业经营管理现代化，进行商业智能分析决策，实现协同工作及知识管理，全面实施电子商务模式下的企业管理。

(三)金蝶的 K/3

1991 年，金蝶创始人徐少春创办深圳爱普电脑技术有限公司，开始创业历程。1993 年 8 月 8 日，徐少春与招商局蛇口社会保险公司和美籍华人赵西燕共同投资成立金蝶软件(中国)有限公司。金蝶国际软件集团(香港)有限公司于 2001 年 8 月正式成立，在香港联合交易所有限公司创业板挂牌上市，股份代号 0268。同年，公司宣布并购北京开思软件科技有限公司，标志着金蝶向 ERP 领域全面进军。经过 20 多年发展，公司现有员工 8 000 多人，在深圳、上海、北京开设三个软件园，为超过 680 万家企业和政府组织提供企业管理软件及服务，是中国最大的企业 SaaS 的云服务厂商之一。

K/3 是金蝶推出的 ERP 软件产品，于 1999 年 5 月首次面市，目前主要有 K/3V9.X 和 K/3.net 两个版本。K/3V9.X 系统综合反映企业和集团企业日常生产经营活动和集团内部经济活动，并在此基础上，累积企业管理决策所需要的管理和控制信息，用以计划、决策、控制、分析和考核企业的经营全过程，帮助企业提高企业管理过程的控制能力，从而从本质上提高企业的管理水平。K/3V9.X 系统提出集团管理的全新管理理念，深入行业应用，推出行业版本，从而适合企业不同管理层次的应用，同时提供功能强大的自定义设置、以绩效管理为核心的人力资源管理和多样化集团分销解决方案，从而形成业务和财务管理的一体化解决方案。K/3.net 系统是中国第一个成功的、革命性的基于.net 平台的 ERP 产品，是一个灵活的、可配置的信息化解决方案，重点针对精细化和合作阶段企业的管理变革需要。K/3.net 能满足大型分布式应用需求；支持 DB2、SQL server、Oracle、Sybase 等多种数据库；支持国际化的处理；支持多种应用方式；支持多个系统的统一认证；支持多种终端设备；支持对象重构；具有良好的系统扩展性和安全的系统访问机制；采用先进的工作流技术，从而为管理机制的良好控制奠定坚实的基础。K/3.net 适合大中型企业的精细化和合作发展阶段的管理需求，具有人机工程、集成、组件化的特性。

(四)Oracle 的 Oracle Application

Oracle 公司(甲骨文公司，全称为甲骨文软件系统有限公司)，始建于 1977 年，著名的数据库软件公司，是全球最大的企业级软件公司之一，总部位于美国加利福尼亚州的红木滩，1989 年正式进入中国市场。2013 年，甲骨文已超越 IBM ，成为继 Microsoft 后全球第二大软件公司。2017 年 6 月 7 日发布的 2017 年美国《财富》500 强显示，甲骨文公司排名第 81 位。

Oracle 的主要产品是数据库管理软件。它于 21 世纪初才进入 ERP 软件市场，但凭借其强大的数据库软件开发能力，它在 ERP 市场上也取得了不错的业绩。2005 年，Oracle 并购了开发企业软件的仁科软件公司(PeopleSoft)以增强自身在这方面的竞争力(主要竞争对手是德国的 SAP)。Oracle 另一款著名的产品是它于 2008 年开始研发的 CRM 软件。2005 年，Oracle 并购了开发 CRM 软件的希柏软件公司。

Oracle Application 是 Oracle 公司提供的 ERP 软件产品，在全球有超过千万的客户，遍及 76 个国家。Oracle Application 的一大特点在于它对网络功能的支持，这在所有的 ERP 软件开发商中是较有特色的。Oracle Application 为客户提供超过 45 种的模块，主要可分为：财务管理、项目管理、人力资源管理、生产管理、供应链管理和前端办公等等。

二、ERP 软件功能模块简介

SAP 的 R/3 系统主要由物料管理(MM)、生产计划(PP)、质量管理(QM)、销售与分销(SD)、财务会计(FI)、管理会计(CO)、资产管理(AM)、工厂管理(PM)、人力资源(HR)、项目系统(PS)、工作流(WF)、工业解决方案(IS)等十二个标准应用模块构成，大致可分为基本系统、后勤系统、财务与会计系统、人力资源管理系统和业务信息仓库(business warehouse，BW)五个部分。基本系统为整个系统的其他子系统提供支持；后勤系统包含了销售和分销、生产计划与控制、物料管理、质量管理、工厂维护和多种制造方法等子系统；财务与会计系统集成了财务会计、资产管理和财务控制三个子系统；人力资源系统中有着与员工管理相关的极其丰富的内容；业务信息仓库是新一代的数据仓库。各个子系统紧密地整合为一体，由此发挥自身强大的整体功能。

(一)后勤系统

后勤系统的主要功能是积极响应顾客的需求，安排销售和分销，反馈到企业的生产计划和控制，进而安排物料的采购和库存，同时注重质量的管理和工厂的维护，并支持多种制造方法，目的是整合企业的内部物资资源，提供顾客需要的商品和服务。

1.销售和分销

销售和分销模块包含了从订单处理中的询价到发货、货单和发票的整个功能链。同时，它与物料管理、生产计划和会计中的应收款模块之间有许多数据流和信息流。系统根据顾客的信用数据和物料数据来审核订单，决定是否接受。订单得到批准后，可以通过生产计划模块和物料管理模块获得交货期和价格方面的信息，这样就能及时向顾客提供准确的报价和交货期。正式的订单输入系统，之后的程序是按订单发货，形成交货单票据，并输入系统。接着系统按照订单和交货单票据开出发票，同时将税收和应收款的信息及时地传递给会计系统，进行相应的处理。

在上面的过程中，销售管理模块通过订单的处理获得了有关的客户、销售活动和物料的基础数据。当基础数据形成后，就可以在以后的订单处理中多次调用，如客户数据中的顾客地址、银行账号等，这些数据可以在变动时进行维护和更新。另外，输入订单和交货单票据后，所有的数据就都进入了系统，由系统进行相应的处理和传输。销售管理中产生了大量的数据，可以按照一定的方式转换输出，供决策使用。例如贸易合同、销售咨询和竞争活动等方面的信息，可以帮助公司制定市场营销策略；例如根据发票按客户、物料和地区进行的销售分析用清晰的清单或信息图表来表示，可以使得公司能对新的市场趋势进行快速有效的反应；并可对销售数量、金额、利润、绩效、客户服务做出全面的分析。

2.生产计划与控制

生产计划与控制模块的主要功能是：基础数据维护、生产计划、物料需求计划、能力计划、车间控制、成本核算和项目管理。生产计划与控制模块和 R/3 其他模块中有关的计划和业务工作是集成的。

生产控制管理是一个以计划为导向的先进的生产、管理方法，它将企业的整个生产过程有机地结合在一起。该模块根据预测和销售管理模块中的订单数据制订生产计划，根据物料管理模块中的产品数据将生产计划展开为物料需求计划，并制订能力计划。接着通过车间控制详细安排产品的生产，根据生产过程的耗用记录为成本核算提供数据。生产计划与控制过程需要物料管理模块提供的物料清单、工艺流程、工作中心、库存、采购等数据。这个过程遵循国际上认可的制造资源计划 MRPⅡ的概念。生产计划与控制模块确保了对整个物流高水平的计划和控制。它可以将计划周期大大缩短，提供最新数据和信息，并提高工作效率。相关的计划人员可以不再需要从事繁重的计算工作，他们输入必要的数据，系统就能自动处理，这样人们可以把精力集中到更为重要的业务活动中去。生产计划与控制为各种类型的工厂而设计，与工厂的具体需求相适应，并且考虑从小批量生产到大批量生产等不同的生产方式。

3.物料管理

物料管理模块涵盖了采购、库存、仓库管理、库房管理和产品数据管理等功能。目的是保证材料物资供应的及时和准确，支持正常的生产，但又最小限度地占用资本。物料管理与销售和分销模块、生产计划与控制模块、会计子系统等紧密集成。它能够结合、满足相关部门的需求，随时间变化动态地调整库存，精确地反映库存现状。

采购功能可以根据订单和物料需求计划产生的采购请求，将请购单转变为采购单；接着根据供应商数据进行自动的供应商选择，并进行订货。采购单数据可以在接收货物时用于自动检查核对，判断收到货物的时间和数量是否和采购单相匹配，即它们之间的差异没有超过可容忍的界限。货物的接收触发了库存数据的改变，系统及时地将相关数据传送到会计系统。此外，采购单和发票的核对决定了付款审核能否通过。

库存功能负责现有库存的管理，包括入库、出库和转库业务，以及成批库存、寄售库存或者是分配给客户订单的库存。库存管理为其他系统和模块提供了材料物资的详细信息。

仓库管理功能与库存功能不同，它集成货物的接收和分配，支持仓库内卸货及其他活动，为优化和监督分销中心，将所有规划的功能集中在一起，以便处理仓库内所有交易。

库房管理功能致力于使库存吞吐量达到最优，以库房放置和移动策略为主要内容，条形码的应用大大加速了库房管理过程。库房管理支持各种盘点库存的方法，盘存数据将及时传送到会计系统。

产品数据管理（product data management，PDM）利用能够组织和维护所制造的每个零件的数据，通过产品数据管理系统来定义库存零件之间的关系，并说明它们是如何组合来制造一个产品的。PDM包含：物料主记录、物料清单、工艺路线、工作中心、工程改变管理等。这些数据必须是准确的，以保证车间控制、物料需求计划等有关部门工作的有效性。

4.质量管理

质量管理旨在生产用户满意的产品。质量管理为各个阶段的质量检测提供支持工具，包括采购和生产过程，并为客户提供跟踪查询的功能。采购过程中，可以在订货时查询供应商的质量数据，可以在接收货物时由质量小组预先设置控制数据判断是否检测；生产过程中，当一个生产订单发放时，与检测有关的信息就自动发送到各个过程中去，进行质量的检测。这样人们就能迅速获得有关的质量数据。客户也能跟踪查询。质量管理过程中发生的成本、费用数据将作为成本会计模块的输入数据，成本会计模块获得数据进行相应处理和分析，有利于控制质量成本、费用。目前质量的检测标准可以是国家或ISO标准。

5.工厂维护

随着科技的发展，自动化程度日益加强，制造过程的复杂性也不断提高，一旦工厂不能正常运转，牵一发而动全身，很有可能造成极大的损失。与此同时，市场对产品高品质的重视也需要生产企业保持一流的水准。工厂维护的目的在于提高员工工作的安全性和效率、减少停机时间、控制维护费用、降低维修备件的库存和费用，以及充分利用设备、设施、人力等资源。

工厂维护模块一般通过适当工具制订定期维修的计划，但也支持紧急维修任务。在维修请求发生时，要进行紧急程度的分析，明确责任，设置期限，制定时间计划和成本计划，进行预算清单的审批；然后下达维修单，并纳入能力计划、物料管理和采购单的发放等工作中；维修任务完成后，进行相应的结算，并将数据传送到其他子系统。此外，还可以将数据进行分析和统计，辅助决策。在很多情况下，企业给客户提供维修服务，工厂维护同样支持相关的管理。

6.多种制造方法

R/3系统的灵活性体现在它能支持多种制造方法的应用，不仅仅是离散型制造，还有流程型制造，同时还支持各种制造管理方法。

流程型制造中最为重要的是流水线的设计和生产流程的计划。生产的过程分解为各个流程，流程的顺序是生产线负荷计划的基础。通过将生产线分成段和工作周期，可以控制物流和计算物流在生产线上的停留时间。在流水线设计功能中，系统提供图形界面进行流水线设计，进行主要数据的计算，流水线上产品的分配，过程在各段流水线上的分配，操作、部件、操作设施和文档在各段流水线上的分配，工作周期的划分、计算，以及主线和反馈线的同步和工作令单等。

此外，系统还支持流程式制造中的排序功能，排序功能有助于计划订单的数量和决定车间制造的排序。通过排序，可以均衡负荷，优化订单任务的作业顺序，充分利用生产能力，避开瓶颈的限制，提高效率。

看板管理是一种降低制造成本的管理方法,通过设定控制周期中包含的看板数和每个看板包含的量,进行生产和物流的控制,即只有生产达到一定状态,才对物料进行进货或生产,从而有效地降低库存。系统能自动计算看板数和每个看板的量,并提供报表进行检验和分析。

系统对多种制造方法和管理方法的支持,体现了系统应用环境的多样性和管理方法的先进性。

(二)财务与会计系统

财务与会计系统涵盖了财务会计系统、资产管理系统和财务控制系统,其目标是合理、有效、节约地筹集与使用财力资源,对企业资源运动以价值形式进行控制,如实核算报告财务状况和生产经营成果,最大限度提高经济效益,促使企业价值最大化。财务与会计系统和 R/3 其他子系统紧密集成,通过后勤系统、人力资源系统获得大量数据,进行相应的反映,同时它又为其他子系统提供财务与会计信息,以便进行相应的计划与控制。

1.财务会计系统

财务会计系统涉及总账处理、应收应付款的管理、现金管理、金融投资管理、合并报表、基金管理。本系统以核算功能为基础,同时集成了资金的管理功能。在总账处理中,支持财务会计所要求的功能,设置会计科目,全面集成过账程序,编制各种格式的财务会计报表。应收账款模块中,通过联机进行自动的账务处理,支持账龄分析、提醒报告和自动催账等管理功能。应付账款模块中,根据订单、交货及发票的数据进行自动处理,支持账户分析、付款管理等管理功能。现金管理通过联系应收应付款信息,进行现金流动的预测和管理。金融投资支持对金融投资的计划、管理和分析。合并报表模块支持合并报表的编制。基金管理用于基金的预算、监控、审核,对基金的预算及其执行情况进行监督和控制。

2.资产管理子系统

资产管理子系统涉及资本性支出的投资控制、固定资产会计和技术资产管理,目的是对资本性支出进行全面管理,对所形成的固定资产进行全面核算,对资本性资产进行日常的维护保值。

3.财务控制子系统

财务控制包含了会计系统的其他功能,如产品成本核算、作业成本核算、责任中心会计、订单和项目会计、内部审计、合资公司会计、公司管理的决策支持、获利能力分析以及一些管理会计功能。财务控制的内容极为丰富,集成了大量的管理会计功能,也为财务会计子系统提供成本核算等信息。

(三)人力资源管理系统

在知识经济时代,一个企业可持续发展能力、未来获利能力以及有利的现金流动状况的决定性因素将不再取决于其财务资本如何殷实,而是取决于企业能否拥有高素质的人力资源队伍、良好的管理以及团队精神。于是,在集成企业内部所有资源的 R/3 系统中,人力资源管理子系统日趋重要,它和 R/3 中的财务、生产子系统组成了一个高效的、具有高度集成性的企业资源系统。它与传统方式下的人事管理有着根本的不同。

1.员工自助服务

R/3 系统支持强大的员工自助服务功能，它是一种实时、高效的数据访问方式。员工可以通过网络技术或交互式语音应答功能，浏览、建立和维护自己的数据，有效降低人力资源部门的劳动强度，把有限的人力资源用到更重要的业务活动中去。

员工自助访问和修改个人数据、地址、家属信息以及紧急联系人、所得税信息、个人银行账号信息；查询福利数据；记录工作时间、出勤缺勤时间、提交请假请求、查看累计休假额度；查看培训记录、查询培训课程、进行报名；查看员工合同情况、职位、办公室地址等；进行工资查询。此外还支持应聘者查看应聘状态。员工自助服务还可用于购买的请求，如旅行和费用的申请、旅行报销等。

2.管理者桌面

管理者桌面是将人力资源管理延伸至企业的管理者层。除了日常事务的处理之外，管理者桌面提供直观的图形界面支持决策分析和劳动力管理。它具有强大的计划和建模功能，使管理者在政策推行之前就能看到变化的效果。管理者桌面汇集了大量的信息流，提供了丰富的报表和功能，使管理者信息充裕，能对日常的事务处理和决策应付自如。

3.招聘

招聘系统支持：选择招聘途径，如网络、报纸、杂志、人才市场、猎头公司；按基本条件自动筛选应聘者；根据收集的信息进行定量分析，并由人事经理精心挑选；界面友好功能强大的招聘事务处理，包括形式多样的通知手段。

4.人事行政事务管理

本模块进行日常事务的管理，如员工雇佣信息、工资调整、离职和退休处理等；维护员工的数据，如基本个人数据、基本工作关系数据、工资数据、工作计划数据和时间记录数据、个人所得税情况、外籍员工情况等等；并提供简单易用的信息生成工具。

5.时间管理

时间管理涉及时间数据的收集、分析；灵活的休假管理；安排轮班计划，及时调配合适人员，适应快速变化的工作业务量，并为时间分析和工资计算提供数据；为成本核算提供工时数据。

6.工资管理

工资管理通过制定工资预算、计划、实施和控制，将员工工资控制在预算范围内；并根据市场价格水平制定职务价格水平，从而向员工提供具有竞争力的工资。

7.工资核算

工资核算从其他模块读取员工数据，自动进行员工的出勤工资、缺勤工资、个人所得税、福利保险、特殊工资等项目的计算，并提供各种工资报表，将工资计算结果传送至其他模块。

8.组织管理

组织管理描述企业的组织结构，制订关于企业组织结构的计划，进行组织结构的分析和人员成本的分析，为企业组织结构的重组提供决策支持。

9.员工发展与培训

员工发展与培训通过员工资格与岗位要求的设定、职业发展和后续教育的计划、评估系统的应用和完善的培训管理，使员工能适应岗位的要求，并不断发展，从而为企业的发展提供源源不断的动力。

10.人力资源报表

人力资源报表模块为决策提供强有力的支持，为企业内外各种不同的信息用户提供灵活多样的、界面友好的直观的人力资源报表。

(四)业务信息仓库

R/3 的后勤、财务与会计和人力资源系统提供了大量的信息，供决策使用。此外还有一种功能强大的专门用于支持决策的信息子系统，它的安装、实施与前面三个子系统之和相比，复杂程度有过之而无不及，甚至曾经有人将同时实施业务信息仓库和其他子系统比喻为攀登珠穆朗玛峰。但实施的结果是，为各种用户的各种需要提供非常方便的信息访问。

业务信息仓库的形成需要储存和管理丰富的数据，也可以通过转换和载入技术快速获得大量数据，并高效维护数据的更新和变化。有了充裕的数据和智能系统，业务信息仓库支持各种用户各种层面的各种类型的视图，从而全面辅助决策的需要，满足信息用户的需求。换言之，业务信息仓库有着庞大的信息量，并以业务信息需求为导向，这种业务信息需求分析考虑了各种行业的经验，形成了大量的标准报表，但也支持用户定义。

第四节　业财融合 ERP 系统的会计流程再造

业务流程重组被誉为第三次管理革命，是西方国家在企业信息化进程中，为了提高企业经营管理的效率而进行的探索。随着信息技术应用在企业中的不断普及和深化，企业业务流程的自动化程度不断提高，业务流程中的一些环节被省略或合并。大型的管理信息系统，尤其逐渐成为企业信息化“标配”的 ERP 系统，为企业优化业务流程提供了契机。一方面，企业信息化是业务流程重组的基础，业务流程重组只能通过企业信息化来实现；另一方面，业务流程重组是企业信息化的必然要求，要将现代先进的管理思想和现代信息技术融入企业经营管理中，就必须对企业原有的业务流程进行分析诊断，进而依据现代管理思想，对企业业务流程进行优化重组。本节将讨论业财融合 ERP 系统的会计流程再造。

一、传统会计流程概述

会计是以货币为主要计量单位，反映和监督一个单位经济活动的一种经济管理工作。从整个会计流程来看，可以将会计流程分为三个部分：

(1)数据采集流程，主要是从经济业务中采集数据，其载体主要是原始凭证；

(2)数据加工与存储流程，是将原始凭证数据进行分类、计算等加工处理；

(3)数据输出(报告)流程，是根据需要编制财务报表，并提交给相关人员或部门。

传统财务会计流程是建立在劳动分工理论下的一种顺序化流程，财务人员使用会计科目和复式记账法，按照“原始凭证—记账凭证—账簿—报表”的顺序把会计主体的资产、负债、所有者权益、收入和费用等的财务度量结果分类汇总，使用标准格式和项目内容的会计报表将汇总的数据定期提交给利益相关者。然而，在经济全球化、信息化的时代背景下，传统财务会计流程逐渐显露出其弊端：

(1)受到基于劳动分工理论的传统会计体系的制约，企业在会计核算自动化时往往照搬手工会计流程，导致形成以子系统为单位的信息孤岛。

(2)传统财务会计流程难以满足管理需要。从对传统会计流程(见图 2-11)的分析，我们可以看到：首先，财务数据采集过程仅采集部分与会计直接相关的数据，而忽略其余大量的管理数据；其次，传统数据加工与存储是以高度汇总的方式存储数据，信息使用者往往无法了解经济业务的具体信息；再次，财务报告无法满足信息使用者的需要；最后，传统财务会计无法反映企业货币交易以外的价值创造。

(3)传统财务会计流程无法实现企业实时监控的需要。在传统会计流程和计量属性假设下，会计信息系统所反映的资金流往往滞后于物流，经过加工处理后形成的会计账簿和报表余额反映的也是企业经营状况的历史数据。在经济环境瞬息万变的今天，信息的时效性对其有用性起着至关重要的作用，会计信息如果无法满足企业实时监控的需求，会计信息的价值和会计信息系统的价值就都下降了。

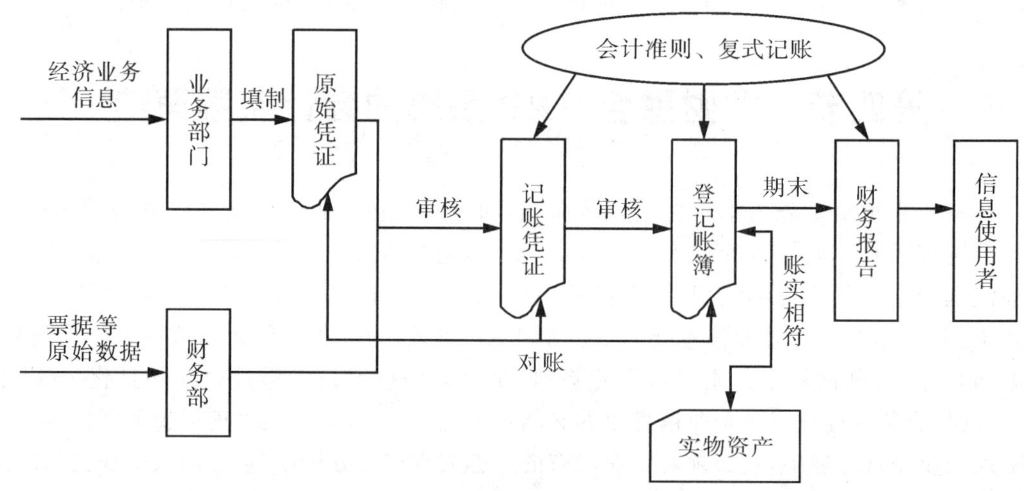

图 2-11 传统财务会计流程图

二、ERP 环境下的财务会计流程再造

作为业务流程重组的一项具体应用，会计流程重组应当遵循业务流程重组的核心原则，即以顾客为中心的原则，具体来说就是从信息使用者的角度出发，构建新的财务会计流程。

1.建立新的财务会计理念

在财务会计流程重组的过程中，首先应从改变思想出发，建立新的财务会计理念，主要包含：

(1)顾客导向

财务会计流程的产品是以报表等为载体的信息。顾客就是信息使用者,包括企业的管理者、员工,以及利益相关的外部使用者。满足不同信息使用者的信息需求,是财务会计流程重组的目标和导向。

(2)团队合作

在由流程团队构成的流程导向型组织中,会计人员原本相互独立的工作方式也被打破,转而以团队的方式进行。团队成员都需对流程的结果负责,且绩效和报酬也与团队业绩相关。这就要求会计人员必须树立团队合作的观念,与其他团队成员协同合作,相互学习,共同实现团队目标。

(3)价值创造

长期以来,会计工作被认为是局限在具体资金管理和账务处理上,重复性远大于创造性,无法为企业创造价值。然而,在 ERP 环境下,会计人员被认为不仅只是进行资金管理和账务处理工作,而是进行企业综合资源的优化配置,其创造价值具有模糊性、特殊性。树立价值创造观念,这就要求会计人员变被动为主动,积极与其他人员协调、互动和合作,促进企业实现价值增值的日标。

(4)面向未来

传统财务会计流程的产品,即财务报告,是面向过去的回顾型时空观,反映企业过去一段时间的经营成果或某一时点的状况。然而,现今信息使用者更多地希望财务会计流程能够提供面向未来的、对企业未来预期有所用处的信息。因此,应当建立以对外来的预期及设想为中心的预期型系统。

(5)全面集成

早期的企业信息化,或者说自动化,往往缺乏总体规划,导致企业内部各自为政,形成许多相互割裂的信息孤岛。在财务会计流程重组的过程中,应当以企业整体网络系统为基础,注重各流程的集成和信息共享,以达到整合企业资源,提高经济效益的目的。

财务会计理念重建的手段主要有培训、宣传和交流,其目的在于重建会计的理性基础,为重组后的财务会计流程顺利运行提供保障。

2.财务会计流程重组

(1)传统财务会计流程与 ERP 环境下的财务会计流程的比较

如图 2-12 所示,ERP 环境下的财务会计流程和传统财务会计流程的差异主要表现在以下几方面:

①数据采集方式、范围和时效性不同

从采集方式上看,传统财务会计流程是按需求分部门分别采集完成,这就使得同一业务活动的相关数据被分别采集和储存,容易导致数据重复、冗余,产生数据的不一致。ERP 环境下数据采集是按发生地一次采集完成,包括财务和非财务的所有相关信息,并存储在数据服务器上共享使用。

从采集范围上看,传统财务会计流程是按照会计事项的定义和是否对财务报表产生影响来采集会计信息的,因此,只包含部分业务活动的部分数据。ERP 环境下的财务会计流程不仅采集和处理财务信息,还采集和处理非财务信息,因此所采集的数据范围几乎

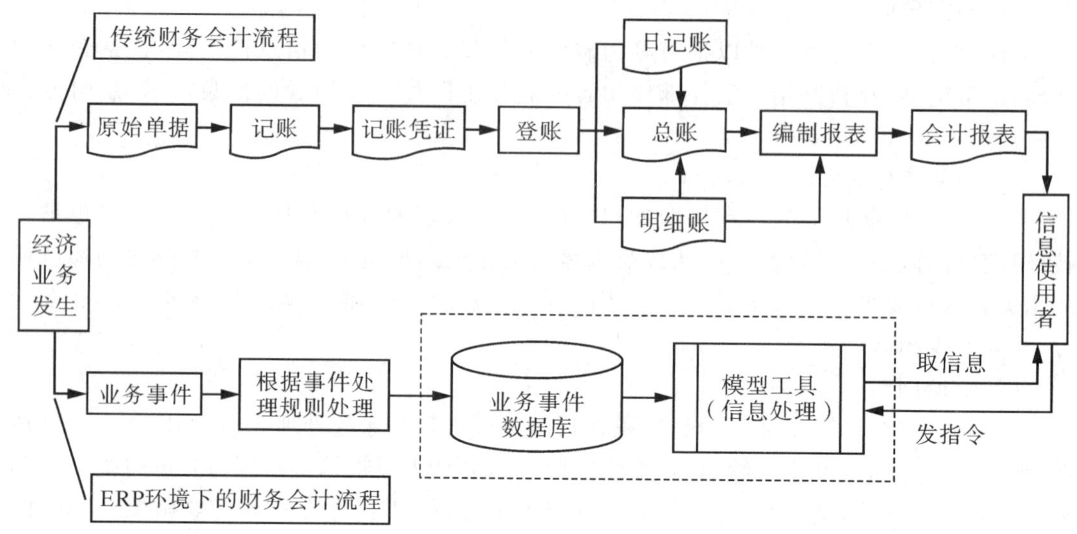

图 2-12　传统财务会计流程与 ERP 环境下的财务会计流程的比较

包含全部业务活动的全部数据。

从数据时效性来看，传统财务会计流程的数据实时性差，数据具有明显的滞后性，无法实现信息的实时支持。ERP 环境下的财务会计流程数据实时性强，能实现数据的实时采集、及时处理、储存和传输。

②会计凭证生成方式不同

传统财务会计流程的会计凭证是由会计人员填制的，业务部门发生经济业务后，由经办人员将业务发生的情况进行记录，并将所取得的原始凭证交给会计部门，再由会计人员统一填制记账凭证，登记账簿。ERP 环境下，业务部门发生的经济业务的会计凭证由 ERP 系统自动生成，并自动传递到总账模块，而款项的收、付等其他业务的会计凭证则仍由会计人员填制。这样可以保证账务处理的及时性和会计数据的一致性。

③成本核算体系不同

传统财务会计流程采用实际成本核算体系。这使得成本核算人员耗费大量的时间去计算材料成本差异额、材料成本差异率、产品完工程度、各种分配率等。ERP 环境下的财务会计流程则是按标准成本来组织成本核算的。先按产品所耗物料的构成制订出产品的物料清单，并由 ERP 系统评估出各种物料的标准价格，然后对每种产品消耗物料形成的半产品进行完工确认，并按照标准成本对生产的半成品进行增加库存的账务处理，同时通过产品成本“收集器”归集各种原料、辅料的实际消耗和完工产品应承担的定额制造费用，到了月末，会计人员将定额费用调整为实际费用，计算出产品的实际成本。日常销售产品时，ERP 系统自动产生结转产品销售收入的会计凭证，同时按标准成本结转产品销售成本，月末财务人员再将标准成本与实际成本的差异在存货与销货之间进行分配。这种按标准成本进行产品成本核算的方法，有利于对企业生产经营的实际情况进行实时监控。

④会计信息输出形式不同

传统财务会计流程的信息输出形式比较固定，而 ERP 环境下的财务会计流程所输出的会计信息形式多样,ERP 系统将大部分业务数据都以原始的、未经处理的方式存放,大部分处理是记录业务的个体特征和属性,分类、汇总、余额计算都放在查询输出过程,这比传统财务会计流程更为简单,只要确保数据被及时完整、准确地记录在正确的文件中,就可按照用户的信息需求参数任意组合,准确地报告数据。

(2)财务会计业务流程重组的目标

重组后的财务会计信息流程应实现的目标包括:系统集成化的信息收集方式、业务事件驱动的信息处理方式和实时报告的信息使用者自助式信息获取方式。

①系统集成化的信息收集方式

原始数据的采集是会计流程的起点。ERP 环境下的财务会计流程针对传统会计流程的缺陷,根据业务流程重组的思想和 ERP 系统的集成管理方式,利用局域网和信息技术将各管理子系统集成,通过互联网与企业外部的客户及供应商信息系统相连,充分利用文件传输、邮件及电子数据交换等功能,接收业务事件信息,并存储于共享数据库中,需要时直接从数据库中调用数据进行加工,从而达到减轻财务会计人员的工作量,提高数据采集的准确性、一致性、完整性和及时性的目的。

②业务事件驱动的信息处理方式

ERP 环境下的财务会计流程是由业务事件驱动的(见图 2-12)。当业务事件发生时,根据数据处理规则,各业务部门将业务事件数据存入业务事件数据库,业务事件数据库中的数据为只经过初步加工的源数据,当信息使用者想从系统中获取信息时,由信息使用者输入信息处理代码,系统启动相应的信息处理程序,对业务数据库中的信息进行加工处理,并将处理结果实时反馈给信息使用者。企业通过 ERP 系统将各信息系统集成,使得原始数据收集分散化,而数据处理和存储集中化,从而实现财务和业务的协同。

ERP 应用过程中对会计数据的处理,强调业务处理和会计核算的整合,利用集成化的信息系统实现双向、迅速的信息沟通。一方面,各业务部门在业务处理过程中实时地采集业务信息,自动生成会计核算信息;另一方面,财务模块通过执行处理和控制规则,实时地对业务的合理性、经济性进行监测,从而使财务模块具有事中控制能力。

③实时报告的信息使用者自助式信息获取方式

重组后的财务会计流程应当实现实时报告的用户信息定制。一方面,模型工具中包括加工模型库和报告生成器。加工模型库中存放了多种可供选择使用的会计处理程序;报告生成器可根据用户的选择,调用模型库中适合的会计处理程序,对业务事件数据库中的数据进行处理,生成用户需要的信息,由网络传递给用户。另一方面,由于 ERP 系统是通用设计的,在实施时可以根据客户行业性质的特点及其对管理、信息需求的不同,对 ERP 系统进行相应的配置,但是 ERP 加工模型库毕竟不可能满足所有信息使用者的需要,所以当模型库中没有合适的处理程序时,就需要信息使用者使用 ERP 系统内含的模型工具,自己去设计相应格式的事件驱动模型,来满足企业管理的需要。

此外,重组后的财务会计信息系统提供面向企业内外部信息使用者的、可自定义的、界面友好的模型化查询工具,信息使用者可以自助式地设置模型参数,利用查询工具从业务事件数据库、财务信息数据库等数据库中调用相关数据,生成实时报告信息来满足决策需求。

(3)重组后的财务会计业务流程

ERP环境下,重组后采用系统自动收集和事件驱动的会计流程如图2-13所示:

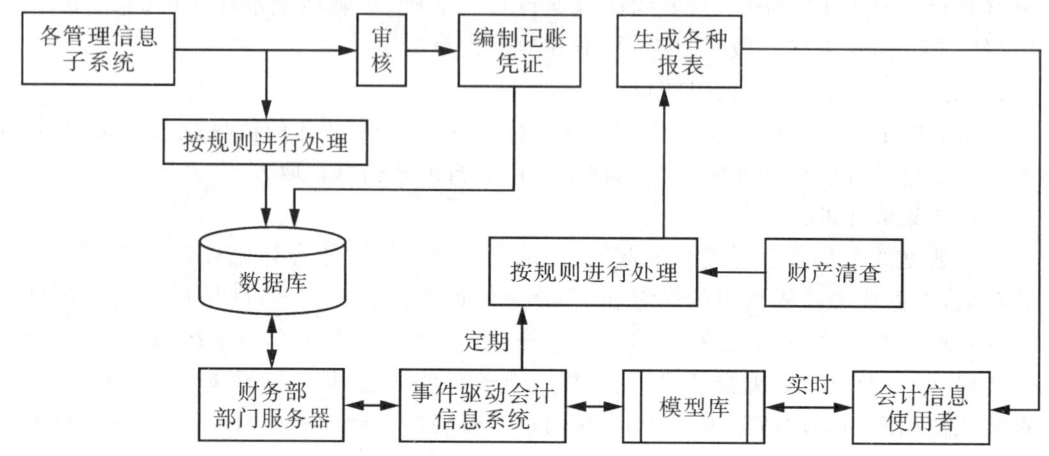

图2-13 ERP环境下重组后的财务会计流程

重组后的会计流程可以描述为:

①业务事件发生,各管理信息子系统录入业务事件数据,并将其存储到全局数据库中。

②为落实经营管理责任,对业务事件数据中的货币计量信息进行审核,并编制记账凭证,将其存入到数据库中。

③根据规则对业务时间数据进行编码并存储到业务时间数据库中。

④当信息使用者需要某项信息时,可以随时由信息使用者通过浏览器向事件驱动型会计信息系统输入信息处理代码。

⑤系统从事件数据库中提取需要的业务实现数据,并根据加工模型库中的会计模型对数据进行处理。

⑥定期生成各种账簿供财产清查所用,并定期生成各种通用的常规报表,提供给会计信息使用者。

(三)会计组织结构变革

会计流程再造后,会计组织结构也相应发生变革。从流程维度和职能维度来考察,一方面,以业务流程为主干,建立相应的会计流程小组,满足业务流程处理的要求;另一方面,各会计流程小组都归属于会计服务中心,其作用在于人员的统筹安排、培训指导与咨询等。

新的会计组织结构如图2-14所示。需要说明的是,重组后会计信息系统的数据采集工作已由各业务部门实现一次输入,因此业务部门要设立专门的数据处理部门,下设数据录入员、数据审核记账员、数据文档管理员,负责业务数据的录入、审核记账和存档等工作。财务会计部门在流程重组后只需设立系统部及财务小组。系统部主要负责财务会计信息系统的使用、维护及数据库管理。而财务流程小组也不划分专门的职能岗位,财务流程小组的主要职责是利用各种信息,对有关的要素进行管理、监督,并对业务流程的改进提供建议①。

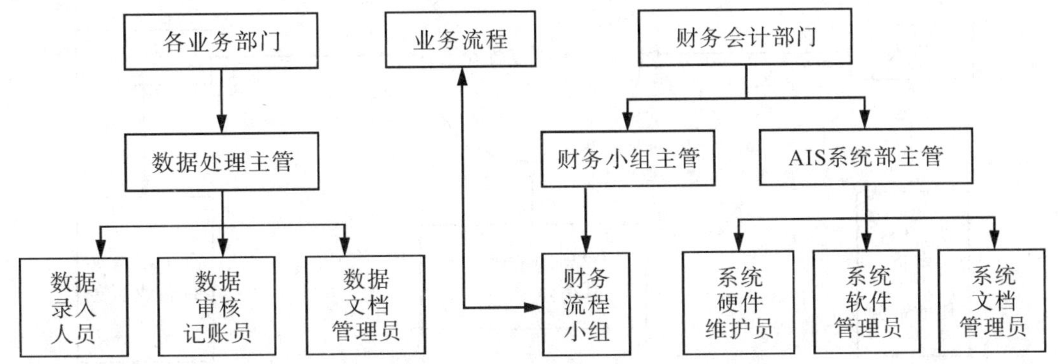

图 2-14 新企业组织结构图

三、业财融合 ERP 系统环境下的会计实务

在 ERP 环境下，会计流程经过重整，业务财务实现一体化，会计环境发生的根本性的变化，会计实务呈现另外一种全新的场景，即传统的"凭证、账簿、报表"三位一体的会计流程在实务中已经被"融化"在 ERP 的业务流程中，会计信息系统在 ERP 环境下的边界变得模糊不清。随着业财融合会计信息系统的普及，财务共享服务中心在集团企业的广泛应用，会计部门已经演变为一个单纯的数据处理中心。我们可以从以下行业分析会计实务新会计的业态。

1.制造业

实体经济是国民经济的基石，制造业是实体经济的主体。在国民经济生产的各行各业中，制造业的流程也是最为复杂的，因而几乎所有的会计教科书在叙述会计流程时都以制造业作为代表。

传统制造业业务循环如图 2-15 所示：

企业的运营都有一个投入和产出的过程，从本章 ERP 发展各阶段进阶的过程介绍中，我们可以看出制造业的业务流程相比其他行业复杂的一个因素是多了一个商品或者服务的生产过程。MRP 是为了解决物料管理的问题，MRPⅡ是为了解决生产管理的问题，ERP 则是为了解决制造业各业务循环而诞生的，并且把供应链也包含进来，形成一个闭环的企业运营管理系统。制造业 ERP 系统包含众多业务单元，如物料管理、采购管理、设备管理、HR 管理、销售管理、生产管理以及财务管理等，各业务单元即独立行动又相互联系、数据共享，是一个闭环的大数据管理系统。

会计信息系统是一个面向价值信息的信息系统，是从对企业中价值运动进行反映和监督的角度提出信息需求的信息系统。在 ERP 环境下，会计信息系统不再是一个数据孤岛，它会自动采集各业务单元的数据，根据会计信息系统的运行规则(会计政策)，将业务

① 范薇薇. 基于业务流程重组的会计流程重组[D]. 西南财经大学，2005.

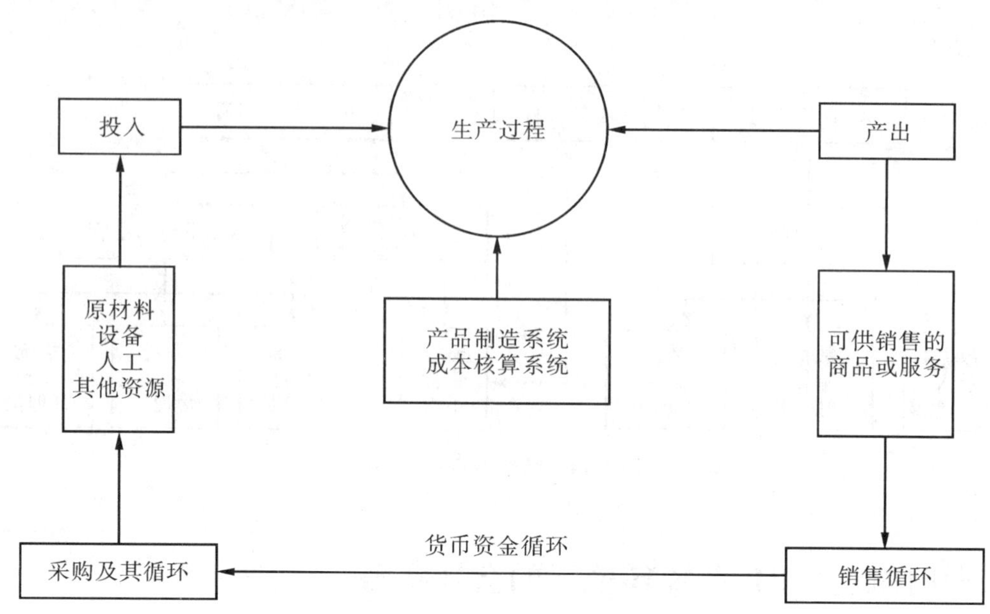

图 2-15 制造业业务循环

数据自动转化成会计数据(会计凭证),而不需要像传统的会计那样通过人工转换,这大大提高了会计的工作效率和数据录入和加工的准确性。现代制造业大量应用流水线作业,产品结构、生产流程、工艺技术等越来越复杂,按传统的会计核算方法对生产作业单元进行数据采集、计算产品单位成本几乎不可能。因而,应用 ERP 系统进行企业资源规划管理,以业财融合作业系统改造传统会计(成本)核算,已经成为制造业企业信息化改造的标准。

2.金融业

金融业一直是企业信息化的先驱。以银行为例,各业务单元(支行)早已经看不到独立会计核算部门的影子,各网点现场业务数据全部在总(分)行数据库汇总,会计信息系统会自动采集业务数据,完成会计的核算工作。总(分)行的会计部门只是完成一些除正常业务数据外的一些零星的会计核算工作,会计人员日常更多是从事会计的管理工作。ATM、网上银行、移动方支付系统的普及促使传统的银行网点实现无人化管理,客户在各设备终端完成各种业务的同时,信息化系统已经在后台自动采集相关数据并完成一系列会计数据的采集工作。

我们知道,按照会计工作的基础规范,一张完整的会计凭证需要由第三方人员审核后才能成为合规凭证录入会计信息系统。在总行或分行的实时业务审核部门,24 小时不间断地监控各网点柜台、ATM 机或网上银行系统,客户进行每一笔业务都要通过审核员的审核授权后才能完成,这种后台审核是通过影像传输系统实时再现现场交易来进行的(有的网上银行交易或移动端交易是通过系统安全设置的自动客户认证来完成交易授权)。在这种情况下,银行业务审核和会计凭证审核是同时进行的。

3.商品流通业

商品流通企业的主要经济活动是组织商品流通,即商品的购进、销售、调拨和储存,将社会产品从生产领域转移到消费领域,以促进工农业生产的发展和满足人民生活的需要,从而实现商品的价值并获得盈利。与工业企业相比,商品流通企业的主要特点是,其经营过程主要包括供应过程与销售过程,没有生产过程。

商品流通企业的管理与会计核算是围绕进销存系统来进行的。大多数进销存系统是以条形码管理为核心的。条形码技术,是随着计算机与信息技术的发展和应用而诞生的,它是集编码、印刷、识别、数据采集和处理于一身的新型技术。

条形码组成的是将宽度不等的多个黑条(简称条)和白条(简称空),按照一定的编码规则排列,用以表达一组信息的图形标识符。常见的条形码是由反射率相差很大的黑条和白条排成的平行线图案组成的。条形码可以标出物品的生产国、制造厂家、商品名称、生产日期、图书分类号、邮件起止地点、类别、日期等许多信息,因而在商品流通、图书管理、邮政管理、银行系统等许多领域都得到广泛的应用。通用商品条形码一般由前缀部分、制造厂商代码、商品代码和校验码组成。(1)前缀码是用来标识国家或地区的代码,赋码权在国际物品编码协会,如 00～09 代表美国、加拿大。45、49 代表日本。69 代表中国大陆,471 代表中国台湾地区,489 代表中国香港地区。(2)制造厂商代码的赋权在各个国家或地区的物品编码组织,中国由国家物品编码中心赋予制造厂商代码。(3)商品代码是用来标识商品的代码,赋码权由产品生产企业自己行使。(4)商品条形码最后 1 位校验码是用来校验商品条形码中左起第 1—12 数字代码的正确性。

中国是个巨大的消费品市场。传统百货、便利店、连锁店、超市、大卖场(mall)遍及城乡,消费品种类繁多,进货、补货、盘点、销售等业务流程和过去的商业企业对比已经发生了根本性转变,传统的商品流通企业会计更难以应对这些极其繁杂的业务,应用现代信息技术进行企业信息化管理成为必然。现代商品流通企业必须应用进销存系统进行管理,再造会计流程,才能应对这种挑战。

在商品流通企业的进销存系统中,我们可以把商场的收银员看作是会计人员。当收银员用条形码识读器扫描客户的商品条形码后,从会计核算的角度看,已经完成了会计核算流程:商品销售完成、销售货款收回、商品成本结转、销售毛利实现。这就是商品流通企业业财融合的会计实务。

4.电子商务

电子商务是利用计算机技术和网络通信技术进行的商务活动,即在因特网开放的网络环境下,基于浏览器/服务器应用方式,买卖双方不谋面地进行各种商贸活动,实现消费者的网上购物、商户之间的网上交易和在线电子支付以及各种商务活动、交易活动、金融活动和相关的综合服务活动的一种新型的商业运营模式。随着电子商务的高速发展,它已不仅仅包括其购物的主要内涵,还应包括了物流配送等附带服务,如:电子货币交换、供应链管理、交易市场、网络营销、在线事务处理、电子数据交换(EDI)、存货管理和自动数据收集系统等。

电子商务的形成与交易离不开四方面的关系:

(1)交易平台

第三方电子商务平台(以下简称第三方交易平台)是指在电子商务活动中为交易双方或多方提供交易撮合及相关服务的信息网络系统总和。

(2)平台经营者

第三方交易平台经营者(以下简称平台经营者)是指在工商行政管理部门登记注册并领取营业执照,从事第三方交易平台运营并为交易双方提供服务的自然人、法人和其他组织。

(3)站内经营者

第三方交易平台站内经营者(以下简称站内经营者)是指在电子商务交易平台上从事交易及有关服务活动的自然人、法人和其他组织。

(3)支付系统

支付系统(payment system)是由提供支付清算服务的中介机构和实现支付指令传送及资金清算的专业技术手段共同组成,用以实现债权债务清偿及资金转移的一种金融安排,有时也称为清算系统(clear system)。

电子商务作为一种新型的商业运营模式或许会给传统的会计理论和实务带来巨大的挑战。在电子商务环境下,企业间的交易通过互联网进行,使得会计主体形态变得虚拟化,平台网络中一个网址即代表一个企业,只要通过域名网址,企业交易双方就可以进行资源共享和网上交易。随着电子商务的兴起,许多学者探讨了这种新型商务模式对会计的影响。但现有的文献大多数还是限于理论层面上,如:电子商务对传统会计假设、会计原则的影响;电子商务对会计职能、会计要素的影响;电子商务对财务报告的影响;等等。而电子商务对会计实务的影响学界并没有好好去探究和总结。我们认为,电子商务只是一种创新的商业模式,在平台上买卖双方的交易实质并没有改变,平台上各主体的会计实务仍沿袭原主体的会计程序,我们现行的会计准则已经能够可靠地反映企业的线上交易或者线下交易。正如本章谈到的 ERP 与电子商务的关系,ERP 是企业实施电子商务最基础、最核心的支撑系统,谁先做好 ERP,谁就先拥有优势,谁才有可能发展电子商务。因此,要了解电子商务环境下的会计实务,必须追溯到电子商务平台各主体的 ERP 系统。

第三章　动态建模

在当前经济结构调整、产业梯度转移速度加快的背景下，集团企业若想抓住全球洗牌所带来的机遇，就必须率先迈出业务扩张和创新升级的步伐。"成长"将成为现代企业未来发展的关键词。在此种背景下，企业客观上要求能以业务过程模型为驱动，为企业提供一个可连续变化的系统框架结构，使得企业的管理发生变化时，相应的企业模型也能发生改变，新的应用流程及业务模式能与企业最新业务要求快速匹配，从而达到企业随需而变的目的。通过对企业进行动态建模，就能够实现上述需求。所谓动态建模，就是对集团企业的组织变革、流程优化、集团管控优化、资源权限动态管理提供平台层面的解决方案，一方面可以满足成长型集团企业的需求，为企业提供最适合当前业务管理要求的IT解决方案，另一方面可以满足集团企业在成长过程中根据需求不断增加应用；并随时将管理创新的需求落实到系统的流程中进行修改、调整，从而支撑适合自己的商业模式创新。动态建模包括组织管理、用户、角色和权限的设置、会计科目设置、各个子系统主要编码设计及功能模块设置等。

第一节　组织管理

随着企业规模的扩大，其组织结构的规模和复杂性会不断增长，针对单个组织的小型会计软件已不再满足企业的需求，具备多组织功能的产品应运而生。因此，对于现代信息系统而言，组织管理显得尤为重要。

组织管理是大中型企业信息系统初始化的重要组成部分，主要有以下作用：①基于多集团、多组织的动态建模，定义企业组织结构；②奠定多组织下的系统管理、权限管理、基础数据、流程管理等模型构建的基础；③支撑企业绩效管理、财务会计、资金管理、管理会计、供应链、资产管理、生产制造、人力资源、质量管理、协同办公、电子商务、企业治理等功能模块的应用。组织管理的功能主要包括组织结构的定义、组织间关系的构建、组织结构视图的查询等。

一、组织结构的定义

不同企业的组织结构差异很大，没有标准可言，因此需要在初始化中根据各企业实际情况定义。组织结构的定义主要是指根据企业的实体组织、虚拟组织机构统一建立业务单元，并确立不同的业务单元在集团内的上下级关系。常见的集团组织形式有三种：H形组织结构（如图 3-1）、U 形组织结构（如图 3-2）、M 形组织结构（如图 3-3）。

母公司
子公司
子公司
子公司
孙公司
孙公司

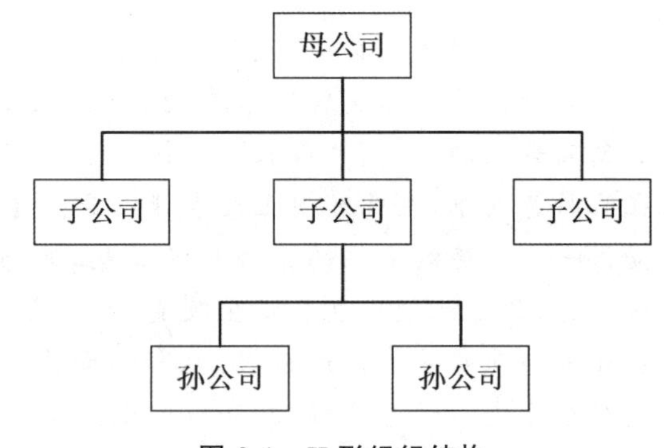

图 3-1　H 形组织结构

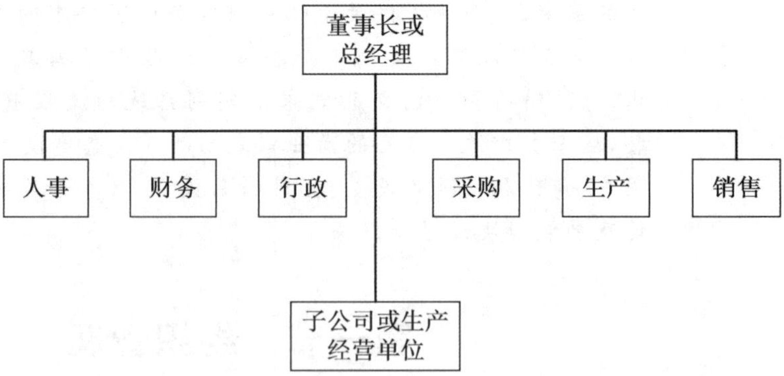

董事长或总经理
人事
财务
行政
采购
生产
销售
子公司或生产经营单位

图 3-2　U 形组织结构

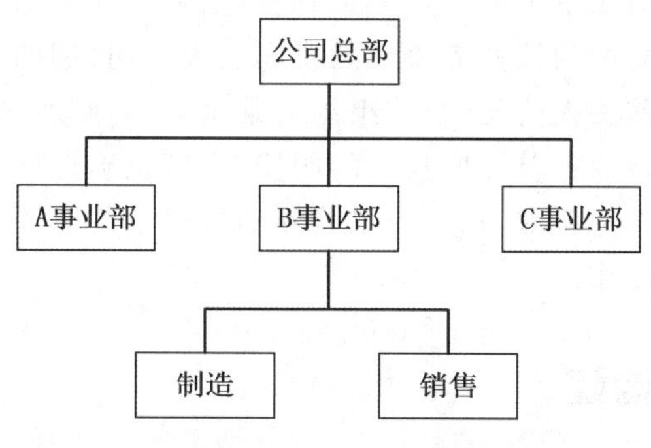

图 3-3 M 形组织结构

业务单元可以是法人组织，如母公司、子公司等，也可以是某个部门，如某事业部。

建立业务单元需要确定该业务单元的所属管控范围、实体属性、组织职能等，如图3-4所示。编码是指该业务单元在集团内的编码，名称即为公司名，上级业务单元是指该业务单元的母公司、总公司或直接管理该业务单元的组织。管控范围是指多个责任中心的管理和控制范围，同一个管控范围内的业务单元会进行管理口径的统一、执行政策的统一和

功能导航 消息中心 业务单元

保存 保存新增 取消

返回

编码	*	名称	* ZH
简称	ZH	助记码	
上级业务单元	南强集团	所属管控范围	
实体属性		所属公司	南强集团
分管领导		负责人	
电话		地址	
会计期间方案	基准会计期间方案	本位币	人民币
外币汇率方案	基准汇率方案	工作日历	
国家地区	中国	时区	北京时间(UTC+08:00)
组织机构码		所属IC行业	综合控股集团
	☐ 适用零售		☐ 报表确认组织
	☐ 差额单位	启用状态	未启用
说明			

组织职能

☐ 法人公司	☐ 人力资源	☐ 财务	☐ 资金
☐ 采购	☐ 销售	☐ 库存	☐ 物流
☐ 质检	☐ 资产	☐ 维修	☐ 利润中心
☐ 项目	☐ 预算	☐ 行政	☐ 工厂
☐ 计划中心	☐ 共享服务中心		

图 3-4 业务单元设置

业绩评价的统一。一个集团下可以设置多个管控范围,一个管控范围可以包含多个利润中心和工厂等。所属公司即为该业务单元的所属法人公司,例如当前组织为法人公司,则所属法人公司必须为当前法人公司;当前组织为某事业部,则所属公司为该事业部所在的法人公司。组织职能是该业务单元所具备的职能,只有正确选择该业务单元的组织职能,才能进行相关业务的操作。例如,只有将采购和销售赋予某业务单元时,该业务单元才能进行采购和销售业务的操作。

二、组织间关系的构建

组织间关系的构建是指在同一集团内部,建立组织之间业务的传递转换关系,包括采购业务委托关系、销售业务委托关系、质检业务委托关系、资金管理代理关系、维修库存业务委托关系等。由于上述关系建立范围是在集团内,因此所涉及的委托方和受托方都应当是集团内的业务组织。以采购业务委托关系为例,如图 3-5 所示,库存组织是委托方,采购组织是受托方,库存组织产生物资需求后委托相应的采购组织进行采购,即形成了采购业务委托关系。

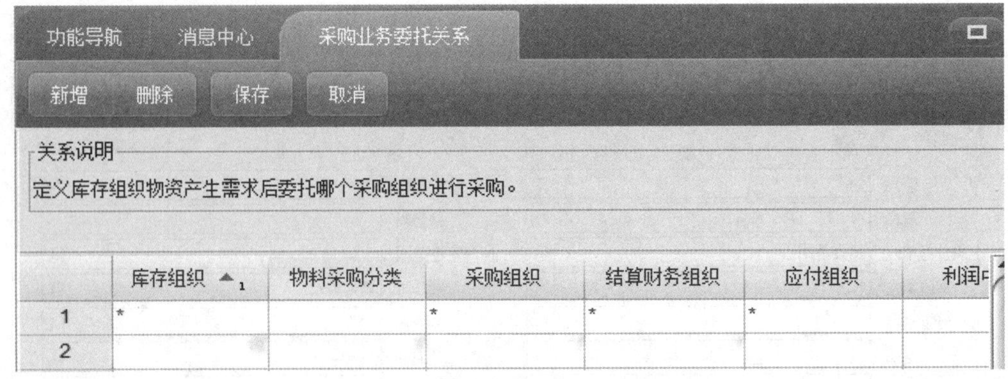

图 3-5 采购业务委托关系设置

三、组织结构视图的查询

当组织数量较多时,组织结构图能清晰地反映组织间的关系。组织结构的呈现方式有两种,一种是组织树表,一种是结构图示。组织树表反映的内容较结构图示更详细一些,包括组织编码、名称、简称、启用状态、创建信息等;结构图示反映的信息较少,但更加直观地展现了组织间的关系,如图 3-6 所示。

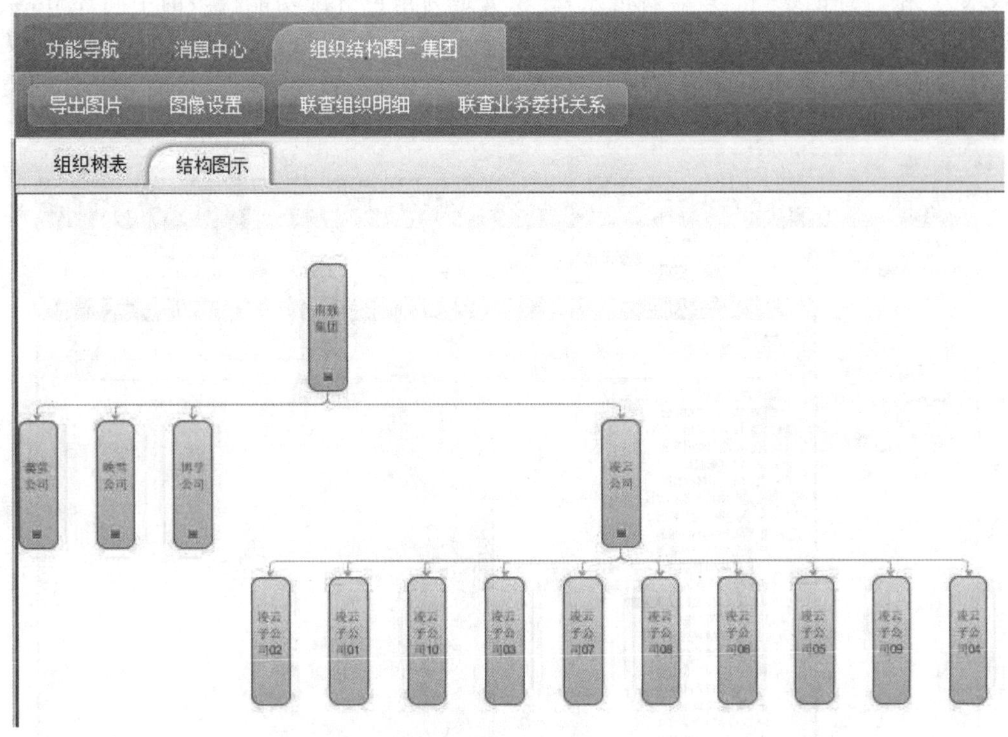

图 3-6　组织结构图

第二节　权限管理

ERP 系统主要由功能和数据组成。权限管理就是用于设置使用 ERP 系统的用户所能操作的功能和数据的范围，以确保 ERP 数据的准确、保密，并从而实现权责的分离。本节从权限管理所涉及的职责、角色、用户及如何分配权限进行介绍。

一、权限管理的相关概念

权限管理的目的是限定用户使用系统的范围。公司在使用系统前，需制定一套岗位职责权限表，表示企业不同层级的管理人员和业务人员在各种管理活动和业务活动中所享有的不同类型的职权，它是反映企业职权横向结构的一种表格。在系统中，根据职责权限表进行权限管理，会涉及职责、角色和用户管理。

(一)职责

职责是指业务职能所具备的权限范围，也就是指一个工作岗位的工作内容。例如，出纳的工作内容是填报现金日记账和银行日记账。我们据此可以创建一个“出纳”的职责，其权限为“银行日记账”和“现金日记账”。职责是为角色分配功能权限的中间环节，系统通过给职责分配功能确定权限（如图 3-7），再将职责关联到角色、角色关联到用户，从而确定用户的权限。职责可分为管理类职责和业务类职责，管理类职责只能分配管理类权限，业务类职责只能分配业务类权限。

图 3-7 职责功能分配

（二）角色

角色是一组权限的集合，角色本身不具备权限，而是通过与职责相关联后获得权限，如图 3-8 所示。用户通过扮演不同的角色获取相应的职责，从而获取相应的权限。角色与职责一样，分为管理类和业务类。管理类角色只能与管理类职责关联，并获得管理类功能权限；业务类角色只能与业务类职责关联，并获得业务类功能权限。

（三）用户

用户泛指能登录系统的账号，是公司员工进入系统的身份代号。复杂的系统将用户分为五类：超级管理员、系统管理员、集团管理员、普通管理员和普通用户。其中，普通用户使用最广泛，是最基础的用户类型。

超级管理员即 root 用户，是为系统内置的后台系统管理员，可进入系统管理工作台进行应用系统的后台管理，例如：应用系统创建、维护、支持应用系统密码控制策略的配置、支持应用系统管理员创建等。超级管理员用户一般为企业信息部工作人员或系统开

图 3-8 角色职责分配

发公司的实施人员。

系统管理员由超级管理员创建和维护，是用于创建集团和集团管理员并进行模块启用和配置基础数据管控模式的用户。通常一个系统可以有多名系统管理员，由他们对系统进行日常的技术支持与维护。

集团管理员由系统管理员在系统初始化中创建并授权，可进行集团范围内的权限设置、组织管理、基础数据管理、流程建模、系统管理等操作，负责系统类非技术层面的日常管理。

普通管理员由集团管理员或拥有相应授权的管理员创建并授权，通常可以分担集团管理员的工作，但其功能权限不能大于对其授权的管理员。

普通用户由集团管理员或普通管理员创建并授权，是企业业务系统中的真实用户，是系统的使用者而非管理者。

随着系统功能的扩展，不仅仅是企业内部人员会使用系统，外部人员也可能会使用系统，因此用户不仅仅是企业内的员工，还可能是企业的客户、供应商或审计人员等，系统通过用户身份类别对此进行区分。用户登录系统是受管辖的，在特定的情况下，管理员可以通过锁定用户来禁止对方进入系统。

二、功能权限、职责、角色、用户的关系

早期的信息系统权限管理过程比较简单，直接将功能权限分配给用户即可。这种分配方式虽然看上去简单，但只适用于规模较小、用户较少的公司。一旦用户扩充至几百甚至几千个人，这种直接分配的方式便显得笨拙烦琐。因此，对于规模较大、组织结构相对复杂的公司，可以在功能权限与用户之间，插入职责与角色作为其关系的纽带。

如图 3-9 所示，公司可根据职责权限表在系统中建立多个职责并为其分配功能权限，同时根据公司业务需要建立多个角色，并将职责与角色相关联。一个职责可以关联多个角色，一个角色也可以关联多个职责。例如，子公司的总经理角色（角色 1）同时拥有审批部门经理人事变动职责（职责 1）、审批子公司大额付款职责（职责 2）、审批孙公司大额付款职责（职责 3），孙公司的总经理角色（角色 2）也拥有审批孙公司大额付款职责（职责 3）。

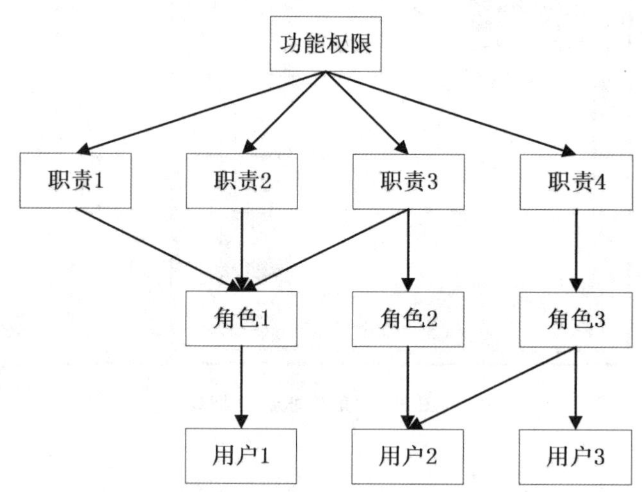

图 3-9　功能权限、职责、角色、用户之间的关系

员工入职后，公司会为员工在系统中建立用户，并根据员工的人事安排将用户与角色关联。一个角色可关联多个用户，一个用户也可关联多个角色。例如，李某（用户 2）同时担任孙公司的总经理（角色 2）和担任母公司研发部副部长（角色 3），陈某（用户 2）也担任母公司研发部副部长（角色 3），即角色 3 同时关联了用户 2 和用户 3。

用户通过关联角色，角色再关联职责，以此来获得相应的权限。这种多重关联看似复杂，但是在多组织的集团企业里，这种多重关联实则为复杂的权限管理提供了便利。

三、权限查询及生成权限报表

管理员可以通过逐一查询的方式来确认是否正确地对用户进行了授权。除此之外，系统还可以生成权限报表，全方位了解系统内权限管理情况。权限管理报表分为四类：用户功能权限报表、职责角色报表、职责功能报表、角色职责报表。

用户功能权限报表是以"组织"为查询条件，查询组织内用户并显示用户相应功能权限的报表。该报表可以一目了然地看到每一位员工的权限分配情况，如图 3-10 所示。用户功能权限表包含以下信息：用户编码、用户名称、该用户使用人、所属组织、所分配的角色编码及角色名称、所分配的职责编码及职责名称等。

查询　刷新　工具　列宽　打印

南强集团 用户功能权限报表

博学子公司05，博学子公司02，博学子公司03，博学子公司06

用户编码	用户名称	已分配组织	角色编码	角色名称	职责编码	职责名称
17520171150001	林三	博学子公司02，博学子公司0...	BX02CH01	博学子公司02_成本会计	CH01	成本会计
			BX02FIGL01	博学子公司02_核算会计	FIGL01	核算会计
17520171150002	林四	博学子公司02，博学子公司0...	BX02CH01	博学子公司02_成本会计	CH01	成本会计
			BX02FIGL01	博学子公司02_核算会计	FIGL01	核算会计
17520171150003	林五	博学子公司02，博学子公司0...	BX02HR01	博学子公司02_人事专员	HR01	人事专员
			BX02ZC01	博学子公司02_资产会计	ZC01	资产会计
17520171150004	林六	博学子公司02，博学子公司0...	BX02FIAP01	博学子公司02_应付管理	FIAP01	应付管理
			BX02PO01	博学子公司02_采购专员	PO01	采购专员
17520171150005	林七	博学子公司02，博学子公司0...	BX02FIAR01	博学子公司02_应收管理	FIAR01	应收管理
			BX02PU01	博学子公司02_销售专员	PU01	销售专员
17520171150006	林八	博学子公司02，博学子公司0...	ZZKJ01	博学子公司02总账会计	BX02 ZZKJ	博学02 总账
17520171150007	林九	博学子公司02，博学子公司0...	CN01	博学子公司02出纳	BX02 CN	博学02 出纳

图 3-10　用户功能权限报表

职责角色报表是根据职责查询已关联的角色、用户及角色所属的组织等信息的报表。职责功能报表是根据职责查询已分配的功能权限的报表。角色职责报表是根据角色查询已关联的职责、用户及已分配的组织的报表。

第三节　会计科目设置

会计科目设置是指将单位会计核算中使用的科目逐一地按要求描述给系统，并将科目设置的结果保存在相关文件中的过程。会计科目不仅是计算机进行会计数据处理的依据，而且是账务处理系统与具体经济业务相联系的纽带。因此，会计科目设置的合理与否对系统应用至关重要。

通用账务处理系统允许用户灵活地设置会计科目和编码。在建立账套过程中，系统一般会让用户根据本企业的行业特征选择是否预设一些基本的科目，用户在初始化科目设置时再进行补充、修改或删除。

会计科目设置的主要内容包括会计科目编码、会计科目名称、会计科目类型、对应账户的格式。此外，多数账务处理系统为满足企业进行部门或项目核算考核的要求，增加了一些辅助核算功能，如部门核算、项目核算、个人往来等。因此，当设置的会计科目涉及辅助核算的内容时也应在辅助核算功能中标识。

会计科目设置是一项系统和细致的工作，应由具有建账权限的操作人员进行，设置时从一级科目开始逐级设置下级的分类和明细科目。图 3-11 是一个会计科目设置的用户界面。

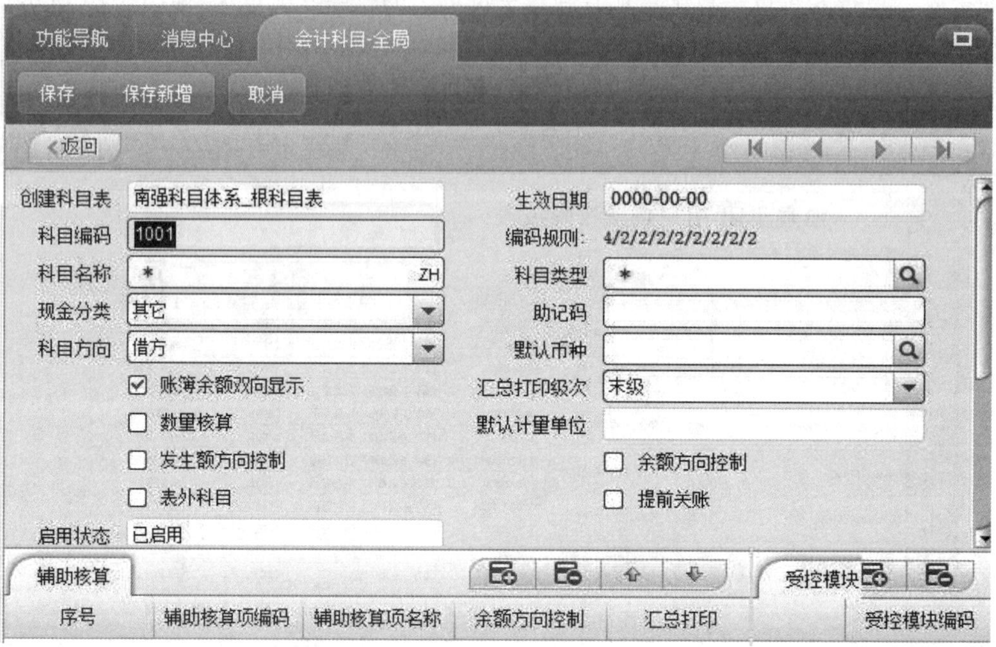

图 3-11 会计科目设置界面

科目设置的基本内容主要包括以下几点：

1.科目编码

定义单位所有科目编码。一级科目要按企业会计准则及其指南规定的统一编码录入，二级及明细科目由会计人员根据系统的总体编码要求录入。

2.科目名称

科目名称指的是会计科目的名称。设置时可以是汉字也可以是西文字符，但不能为空。一级科目名称应与会计制度规定的正式名称一致，明细科目的名称尽可能与上一级科目体现一种归属关系。

3.科目类型

会计科目类型指企业会计准则及其指南规定的科目类型，包括资产类、负债类、共同类、所有者权益类、成本类、损益类六种。

4.余额方向

余额方向是指科目余额是在借方还是在贷方。一般而言，资产类期末余额在借方，负债类、所有者权益类期末余额在贷方，共同类期末余额既可能在借方，也可能在贷方。

5.辅助核算

辅助核算是根据核算和管理的需要而设置的，如部门、项目、外币、日记账或银行账、个人往来、单位往来等。如果某一科目定义了辅助核算功能，那么在其后的凭证录入中，如果录入的科目出现了辅助核算的科目，系统自动要求录入辅助核算的相关信息。有关辅助核算的内容将在本书第九章“账务处理子系统”中详细介绍。

第四节 数据编码及主要功能模块

一、数据编码设计

编码是指按照一个系统的方案指定数字、字母或其他符号，以区别各项目的类别。系统进行编码化处理的目的在于：

(1)保证项目的唯一性。用一个编码唯一地标识一个项目，可以避免二义性。

(2)简化项目的表现形式。用编码既可以表示某项目，也可以帮助判断项目的属性，有利于数据的输入、处理、存储和传输。

(3)加快计算机的运行速度。对项目编码后，计算机对数字编码的识别比文字要快得多，运行的效率和精度都会大大提高。

系统内的编码并非随意编写，而是预先约定某种编码规则，再对项目进行统一编码。常见的编码方法有以下几种：

(1)顺序编码。这是按编码对象顺序排列进行编号的一种方法。在编制顺序码时，每一个编码对象的编码均须比前一个编码对象的数字大 1。这种方法的好处是简单，且可知道已编码项目的个数；其缺点是使人感到杂乱无章，难以记忆，不能从编码上清楚知道该科目所反映的经济内容。

(2)位数编码。这是将编码的每一位或几位赋予一定的含义而进行编号的一种方法。在编码时，从最高位开始，对每一位或几位分别进行不同的分类。以九位会计科目编码为例，前四位表示一级科目，前六位表示二级科目，全九位表示三级科目。例如，某企业交易性金融资产设三级明细科目，则“交易性金融资产——股票——××公司”，可编码为 110101001。其中，“1101”为一级科目“交易性金融资产”的编码，一级编码由企业会计准则指南统一规定，“110101”为二级科目“交易性金融资产——股票”的编码，“110101001”为三级编码，二、三级编码由企业自行设定的，“001”对应于某只股票。三级编码也可以用证券市场上的股票编码表示，如“交易性金融资产——股票——青岛海尔”，可编码为“110101600600”，“交易性金融资产——股票——深发展”可编码为“110101000001”，这样编码更为直观，但编码位数较长，达到 12 位。

(3)分组编码。这是按数字顺序分组表示某一基础上的不同类别而进行编号的一种方法。在分组编码时，由某一特定号码至另一特定号码代表某一项目的一定类别名称。例如，某企业固定资产有房屋建筑物、机器设备、交通工具、其他设备等，每类固定资产又可划分为若干细类(型号规格等)。假定采用七位分组编码，对四类固定资产规定一定的编码范围，则编码可设计为：

科目编码	科目内容
1601101—1601199	固定资产——房屋建筑物
1601201—1601299	固定资产——机器设备
1601301—1601399	固定资产——交通工具
1601401—1601499	固定资产——其他

上述三种编码方法是常见的基本方法，在具体设计企业各种项目编码时，不可能只采用其中的一种方法。通常，在进行编码设计时，要结合各企业单位的具体情况，综合运用不同的编码方法。同时还要注意遵循科目编码设计的基本原则。

在所有项目的编码中，对会计科目编码的要求最为规范严谨。会计科目编码需遵循：

1.规范性原则。一级科目应根据《企业会计准则指南》的统一规定进行编码，有些集团公司为了统一账套、会计管理和合并报表，也要求母子公司在设计会计科目编码时考虑集团公司整体的需要。

2.层次性原则。会计科目具有层次性，会计科目编码也对应要有层次性，以便通过相关科目编码找出它的上级科目编码和下级科目编码。通常以上级科目编码作为该科目编码的前部。

3.一致性原则。会计科目编码设置要有一定的规律性，相同经济业务内容要有相同的上级编码。

4.扩展性原则。会计科目编码在账务处理子系统乃至整个会计信息系统中使用范围广，编码的长度或编码结构发生变化，对整个系统的影响非常大。随着企业经济活动的不断拓展，会计科目的明细数量也将随之不断发生增减变化。这就要求会计科目要有一定的可扩展性，在一定时期内，在不改变原有方案的条件下可以顺利地增加新科目。

5.简短性原则。科目编码在保证会计核算需要的前提下，位数越少越好。因为科目编码位数过长，一方面增加数据录入的工作量，而且还容易出错，另一方面也会占用空间。但简短性原则与扩展性原则是相矛盾的，要保证科目编码的扩展性，要以简短性作为代价。因此，在科目编码设计时，一定要结合企业的实际情况，在考虑一定扩展性的前提下，保证其编码的简短性。

其他项目编码不如会计科目编码要求严格，但仍需遵循上述原则。以客户编码为例，一般来说客户编码应至少分为两个层次，地区和客户单位性质，以便分地区、分客户单位性质进行分类统计。客户编码设计时，既要考虑方便使用，又要具有一定的扩展性，要为企业将来的拓展留有一定的余地。例如，对于一个准备拓展海外市场的企业来说，两层次的编码显然不能充分反映客户信息，可以将客户编码方案设计为：

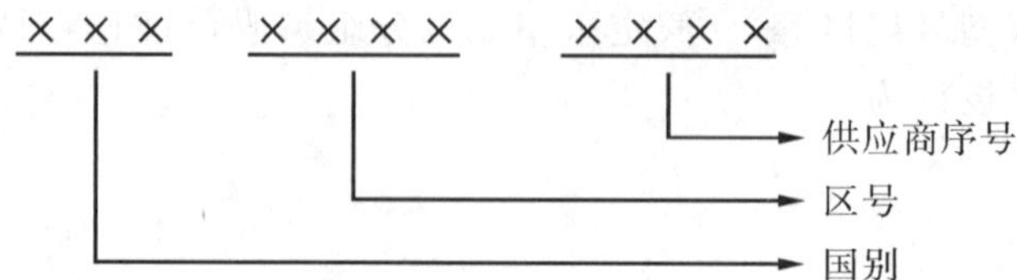

第 1 位至第 3 位，表示供应商所在的国别代码，可以用数字表示，也可以用国家英文字母简称表示，例如中国 CHN，美国 USA，法国 FRA 等；

第 4 位至第 7 位，表示供应商所在的城市或地区的区号，例如，北京 0010，广州 0020，上海 0021，深圳 0755，厦门 0592 等；

第 8 位至第 11 位，表示供应商序号。

二、主要功能模块

不同的商品化软件，其所设置的功能模块也不尽相同。对于系统内的各个子系统来说，主要功能模块均包括：初始化设置、单据输入、业务处理、账表输出、系统服务等。在上述模块的基础上，不同的子系统还具备各子系统特有的模块，例如账务处理子系统增加了银行对账模块。

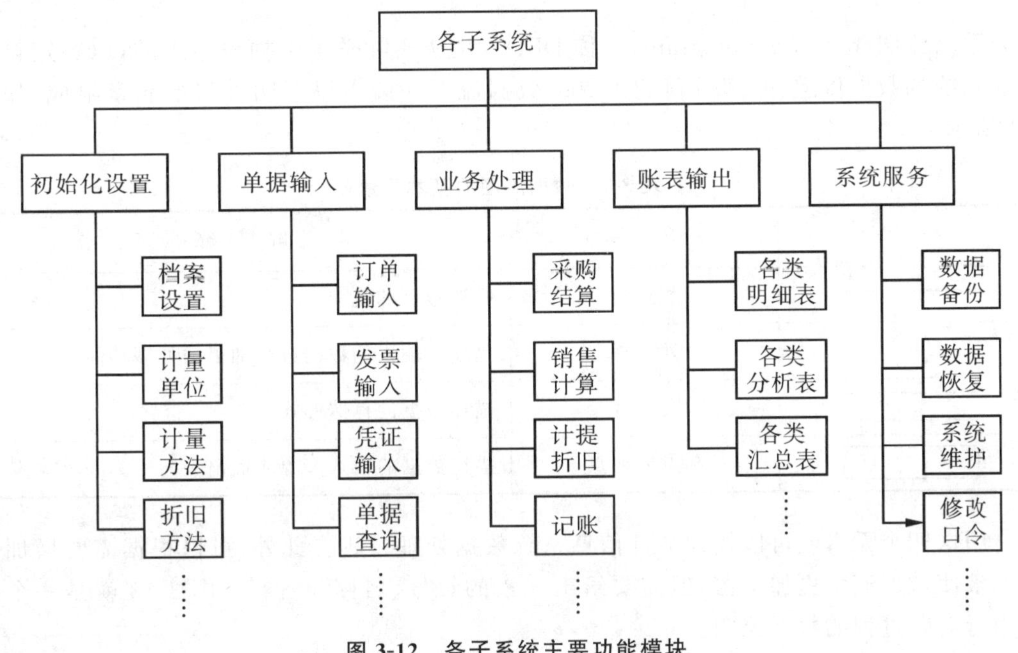

图 3-12 各子系统主要功能模块

第五节 流程建模与其他基础设置

动态建模是系统正式启用前的一系列设置工作，内容涉及非常广且杂，本节将对流程建模（结构化分析）的常用工具以及其他一些基础设置进行介绍。

一、流程建模

流程建模，即结构化分析(structured analysis，简称 SA 方法)，是进行会计信息系统分析的有力工具之一，是面向数据进行系统分析的方法。公司业务的开展需要有规范化的流程作为指导，只有通过规范的流程建模才能让各个业务模块工作有条不紊地进行。流程建模需要借助三种常用的工具：

数据流图(或数据处理流程图)——描述数据处理的过程；

数据词典——描述数据流图中出现的所有数据元素；

处理说明——描述数据流图中每一个处理所作的说明。

下面我们讨论这三个工具：

(一)数据流图(或数据处理流程图)

数据流图(data flow diagram，简称 DFD)，是从实际系统中抽象出来的，以特定符号反映系统的数据传递、处理过程的工具。数据流图一般由以下四种基本元素组成，如表 3-1 所示。

表 3-1　数据流图的基本元素

符　号	名　称	解　　释
→	数据流	描述数据的流向
○	处　理	描述对输入的数据进行加工的处理功能
═	文　件	描述数据的存储形式
▭	起点或终点	描述数据的输入来源或输出去向

用这四个元素便可以描述会计信息系统数据处理过程。此外，可以根据需要增加一些元素使数据流图更加丰富，但需要给出元素的符号、名称和解释。图 3-13 就是一个描述银行对账过程的数据流图。

1.数据流。数据流是传递数据的通道，它反映系统各部分之间的数据传递关系，其流向大致有以下几种：

从"起点"流向"处理"，即从信息的发源地收集数据作为处理的输入数据。图 3-13 中"银行对账单"数据流属于这种数据流。

从"处理"流向"文件"或从"文件"流向"处理"，即将加工输出的数据传递到文件中(如从"银行对账单"输入流向"银行对账单"文件的数据流就属于这种数据流)，或从文件中取出数据传递到处理(如"企业银行日记账"文件流向"对账"处理的数据流就属于这种数据流)。因为这些数据流所连接的处理和文件都有名字，其含义是清楚的，所以这些数据流也可以不命名。

从"处理"流向"终点"，即某一加工的输出数据输出给信息的需要者或部门。图 3-13

中输出“余额调节表”数据流就属于这种数据流。

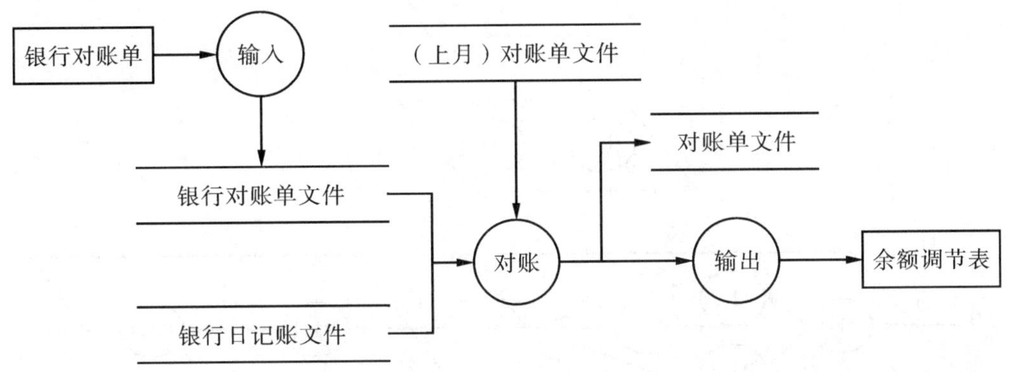

图 3-13　银行对账单流程图

从“处理”流向“处理”，即某一处理的输出数据作为另一处理的输入数据。图 3-13 中的“对账”、“输出”数据流都属于这种数据流。

2.处理。处理是数据流图中的另一重要部分，它是对数据流的一种处理（如输入、对账、输出等）。描述处理一般用动词，一个数据流图中至少要有一个处理，任何处理至少要有一个输入数据流和一个输出数据流。图 3-13 中有三个处理，分别是“输入”、“对账”、“输出”。

3.文件。文件是相关数据的集合，在数据流图中起着暂时或长久保存数据的作用。指向文件的数据流可理解为将数据写入文件，从文件引出的数据流可理解为从文件中读出数据。图 3-13 中有三个文件，分别是“银行对账单文件”、“银行日记账文件”、“对账单文件”。

4.数据流的起点和终点。数据流的起点和终点是数据的始发点和终止点。

在分析会计信息系统时，为了表达数据处理过程及数据加工情况，一个数据流图往往是不够的。对于复杂的问题，应按照系统的层次结构对数据流图进行逐步分解，并用分层的数据流图反映系统的结构关系。首先应进行会计系统整体分析，将系统看作顶层数据流图，如图 3-14 所示。然后，自顶向下，层层分解，对各子系统进行详细分析，使复杂的系统分解成足够简单、易于理解和表达的子系统。得到第一层数据流图后，继续对各子系统进行分解细化，可得到第二层的数据流图……每个系统又包含若干个子系统，直至所有处理过程描述完毕。

图 3-14　顶层数据流图

注：左边的箭头表示输入数据流，右边的箭头表示输出数据流。

图 3-15 是凭证处理的数据流图分析过程。这样得到的多层次数据流图可以清楚地表达整个系统的数据处理过程。

此外，应该为每个数据流图附加上一些说明，增加数据流图的阅读性和易理解性。

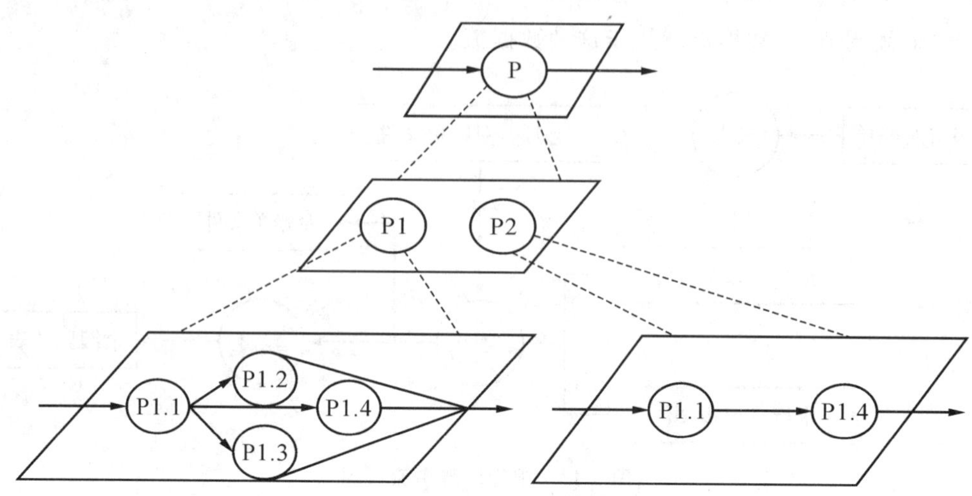

图 3-15　凭证处理数据流图分析过程

注：P 表示凭证处理，P1 表示凭证输入，P2 表示凭证审核，P1.1 表示凭证查询，P1.2 表示凭证增加，P1.3 表示凭证删除，P1.4 表示凭证修改，P2.1 表示凭证查找，P2.2 表示加入审核标记。

（二）数据词典

数据流图描述了系统的“分解”，即描述了系统有哪几部分，各部分之间有什么联系等，但并没有说明系统中各个成分是什么含义。因此，仅仅用一套数据流图是不够的，必须借助另一工具——数据词典，对图中的每一数据流和文件及有关的数据项都给出定义之后，才能完整地描述一个系统。

数据词典(data dictionary，简称 DD)，就是对数据流图中各文件及数据流进行详细描述和确切解释的词典。它能定义文件或数据流由哪些更小的单位组成(这些更小的单位一般叫作字段或数据项)，并描述每个数据项的具体内容、取值规定等。当不知道数据流图中某个数据流或文件的含义时，借助于数据字典就可以按名字查出具体内容和含义。词典中所有条目应该按一定次序排列起来，这样才能供人们方便地查询。

数据词典的内容有：

1.数据流条目，包括数据流名、别名、组成的数据项、注释等。

2.文件条目，包括文件名、别名、组成的数据项、文件的组织结构(例如索引文件、关键字)、注释等。

3.数据项条目，包括数据项名、别名、内容举例、类型、长度、取值范围、是否允许为空、初始值、注释等。

词典一般可以用一叠卡片来构造。在卡片上写上名字及类型(数据流或文件)，给出这个数据流或文件的定义，即数据项各条目，然后将所有卡片按名字排列起来，便可以得到一本可供查阅的数据词典。

(三)处理说明

处理说明又称加工说明,其主要内容是描述该处理如何把流入的数据流变换为流出的数据流,以及变换的规则、法则,以便系统设计与程序设计时能依据规定的处理要求进行设计,以实现该项处理。处理说明是结构化分析的重要部分,常用的工具有结构化语言、判断表和判断树。

1.结构化语言。结构化语言介于形式语言和自然语言之间,包括简单句、判断句、循环句或这三者组成的复合句。这些句子应明确地表达"做什么"的问题,句中使用的动词应能表达明确的具体内容,例如审查、退回等;避免使用一些无具体内容的动词,例如处理、加工等。

2.判断表。判断表是另一种表达逻辑判断的工具,其优点是把所有的条件组合充分表现出来,并用表格的形式列示出来。用判断表描述处理说明比结构化语言更简单直观,因为有些问题不易用结构化语言表达清楚。例如,在订货系统中,"检查订购单"的处理逻辑是:如果金额超过 5 000 元,又未过期,则发出批准单和提货单;如金额超过 5 000 元,但过期了,则不发批准单;如金额低于 5 000 元,则不论是否过期都发批准单和提货单,在过期的情况下,尚需发出通知单。上述文字不易理解,但用表 3-2 则可一目了然。

表 3-2 "检查订购单"处理逻辑判断表

金　额	>5 000	>5 000	<5 000	<5 000
状　态	未过期	已过期	未过期	已过期
发出批准单	√		√	√
发出提货单	√		√	√

3.判断树。判断树也称为决策树,它是用来描述一个功能模块逻辑处理的过程。其思想是根据处理的条件与相应动作,用横向的树型分支结构来描述数据流图的处理。它本质上与判断表是一样的。当条件的嵌套层次较多时,判断表的描述不易被用户理解,便可使用更为直观的判断树工具。例如表 3-2 可用图 3-16 表示。

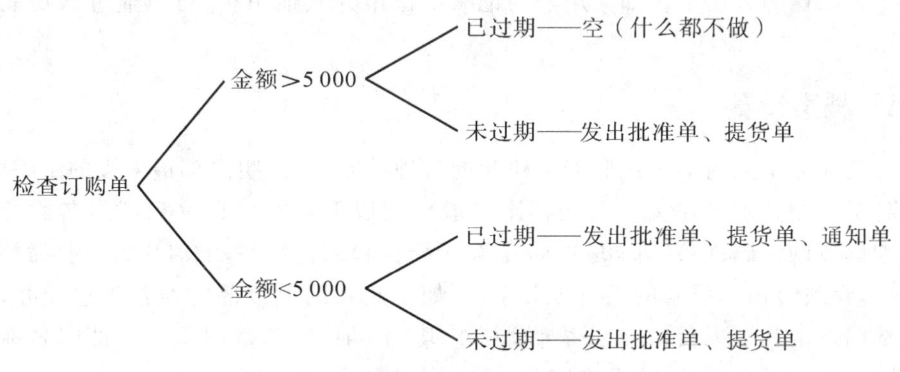

图 3-16 "检查订购单"处理逻辑判断树

二、其他基础设置

(一)账簿及启用日期

财务组织通过设立财务核算账簿形成财务核算单元,即账簿是具备财务职能的组织开展财务核算工作的基础。一个财务组织有且只能有一个主账簿,但可以有多个报告账簿,当条件符合时可以更换主账簿。

为了保证账簿记录的合法性和会计资料的完整性,手工账簿在启用时,必须在"账簿启用和经管人员一览表"中详细记载:单位名称、账簿编号、账簿册数、账簿页数、启用日期,并加盖单位公章,同时经管人员(包括企业负责人、主管会计、复核和记账人员等)均应签名盖章。电子账簿同理,在设立时必须设置启用日期,以确立账簿的初始会计期间。启用日期一经设立并在会计信息系统中生成财务数据后,不可再随意修改。启用后的核算账簿不允许被删除,但可以停用,核算账簿一经停用不允许再重新启用。

(二)期初建账

期初建账有两种,一种是启用年度的期初建账,另一种的非启用年度的期初建账。

启用年度的期初建账,可以是在年初发生,也可以是在年中发生。若是年初启用,则需录入所有科目(包括明细科目)的期初余额;若是年中启用,则需录入期初余额和年初至建账月份的借、贷方累计发生额。

非启用年度的期初建账无须录入期初余额,在上年业务结账后,系统将自动把上年的年末余额转至本年年初。当需要修改和调整期初数据时,可以手动录入。当上一年年末未结账时,本年不允许进行期初建账。

(三)本位币设置

在设置本位币时,可为集团所有业务单元统一设置,也可实行各业务单元自行设置。本位币设置默认为人民币。如果用户的记账本位币为其他币种,可以通过该功能修改记账本位币。

(四)部门档案设置

部门是业务单元内部按照职能搭建起的管理单元,是集团内部最末级的组织单元,也是直接与员工相关联的单元。部门档案一般包括以下基本信息:(1)部门名称及部门属性;(2)编码或助记码;(3)部门负责人、分管领导;(4)部门状态,如启用、停用、撤销等;(5)上级部门,反映公司部门间的上下级关系,例如行政部的上级部门通常为总经办,审计部的上级部门通常为董事会;(6)是否为预算组织。一般而言,部门编码和部门名称是必设信息,其他信息可根据实际需求来完善。

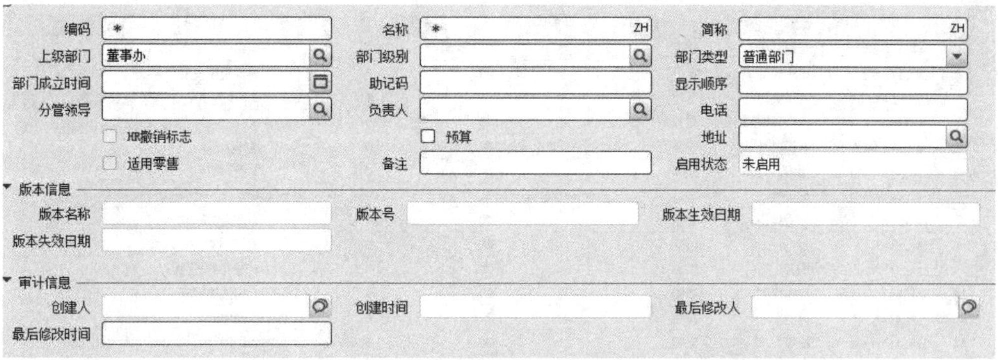

编码 * 名称 * ZH 简称 ZH
上级部门 董事办 部门级别 部门类型 普通部门
部门成立时间 助记码 显示顺序
分管领导 负责人 电话
HR撤销标志 预算 地址
适用零售 备注 启用状态 未启用
▼ 版本信息
版本名称 版本号 版本生效日期
版本失效日期
▼ 审计信息
创建人 创建时间 最后修改人
最后修改时间

图 3-17 部门档案设置

(五)员工档案设置

员工档案信息可分为两种:基本信息和工作信息。基本信息是指与个人有关而与组织内工作内容无关的基本信息,如姓名、性别、证件类别及证件号码、年龄、学历等,如图3-18所示。工作信息是指与组织内工作内容相关的信息,如入职时间、任职记录、组织关系、人员类型、职务、岗位、职级等,如图3-19所示。

	信息项编码	信息项名称	数据类型	数据长度	数据精度	显示顺序	参照实体	枚举实体	信息
1	code	人员编码	字符	40	0	0			
2	name	姓名	多语言	200	0	1			
3	shortname	姓名简拼	字符	200	0	2			
4	idtype	证件类型	参照	20	0	3	证件类型		
5	id	证件号码	字符	25	0	4			
6	photo	照片	图片	1	0	6			
7	sex	性别	下拉	50	0	7		性别	
8	birthdate	出生日期	日期(无时区)	10	0	8			
9	nativeplace	籍贯	参照	20	0	9	行政区划		
10	censusaddr	户籍地址	字符	256	0	10			
11	characterrpr	户口性质	参照	20	0	11	户口性质		
12	nationality	民族	参照	20	0	12	民族		
13	polity	政治面貌	参照	20	0	13	政治面貌代码		
14	health	健康状况	参照	20	0	14	健康状况		
15	marital	婚姻状况	参照	20	0	15	婚姻状况		
16	edu	学历	参照	20	0	16	学历		
17	pk_degree	学位	参照	20	0	17	学位		
18	titletechpost	专业技术职务	参照	20	0	18	专业技术职务		
19	prof	职业资格	参照	20	0	19	职业资格		
20	joinworkdate	参加工作日期	日期(无时区)	10	0	20			
21	mobile	手机	字符	30	0	21			
22	email	电子邮件	字符	50	0	22			
23	officephone	办公电话	字符	30	0	23			
24	homephone	家庭电话	字符	30	0	24			
25	addr	家庭地址	参照	20	0	25	地址簿		
26	postalcode	邮政编码	字符	20	0	26			
27	bloodtype	血型	下拉	50	0	27		血型	

图 3-18 员工基本信息

	信息项编码	信息项名称	数据类型	数据长度	数据精度	显示顺序	参照实体	枚举实体
1	pk_psnjob	任职记录	字符	20	0	0		
2	pk_psnorg	组织关系	字符	20	0	1	HR组织关系	
3	psntype	人员类型	下拉	1	0	2		人员类型
4	assgid	人员任职ID	整数	8	0	3		
5	pk_psndoc	人员	参照	20	0	4	HR人员	
6	pk_org	组织	参照	20	0	5	行政组织	
7	clerkcode	员工号	字符	50	0	6		
8	series	职务类别	参照	20	0	7	职务类别HR	
9	pk_dept	部门	参照	20	0	8	部门HR	
10	pk_job	职务	参照	20	0	10	职务(设置业...	
11	pk_postseries	岗位序列	参照	20	0	11	岗位序列HR	
12	pk_post	岗位	参照	20	0	12	岗位HR	
13	pk_jobgrade	职级	参照	20	0	13	职级	
14	pk_jobrank	职等	参照	20	0	14	职等HR	
15	ismainjob	是否主职	逻辑	1	0	15		
16	pk_job_type	任职类型	参照	20	0	16	任职类型	
17	pk_psncl	人员类别	参照	20	0	17	人员类别	
18	trnsevent	异动业务	下拉	20	0	18		异动事件
19	trnstype	异动类型	参照	20	0	19	异动类型	
20	trnsreason	异动原因	参照	20	0	20	异动原因	
21	jobmode	任职方式	参照	20	0	21	任职方式	
22	deposemode	免职方式	参照	20	0	22	免职方式	
23	begindate	开始日期	日期(无时区)	10	0	23		
24	enddate	结束日期	日期	19	0	24		
25	endflag	是否结束	逻辑	1	0	25		
26	poststat	是否在岗	逻辑	1	0	26		
27	lastflag	最新记录	逻辑	1	0	27		

图 3-19 员工工作信息

(六)单据设计

实际工作中,不同规模不同行业的公司对信息项目的需求有很大差异,这就可以通过单据设计来实现。单据设计的主要内容是对单据项、页签、分组的增加、减少和排序。例如,项目主要在国外的公司要求员工信息中必须包含"英语等级",那么该公司的员工基本信息单据即可增加名为"英语等级"的单据项。单据设计功能提高了系统信息的灵活性,满足了企业需求的多样性。

第四章 采购与应付子系统

经营活动要耗费一定的资源，如耗用原料、配件、投入人工，从而生产出符合特定市场需要的产品或劳务。因此，企业的一个主要经营循环在于从外界供应商购入所需的各种生产资源，这一循环就是采购循环。无论是工业企业还是商业企业，企业采购环节都是企业价值实现的开始，采购成本的大小对企业产品成本和最终利润有直接的影响，同时由采购业务引起的应付账款或预付账款的管理对企业来说也是至关重要的。因此，对采购与应付账款这一环节的核算和管理是企业会计信息系统的重要构成部分。本章从采购与应付账款循环的业务流程与数据流程入手，阐述该系统内部结构、数据输入、处理和输出等日常业务处理，以及该系统的其他与管理有关的模块功能。

第一节 采购与应付子系统概述

采购与应付循环的管理与核算因不同行业或企业而有所不同，其中制造企业和商品流通企业的采购活动具有较大的代表性。企业通过采购材料或商品而开始生产经营活动。企业的采购一般是从订单开始的，订单是企业根据产品的市场销售状况或客户的需求和库存的情况而产生的。企业一方面要减少资金的占用，另一方面要减少经营的风险和存储的成本，把库存减少到最低可接受程度(经济库存量)，就要设计科学的采购计划，即设计经济采购批量与订购点。商业企业的库存完全由供应商来决定，只要库存达到最低，供应商立即补充。由于计算机及网络技术在企业管理中的应用，企业内部乃至整个供应链的各种信息共享程度越来越高，利用采购订单模式科学制订采购计划，已经成为许多企业的共识。

一、采购管理

根据企业内部库存和外部市场的情况，及时地制订采购计划，合理选择供应商，反映和监督采购合同的执行情况，是每个企业在采购环节需要重视的问题。一般而言，较高的存货储备有利于生产和销售，但无疑却增加储备的成本。储备存货的成本包括三种：

(1)采购成本，指购货款及其运输费用等。年采购成本与年总采购量有关，一般与每次订货量无关。

(2)订货成本，指每次订货发生的各种费用。该成本与每次订货量无关，所以每次订货量越大则每年订货次数越少，年订货成本越低。

(3)持有成本，指拥有并保存存货所发生的各种费用，如仓库保管成本、存货所占用资金的资金成本、在保管过程中所发生的损失以及存货的保险费等。

单位存货年持有成本为一定值，若每次订货量越大，年平均持有量越大，则年持有成本就越高。购货时，每次订货批量越大，则每年订货次数越少，年订货成本越低，但平均库存量增加，年持有成本升高。根据采购成本、订货成本和持有成本的上述关系，从理论上讲，应该存在一个“经济订货批量”，每次以经济订货批量购货，将使订货和持有成本之和最小。其公式为：$Q=\sqrt{\frac{2SF}{H}}$，其中：Q 表示经济订货批量，S 表示年需要量，F 表示每次订货成本，H 表示单位存货年持有成本。

上述经济订货批量只是理论上的一种模型，它解释了订货成本与持有成本之间的关系，在实务中只能作为实际订货量与订货批次的参考，因为决定存货储备成本的因素还很多，如市场供应商的情况、货款的结算方式、原料的等级和次品率等。企业应根据各种实际情况对订货量加以调整。具体地讲，采购管理应包括如下几个方面：

(1)实际采购量的控制。为减少资金占用和库存的存储成本，又不影响企业的生产和销售，应合理安排采购数量和批次，要根据市场的需求情况进行生产，根据生产和库存的情况进行采购，决不能盲目地进行采购，因此，对订单的管理是采购管理的重要环节。

(2)采购成本的控制。采购成本的控制对企业也是非常重要的。许多大中型工业企业采用按计划成本核算方法对采购环节的成本加以控制，一些企业还利用电子商务作为工具在网上进行大批量的集中采购。由于采购量大，可以降低采购价格，从而降低采购成本，同时，又避免了下级单位的暗箱操作，订货成本也大大降低。不同的企业对采购成本的控制有不同的方法。

(3)货款结算的控制。在采购完成时，必然要与供应商进行货款结算。首先，应注意结算方式、结算时间的选择安排。这对企业是非常重要的，它一方面体现了企业的信用和与供应商的良好关系，另一方面还可以争取到供应商对所售商品的现金折扣，从而降低采购成本。其次,正确确定结算金额和对象。当企业采购活动频繁时,尤其在手工方式下,与供应商的结算,稍有疏忽就会出错,而一旦货款多付或付错对象,将给企业带来损失。因此,当企业采用订单进行采购时,货款的结算应该与采购订单上的金额和对象保持一致。最后,注意应付账款与预付账款的管理,定期与供应商对账。

(4)入库的管理。入库材料的品种、数量等应该与订单上的相一致。当供应商发运的物品运抵后,必须由验收部人员核点验收,检查运抵物品的数量和性能状态,发现物品存在质量问题,应立即提醒采购部门与供应商联系,对需要退货的物品应填写退货单,并通知财务部在货款结算中扣除相应的金额。

二、采购交易的会计核算

采购环节的会计核算方法因企业类型、规模以及管理方式的不同而不同。如工业企业的采购核算可以采用实际成本核算或计划成本核算,采用计划成本核算的,应使用"材料成本差异"科目,核算采购的实际成本和计划成本的差异,以达到反映与控制采购成本的目的。商品流通企业可以采用进价核算和售价核算。一般对批发商品采用进价核算,而对零售商品多采用售价核算。采用售价核算的企业应设置"商品进销差价"科目,核算商品售价与进价的差额,以反映商品毛利。

采购环节会计核算内容包括:核算物资采购成本、核算采购过程中产生的税金、核算采购过程中产生的往来款项。以工业企业实际成本核算为例,其采购过程中所涉及的主要会计科目和核算过程如下:

(1)"在途物资"科目:反映和监督企业采购物资的结算和入库情况,期末的借方余额反映已经付款,但尚未验收入库的在途材料、商品等物资的采购成本。

(2)"原材料"科目:反映和监督各种原材料的收入、发出和结存的情况,期末借方余额反映各种原材料的实际成本。

(3)"应付账款"科目:核算企业因购买商品、材料或接受劳务供应等而应付给供应单位的款项,期末的贷方余额表示尚未支付的应付款项的数额。

(4)"预付账款"科目:核算企业由于购进货物、接受劳务而预付给供应方款项所产生的企业短期债权,期末借方余额反映企业已经预付但尚未结算的款项。

(5)"应付票据"科目:核算企业购买材料、商品和接受劳务供应等而开出、承兑的商业汇票,包括银行承兑汇票和商业承兑汇票,期末贷方余额反映企业持有尚未到期的应付票据本息。

(6)"应交税费——应交增值税(进项税额)"科目:核算企业在采购业务中发生的可以用作增值税抵扣的金额。

物资采购所涉及的是不同的供应商和不同的结算方式,物资入库时间、发票等单据的到达时间与货款的支付时间可能存在不一致。这样在账务处理上,存在下述几种情况应分别进行账务处理。

(1)结算凭证和发票等单据同时到达。企业应根据结算凭证、发票账单等凭证在支付货款后,作如下分录:

借:在途物资

　应交税费——应交增值税(进项税额)

　贷:银行存款(或库存现金、应付账款、应付票据)

物资验收入库后,根据收料单等凭证:

借:原材料

　贷:在途物资

(2)材料已到,结算凭证未到,货款尚未支付。由于一般在短时间内发票就可能到达,为了简化核算手续,在月份内可以暂不进行账务处理,只将收到的材料登记材料明细账。月末,对于那些结算凭证和发票尚未到达的可以按订货合同价格暂估入账,作如下分录:

借:原材料(合同价格)

　贷:应付账款——暂估应付账款(合同价格)

下月初,用红字作同样的凭证,予以冲回,等到收到结算凭证时,再按正常程序进行账务处理。

(3)用预付货款的方式采购材料。预付材料货款时,作如下分录:

借:预付账款

　贷:银行存款(或库存现金)

已经预付货款的材料到达时,根据发票账单所列的金额,作如下分录:

借:在途物资

　应交税费——应交增值税(进项税额)

　贷:预付账款

对预付货款不足的,可再补贷记"银行存款"或"应付账款"科目。

如果企业采用计划成本计价进行核算,应采用"材料采购"科目核算购入材料的采购成本。除了设置上述科目外,还应增设"材料成本差异"科目,该科目用来核算企业各种材料的实际成本和计划成本之间的差额,借方登记材料实际成本大于计划成本的差异额(超支额),贷方登记材料实际成本小于计划成本的差异额(节约额)。当物资采购按计划成本计价时,"原材料"科目是按计划成本入账的,实际成本与计划成本的差额记入"材料成本差异"科目,在材料领用时再从"材料成本差异"科目中转出。

三、采购与应付子系统的特点与目标

(一)采购与应付子系统的特点

采购与应付子系统是会计信息系统中的一个较为复杂的子系统,它具有如下特点:

1.数据处理量大

一般工业企业中材料、辅助原料的品种规格繁多,对每个具体的品种都要进行详细全面的反映,不仅要反映其数量指标,而且要反映价值指标,同时还要反映与不同供应商之间的结算关系。因此,采购与应付子系统涉及面广,数据处理量大。

2.数据变化频繁

采购活动是企业生产顺利进行的必要前提，生产过程中耗用要通过采购环节补偿，订货品种、供应商、结算价格、结算方式变化频繁，必然使数据输入与处理的频率相当高。

3.核算方法较复杂

采购环节由于材料核算可以采用实际成本核算或计划成本核算、进价核算或售价核算，结算与实际入库过程存在货到票未到、票到货未到等情况，因此，核算方法较为多样。

4.与存货子系统和账务处理子系统存在频繁的数据传递关系

采购与应付子系统不是一个独立的系统，材料采购后的入库和货款的实际结算等数据要传递到存货子系统和账务处理子系统，同时它在订单管理控制和供应商结算情况方面也接收存货子系统和账务处理子系统的数据。

5.管理要求高

采购与应付子系统的业务处理既涉及钱也涉及物，还涉及税的合理计算，因此数据的输入与处理可靠性要求高，容不得任何错误。

(二)采购与应付子系统的目标

根据采购与应付子系统的上述特点，一个完善的采购与应付子系统的目标应包括以下几方面：

1.采购核算与管理

进行采购订单处理，及时、准确地完成订货和采购的数据处理与管理，反映和监督采购合同的制定和执行情况，合理选择供应商，正确计算存货采购成本和税金，与存货子系统一起使用可以动态掌握存货的现存量信息。

2.应付账款的核算与管理

完成从收到供应商的发票到处理付款为止的数据处理过程，反映和监督存货采购交易过程资金的支出和应付情况，及时提供债务总额和现金需求量，随时掌握采购业务的付款情况，并能对应付账款进行账龄分析，处理采购入库单并生成各种机制凭证数据，自动传递到财务处理子系统和存货子系统。

3.提供与采购循环相关的各种管理信息

提供各种管理信息功能是指系统应及时、准确地为企业各部门和管理者提供采购、应付账款相关的各种核算与管理信息，输出各种相关的报表，如采购明细与汇总表、增值税抵扣表、账龄分析表、结算明细与汇总表、货到票未到统计表等。

第二节　采购与应付子系统流程分析

流程是指一系列活动的组合。对于会计信息系统而言，流程是指系统输入、加工数据和输出信息的先后顺序以及处理数据的方法。分析系统的流程对掌握和理解会计信息系统的原理是至关重要的。采购与应付子系统是企业会计信息系统中一个比较复杂的子系统。它以订单为核心，对采购过程中物流运动的各个环节及状态进行跟踪管理，如从计划、请购、订货、收货、质检、入库、收票、结算等，通过与计划的集成应用，达到在保障供应的前提下，降低库存积压。在这个子系统中，既有物流的流动，又有资金流动，同时又要反映与供应商间的结算关系，因此如何保证物流、资金流与信息流这三条线的联系，是采购与应付子系统的关键。尽管不同企业采购与应付子系统的目标基本一致，但在管理模式和业务流程上还是存在一定的区别。本节我们以工业企业为例，介绍采购与应付子系统的业务流程与数据流程。

一、采购计划业务流程

采购计划是企业根据自己的销售计划、物料需求计划，制订本企业中长期、即期的对外采购计划。该计划用于用来指导企业后续的采购工作。采购计划不仅可以用于后期的数据对比分析，还可以控制后续采购的数量、金额。及时准确的采购计划，对降低库存、避免出现物料短缺、保证生产的正常进行具有重要意义。

采购计划业务的基本流程包括：采购计划制定、采购计划监控和采购计划调整。图4-1 展示了企业采购计划基本业务流程的处理步骤。

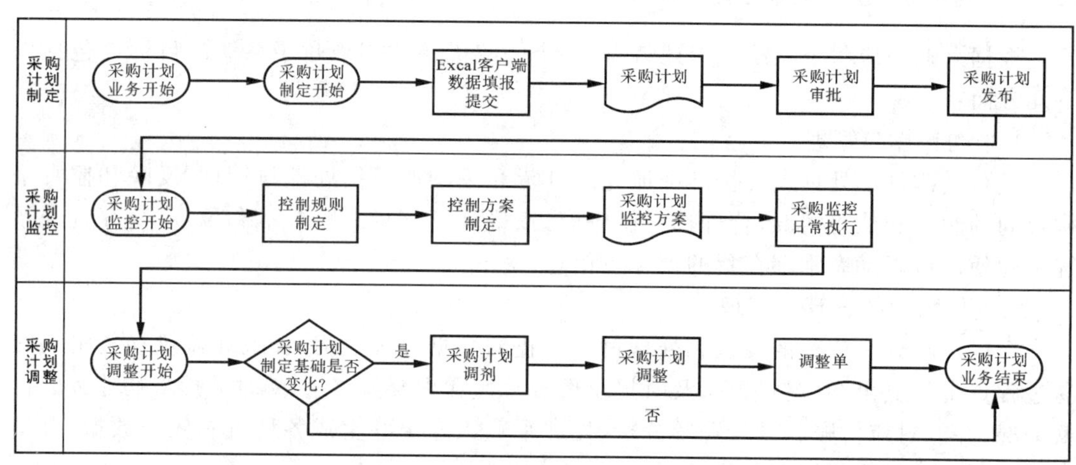

图 4-1 企业采购计划业务流程图

该业务处理流程包括下列主要交易事项：

1.采购计划制订

采购计划制订是采购计划业务流程的起点。会计信息系统支持多种形式的采购计划，例如：企业采购部门可以为多个工厂制订采购计划；工厂也可以自己制订采购计划，然后再由采购部门汇总下属工厂的采购计划，形成本部门的采购计划；也可以制订自身有权限采购物资的采购计划。采购计划编报完成后需要提交给各级领导审批。采购计划制订的业务路径为：有采购需求的部门编报 Excel 版本的采购文件，在会计信息系统客户端进行数据填报形成采购计划，并提交审批，审批通过后发布采购计划。

2.采购计划监控

采购计划开始执行之后，必须以计划为标准进行严格的控制，采购计划监控即为对采购计划在执行过程中的控制。采购计划监控的业务路径为:根据采购计划制订控制规则和控制方案,根据控制方案执行采购计划的日常监控。

3.采购计划调整

采购计划调整主要是为了满足由于各种原因对已经正式生效的采购计划数据进行的调整,以及对调整数据的审批、查询。采购计划调整的业务路径为:根据采购监控的情况判断采购计划制订基础是否发生变化,若发生变化则需要进行采购计划调剂或采购计划调整(采购计划调剂为在采购计划预算不变的情况下,进行采购计划内部调整;采购计划调整主要对采购计划数据进行局部的调整,会影响到采购计划预算总数),调整过程中系统会自动生成调整单。

二、日常采购与应付子系统的业务流程

企业的采购业务类型主要分为普通采购、消耗品采购、直运采购、借入转采购、供应商寄存采购、采销协同和集中采购管控模式。

(1)普通采购是指企业向供应商下订单,供应商收到订单后将货送达,企业进行收货入库,供应商将货物发票交给企业,企业准备向供应商付款。

(2)消耗品采购是指企业所采购的某些物品并不用于生产或销售,而是供职能部门一次性领用,在财务上按费用处理,如办公用品。这类物品不需要确认入库成本,只需要确认应该付给供应商的金额便可。

(3)直运采购是指企业下了订单后让供应商直接把货物送给客户,无须经过企业收货入库再出库,最后把货转交客户这样的程序。供应商随后将发票交给企业,企业向其付款便可。很显然,这种业务一般是由销售业务驱动的,采购订单的来源一般就是"直运销售订单"或由销售订单产生的"请购单"。

(4)借入转采购是指企业某物料或设备本来是借来的,在所有权上不属于企业,也不作为企业成本核算的对象,但后来企业将其买下作为自有物品。

(5)供应商寄存采购是指企业向供应商订购了一批商品并进行入库登记,但企业仅消耗或使用了一部分,这一部分算是企业最终真正采购并需要向供应商付款的,其余部分仍然属于供应商。

(6)采销协同是指对方的销售就是我方的采购,因此采购订单的来源是"协同销售订单"。

(7)集中采购管控模式可以分为集采集收集结(企业集中采购、收货并与供应商结算货款,再把货分发给下属组织)、集采分收集结(企业集中采购,下属组织分别收货,但由企业与供应商结算货款)、集采分收分结(企业集中采购,下属组织分别收货并分别与供应商结算货款)、集采合同采购(企业与供应商签订了一个采购合同,约定某物料的供应总量,企业下属某几个组织受此合同约束,只要这几个下属组织总共加起来能得到的物料为合同约定数量即可)。

在上述七种采购业务类型中,普通采购是企业中最常见的采购形式,是采购业务流程最完整的类型,也称日常采购。图4-2展示了实务中企业日常采购与应付子系统的交易

处理步骤。

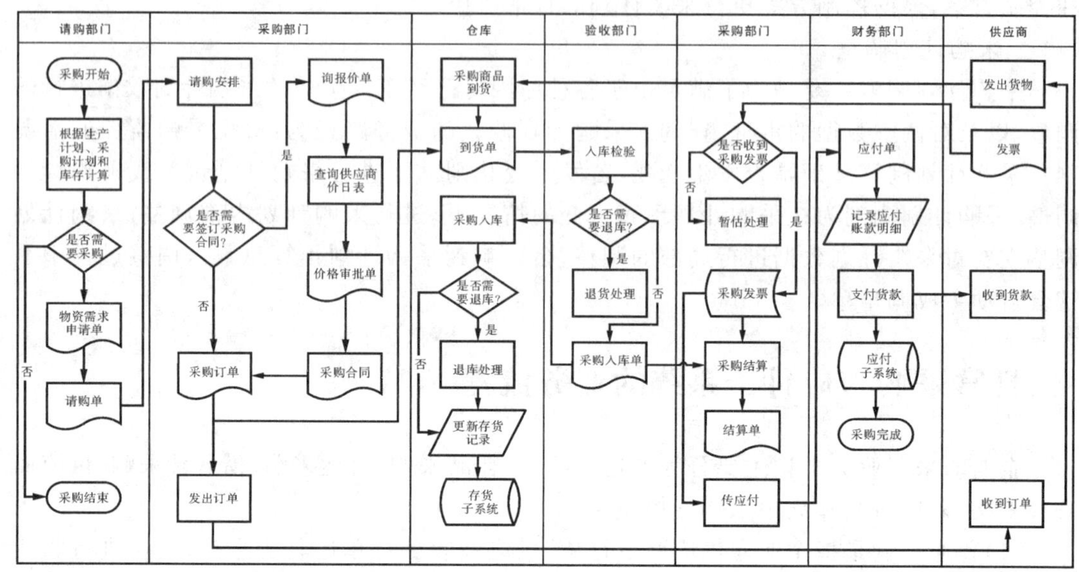

图 4-2　企业日常采购与应付子系统业务流程图

该业务处理流程包括下列主要交易事项：

(1)查阅有关计划和库存记录及授权采购交易。为实现有效的库存管理，多数企业建立存货订购点制度，即对各项存货设定一个最低库存水平。每当物资消耗部门因生产耗费、对外销售需要或在未来某个时间需要某些物料，就需要填制物资需求申请单，提交给物资计划部门，引发采购业务的开始。物料计划部门需要根据采购计划审批物资需求申请单。请购部门根据通过审批的物资需求申请单生成请购单，用于描述采购的需求，同时确定由哪个采购组织进行采购并提供采购建议信息，并提交给采购部门。

(2)采购订单的填制与发出。各部门在完成请购后，采购部门在接受请购单前，需要进行请购安排，即对请购单由哪个采购业务员去采购进行人工分配，分配的原则会根据物料的不同、订单的大小、价格、采购业务员地理位置等因素判断。请购安排完成后，采购部门需要生成采购订单，若本次采购为全新采购，则采购部门需要向供应商发出询价并获得反馈报价，领导对价格进行审批并就此作为采购合同标准，同时采购部门根据合同生成采购订单；若本次采购为同一采购合同下的后续采购，则直接根据采购合同生成采购订单。采购订单编制完成后，需要发送给供应商，供应商收到后会反馈确认信息。至此，采购下单业务完成。

(3)采购到货与入库。发出采购订单一段时间后，供应商发出所订购货物，货物经由运输机构送到企业仓库，即到货。到货是供应商对企业采购订单的一种执行，到达的货物可能符合企业标准也可能不符合，所以到货后可能涉及检验、直接发到用料部门或退货等后续活动。仓库根据采购订单和采购到货实际情况填制到货单，审批后交给验收部门。验收部门对到货货物进行验收入库，对不符合规格及各种非常损毁的货物，进行退货处理；对通过验收、符合规格的货物填制采购入库单，办理入库手续。若货物在入库后因其他原因需要进行退换的，则需要进行退库处理。验收部门核点检验后根据实际入库情况填制采购入库单，列明入库仓库、实收数量和入库日期，并由验收员签字。仓库根据采购入库货物的验收资料更新存货明细账记录，并更新存货子系统的数据。

（4）采购结算。采购结算主要是通过建立采购发票与入库单的对应关系，确定货物的最终财务成本，采购结算的结果（采购结算单）中，数量是以入库单的数量为准，而金额则以采购发票中的不含税金额为准。若采购发票未到，采购部门需要对采购入库货物进行暂估处理；若采购发票已到，采购部门根据采购发票和采购入库单进行采购结算，填制结算单。结算单生成即代表在本次采购业务中采购部门的工作结束，结果将传递到应付子系统，因此它是企业采购数据由采购子系统进入应付子系统的通道。采购结算完成后，采购部门通过系统“传应付”功能，将采购发票传递至财务部门，生成应付单。

（5）货款支付。财务部门核对入库单、采购发票和应付单等凭证，确定货款的金额、支付日期及结算方式，登记应付账款明细记录。一般来说，货款宜安排购货折让或折扣信用期末支付，以便充分获取折扣优惠或节省利息支出。财务部门支付货款后，要及时更新应付子系统的应付数据。至此，企业日常采购与应付子系统业务完成。

（6）定期汇总购货交易的各项资料，过入存货和应付账款等总分类账户。

三、采购暂估业务流程

企业日常采购有时会有采购暂估处理。采购暂估是指采购发票未到时，对入库的货物进行估价的过程，以保证后续财务活动可以正常进行。如果采购相关费用对货物成本影响较大，则可对某一费用项成本进行暂估。暂估处理后，采购入库单会生成应付子系统的暂估应付单，且在存货子系统中会形成暂估入库成本。采购结算时，系统会根据暂估参数对已暂估的入库单进行相应的单到回冲或单到补差处理，即在采购发票审批时会回冲与发票结算的采购入库单生成的暂估应付单，同时生成应付单。图 4-3 展示了实务中企业采购暂估业务的交易处理步骤。

该业务处理流程主要包括下列交易事项：

1.暂估处理

若采购发票未到，企业无法进行正常的采购结算，但是为了保证后续财务活动可以正常进行，则需要对入库货物进行暂估处理。采购部门查询采购入库单，找到需要进行暂估的采购入库单，进行暂估处理，形成暂估采购入库单。系统根据暂估采购入库单生成暂估应付单，传递给财务部门进行后续财务处理。

2.采购结算

采购部门在收到采购发票后，对已暂估的入库单进行相应的单到回冲或单到补差处理。若进行单到回冲处理，需要将暂估采购入库单进行回冲，根据原始采购入库单和采购发票进行采购结算；若进行单到补差处理，需要将暂估采购入库单的金额调整成采购发票的实际金额，根据调整后的暂估入库单和采购发票进行采购结算，最终生成结算单。

3.应付处理

采购入库单暂估后自动生成应付子系统的暂估应付单，供财务部门先行进行财务处理。在采购发票实际收到时，系统回冲暂估应付单，同时根据采购发票生成应付单，财务

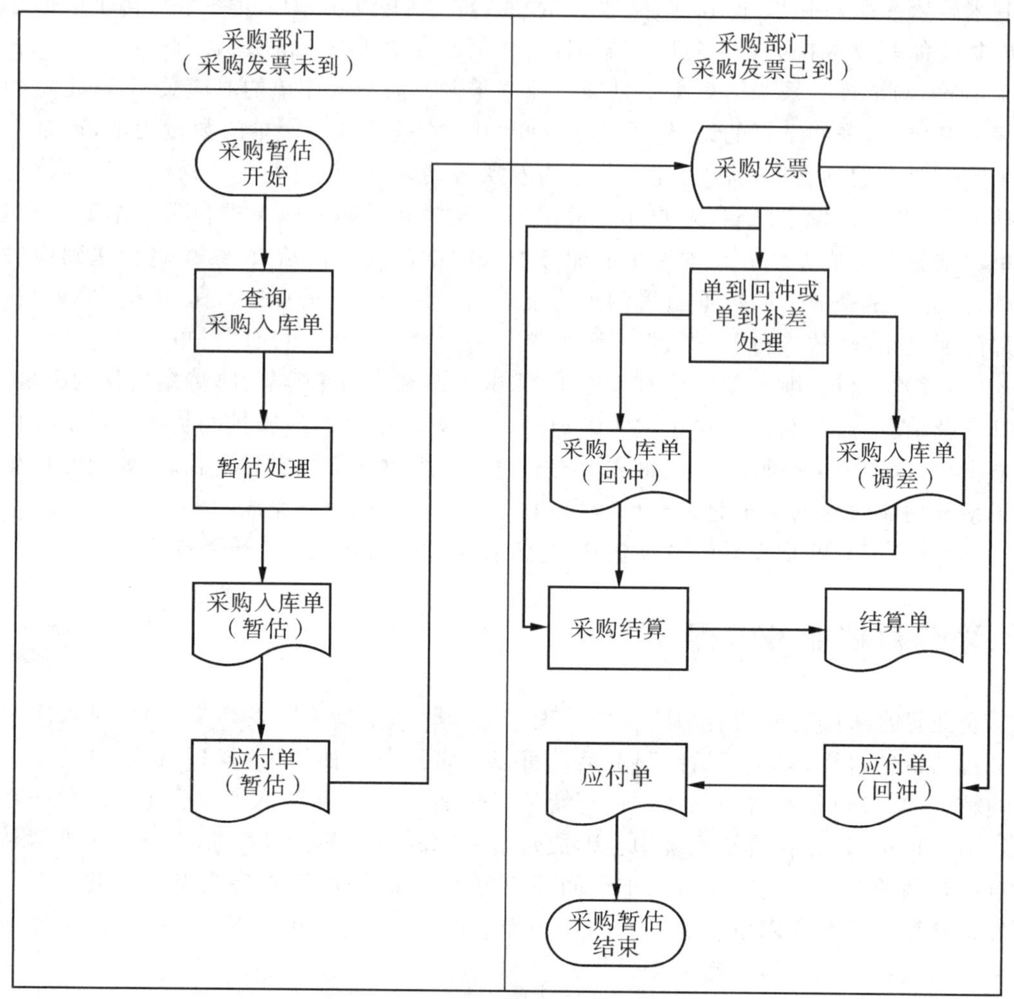

图 4-3 采购暂估业务流程图

部门根据暂估应付单和应付单的差额进行财务数据调整。

四、采购退货业务流程

采购退货业务是在采购货物验收入库之前，因不符合规格及各种非常原因损毁而发生的将货物退回给供应商的行为。采购退货业务根据是否换货分为退货、补货业务和退货不补货业务。

（一）退货、补货业务流程

采购退货、补货业务下，采购部门需要根据退货数量进行补货，以达到采购订单要求的数量。图 4-4 展示了实务中采购退货、补货业务交易处理步骤。

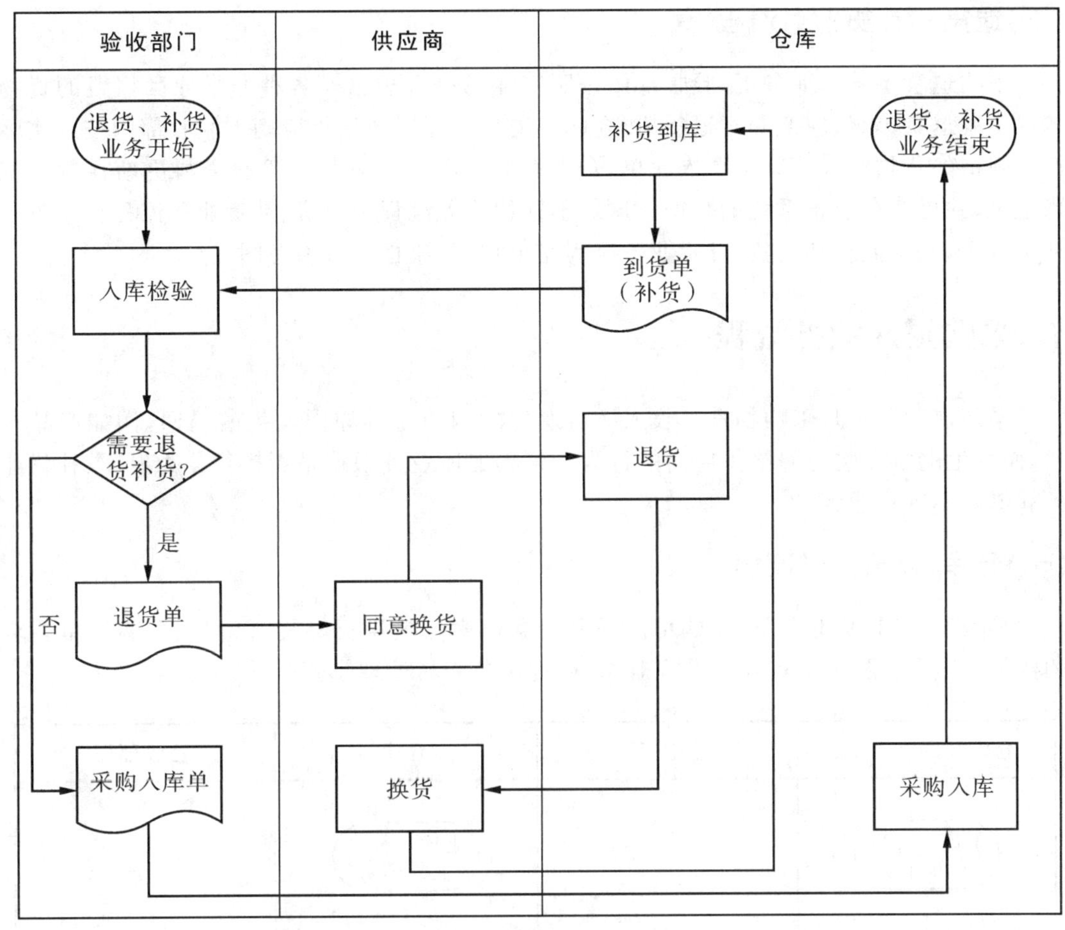

图 4-4 采购退货、补货业务流程图

该业务处理流程主要包括下列交易事项：

(1)采购退货、补货业务流程与日常采购流程的差别在于采购订单、到货单和入库单的填制。

(2)采购订单。采购子系统会提供“退货/库基于原订单补货”功能，若采购部门在填制采购订单时启用了该功能，则补货到货后可参照原来的采购订单生成到货单。

(3)退货与补货。验收部门在验收入库时，若确定要退货、补货，需要根据实际退货情况填制退货单，向供应商提出退货、补货请求。退货单是货物到达后未入库前退还给供应商的请求，实质上为负数到货单。供应商同意换货后，仓库将退货货物退还给供应商，供应商收到退货后补发货物，仓库收到补货货物后按照原采购订单填制补货到货单，验收部门进行入库检验。补货货物通过入库检验后，由验收部门参照原始到货单和补货到货单填制采购入库单。仓库根据采购入库货物的验收资料更新存货明细账记录，并更新存货子系统的数据。

(二)退货不补货业务流程

采购退货不补货业务下,验收部门按照实际不符合规格及各种非常原因损毁的货物情况填制退货单,供应商同意退货后,仓库将退货货物退还给供应商。验收部门按照实际符合规格的货物情况填制采购入库单,仓库根据采购入库货物的验收资料更新存货明细账记录,并更新存货子系统的数据。退货不补货业务流程与退货、补货业务流程相比少了补货流程,其余流程和退货、补货业务流程完全相同,流程图可参考图 4-4。

五、采购退库业务流程

采购退库业务是采购物资验收入库后发生的因质量等原因发生的退回,例如产品召回,而发生的将货物退回给供应商的行为。采购退库业务根据是否换货分为退库、补货业务和退库不补货业务。

(一)退库、补货业务流程

采购退库、补货业务下,采购部门需要根据退库数量进行补货,以达到采购订单要求的数量。图 4-5 展示了实务中采购退库、补货业务交易处理步骤。

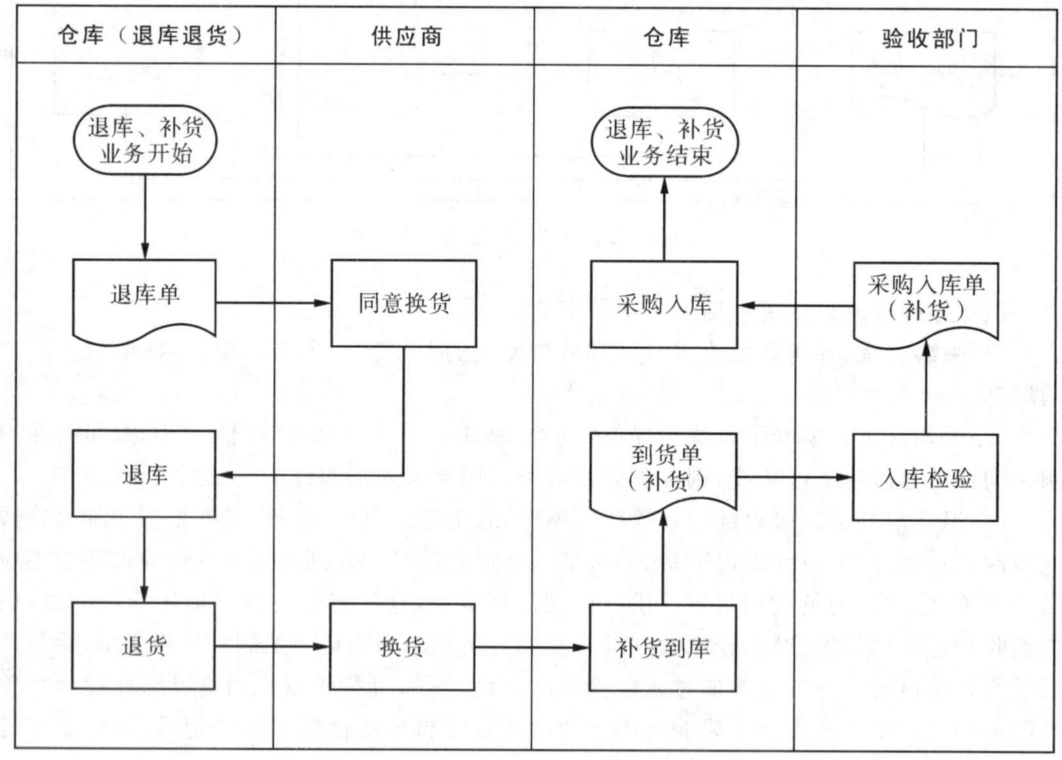

图 4-5 采购退库、补货业务流程图

该业务处理流程主要包括下列交易事项：

(1)采购退库、补货业务流程与日常采购流程的差别在于采购订单、到货单和入库单的填制。

(2)采购订单。采购子系统会提供“退货/库基于原订单补货”功能，若采购部门在填制采购订单时启用了该功能，则补货到货后可参照原来的采购订单生成到货单。

(3)退库与补货。采购物资办妥入库手续后，因质量等原因需要进行退换的，由仓库根据实际退库情况填制退库单。退库单是将已入库的货物从仓库中退出的请求，实质上为负数采购入库单。采购部门据此向供应商提出退货、补货请求。供应商同意换货后，仓库先将退库货物从仓库中退出，再将退货货物退还给供应商，供应商收到退货后补发货物，仓库收到补货货物后按照原采购订单填制补货到货单，验收部门进行入库检验。补货货物通过入库检验后，由验收部门参照原始到货单和补货到货单填制采购入库单。仓库根据采购入库货物的验收资料更新存货明细账记录，并更新存货子系统的数据。

(二)退库不补货业务流程

采购退库不补货业务下，仓库按照实际退库情况填制退库单，采购部门向供应商提出退货请求。供应商同意退货后，仓库先将退库货物从仓库中退出，再将其退还给供应商。退库不补货业务流程与退库、补货业务流程相比少了补货流程，其余流程和退库、补货业务流程完全相同，流程图可参考图 4-5。

六、采购与应付子系统的数据流程

采购与应付子系统和其他计算机信息系统一样，包括输入、处理和输出三个阶段。在输入阶段，系统接受两类数据：第一类是业务数据，即随着采购业务的发生而产生的数据，包括采购订单、采购发票、到货单、入库单和付款单等，需要用户不断地更新和输入；第二类数据是基础数据，包括供应商资料、人员、部门、结算方式、付款条件和税率等其他基础数据，通常在初始化过程进行设置。录入数据通过计算机加工处理后在系统中形成各种数据文件，这些数据文件再进一步加工处理即可得出反映采购业务的账表信息和一些与其他子系统的共享信息。在实务中，不同的企业有不同的数据流程。参照图 4-2 至图 4-5 的业务处理流程，我们给出一个采购与应付子系统的基本数据流程，如图 4-6 所示。

该流程图说明如下：

(1)在初始化设置中，用户输入主要供应商的资料，并完成人员、部门、结算方式、付款条件和税率的基本设置。系统将这些数据保留在基础信息文件中，以备随时调用。

(2)请购部门将编制购买存货的物资需求申请单，通过录入模块输入会计信息系统，物资需求申请单经过审核后形成请购单，交由采购部门审核。采购部门由专职人员通过审核模块审核请购单，同时根据价格审批单，形成采购订单，并选择供应商签订合同，存于采购订单文件，保留在系统中。

(3)采购合同执行过程中，将仓库开具的物资到(退)货单、验收部门开具的物资入(退)库单、收到的采购发票输入到系统中，相应形成到(退)货单文件、入(退)库单文件和

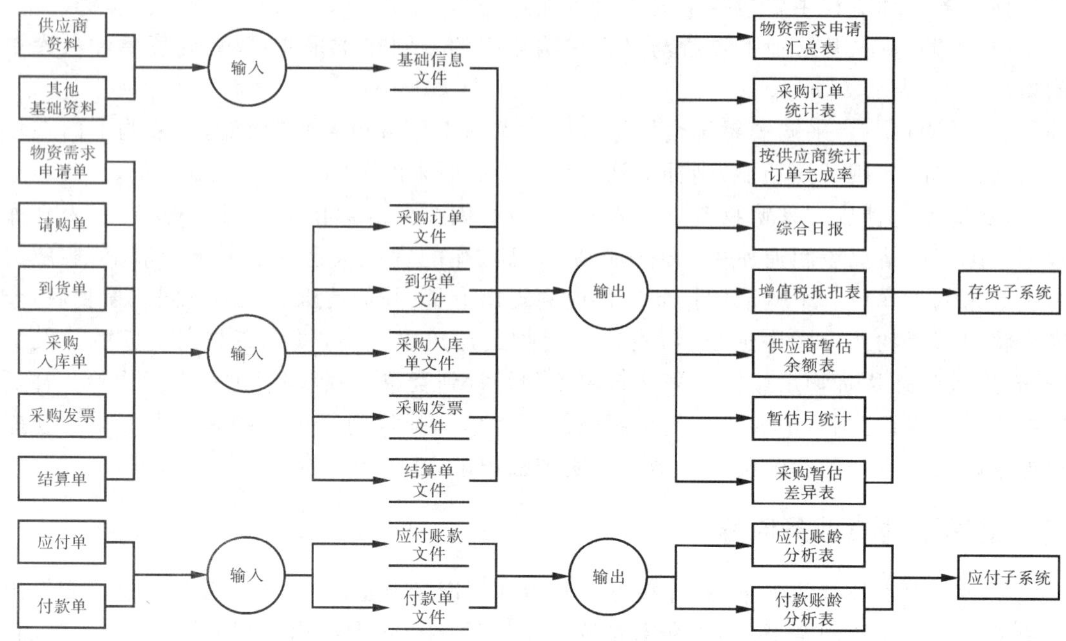

图 4-6 采购与应付子系统数据流程图

采购发票文件。系统利用采购发票文件和入库单文件进行采购结算，形成结算单文件。

（4）根据用户的需要，系统通过对各类文件进行汇总或分析比较，输出各种统计表或分析表，根据采购订单文件、到货单文件、入库单文件输出采购订单统计表；根据供应商资料、采购订单文件和入库单文件输出按供应商统计的订单完成率表；根据采购发票文件输出增值税抵扣表；根据采购订单文件、到货单文件、采购发票文件和结算单文件生成综合日报，并将相应数据传递到存货子系统，作为存货入库的依据。

（5）如果没有收到采购发票，采购部门会进行暂估处理，系统根据除采购发票以外的文件进行比较分析后输出供应商暂估余额表、暂估月统计表和采购暂估差异表，并将相应数据传递到存货子系统，作为存货入库的依据。

（6）采购部门将采购发票传送至财务部门，财务部门根据付款协议中的付款时点分别填制应付单或付款单，输入系统形成应付账款文件和付款单文件，系统进行比较分析后输出应付账龄分析表和付款账龄分析表。

七、采购与应付子系统的数据文件

从图 4-6 中可以看出，采购与应付子系统中有两类主要的数据文件：一类是基础数据文件，包括供应商档案文件、部门档案文件、结算方式文件、付款条件文件、存货档案文件等；另一类是业务数据文件，包括存放物资需求申请、请购、采购、到货、入库、付款业务数据和结果数据文件。这些数据文件一方面能够合理地接收系统输入的数据，另一方面通过进一步加工处理又可以形成各种账表数据输出，相当于账务处理子系统中账簿的作用。

其中,采购订单文件、入库单文件、采购发票文件、付款单文件和应付账款文件是采购与应付子系统的主数据库文件。

(一)采购订单文件

采购订单文件是用来存放每一笔经审核有效的采购订单,其主要内容包括:订单编号、供货单位、付款条件、日期、部门、订金、税率、存货编号、存货名称、规格型号、计量单位、数量、金额、税额等。

(二)入库单文件

入库单文件用来存放每一笔采购业务的实际入库情况,它的设置应与存货子系统的入库单一致,其主要内容包括:入库单号、入库单日期、入库类型、供应商编码、存货编码、存货名称、规格型号、计量单位、批号、入库数量、实际单价、计划单价等。

(三)采购发票文件

采购发票文件用来存放每一张采购发票上的详细信息,企业依据这些信息与供应商进行结算。采购发票文件包含的基本内容有:发票类型、发票号、供应商编码、税率、税额、采购部门、采购人员、付款条件、费用、存货编码、数量、未含税金额、未含税单价等。

(四)付款单文件

付款单文件用来存放每一张付款单上的详细信息,其主要内容有:原始付款单号、供应商编码、结算方式、业务员编码、金额、结算科目、银行账号等。

(五)应付账款文件

应付账款文件用来存放与每一供应商结算的余额,可以是应付账款(余额在贷方),也可以是预付账款(余额在借方)。其主要内容有:供应商编码、金额、余额方向等。

第三节　采购与应付子系统初始化设置

采购与应付子系统的初始化设置是为用户在系统上处理企业的采购与应付业务提供一个合适的运行环境而设计的模块,其目的是使通用的采购与应付业务管理系统能够适应本企业采购与应付业务的管理需要。系统初始化设置的主要内容包括:供应商档案设置、结算方式设置、付款设置以及交易类型设置等。存货档案和仓库档案设置将在存货子系统中介绍。

一、供应商档案设置

供应商档案设置模块的功能是将用户输入的供应商信息,如编码、名称、地址、电话、银行账号、联系人、国家、税类等信息，存入“供应商”文件，为编制采购合同、应付账款凭证和输出管理所需要的账表等提供数据。不同的商品化通用软件，其供应商档案的设置内容也不同，这与软件的复杂程序和管理思想有密切联系。常见的供应商档案基本信息设置如图 4-7 所示。在供应商档案设置过程中，所属组织、供应商编码、供应商名称和供应商基本分类属于必填项。

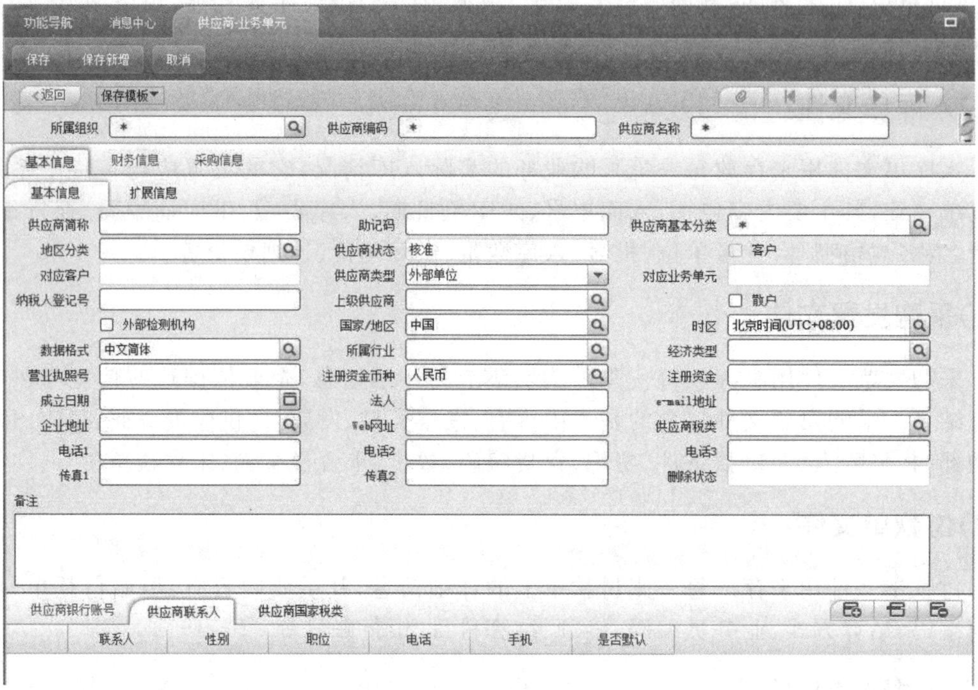

图 4-7　供应商档案设置

供应商基本分为内部供应商和外部供应商。在供应商基本分类设置过程中，供应商基本分类编码和供应商基本分类名称属于必填项。供应商基本分类设置的界面如图 4-8 所示。

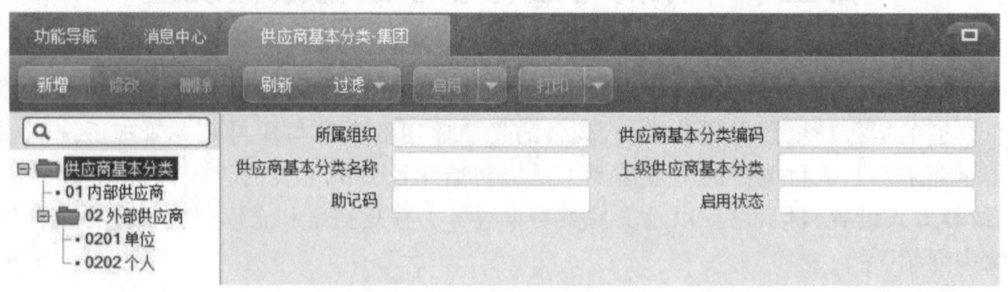

图 4-8　供应商基本分类设置

供应商档案设置还应该包括供应商供货目录和供应商税类。其中，供应商供货目录设置的界面如图 4-9 所示，既可以按物料维护供应商，也可以按供应商维护物料。

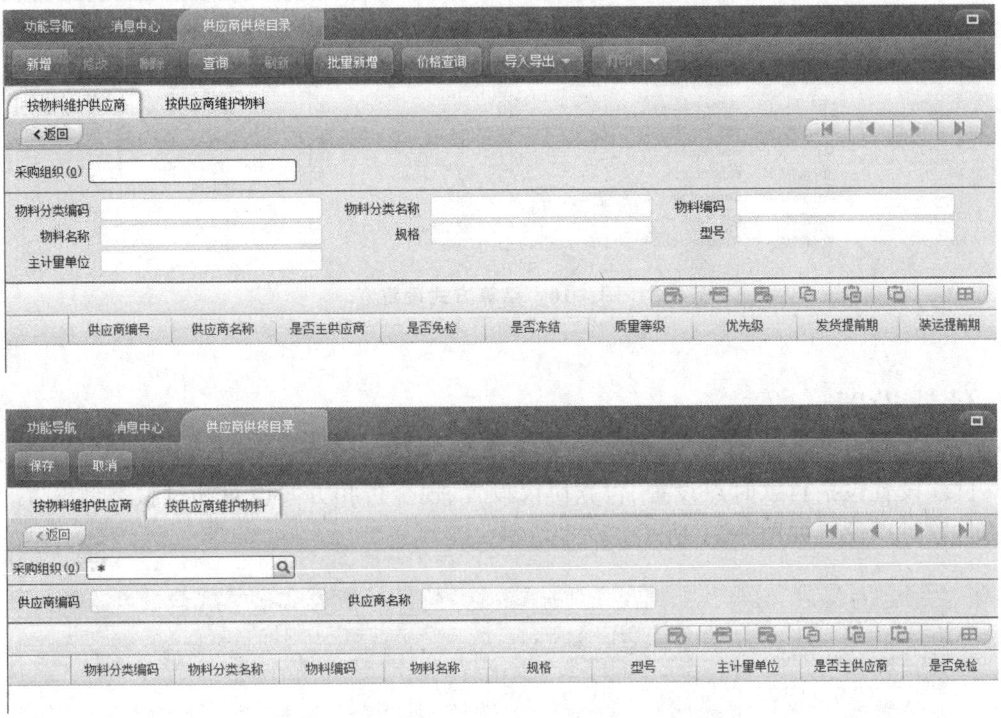

功能导航 消息中心 供应商供货目录
新增 修改 删除 查询 刷新 批量新增 价格查询 导入导出 打印
按物料维护供应商 按供应商维护物料
返回
采购组织(0)
物料分类编码 物料分类名称 物料编码
物料名称 规格 型号
主计量单位
供应商编号 供应商名称 是否主供应商 是否免检 是否冻结 质量等级 优先级 发货提前期 装运提前期

功能导航 消息中心 供应商供货目录
保存 取消
按物料维护供应商 按供应商维护物料
返回
采购组织(0) *
供应商编码 供应商名称
物料分类编码 物料分类名称 物料编码 物料名称 规格 型号 主计量单位 是否主供应商 是否免检

图 4-9 供应商供货目录设置

企业在设置完供应商基本档案后，还可以根据需要自行设置供应商供货能力分类、供应商等级体系、供应商资质体系等，确保企业的采购质量。

二、结算方式设置

企业支付货款的结算方式有多种，包括：现金、现金支票、银行转账、电汇、银行本票、商业汇票以及内部转账等。不同结算方式的管理要求不同，如对支票等需要登记支票号以便加强对支票的管理和进行银行对账。不同的结算方式，其对应的科目也可能不同，因此，一般依据结算方式设置对应的会计科目，以便系统能够生成相应的记账凭证。常见的结算方式如图 4-10 所示。

功能导航 消息中心 结算方式

新增 修改 删除 刷新 过滤 启用 打印

	结算方式编码	结算方式名称	英文名称	网银支付	缺省标记	资金类型	现金	直接借记	贷记转账	信用证
1	0	现金	Cach	☐	☐		☑	☐	☐	☐
2	1	现金支票	Cach Cheque	☐	☐		☑	☐	☐	☐
3	2	转账支票	Transfer Che...	☐	☐		☐	☐	☐	☐
4	3	网银	Online Banking	☑	☐		☐	☐	☐	☐
5	4	电汇	wire Transfer	☐	☐		☐	☐	☐	☐
6	5	信汇	Mail Transfer	☐	☐		☐	☐	☐	☐
7	6	银行承兑汇票	Bank Accepta...	☐	☐		☐	☐	☐	☐
8	7	商业承兑汇票	Commercial ...	☐	☐		☐	☐	☐	☐
9	8	银行汇票	Bank Draft	☐	☐		☐	☐	☐	☐
10	9	委托收付款	Delegated Co...	☐	☐		☐	☐	☐	☐

图 4-10 结算方式设置

三、付款设置

付款设置包括付款时点设置、付款协议设置、现金折扣方案设置和付款类型设置。常见的付款时点设置如图 4-11 所示。

功能导航 消息中心 付款时点-业务单元

新增 修改 删除 查询 刷新 过滤 启用 打印

业务单元(0) *

	所属组织 ▲1	编码	名称	系统预置	启用状态	创建人	创建时间	最后修改人	最后修改时间
1	全局	FTFT001	采购合同生效日...	☑	已启用	NC			
2	全局	FTFT002	采购订单审核日...	☑	已启用	NC			
3	全局	FTFT003	采购发票日期	☑	已启用	NC			
4	全局	FTFT004	采购发票审核日...	☑	已启用	NC			
5	全局	FTFT005	到货审核日期	☑	已启用	NC			
6	全局	FTFT006	入库日期	☑	已启用	NC			
7	全局	FTFT007	入库签字日期	☑	已启用	NC			
8	全局	FTFT008	项目发包合同生...	☑	已启用	NC			
9	全局	FTFT009	项目合同质保金...	☑	已启用	NC			
10	全局	FTFT010	进口合同签约日...	☑	已启用	NC			
11	全局	FTFT011	进口合同审批日...	☑	已启用	NC			
12	全局	FTFT012	进口合同最迟装...	☑	已启用	NC			
13	全局	FTFT013	进口明细单提货...	☑	已启用	NC			
14	全局	FTFT014	进口明细单装运...	☑	已启用	NC			
15	全局	FTFT015	进口发票日期	☑	已启用	NC			
16	全局	FTFT016	进口发票审批日...	☑	已启用	NC			
17	全局	FTFT017	进口合同实际生...	☑	已启用	NC			
18	全局	FTFT018	进口明细单提单...	☑	已启用	NC			
19	全局	FTFT019	费用发票日期	☑	已启用	NC			
20	全局	FTFT020	费用发票审批日...	☑	已启用	NC			

图 4-11 付款时点设置

付款协议主要应用于分期付款业务，如设备、周转材料（如液压支柱）、施工用物资（如照明设备）等大宗贸易，通过付款协议编制分期付款的时点、比例、结算方式和折扣等重要交易因素，对采购合同、采购订单、采购发票的采购付款计划跟踪，实现供应商应付账龄分析、付款预测等管理工作。付款协议设置的界面如图 4-12 所示。

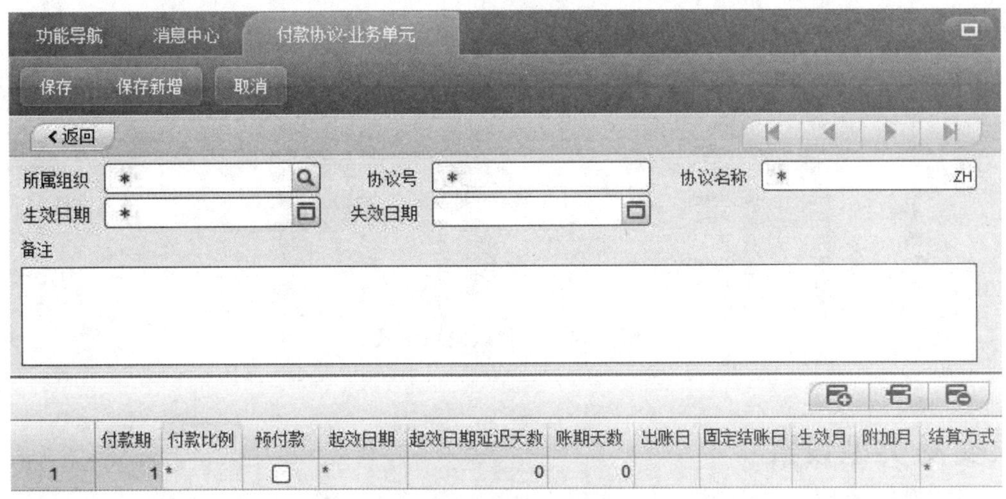

图 4-12　付款协议设置

现金折扣,是指企业为了鼓励客户偿还货款而允诺在一定期限内给予规定的折扣优待。这种折扣条件通常可表示为 5/10,2/20,n/30,它的意思是客户在 10 天内偿还货款,可得到 5%的折扣,只要付原价的 95%的货款;在 20 天内偿还贷款,可得到 2%的折扣,只要付原价的 98%的货款;在 30 天内偿还贷款,则须按照全额支付货款;在 30 天以后偿还贷款,则不仅要按全额支付贷款,还可能要支付延期付款利息或违约金。为了处理这种业务,需要进行现金折扣方案设置。现金折扣方案的设置主要应用于收款协议和付款协议中,供销售、采购、应收、应付等系统使用。如图 4-13 所示。

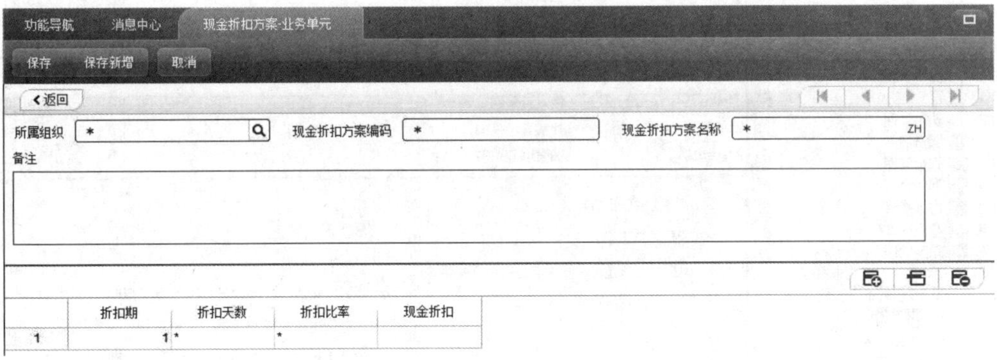

图 4-13　现金折扣方案设置

企业在进行日常往来款项的管理中,需要明确不同业务的收入、支出情况,因此需要设置收付款类型,用于对收付款执行情况进行分析。在同一系统中,付款类型和收款类型的种类一般相同,可以一同设置。常见的收付款类型如图 4-14 所示。

功能导航　消息中心　收付款类型

新增　修改　删除　刷新　启用

	组织	编码	名称	收付款性质	现金结算	职责	启用状态	创建人	创建时间
1	全局	001	货款		☑	☑	已启用		
2	全局	002	手续费		☐	☑	已启用		
3	全局	003	押金		☑	☑	已启用		
4	全局	004	保证金		☑	☑	已启用		
5	全局	005	质保金		☑	☑	已启用		
6	全局	006	押汇		☑	☑	已启用		
7	全局	007	客户费用		☐	☑	已启用		
8	全局	008	押汇还款		☐	☑	已启用		

图 4-14　收付款类型设置

四、交易类型设置

交易类型本质上就是一些约束规则，这些规则的不同组合会造成单据的数据输入输出、状态、处理手法的不同，以此适应不同的业务需要，即每一种组合对应一种交易类型。在“采购管理”模块，需要设置物资需求申请单、请购单、采购订单、到货单、采购发票、期初暂估单的交易类型。在“应付管理”模块，需要设置付款单和应付单的交易类型。以采购订单为例，常见的交易类型设置如图 4-15 所示。

图 4-15　交易类型设置

第四节　采购与应付子系统日常业务处理

完成了采购与应付子系统的初始化设置后，就可以进行采购交易的日常业务处理工作。采购与应付子系统的日常业务包括各种单据的输入、处理和各种账表的统计输出工作，其中，及时、准确、完整地输入各种交易数据是日常业务处理的关键。

一、采购与应付子系统的数据输入

从图 4-2 企业日常采购与应付子系统业务流程图和图 4-6 采购与应付子系统数据流程图中可以看出，采购与应付子系统的数据输入可以分成三类：一类是初始数据的输入，这类数据输入的目的是使通用采购与应付系统能适应于本地化工作，并为后续的业务数据输入、处理和输出提供基础，如供应商档案、结算方式、付款设置和交易类型设置等（这已经在上一节作了介绍）；第二类是采购与应付子系统和其他子系统集成运行时自动调入的数据，如从存货子系统调入采购入库单数据；第三类是采购与应付子系统的日常企业处理交易数据的输入，包括物资需求申请单、请购单、采购订单、到（退）货单、采购入（退）库单、采购发票、应付单和付款单等。这一节我们只介绍有关业务数据的输入。

（一）物资需求申请单的输入

最基本的采购业务由采购订单开始，有时根据业务的具体情况也会以物资需求申请单或请购单为起点，再生成采购订单。因此，我们首先介绍物资需求申请单。

物资需求申请单是用料部门用于向物料计划部门或采购部门提出的在未来一段时间内需要的物料的种类及数量的通知。它可以自制，也可以参照物资及服务需求单生成。物资需求申请单中需要输入的基本数据有：库存组织、需求类型、物资需求申请类型、申请单号、申请日期、申请人、申请部门、物料编码、物料数量、需求日期等信息。这些基本数据大部分都在初始化中定义，可以使用系统提示功能选择录入。物资需求申请单的输入界面如图 4-16 所示。

物资需求申请单输入说明：

（1）需求类型是对需求的数量特征进行界定，可选择毛需求或净需求。

（2）物质需求申请类型是对交易类型的界定，这里通常选择普通物资需求申请。

（3）申请单号必须是唯一的，通常在保存单据后系统会自动生成。

（4）申请日期一般取自系统当前日期，但用户可以修改。

（5）申请人和申请部门可以选择参照输入，也可以直接输入人员编码和部门编码，或直接输入名称。

（6）物料编码可以参照选择，也可以直接输入。在输入物料编码后，系统会自动带出物料名称、单位、需求日期等信息。单位和需求日期允许修改，修改后系统会自动保存新的设置。

（7）如果想了解所选物料的结存数量和可用数量，可以通过“联查”功能下的“存量查拣”节点实现，从而为需求申请提供参考依据。

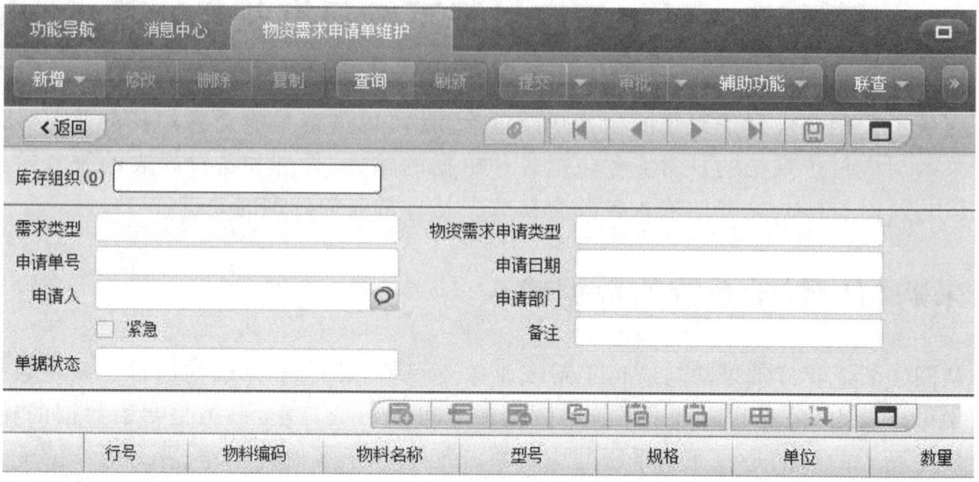

图 4-16　物资需求申请单输入

(二)请购单的输入

请购单是为了能在某地及时得到一定数量的物料而发出的采购请求，即要用什么、用多少、何时用、谁用；同时确定由哪个采购组织进行采购并提供采购建议信息。请购单的来源通常为物资需求申请单，也可以手工录入。通常需要输入的内容包括：库存组织、请购单号、请购日期、请购类型、计划员、计划部门、物料编码、数量等。如果要申请委外加工，则需要启用“委外”节点，后续生成的将是委外加工订单。请购单的界面如图 4-17 所示。

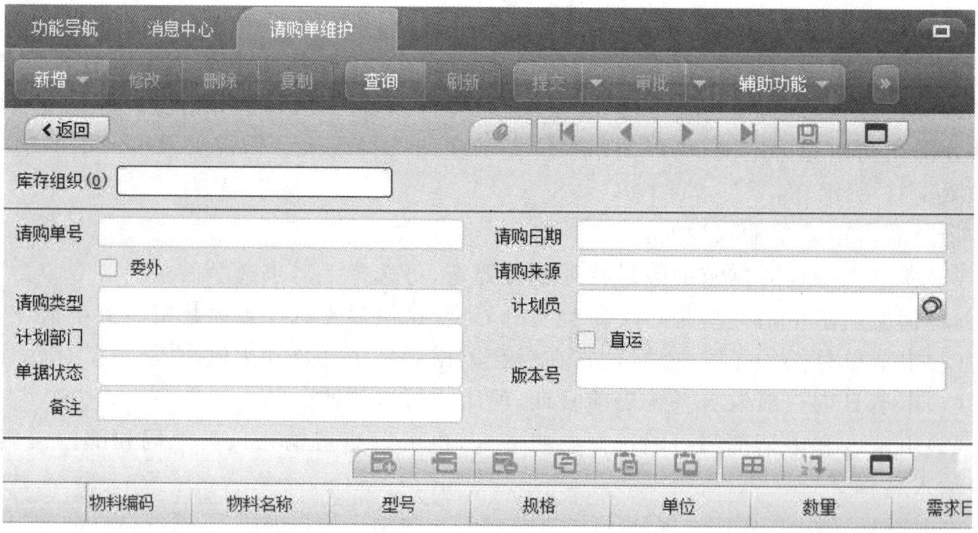

图 4-17　请购单输入

(三)采购订单的输入

采购订单是企业向供应商发出的正式的采购文件,供应商可据此交货并形成债权债务。采购订单是采购管理系统的核心单据,涉及的对内、对外接口非常多。普通采购业务的采购订单一般来源于请购单或手工自制,在其他采购形式下还可能来源于直运销售订单、协同销售订单、采购合同、库存借入单、中标结果(来自电子采购)。采购订单中必须输入的基本数据有:采购组织、订单类型、订单编号、订单日期、供应商、开票供应商、币种、整单扣税类别、采购部门、物料编码、数量、单价等信息。

采购订单的输入界面如图 4-18 所示。采购订单表体分为四个页签,相当于对采购信息进行一个划分归类,其角色分别是:

(1)“物料信息”是最基本的,用于输入需要采购的物料、数量、价格、税率信息等;

(2)“到货信息”用于记录收货的对象、仓库、地点、预计时间等;

(3)“采购政策”相当于对采购行为做一些约束规则,比如采购的货物要受到某采购合同条款的约束、收货的重量和数量受到某个优质优价方案的影响等;

(4)“执行结果”就是用于查看该采购订单的到货、入库、开票、退货和退库情况。

图 4-18　采购订单输入

采购订单的输入说明可参照物资需求申请单的相似内容。但需特别注意以下几点:

(1)订单类型的选择可以区分不同的采购业务流程,通常包括普通采购、消耗品采购、直运采购、借入转采购、供应商寄存采购等,一般选择普通采购。

(2)整单扣税类别分为应税外加和应税内含。

(3)如果预计可能出现在退货/库之后需要补货的情况，则勾选“退货/库基于原订单补货”，可以实现在补货运到后参照原来的采购订单生成到货单。

(4)单据状态通常有三种：①自由状态。在没有审核确认之前订单都处于自由输入状态。②审批通过状态。表示订单已经成为正式协议或合同，订单的货物正在到货入库过程中。③关闭状态。订单货物全部到货或订单不能继续执行修改，只能查询。

(5)在做采购订单时需要参考多方位的信息以便合理地进行决策，可以通过“联查”功能查询采购计划、成套件信息、现存量、可用量、历史销量、预估毛利、供应商账务情况、付款执行情况等。

(四)到货单与退货单的输入

到货单是企业在采购的货物到达后，填写的货物收据，表示企业已收到货物。到货是针对采购行为的，所以到货单只能由采购订单或委外订单产生，无法自制；且只能参照没有入库的订单。其基本项目包括：库存组织、到货类型、到货单号、到货日期、供应商、采购员、采购部门、收货人、物料编码、数量等。到货单界面如图 4-19 所示。

退货单是货物到达后未入库前退还给供应商的请求。退货也是针对采购订单和委外订单的，但必须是基于已确认到货基础上才能退货。退货单同样可以通过“到货单维护”模块完成，可参照采购订单、委外订单、原到货单生成。系统在到货单的输入界面会自动勾选“退货”，并且物料数量显示为负，其余内容一致。

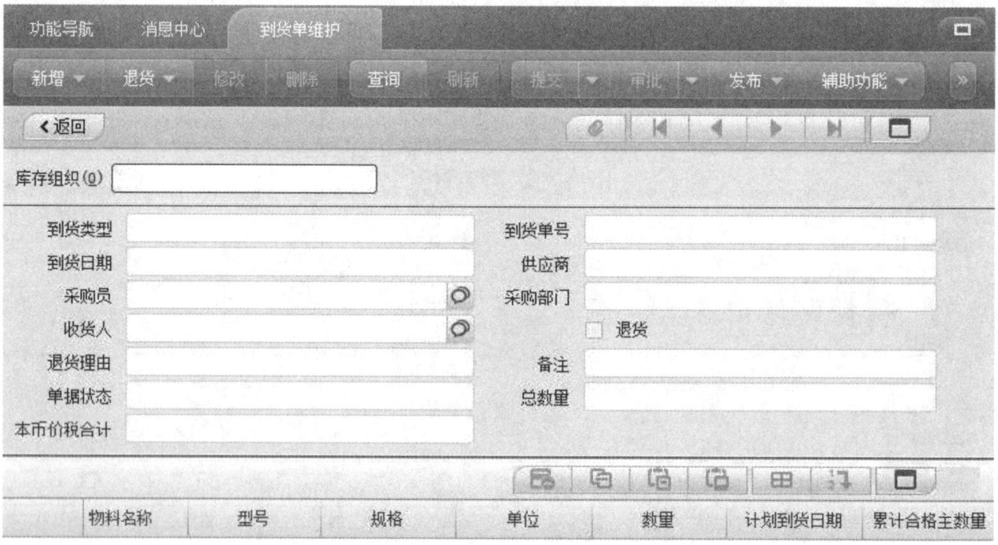

图 4-19　到货单输入

(五)采购入库单与退库单的输入

采购入库单是根据采购到货签收的实收数量填制的单据，在“库存管理”模块实现。

采购入库单主要来源于采购订单(或到货计划)和到货单,并与采购订单状态有关。其去向为存货核算,当启用采购管理系统时,采购入库单主要通过暂估和采购结算传递至存货核算;未启用采购管理系统时,采购入库单通过签字传存货核算。其基本内容包括:库存组织、单据号、单据日期、仓库、出入库类型、库管员、采购员、采购部门、供应商、物料编码、应收数量、实收数量等。在实际工作中,用户可根据到货清单直接在计算机上填制采购入库单,即前台处理;也可以先由人工制单而后集中输入,即后台处理。用户采用哪种方式,应根据本单位实际情况而定。一般来说,业务量不多或基础较好的用户,可采用前台处理方式;而在第一年使用或人机并行阶段,则比较适合采用后台处理方式。采购入库单界面如图 4-20 所示。

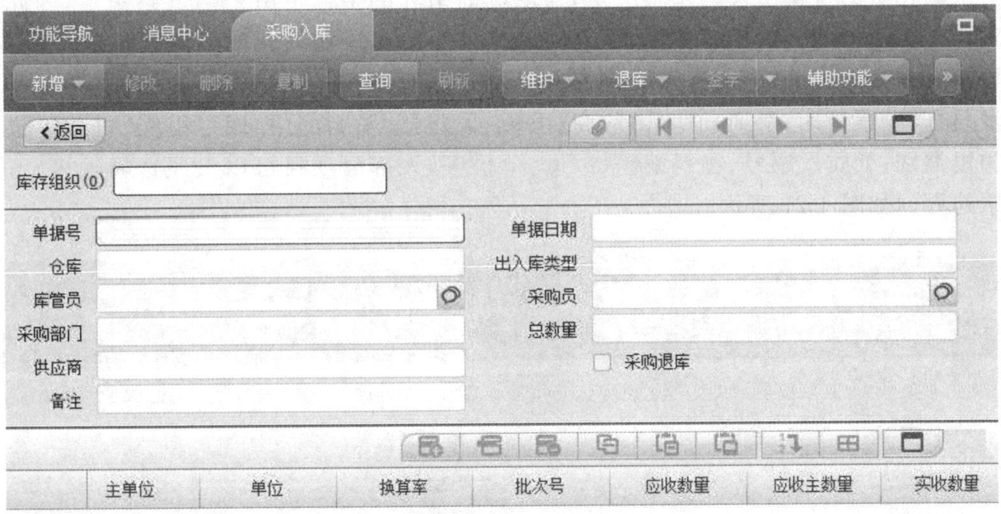

图 4-20 采购入库单输入

采购入库单输入应注意如下问题:

(1)如果已经根据某采购订单生成了到货单,就不能直接参照该采购订单生成采购入库单。

(2)采购的货物到达企业后,如果没有收到供货单位的发票,可以对货物进行暂估处理,待发票到达后,可以根据该入库单生成采购发票做报账结算处理。在这种情况下,采购入库单输入的只是暂估价,存货的最终价格由采购发票而定。当暂估价与开票价格不一致时,系统还会自动生成一张入库调整单。

(3)如果采购与应对子系统与存货子系统集成运行,那么应由仓库管理员审核确认入库单,否则可以由采购人员审核。

(4)必须填写实收数量才可以签字。凡是签字完的入库单将不能再修改,只能查询。

退库单与入库单的界面、格式和内容一样,用来输入已入库但存在质量问题或其他原因需要退库的存货项目。通过入库单界面"退库"功能,系统会产生一张红字入库单,并自动启用"采购退库"节点。

(六)采购发票的输入

采购发票是企业在采购活动中,供货单位开具给采购企业用于报销采购存货的凭据,主要包括增值税专用发票、普通发票和费用票据。费用主要是指向供货单位或提供劳务单位支付的代垫款项、运输装卸费、手续费、违约金(延期付款利息)、包装费、包装物租金、储备费、进口关税等。采购发票描述的是采购者购买货物时需要支付的价值和税款,是向供应商付款的依据,同时也是确认收到货物的成本的依据。在采购系统中,采购发票可以基于采购订单、采购入库单、期初暂估单、消耗汇总单、委外加工入库单、委外订单生成。另外,在处理一些非流程的采购业务时,也可以手工录入。

采购存货的价格由采购发票决定,与供应商结算的金额也由采购发票决定,因此,采购发票是很重要的会计核算单据,输入时应格外小心。采购发票的输入是以供应商提供的原始发票为依据来输入的,需要输入的基本数据有:财务组织、发票类型、发票分类、系统发票号、发票日期、票到日期、供应商、币种、采购员、采购部门、库存组织、付款单位、整单扣税类别、纸质发票号、物料编码、数量、单价等,大部分项目可以参照选择输入。采购发票的界面如图 4-21 所示。

图 4-21 采购发票输入

如果采购发票已经参与了结算,则不能取消审批,也不能进行修改。通过“联查”功能下的“存单据追踪”节点,可以查看同一笔业务的采购订单、到货单、库存采购入库单、采购

发票、采购结算单等上下游单据。一些企业在存货档案中对某些重要存货项目设置了最高进价，那么在发票中的采购进价如果高于最高进价，系统会自动报警。

(七)应付单的输入

一般在完成采购发票的输入之后，可通过“采购发票维护”界面的“关联功能”功能下的“传应付”节点直接生成应付单。另外，也可以在“应付管理”模块实现，即通过手工录入或参照付款单生成应付单。其基本项目有：财务组织、单据号、单据日期、起算日期、往来对象、供应商、业务流程、币种、贷方原币金额、本币汇率、本币金额、物料、数量、单价、税率等。应付单的界面如图 4-22 所示。

功能导航 消息中心 应付单录入

新增 修改 删除 复制 查询 刷新 交易类型 辅助功能 影像

返回

财务组织(0)

期初标志 单据号
单据日期 起算日期
往来对象 供应商
部门 业务员
应付类型 业务流程
币种 组织本币汇率
原币金额 组织本币金额
红冲标志 收支项目
制单人 单据状态 未确认
审批状态 生效状态

	发票号	摘要	物料	付款协议	往来对象	供应商

图 4-22 应付单输入

应付单的输入说明如下：

(1)当选择参照生成应付单时，所根据的付款单必须通过审批。

(2)起算日期是用于计算收付款协议的信用到期日，需要手工录入。

(3)往来对象是用于应付单的应付对象，可选供应商、部门、业务员，在采购环节应选择供应商。

(4)当通过采购发票传应付生成时，发票号自动继承原发票号；当直接输入时，由开票财务组织确定可参照到的发票号。

(5)单据的来源系统通常包括采购系统、应付系统、销售系统、应收系统、网上银行、票据管理、协同单据、信贷系统、汇兑损益系统、项目管理、全面预算、发运系统、内部交易、外部交换平台，且一般在表尾信息处显示。当需要在“应付单管理”模块删除应付单时，系统不允许直接删除来源于除应付系统以外的系统的单据，而要在“采购发票维护”界面通过“取消传应付”节点实现。

(八)付款单的输入

付款单输入的基本项目有：财务组织、单据号、单据日期、往来对象、供应商、业务流程、币种、借方原币金额、本币汇率、本币金额、付款银行账户、收款银行账户、现金账户、结算方式、付款业务类型、付款性质等。付款单可以自制，也可以参照应付单生成。其格式如图 4-23 所示。

图 4-23 付款单输入

需要注意：

(1)当选择参照生成付款单时，所根据的应付单必须通过审批。

(2)已审核的付款单不能取消确认；已确认的付款单取消确认后，单据号仍占用。

(3)付款银行账户和现金账户不能同时录入。

(4)结算方式包括现金、现金支票、转账支票、网银、电汇、信汇、银行承兑汇票、商业承兑汇票、银行汇票、委托收付款等。

(5)付款业务类型包括贷款、手续费、押金、保证金、质保金、押汇、客户费用、押汇还款等，可参照选择输入。

(6)付款性质可选择应付款或预付款。

(九)日常业务数据输入的控制

采购与应付子系统的日常业务数据输入项目很多,输入的工作量较大,因此输入出现错误的可能性也较大。为了保证数据输入的正确和可靠,尽量减少输入的工作量,根据采购与应付子系统业务流程的特点,完全可以设计一些有针对性的输入控制措施。了解软件设计中这些控制的特点,对于正确、灵活使用采购与应付子系统具有重要的意义。

(1)初始化中提供了用户自行设置单据的功能模块,用户可根据本身的需要和习惯进行设计。尽管手工与计算机输入的数据项目大同小异,但在单据格式设置上许多软件尽量提供与手工单据格式一致的界面,减少因使用习惯上的差异而带来的错误。但是需要注意的是,这种格式的一致是有限度的,在格式基本一样的表象上,包含着计算机重要的使用特点。如,每张单据输入完毕,目测检查无误后,要做存盘处理;要输入一张新的单据,需要做增加操作;增加一条记录,需要做插入操作等。为了用户使用方便,现在的软件在多数人机对话界面上都提供常用的“增加”、“插入”、“删除”、“保存”、“退出”等操作的快捷键,这些快捷键与软件所依托的计算机操作系统的使用习惯是一样的。因此,用户熟悉这些快捷键的标志和使用方法,对熟练地使用系统是至关重要的。

(2)采购与应付子系统中业务流程是按一定的程序进行的,业务单据间有一定的联系。一笔采购业务的发生相应都会产生采购订单、到货单、采购入库单、采购发票、应付单和付款单,这些单据中的内容许多是一样的,因此在输入时可以由系统自动互相生成和互相验证。如采购一定要通过采购订货这一环节,那么其后的采购入库单可由采购订单生成,采购发票也可由采购订单或采购入库单生成。在软件设计中设置这种自动相互生成单据的目的,是为了方便和提高录入速度,更为重要的是体现一种控制的要求。

(3)输入某个单据的各个项目时,有些栏目的数据必须输入,而有些栏目的数据可以根据已输入栏目的数据生成。如:采购发票的输入中,输入存货的数量、单价,系统就会自动计算金额,因为输入的单价一般是含税的,系统可根据税率自动算出存货未含税的金额。

(4)在初始化设置中已定义的项目,如供应商编码、供应商名称、付款协议、结算方式、存货编码与名称等项目,在输入的用户界面对应项目的右边一般都会提供参照选择快捷键,用户可以调出设置内容供用户选择输入,这种输入方法对用户有一个提示作用,但选择的项目太多时,反而会降低输入的速度。

(5)采购与应付数据直接与企业的钱物有关。为了保证业务的真实和数据的正确,只有经过确认的单据才有效,因此,系统一般都设有单据审核的功能,对输入的单据进行第三方的确认,并将审核人编码保存在相应的单据中。单据输入与审核应由不同的人来完成,这是一种最基本的内部控制要求。

二、采购与应付子系统的数据处理

采购与应付子系统的数据处理包括采购结算和核销处理两个环节。采购结算是确认采购业务的完成并在会计账簿体系登记相应的物流与资金流的变动情况。该环节把采购入库单和采购发票联系在一起，通过比较入库单数据和发票数据，反映两者的差异。核销处理环节是把应付单和付款单联系在一起，通过比较应付单数据和付款单数据，形成正确的与供应商之间的往来账过程。

(一)自动转账

采购与应付子系统初始化中，在对供应商档案、存货档案、结算方式等进行设置时，需要对会计核算使用的基本科目进行设置。例如：对核算存货采购的科目设置“在途物资”或“材料采购”科目，对核算存货的科目设置“原材料”科目，对核算未付供应商款项的科目设置“应付账款”科目，对核算预付供应商款项的科目设置“预付账款”科目，对核算进项税的科目设置“应交税费——应交增值税(进项税额)”科目。还应设置不同结算方式对应的科目，如现金结算方式对应的会计科目是“现金”科目；支票、电汇的结算方式对应的会计科目是“银行存款”；汇票结算方式对应的会计科目是“应付票据”科目等。

系统会根据日常业务处理输入数据，自动生成相应的凭证，通过自动转账功能传递到账务处理子系统中。

(1)当系统依据采购发票生成记账凭证时，在实际成本法下自动转账功能生成如下凭证：

借：在途物资
　　应交税费——应交增值税(进项税额)
　贷：应付账款

(2)当材料已经入库，入库单输入系统后，自动生成如下凭证：

借：原材料
　贷：在途物资

(3)结算某一笔采购业务，当付款单输入系统后，自动生成如下凭证：

借：应付账款
　贷：银行存款(或现金)

(4)结算某一笔采购业务，该业务原已付定金，当结清余款的付款单输入系统后，自动生成下列凭证：

借：应付账款
　贷：银行存款(或现金)
　　预付账款

(二)采购结算

在会计信息系统中，采购结算中的“采购”概念指两类：一类是业务中明确含有采购入库动作的采购行为，另一类是供应商管理库存业务形式下以物料的消耗数量作为采购数量的采购行为。因此在采购结算模块主要分为采购结算和消耗汇总结算。消耗汇总结算通过建立采购发票与消耗汇总记录的对应关系，并对发生的采购费用进行分摊(不论采购费用是否进入存货成本)，来确定货物的最终财务成本。这里我们只介绍传统的采购结算。

采购结算又叫采购报账。在手工业务处理中，采购业务员在完成一笔采购业务后拿着经主管领导审批过的采购发票和经仓库确认的入库单，到财务部门由会计人员确认采购成本。在计算机条件下，系统根据采购订单编号，自动将采购订单、采购入库单、采购发票上的相关数据进行核对，审核供应商发票上的数据是否符合采购合同的数据（订货数量和订货价格）和实际入库的数据（收货数量），即将发票中的单价与采购订单中的订货单价相核对，发票中的数量与入库单中的收货数量相核对，并将结果显示在屏幕上。结算单是采购结算的产物，记录了入库单与采购发票对应关系，同时也记录了所采购货物的最终采购成本和分摊的采购费用。系统一般会提供“自动采购结算”和“手工采购结算”两种功能来确认采购成本。

1.自动采购结算

自动采购结算是指由系统自动对符合条件的入库单和发票进行匹配，并产生结算单的过程。系统通常支持三种方式的结算：红蓝入库单结算、红蓝发票结算和发票与入库单结算。通常，系统会内置必需的匹配条件，企业可根据需要，增加更多自动结算规则，比如供应商相同、部门相同等。如果不符合条件，则需采用手工采购结算。

2.手工采购结算

手工采购结算的功能包括：对入库单价与发票单价不相符的暂估业务进行结算，对因采购发生的运杂费进行结算，对采购货物的“溢余短缺”进行结算等等。手工结算可以弥补自动结算的不足，即它可以结算入库单中部分的货物，未结算的货物可以在今后取得发票后再结算，也可以对多张发票和多张入库单进行结算。

（三）核销处理

采购结算是将采购发票与入库单核对，以便确定采购成本。在采购与应付子系统中，核销处理是将付款单与应付单核对并指明每次付款（多次付款）是对应哪几笔（单笔）采购业务，以便结清与供应商的账款或确定与供应商的往来关系。明确核销关系后，更好地管理应付账款，进而进行精确的账龄分析。这种付款核销与总账中的往来核销不同，后者主要是对同一科目的借贷方发生数据进行勾对的处理。

和采购结算一样，系统一般也提供自动核销与手工核销两种功能。

1.自动核销

（1）业务号勾对：通过用户在制单过程中指定业务编号或字符，用以对往来账进行勾对标识，便于用户一一对应勾对、查询和管理。对于业务号相同、借贷方向相反、金额一致的两笔分录自动勾对。

（2）逐笔勾对：在用户未指定业务号的情况下，系统按照金额一致、方向相反的原则自动勾对同一往来户的往来款项。

（3）总额勾对：为提高对账成功率，对于同一往来户下，可能存在着借方（贷方）的某项合计等于对方科目的某几项合计，尤其是带有相同业务号的往来款项进行勾对。

2.手工勾对

在制单过程中可能因错误操作或其他业务原因导致无法使用上述三种往来账勾对方法，系统提供手工清理的办法进行往来账勾对。

三、账表输出

采购与应付子系统的查询和报表模块主要是输出各种报表。这些报表按其功能可分为统计类报表和分析类报表。具体报表如表 4-1 所示。

表 4-1　采购与应付子系统中的各类报表

序号	报表名称	用　途
1	物资需求申请汇总表	用于对物资申请进行查询统计，并可进行汇总查询。查询结果包括需求库存组织、物料编码、数量、金额、累计出库数等数据
2	采购订单统计表	用于统计和汇总某一段时间内物料的合计数据，比如订单数量、到货数量、途耗数量、入库数量、发票数量、退货数量及金额等
3	订单执行情况表	用于统计某一段时间内供应商对采购订单的完成情况
4	综合日报	用于对采购系统内单据进行综合查询分析，包括订单、到货单、发票、结算单等数据
5	供应商暂估余额表	用于查看供应商期初、本期及期末的暂估及结算相关数据
6	暂估月统计表	用于统计本月前暂估本月结算、本月入库本月结算、本月入库本月暂估、本月前暂估本月未结算的数量和金额
7	采购暂估差异表	用于对暂估情况与实际结算情况进行差异分析，包括本月前暂估本月结算和本月暂估本月结算的结算数量、结算金额、冲销暂估金额和差异率
8	增值税抵扣表	用于查询增值税进项税额抵扣的明细情况
9	供应商余额表	用于查询一定期间内所发生的应付、付款发生额和余额情况以及周转率和周转天数
10	供应商应付(付款)账龄分析表	用于按账龄区间或按日期区间进行不同方式的应付(付款)账龄分析
11	供应商应付欠款分析表	用于查询相关时点某供应商的欠款金额，以及欠款组成情况
12	供应商付款预测表	用于预测在未来一段时间内将要支付的款项。可根据应付单收付款协议表中的信用到期日及到期金额，将已支付未核销的付款及预付款展现出来，供用户参考将来实际付款
13	应付报警单	用于对往来款进行报警。可根据报警设置来查询已过期或快要到期的往来款项，以及应付业务已不能享受或很快就不能享受现金折扣的项目

第五章　存货子系统

存货是指企业在日常生产经营过程中持有以备出售，或者仍然处在生产过程，或者在生产或提供劳务过程中将消耗的材料或物料等，包括库存的、加工中的、在途的各类材料、商品、在产品、半成品、产成品、包装物、低值易耗品等。企业为了销售或生产，通常都需要储存大量的存货，存货在企业资产中的比重很大，占用大量资金，所以企业一般都希望在不影响正常生产经营的条件下，把存货库存量降低到最低限度，以减少仓储费用，提高资金的使用效率。同时，存货成本的大小对企业资产的状况、销售成本、相关费用以及最终利润有着直接或间接的影响。因此，企业的一个主要管理与核算内容是，对存货的收发存进行有效管理，并加以准确、及时地反映，这可以通过会计信息系统中的重要子系统——存货子系统来实现。本章从存货的业务流程与数据流程入手，阐述该系统内部结构、数据输入、处理和输出等日常业务处理，以及该系统的其他与管理有关的模块功能等。

第一节　存货子系统概述

存货的管理与核算因不同行业或企业而有所不同，其中制造企业和商品流通企业具有较大的代表性。存货管理与核算可以分为两部分：一是库存管理，二是存货核算。前者负责现有库存的管理，包括入库、出库和转库业务，后者接收来自库存管理形成的各种单据，进行存货的收发存的核算，因此两者关系紧密。在会计信息系统中，两者既可合二为一，也可单独运行，主要看企业业务量的规模以及管理的需要而定。本书基于清晰明了的目的，将两者统一为存货子系统。存货管理是采购管理、生产管理和销售管理的枢纽，采购活动增加库存，销售活动减少库存，生产领用减少库存，产品完工增加库存，因此存货管理的好坏，不仅与存货子系统本身有关，也与采购、销售、成本子系统密切相关。存货的管理有两个方面：一方面是对存货收发存的数量进行核算，保护企业财产物资的安全与完整，防止丢失和毁损；另一方面是核算外购存货和自制存货的成本，反映购货资金的使用情况，促进购货成本的降低和购货资金的节约，并且正确计算发出存货成本和期末存货价值。换言之，存货子系统需从收发存三个角度以及价值、实物两个维度进行全方位的管理与核算。

一、存货管理

存货的管理包含了物流和资金流的管理。在一个企业中，特别是制造企业中，存货的物流可谓复杂，要对物流进行合理的安排，从而在满足企业正常的生产和销售需要的同时，能降低存货成本及其占用资金，这是每个企业所关注的问题。存货管理也因此历经了多种管理模式，在采购与应付子系统一章中介绍的经济订货量模型便是其中一种。在现代各种 ERP 系统中，物料需求计划或者更为先进的制造资源计划的思想逐步得到了推广，本章涉及的产品结构，就是物料需求计划的一个重要输入——“物料清单”。

本章所涉及的存货管理主要包括下面两个方面的工作：

(一)实物管理

实物管理主要从物流的角度进行管理，对存货的入库、出库和结存加以反映与监督。存货子系统可以处理各种入库业务，包括采购入库、产成品入库、其他入库、调拨入库；可以处理各种出库业务，包括销售出库、材料出库、其他出库、限额领料出库、调拨出库；对期末结存的存货可以进行盘点处理，根据盘点的盈亏编制其他出、入库单，以调整存货的期末结存；对库存可以进行安全库存管理、库存上下限管理、不合格品管理、ABC 管理、保质期管理和积压库存的管理。另外，受物料需求计划管理思想的影响，在存货子系统中设置产品结构以后，即将产品的材料构成进行层层分解的情况下，可以根据产品生产的数量计算所需领用的材料的数量，处理配比出库，以提高材料领用的准确性。

(二)价值管理

价值管理主要从资金流的角度，围绕存货的入库成本、出库成本和结存成本对存货的收发存进行反映和控制。存货的价值管理和实物管理紧密联系，在入库业务中，通过各种入库单据，反映数量的增加和存货成本的增加；在出库业务中，反映存货成本的减少；在期末盘点时，反映存货结存成本的变动。不同的是，数量的反映具有单一性，而价值的反映具有多样性，企业可以选择计划成本法或实际成本法进行计价。计划成本法一般适用于存货品种繁多、收发频繁的企业，或者自制半成品、产成品品种繁多的企业，或者在管理上需要分别核算其计划成本和成本差异的企业。实际成本法一般适用于规模较小、存货品种简单、采购业务不多的企业。计价方式确定以后，就不能随意更改，从而保证在一贯的前提下，反映存货价值的流动。另外，为了控制存货的采购成本和销售价格，可以设置存货的最高金额和最低售价。在存货价值管理中，还需要如实反映期末存货的实际价值，进行存货跌价管理。

二、存货的会计核算

存货的会计核算方法因企业类型、规模以及管理方式的不同而不同。其内容包括：核算采购存货的入库成本；核算半成品、产成品的入库成本；核算假退料业务的入库成本；核算销售存货的出库成本；核算材料领用的出库成本；核算半成品领用的出库成本；核算存货盘亏、盘盈的成本；核算存货跌价准备的增减变动和结存；此外，为了适应存货调拨管理的需要，也核算调拨出、入库的成本。

以制造企业实际成本核算为例，其存货核算所涉及的主要会计科目和核算过程如下：

(1)"在途物资"科目：反映和监督企业采购物资的结算和入库情况，期末的借方余额反映已经付款但尚未验收入库的在途物资。

(2)"原材料"科目：反映和监督各种原材料的收入、发出和结存的情况，期末借方余额反映各种原材料的实际成本。

(3)"周转材料"科目：反映和监督各种周转材料(如包装物、低值易耗品等)的收入、发出和结存的情况，期末借方余额反映各种周转材料的实际成本。

(4)"自制半成品"科目：反映和监督各种自制半成品的收入、发出和结存的情况，期末借方余额反映各种自制半成品的实际成本。

(5)"库存商品"科目：反映和监督各种库存商品的收入、发出和结存的情况，期末借方余额反映各种库存商品的实际成本。

(6)"存货跌价准备"科目：反映和监督各种存货跌价准备的增减变动和结存情况，期末贷方余额反映各种存货可变现净值低于实际成本的金额合计数。

在账务处理上，存在以下几种情况需进行会计核算。

(1)采购的原材料、包装物及低值易耗品或者商品入库时，根据采购入库单作如下分录：

借：原材料(周转材料、库存商品)

　贷：在途物资

(2)生产的自制半成品、产成品入库时，根据产成品入库单作如下分录：

借：自制半成品(或库存商品)

　贷：生产成本

(3)在月末，领用的材料未使用完时，车间不需要将材料退回仓库，但为了正确核算产品的成本，需进行假退料，编制假退料单，并据此作如下分录：

借：原材料(周转材料、自制半成品)

　贷：生产成本(或制造费用)

(4)在盘点发生存货盘盈时，根据盘点情况形成的盘点单，经过审核生成其他入库单作如下分录：

借:原材料(周转材料、自制半成品或者库存商品)

贷:管理费用

(5)在调拨存货时,根据调拨形成调拨单,经过审核生成其他入库单和其他出库单,据此作如下分录:

借:原材料(周转材料、自制半成品或者库存商品)

贷:原材料(周转材料、自制半成品或者库存商品)

(6)销售的原材料、包装物、低值易耗品或者商品出库时,根据销售出库单作如下分录:

借:主营业务成本(或其他业务成本)

贷:原材料(周转材料、自制半成品或者库存商品)

(7)在材料或者自制半成品领用时,根据材料出库单作如下分录:

借:生产成本(制造费用、管理费用或销售费用)

贷:原材料(周转材料、自制半成品等)

(8)在盘点发生存货盘亏时,根据盘点情况形成的盘点单,经过审核生成其他出库单作如下分录:

借:管理费用(其他应收款、银行存款或库存现金)

贷:原材料(周转材料、自制半成品或者库存商品)

(9)在期末对存货进行跌价准备处理时,根据存货可变现净值与成本孰低的情况以及存货跌价准备的余额编制计提跌价处理单,据此作如下分录:

借:资产减值损失(当应计提的跌价准备金额大于已计提的跌价准备金额时)

贷:存货跌价准备

或者

借:存货跌价准备(当应计提的跌价准备金额小于已计提的跌价准备金额时)

贷:资产减值损失

此外,暂估入库以及计划成本计价的存货会计核算问题参见上一章采购与应付子系统的介绍。

三、存货子系统的特点与目标

(一)存货子系统的特点

存货子系统是会计信息系统中的一个较为复杂的子系统,它具有如下特点:

(1)数据处理量大。一般制造企业中存货的品种规格繁多,对每个具体的品种都要进行详细全面的反映,不仅要反映其数量指标,而且要反映价值指标;不仅涉及各种正常的出入库情况,而且涉及各种特殊的出入库情况;同时还要反映存货期末跌价准备的计提。因此,存货子系统涉及面广,数据处理量大。

(2)数据变化频繁。在正常的生产活动过程中,存货的收发领用相当频繁,数据输入与处理的频率相当高。

(3)核算方法较复杂。存货的核算方法有多种选择,可以按实际成本核算,也可按计划成本核算。按照实际成本核算的,可以根据情况选择采用个别计价法、先进先出法、移动加权平均法或者月末一次加权平均法确定其实际成本。按照计划成本核算，是指存货收、发、结存均按计划成本计价，并且还要进行成本差异的计算和分配。在核算存货跌价准备时，需要确定存货的可变现净值以及计算应计提的跌价准备金额。

(4)与采购与应付子系统、销售与应收子系统、成本子系统、账务处理子系统存在频繁的数据传递关系。存货子系统不是一个独立的系统，它接收采购子系统提供的采购入库数据；它在材料被领用之后，将相关的部门、用途与价值的数据传递给成本子系统；在产品和材料用于销售时，销售子系统需要存货子系统提供的数据作为参照，而销售子系统处理的结果——销售出库单，也是存货子系统的一个重要数据来源；存货的收发存的价值数据亦是账务处理子系统的重要输入内容。

(5)管理要求高。存货的管理既涉及价值管理也涉及数量管理，而且存货的积压情况、超储或不足情况、跌价情况等亦是各业务部门所关注的信息。因此，存货子系统的管理要相当全面、细致和准确。随着物流管理技术的发展，存货管理亦需要采纳先进的管理方法。

(二)存货子系统的目标

根据存货子系统的上述特点，一个完善的存货子系统的目标应包括以下两个方面：

1.存货的核算与管理

系统应区分存货的品种、规格，设置详细的存货档案；在此基础上，进行各种出入库单处理，及时准确地进行存货增减变动的数据处理；允许选择多种计价方式反映存货的价值；能提供存货跌价准备处理，合理反映存货的期末价值；可以结合采购与销售系统，进行存货的成本控制和售价控制。可以根据出入库单生成各种机制凭证，自动传递到成本子系统和财务处理子系统。

2.提供各种管理信息

系统应及时、准确地为企业各部门和管理者提供存货的各种核算与管理信息，输出各种相关的报表，如ABC成本分析表、存货周转率分析表、库存资金占用分析表、入库成本分析表、差异分摊表、出库汇总表、入库汇总表、收发存汇总表和暂估材料余额表等。

第二节　存货子系统流程分析

存货管理是采购管理、生产管理和成本管理的中心环节，存货管理的好坏直接影响着企业的生产经营活动。存货子系统是企业供应链的基础系统，与会计信息系统的其他子系统集成，进行数据交换，例如采购与应付子系统、销售与应收子系统、成本子系统和账务处理子系统，完成对实物的收发管理，主要包括基本的出入库作业、库存调整作业、供应商寄存业务、预留业务等，并对上述业务进行成本核算，反映和监督存货资金的占用情况，核算企业的利润。本节以制造企业为例，介绍存货子系统的业务流程与数据流程。

一、存货子系统的入库业务流程

一般地，企业的货物入库主要有如下几种途径：外部采购、内部生产、内部调拨、退回等。按业务类型分，入库业务主要包括：采购入库、产成品入库、委托加工入库、借入、调拨入库、设备入库、生产报废入库以及其他入库等。其中，采购入库、产成品入库、委托加工入库和调拨入库是企业日常入库业务。

(一)采购入库业务

采购入库业务是企业采购的原材料或商品入库的业务，采购入库业务主要涉及的单据包括采购订单、到货单和采购入库单。采购入库业务流程已在第四章采购与应付子系统中详细介绍，本章不再赘述。

(二)产成品入库业务

产成品入库业务是企业产成品或半成品完工入库的业务。实务中常见的产成品入库业务处理步骤如图 5-1 所示。

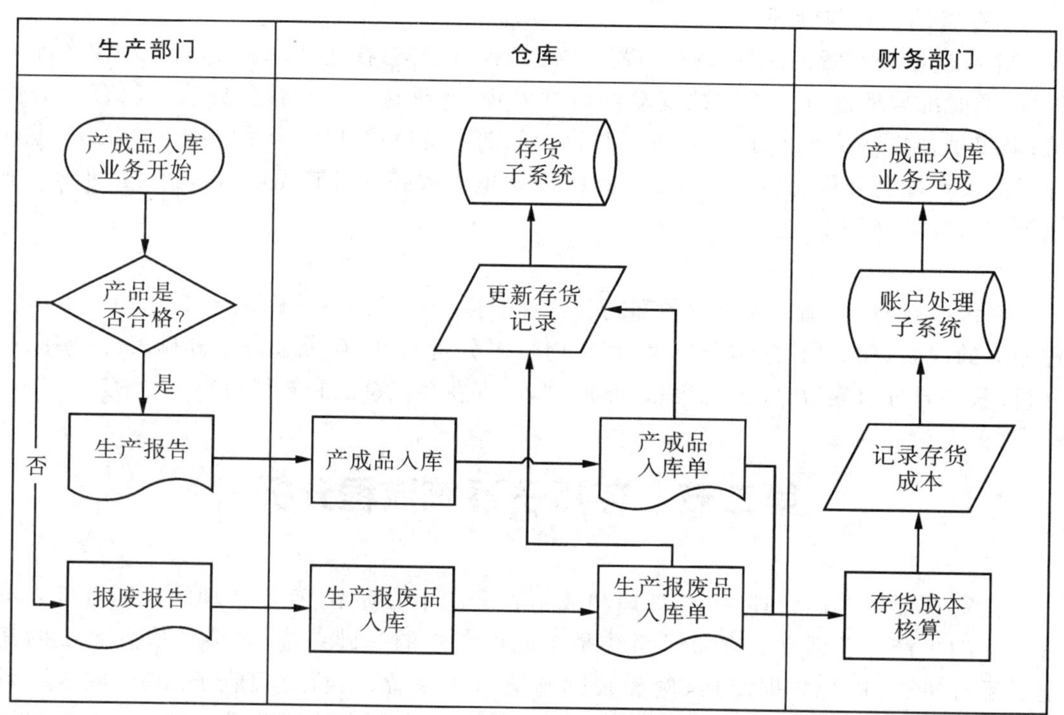

图 5-1 产成品入库业务流程图

该业务处理流程包括下列主要交易事项：

1.生产报告和报废报告

生产报告是企业生产部门对产成品相关情况描述的文件，描述了产成品明细，包括来源生产订单、报产产品、完工数量、对应的处理方式、后续处理信息等。报废报告实质上为描述报废品相关情况的文件，除描述对象与生产报告不同外，其他部分和生产报告相同。

2.产成品入库

仓库根据生产部门的生产报告和报废报告分别办理产成品入库和生产报废品入库业务，分别填制产成品入库单和生产报废品入库单。然后仓库根据产成品入库单和生产报废品入库单更新存货明细账记录，并更新存货子系统的数据。

3.存货成本核算

财务部门根据仓库编制的产成品入库单和生产报废品入库单共同进行存货成本核算，记录存货成本，并更新账务处理子系统的数据。

(三)委托加工入库业务

委托加工入库业务是企业通过与委外加工商签订委外订单，加工商对委外件进行加工后，实现对加工件入库的业务，加工件入库后，需要进行材料核销，以便核算加工件的成本。实务中常见的委托加工入库业务处理步骤如图 5-2 所示。

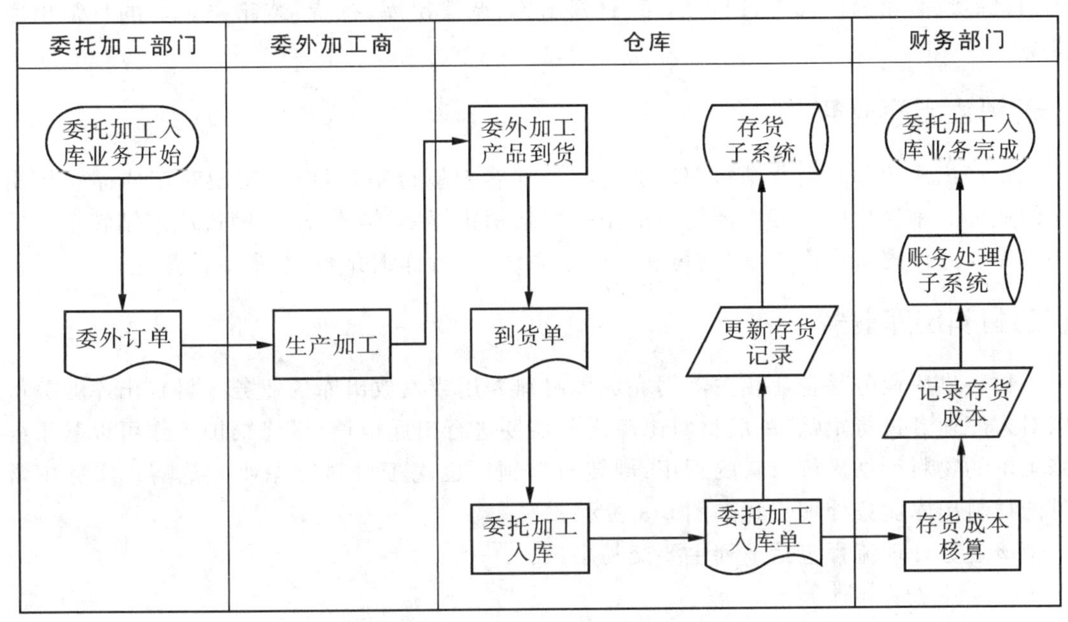

图 5-2 委托加工入库业务流程图

该业务处理流程包括下列主要交易事项：

1.委外订单

委外订单是企业委托加工部门与委外加工商签订的委外加工协议的文件，是委托加工入库业务的核心单据，该业务其他单据的生成均以委外订单为基础。

2.委外加工产品入库

委外加工商收到委外订单后进行生产加工，将产成品运送至企业仓库。仓库根据委外订单和实际到货情况填制到货单，办理委托加工入库手续，填制委托加工入库单。然后仓库根据委托加工入库单更新存货明细账记录，并更新存货子系统的数据。

3.存货成本核算

财务部门根据仓库编制的委托加工入库单进行存货成本核算，记录存货成本，并更新账务处理子系统的数据。

(四)调拨入库业务

调拨入库业务是存货调拨业务的一部分，其前序流程为调拨出库业务，为了完整地介绍存货调拨业务流程，调拨入库业务流程并入调拨出库业务流程，在存货调拨(出库)业务中讲解。

二、存货子系统的出库业务流程

一般地，企业的物料出库主要有如下几种途径：销售、生产领料、内部转移、采购退回等。出库业务主要包括：销售出库、材料出库、调拨出库、其他出库、设备出库、借出、借入还回、拣货、装箱等。其中，销售出库、材料出库、调拨出库、拣货、装箱是企业的日常出库业务。

(一)销售出库业务

销售出库业务是企业销售部门通过与外部客户签订销售订单，实现对产成品销售出库的业务。销售出库业务主要涉及的单据包括销售订单、销售发票、销售成本结转单。销售出库业务流程将在第六章“销售和应收子系统”进行详细介绍，本章不再赘述。

(二)材料出库业务

材料出库业务是企业相关部门完成原材料领用或发放出库的业务。材料出库业务可以对入库业务进行跟踪，一般材料出库之前需要进行出库申请；维修维护工作可以基于维修工单的物料计划进行材料的领用；周转材料领用也属于材料出库业务范畴。实务中常见的材料出库业务处理步骤如图 5-3 所示。

该业务处理流程包括下列主要交易事项：

1.材料出库申请

材料出库申请单是材料申请出库单据的总称，具体包括出库申请单、物资需求申请单、工单和领用单。这些单据分别对应不同类别材料的出库业务，如出库申请单是普通材料出库申请的单据，而工单是维修材料出库申请的单据。

2.材料出库

仓库根据各部门编制的材料出库申请单进行材料出库，填制材料出库单，然后根据材料出库单更新存货明细账记录，并更新存货子系统的数据。

3.存货成本核算

财务部门根据仓库编制的材料出库单进行存货成本核算，按照不同的材料出库申请

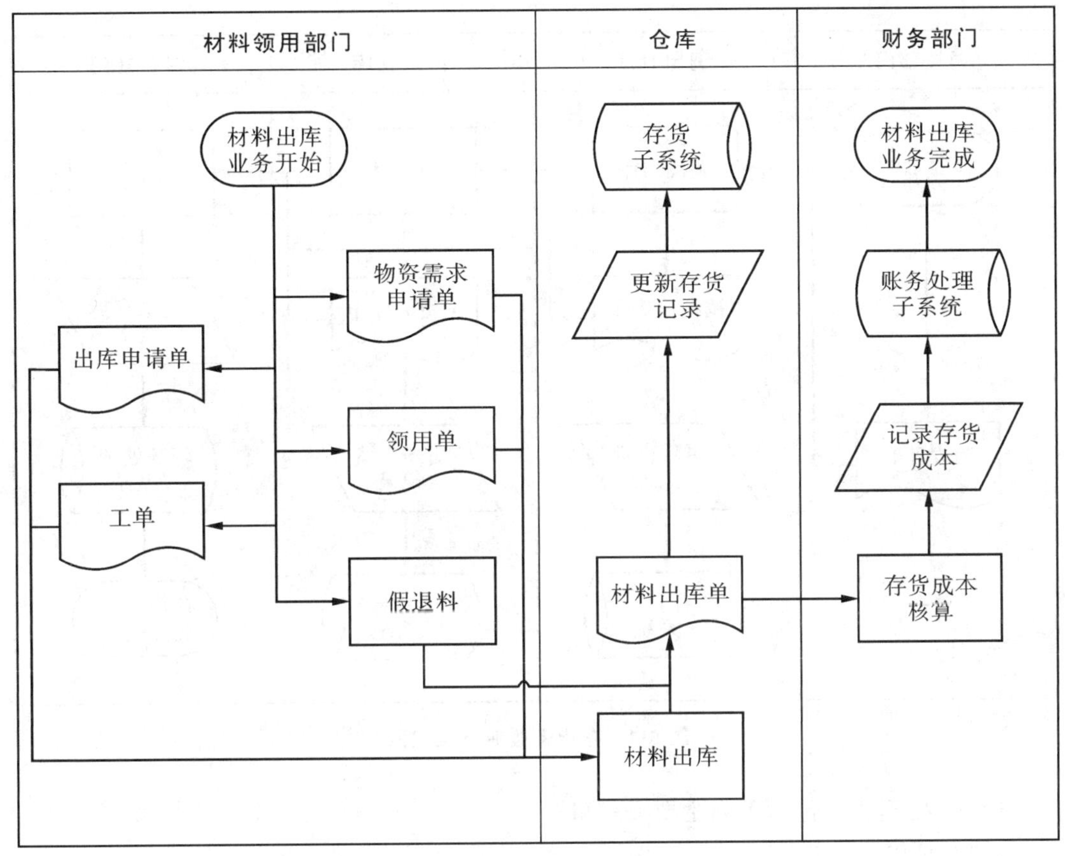

图 5-3　材料出库业务流程图

单记录相应的存货成本,并更新账务处理子系统的数据。

4.假退料

每期期末或某些产品制造完毕后,生产部门需要对本期实际消耗的材料进行成本核算,并对本期已领未用的材料进行结转,计入下期生产成本。对于这部分已领未用但以后仍需使用的材料,生产部门只需采取办理退库手续,实际并不退库的退料办法,这种办法即为假退料。实行假退料,生产部门实际上并不将已领未用材料退还仓库,而只是同时填制本期期末假退料单和相应的下期材料出库单,交财务部门据以作本期期末退料和下期期初领料的记录。假退料单实质上为负数材料出库单,如果选择假退料标识,则材料出库单表体中的数量必须小于零,系统在期末结账时自动生成负数的材料出库单。采用假退料这种办法,可避免材料实物的不必要移动,又可以正确计算材料的结余额和产品成本。

(三)存货调拨(出库)业务

存货调拨业务是将物料从一个组织调拨到另一个组织,调出组织需要进行调拨出库业务,调入组织需要进行调拨入库业务。调出组织与调入组织所对应的财务组织不同时,还需要进行内部结算。实务中常见的存货调拨业务处理步骤如图 5-4 所示。

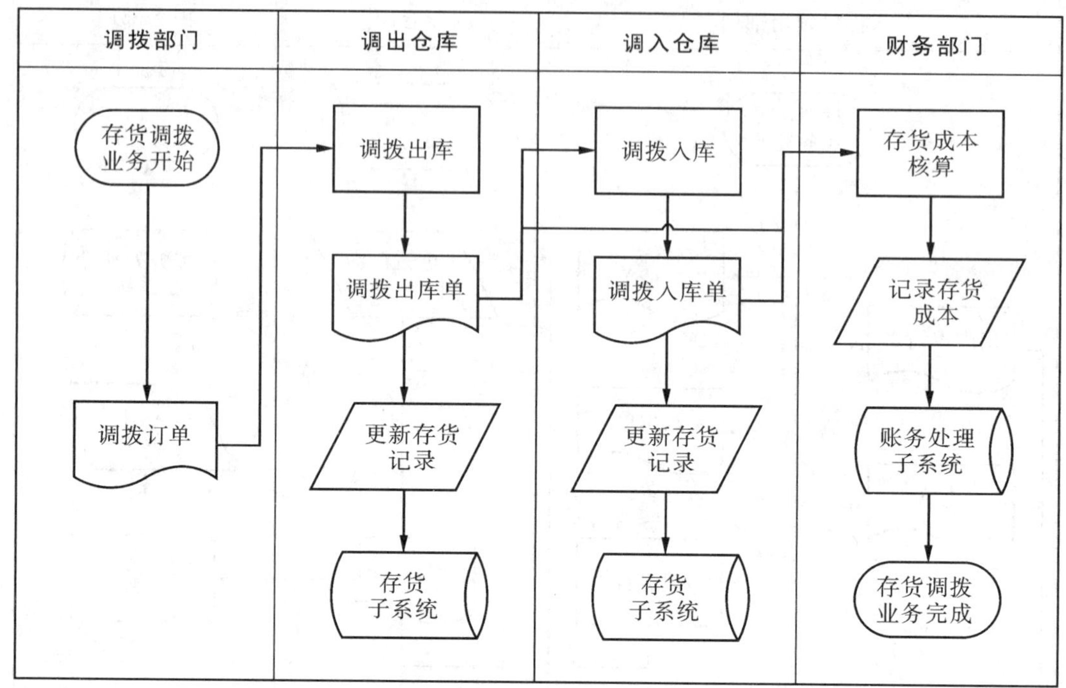

图 5-4 存货调拨业务流程图

该业务处理流程包括下列主要交易事项：

1.调拨订单

调拨订单是企业进行存货调拨业务处理的核心单据。企业通过调拨订单维护交易双方的物料、价格、数量等重要信息。最简单的调拨订单是同一财务组织同一库存组织内不同仓库间的调拨；最复杂的调拨订单是调出方、调入方和出货方的财务组织各不相同，并涉及多国间的三方贸易调拨。图 5-4 为最简单的调拨业务流程图。

2.调拨出库与入库

企业根据调拨订单进行调拨出库业务，首先填制调拨出库单，然后更新存货明细账记录，并更新存货子系统的数据。企业待调拨存货到货后进行调拨入库业务，按照实际到货量填制调拨入库单，然后更新存货明细账记录，并更新存货子系统的数据。

3.存货成本核算

财务部门根据仓库编制的调拨出库单和调拨入库单进行存货成本核算，记录存货成本，并更新账务处理子系统的数据。

(四)拣货、装箱业务

拣货、装箱业务是企业货物离开企业仓库发往其他组织的最后一步。拣货是出库的“指导书”，出库操作员根据拣货单指定的库位、批次、供应商等进行出库作业。不论是否需要运输，企业都可以进行拣货，拣货作业的更新现存量功能相当于在无拣货作业的出库单中录入实发数量。有些运输过程的控制需要装箱清单，以实现运输物品的核对，因此对于需要进行运输的拣货单，需要进行装箱业务。实务中常见的拣货、装箱业务处理步骤如图 5-5 所示。

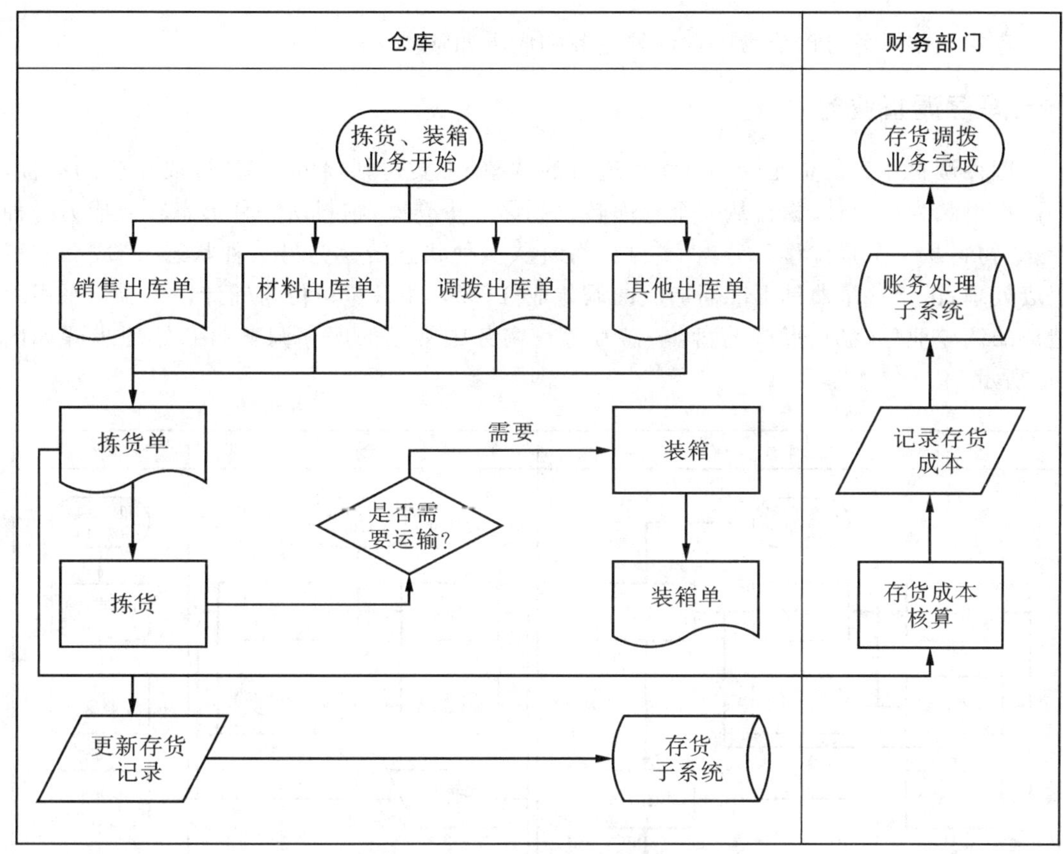

图 5-5 拣货、装箱业务流程图

该业务处理流程包括下列主要交易事项：

1.拣货

拣货是将物料从仓库的存储位置移出。仓库根据存货出库单生成拣货单，出库操作员根据拣货单指定的库位、批次、供应商等进行出库作业，然后更新存货明细账记录，并更新存货子系统的数据。

2.装箱

有些运输过程的控制需要装箱单，以实现运输物品的核对。货物拣货后需要装箱时，仓库根据拣货单生成装箱单。根据拣货单生成的装箱单，可通过对整箱定义，实现自动装箱，也可以实现合并装箱。

3.存货成本核算

财务部门根据仓库编制的拣货单进行存货成本核算，记录存货成本，并更新账务处理子系统的数据。

三、存货子系统的存货调整流程

存货调整业务可以分为库存调整业务和成本调整业务。

(一)库存调整业务

库存调整业务是企业内部对库存进行的调整,主要包括:将成套件拆成相应的配件,将配件组装为成套件;物料从一个仓库转移到另一个仓库,物料从一种形态转换成另一种形态,物料从一个货位移到另一个货位,物料从一种状态转换为另一种状态;产成品进行报废处理;由于计量器具不准而造成的调差业务,以及主计量单位与辅计量单位不平衡而造成的调差业务;盘点形成的盘盈、盘亏等。实务中常见的库存调整业务处理步骤如图5-6所示。

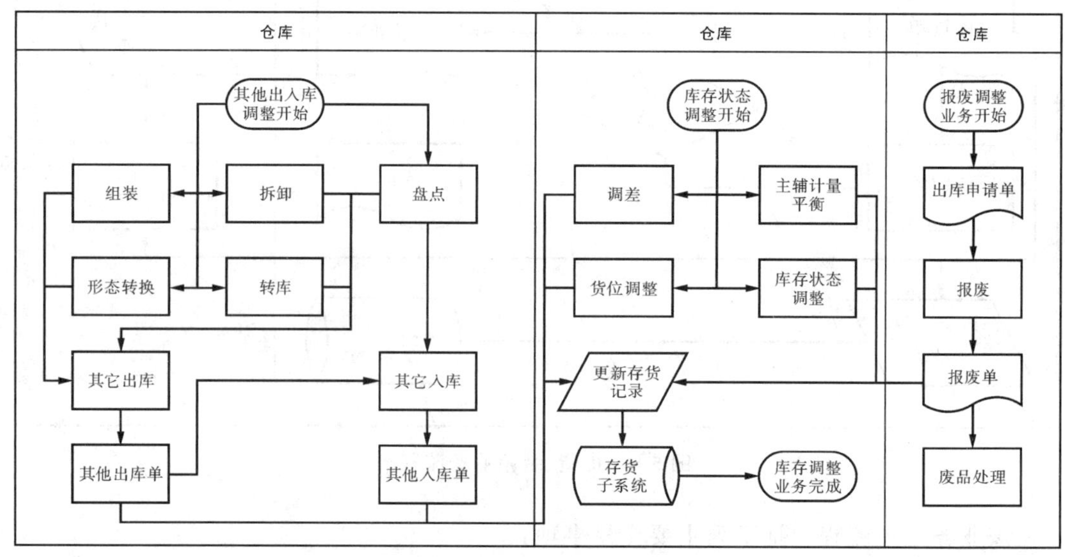

图 5-6 库存调整业务流程图

该业务处理流程包括下列主要交易事项:

1.其他出入库调整

其他出入库调整业务涉及存货出入库同时发生的业务,包括组装、拆卸、转库、形态转换和盘点。组装是将企业中配件组装成为成套件的业务,拆卸是将企业中成套件拆卸成为配件的业务,转库是将企业物料在仓库间移动的业务,形态转换是将企业物料由一种形态转换为另一种形态的业务,如香烟由箱拆分为条等包装形式的变化。仓库根据其他出入库调整业务的不同类型,先办理其他出库业务,填制其他出库单,然后按照新的物料状况办理其他入库业务,填制其他入库单。同时仓库更新存货明细账记录,并更新存货子系统的数据。

2.库存状态调整

库存状态调整只改变存货的物理状态，日常业务不涉及出入库业务，包括调差、主辅计量平衡、货位调整和库存状态调整。

调差是因为受环境或工具自身原因，如温度、湿度等的影响，计量的数据可能存在差异。对于大宗的原材料，如煤、矿产等，所用的计量器具在许可范围内都是有一定误差的。这类误差如果长期不处理，由于出和入计量口径不等，会导致账实相差大，同时导致材料耗用成本数据不准确。

主辅计量平衡是调差处理中总重调差的一种特殊表现形式，主要针对库存结存中主数量不为零、辅数量为零的物料进行调整。例如某厂销售的产品线材，在生产下线时，要做一次计量，系统地记录卷数和重量，在对外销售时，还要做一次计量，再次记录卷数和重量。卷数是不会变的，但重量因为计量的误差，入的重量和出的重量就会产生差异，导致卷数为零，但重量不为零，有可能大于零，也有可能小于零。仓库的实物管理是以辅计量进行管理的，只要辅数量为零，仓库中的实物是不会有的。会计信息系统支持对毛重的调差处理，即当辅数量为零、毛重结存不为零时，也可以进行调差；系统也支持对辅数量不为零、主数量为零的物料进行主辅计量平衡的功能。主辅计量平衡之后，系统会产生相应的出入库单。

货位调整主要完成仓库货位之间存货的移动业务，精确跟踪货位的结存。货位调整业务并不生成单据，只是对存货记录中的物料序列号、条码进行调整。

库存状态调整是对仓库中的结存物料，将其由一种库存状态调整为另一种库存状态。例如将库存结存中一部分是“待检”库存状态的物料调整为“已检”的库存状态。

仓库要根据库存状态调整的结果及时更新存货明细账记录，并更新存货子系统的数据。

3.报废调整

报废调整主要完成企业中物料的报废出库业务，报废的过程是将物料从正常品仓库转移到废品仓的过程，废品仓的库存需要经过报废处理，如销毁、变卖、转变为原材料等，完成最终库存的转移。报废调整需要仓库在报废前进行报废申请，填制报废单，进行报废出库和资产转为费用的处理，然后更新存货明细账记录，并更新存货子系统的数据。

(二)成本调整业务

成本调整业务主要对材料的入库成本、出库成本、损益、计划价或异常结存进行调整。入库成本的调整可以由采购子系统、内部交易子系统通过结算传到存货子系统，同时也可以对出库成本进行调整，从而对结存成本进行调整；对计划价核算的物料进行计划价的调整也可以产生入库成本的调整；当成本域发生异常结存，或成本域未发生异常结存、但仓库发生异常结存时，可以对异常结存进行调整。成本调整业务涉及的单据主要有入库调整单、出库调整单、损益调整单、计划价调整单等。实务中常见的成本调整业务处理步骤如图 5-7 所示。

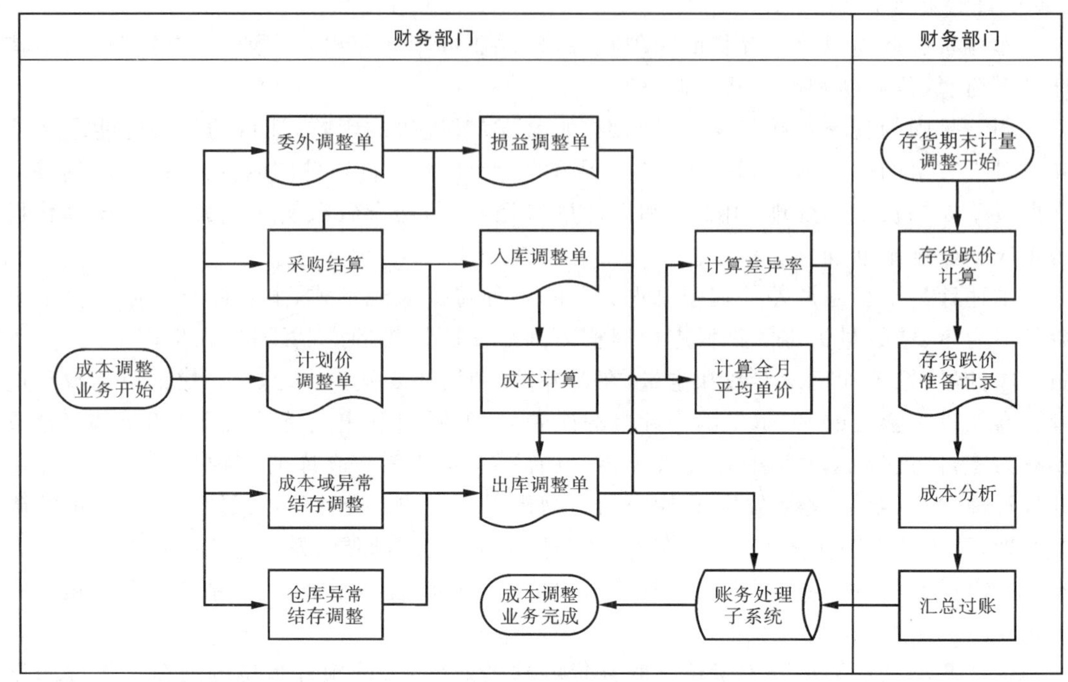

图 5-7 成本调整业务流程图

该业务处理流程包括下列主要交易事项：

1.采购调整业务

采购调整业务是对采购材料的入库成本和出库成本进行数量和金额的调整。采购调整业务首先需要根据采购结算单对物料的入库成本进行调整，生成入库调整单。在入库调整单的基础上需要对物料的成本进行计算调整，根据企业实际选择的发出存货成本的计算方式，例如先进先出法、移动加权平均法或者一次加权平均法计算全月发出存货的平均单价；若企业采取“计划价”对物料进行计价，在会计期末，要计算当月每个物料的差异率，从而计算物料的实际出库成本。在上述存货成本计算的基础上会生成出库调整单，用来调整物料的出库成本。入库调整单和出库调整单与入库单和出库单具有对应关系，根据出库单信息生成出库调整单，调整历史出库成本，之后出库的出库成本则按结算后的单价来匹配；对于全月平均、计划价、移动平均计价方式的存货，如果入库调整单数量大于结存数量，则会复制最后一张出库单信息生成出库调整单，调整出库成本。

2.委外调整业务

委外业务是企业委托外部机构进行采购、加工、销售等一系列业务的总和。委外调整业务是对存放于委托机构的委外订单的标的物数量和金额进行调整的业务。若企业委外仓物料账面结存与实际结存出现差异，企业需要填制委外调整单并根据采购结算单调整委外仓的物料结存，进而影响存货核算的材料与加工品的成本。委外调整业务的结果是损益调整单，但该损益调整单在系统中不允许自制，只能用来查询显示外部系统生成的损益调整单。

3.计划价调整业务

计划价调整业务是由于企业选择计划成本来计算采购与生产成本，若实际成本和计划成本出现了差异，则需要将计划价调整至实际价。计划价调整业务需要填制计划价调整单，按照成本域来调整物料的计划价，影响物料档案上对应物料的计划价，同时在进行成本计算后影响结存计划金额和结存差异。最后根据计划价调整单生成入库调整单，将计价成本调整为物料实际入库成本。

4.结存异常调整业务

结存异常即为存货的结存发生异常，如存货结存数量为零，而结存金额不为零。企业可以按实际情况定义异常结存的标准，一般定义两种标准：成本域异常结存（在一个成本域内，物料的结存发生异常）和仓库异常结存（物料在成本域范围内无异常结存但在仓库范围内存在异常结存）。对于成本域异常结存有两种调整途径：第一，在进行成本计算、全月平均单价计算、差异率计算时，如果结存数量、结存金额符合定义的异常结存标准，则需要填制异常结存调整单，调整结存金额；第二，如果是因为核算系统中断运行造成的，可以由用户控制何时在该功能节点进行调整，在生成异常结存调整单时，可以复制异常结存出库调整单的最后一张单据的信息。仓库异常结存调整是指对物料在成本域范围内无异常结存但在仓库范围内存在异常结存的情况进行的调整处理，目的是为了实现按照仓库出账时避免出现异常结存情况。生成异常结存调整单时，系统自动按“仓库＋物料”生成一张出库调整单。

5.存货跌价

财务部门需要在每个资产负债表日根据存货的实际价值，输入可变现净值，对存货按照成本与可变现净值孰低计量。若可变现净值低于账面结存成本，根据会计核算的稳健原则，需要按照存货的账面结存成本和可变现净值的差额提取存货跌价准备，并在总账中做相应的会计分录。在后续会计期间，若存货的可变现净值高于账面结存成本时，做相反的会计录入冲回多提的存货跌价准备。存货跌价需要填制计提跌价处理单，同时在存货跌价准备记录中进行记录，更新存货跌价准备记录的金额。

6.存货成本记录

仓库根据各种调整单更新存货记录，保存在存货记录文档中；财务部门将存货跌价计提数记录在存货跌价准备记录中。财务部门根据存货记录和存货跌价准备记录进行成本分析和汇总过账，最后在账务处理子系统中进行保存。

四、存货子系统的数据流程

存货子系统和其他计算机信息系统一样包括输入、处理和输出三个阶段。在输入阶段，系统接受两类数据：第一类是业务数据，即随着存货业务的发生而产生的数据，包括采购入库单、产成品入库单、委托加工入库单、调拨入库单、其他入库单、销售出库单、材料出库单、假退料单、调拨出库单、其他出库单、报废单、盘点单、计提跌价处理单等出入库单和存货调整单，这些数据需要用户不断地更新和输入；第二类数据是基础数据，存货档案、计量单位、仓库档案、收发类别、产品结构、单据、期初余额等其他基础数据，通常在初始化过程进行设置和录入。录入数据通过计算机加工处理后在系统中形成各种数据文件，这些数据文件再进一步加工处理即可得出反映存货业务的账表信息和一些与其他子系统的共享信息。在实务中，不同的企业有不同的数据流程。存货子系统的基本数据流程如图5-8所示。

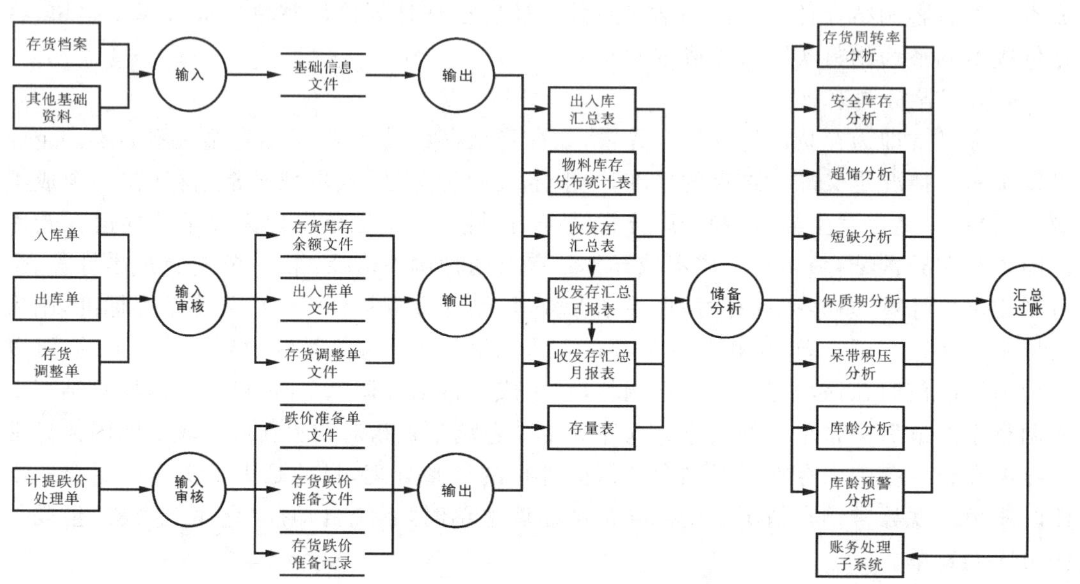

图 5-8 存货子系统数据流程图

该流程图说明如下：

(1)在初始化设置中，用户输入存货档案、计量单位、仓库档案、收发类别、产品结构、单据、科目、期初余额等。系统将这些数据保留在基础信息文件中，以备随时调用。其中一个极为重要的设置，即存货计价方式的设置，一般在存货档案中实现。存货的计价方式有很多种，不同的计价方式将导致存货的出库成本不同，因此在编制出入库单或者按出入库单记账时，都需要参考存货的计价方式。

(2)采购物资验收入库、产成品或半成品验收入库、委托加工产品验收入库、其他物料验收入库、调拨物料验收入库后，由仓管人员编制入库单，通过录入模块输入，经过审核后，存于存货库存余额文件、出入库单文件。

(3)销售产品出库、材料生产领用出库、材料假退料、调拨出库、报废出库、其他出库发生后，由仓管人员编制出库单，通过录入模块输入，经审核以后存于存货库存余额文件、出入库单文件。

(4)仓管人员对材料的入库成本、出库成本或损益、异常结存进行调整后，编制存货调整单，通过录入模块输入，经过审核以后，存于存货调整单文件。仓库对于存货成本调整具体的确定方法因不同的计价方式而异：

采用个别计价的出库单需在单据记账处指明所出的批次，这样系统就可以自动采用该批次的入库单价。

若采用先进先出法，需按照该存货还没有出库的最先入库记账的单价来填写出库单的单价，如果数量不足，以此方式类推。

若采用加权平均法，必须经过期末处理以后才能得到存货的出库成本。

若采用移动加权平均法，需按照现在库存结存的数量与结存成本来计算出库单价。

若采用计划成本法，则原材料、库存商品账户的收入、发出、结存都按计划成本计价，单据记账完毕后，必须经过期末处理，才能将材料成本差异分配到存货的出库成本上。

(5)财务部门在会计期末对存货按成本和可变现净值孰低计价，由存货管理人员编制计提跌价准备单，通过录入模块输入，经过审核，存于跌价准备单文件、存货跌价准备文件，同时更新存货跌价准备记录。

(6)系统根据输入的各种单据以及形成的各种存货相关文件，输出出入库汇总表、物料库存分布统计表、收发存汇总表和存量表。此外，每日工作终了，系统根据当日的收发存汇总表形成收发存汇总日报表，供其他部门参考使用；每月工作终了，系统还会根据当月的收发存汇总日报表形成收发存汇总月报表，供其他部门参考使用。

(7)财务部门需要根据系统输出的各种存货统计汇总表对库存的结构及周转情况进行分析，使企业能够更好地了解储备情况。储备分析包括存货周转率分析、安全库存分析、超储分析、短缺分析、保质期分析、呆滞积压分析、库龄分析和库龄预警分析。在完成各种数据分析后需要将分析的结果进行汇总，即对下级数据进行报表数据汇总操作，从而得到该任务报表的汇总报表数据，然后转入账务处理子系统。

五、存货子系统的数据文件

从图 5-8 中可以看出，存货子系统中有两类主要的数据文件：一类是基础数据文件，包括存货档案文件、计量单位文件、仓库档案文件、收发类别文件、产品结构文件、科目设置文件、供应商档案文件、客户档案文件、部门档案文件、职员档案文件等；另一类是业务数据文件，包括各种存货库存余额文件、出入库单文件、存货调整单文件、跌价准备单文件、存货跌价准备文件和存货跌价准备记录等数据文件。这些数据文件一方面能够合理地接收系统输入的数据，另一方面通过进一步加工处理又可以形成各种账表数据输出，相当于账务处理子系统中账簿的作用。其中，存货档案文件、存货库存余额文件、出入库单文件、存货调整单文件、计提跌价准备单文件、存货跌价准备余额文件是存货子系统的主数据库文件。存货档案文件的内容将在本章第四节中介绍。

(一)存货库存余额文件

存货库存余额文件用来存放存货余额情况的详细数据，其主要内容包括：仓库编码、存货编码、数量、单价、金额等。

(二)出入库单文件

存货子系统的出入库单文件用来存放每一笔存货出入库业务的情况，包括采购入库、产品完工入库、调拨入库、盘盈入库、材料出库、销售出库、调拨出库和盘亏出库，其主要内容包括：出入库单号、出入库单日期、出入库类型、供应商编码或客户编码、采购部门或销售部门、采购或销售业务员、仓库编码、仓库管理员、存货编码、出入库数量、单价、金额等。有时，存货子系统也可以按照不同的出入库业务分别设置各种出入库单文件。

(三)存货调整单文件

存货调整单文件用来存放存货数量、金额调整的详细情况，包括入库调整单和出库调整单，其主要内容有：调整类型、调整数量、调整金额、相关调整出入库类型。入库调整单用来调整物料的入库成本。存货核算系统单独启用时，入库调整单可以手工增加；与库存管理、采购管理、内部交易系统同时启用时，入库调整单可以由采购管理系统、内部交易系统的结算业务传递到存货核算系统。出库调整单用来调整物料的出库成本。存货核算系统单独启用时，出库调整单可以手工增加；与库存管理、采购管理、内部交易系统同时启用时，支持对个别计价、先进先出的物料，入库调整单会根据计价辅助表中，入库单和出库单的对应关系，复制出库单信息生成出库调整单，调整历史出库成本，之后出库的出库成本则按结算后的单价来匹配；对于全月平均、计划价、移动平均计价方式的存货，如果入库调整单数量大于结存数量，则会复制最后一张出库单信息生成出库调整单，调整出库成本。

(四)计提跌价准备文件

计提跌价准备文件用来存放存货价值清查情况的详细信息，其主要内容有：单据号、单据日期、凭证号、凭证日期、存货编码、可变现价格、可变现金额、应计提金额、已计提金额、本次计提金额、本次回冲金额等。

(五)存货跌价准备余额文件

存货跌价准备余额文件用来记录每种存货跌价准备的余额情况，其主要内容包括存货编码和跌价准备期末余额等。

第三节　存货子系统初始化设置

存货子系统的初始化设置是为用户在计算机上处理自己企业的存货业务准备一个适宜的运行环境而设计的模块。其目的是使通用存货管理系统能够适应本企业存货业务的管理需要，同时，也提供了企业在经济业务处理发生变化时对已有的设置进行修改的平台。系统初始设置的主要内容有：存货档案设置、计量单位设置、仓库档案设置、收发类别设置、产品结构设置等。

一、存货档案设置

存货档案设置由多个页签构成，这些页签具体分为两类：一类是基本信息页签，用来设置存货的公共属性，这些属性不随存货所在组织的不同而不同，如所属组织、编码、名称、分类、规格、型号、计量单位、税类等；另一类是组织信息页签，用来设置存货在不同的组织类型下的属性，比如在采购信息页签中，记录的是该存货在不同的采购组织的采购信息。存货档案设置模块的功能是将用户输入的存货数据，存入“存货档案”文件，为存货的其他设置提供一个最为基本和常用的档案，为编制采购订单、销售订单、各种出入库单、收发存的登记和输出管理所需要的账表等提供数据。不同的商品化通用软件，其存货档案的设置内容也不同。常见的存货档案基本信息设置如图 5-9 所示。

图 5-9　存货档案设置

存货档案中的数据是其他系统核算的依据和基础，所以在录入数据时，要考虑相关系统的要求，录入合理、科学的数据。在图 5-9 中，需要注意的是，在存货档案初始维护时，只有基本信息页签可以维护，其他信息页签必须通过“分配”功能分配相关组织后才可显示出来。例如，如果仅将某存货的基本信息分配给采购组织，说明该存货属于采购组织，因此在编制采购订单时，可供选择的存货列表里将包含该存货。而在编制销售订单时，由于该存货的基本信息没有分配给销售组织，因此可供选择的存货列表里将不包含该存货。

这样一方面可以在存货档案设置中对存货的用途加以控制，避免不合理的应用；另一方面在相关的应用中，例如采购、销售时，可以简化存货列表，提高处理的效率。因此，在存货档案设置的时候，必须按照存货的各种用途准确分配所属的组织。

在各种组织信息页签中，存货的成本和控制等相关参数的设置，主要是为了适应存货管理和存货成本确认的需要，例如计价方式的选择，安全库存、最低售价和最高进价的控制，以及库存上下限的设置。

二、计量单位设置

存货不仅要进行价值核算，还要进行数量核算，数量核算离不开各种计量单位。同一种存货可以因不同的包装规格而采用不同的计量单位，这些不同的计量单位之间须设置主计量单位及它们的转换关系。为了保持数据的一致性，计量单位一旦设定并被使用后，不允许修改和删除。计量单位设置内容一般包括：编码、名称、所属量纲、换算系数和小数位数等。如果有一组计量单位之间可以进行转换，则需要设置基本单位，以及同一单位组的其他单位与基本单位之间的换算系数。计量单位设置的结果可以参照图 5-10。

图 5-10 计量单位设置

三、仓库档案设置

企业的存货存放在各个不同的仓库中，一个仓库中可以存放不同的存货，一般通过设立存货仓库对照表设置存货和仓库之间的对照关系。期初存货结存的数据是按照各个仓库中的各种存货录入的，库存台账也是按照仓库和存货设置的，在处理出入库业务的时候也需要选择相应的仓库，选择完特定的仓库以后，系统根据存货和仓库对照关系提供特定的存货列表以供选择。仓库的档案设置一般包含：所属库存组织、编码、名称、地址、所属地点、所属利润中心、负责人和电话号码等。需要注意“进行存货成本计算”的标识，在“库存管理”模块单据签字、“采购管理”模块暂估或结算时，判断该标志为“否”的仓库不传入“存货核算”模块，只进行物料的数量管理，不做存货成本计算。仓库档案的设置如图5-11所示。

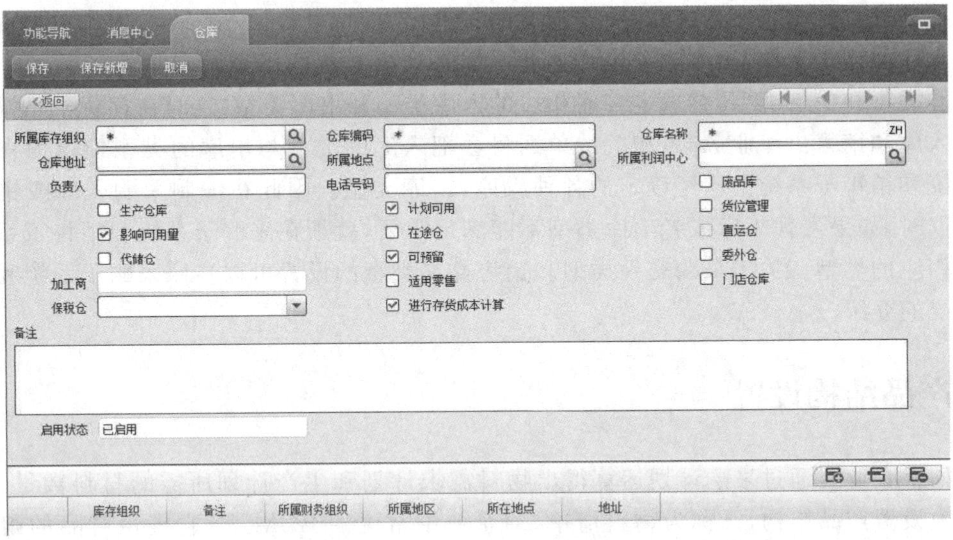

功能导航 消息中心 仓库

保存 保存新增 取消

<返回

所属库存组织 * 仓库编码 * 仓库名称 * ZH

仓库地址 所属地点 所属利润中心

负责人 电话号码 废品库

生产仓库 计划可用 货位管理

影响可用量 在途仓 直运仓

代储仓 可预留 委外仓

加工商 适用零售 门店仓库

保税仓 进行存货成本计算

备注

启用状态 已启用

库存组织 备注 所属财务组织 所属地区 所在地点 地址

图 5-11 仓库档案设置

四、收发类别设置

存货因各种出入库业务而随时发生物流的变化，企业如果要按照存货的各种出入库业务进行管理、统计和分析，就需要设置各种出入库类型。存货入库类别一般包括采购入库、产成品入库、生产报废入库、委托加工入库、调拨入库和其他入库。存货出库类别一般包括销售出库、材料出库、调拨出库、报废出库和其他出库。收发类别的设置如图 5-12 所示。

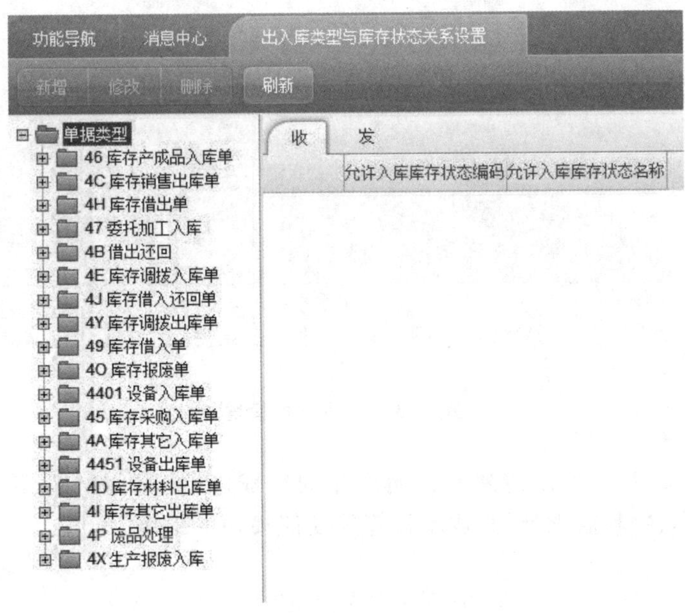

图 5-12 收发类别设置

在处理各种出入库业务时，涉及相关的各种出入库单据。一般而言，入库单据可以在各种入库类型中选择，出库业务也是如此。但是如果在采购子系统和销售子系统中设置了采购类型和销售类型，会选定一些相应的入库类型和出库类型，这时在存货子系统处理采购入库和销售出库业务时，相关的单据将会把入库的类型与出库的类型锁定为在采购子系统和销售子系统中已经设定的各种入库、出库类型。因此在编制采购入库或销售出库单据时，如果发现入库或者出库类型不能满足需要，就须在采购子系统和销售子系统中增加相应的类型。关于采购交易类型和销售交易类型的设置可以参照采购子系统和销售子系统的介绍。

五、产品结构设置

如果企业要通过采购计划运算得出物料需求计划和生产计划所需的材料数量，那么就必须设置产品结构，又称为物料清单，即企业中常说的 BOM 表，它表示产品的组成结构和组成单位产品的原材料和零部件的数量。商业企业或没有产品结构的制造企业不需定义产品结构。产品结构的设置应先定义父项，而后定义相应的子项，子项是构成父项的直接的材料或半成品。如果涉及半成品，该半成品应作为一个新的父项继续分解，产品结构的设置如图 5-13 所示。

图 5-13　产品结构设置

产品结构定义以后，可以清楚地说明产品的组成，以便配比出库、组装拆卸、消耗定额、产品材料成本、物料需求计划、成本核算等功能模块的引用。

第四节 存货子系统日常业务处理

完成了存货子系统的初始化设置后,就可以进行存货的日常业务处理工作。存货子系统的日常业务包括各种单据的输入、处理和各种账表的统计输出工作。其中,及时、准确、完整地输入和处理各种交易数据是日常业务处理的关键。

一、存货子系统的输入

如前所述,存货子系统的数据输入可以分成两类:一类是初始数据的输入,另一类是存货子系统的日常企业处理业务数据。本节我们介绍有关业务数据的输入。

存货子系统通常包含三类基本业务:入库业务、出库业务和调整业务。入库业务主要用来核算材料、产成品、委外加工件的入库成本;出库业务主要用来核算材料、产成品、报废的出库成本,调整业务主要对材料的入库成本、出库成本或损益、异常结存进行调整。以下将具体介绍各类业务的单据输入,其中,(一)至(六)属于入库业务,(七)至(十一)属于出库业务,(十二)至(十五)属于调整业务。

入库业务主要核算物料的入库成本,包括:企业从外部采购物料形成的采购入库单、生产车间加工产品形成的产成品入库单、接收生产线生产的废品形成的生产报废入库单、委外加工形成的委外加工入库单、内部交易形成的调拨入库单以及盘点、转库、调整、组装、拆卸等业务形成的其他入库单。

(一)采购入库单的输入

采购入库单是引起存货增加的主要单据。如果企业的存货子系统只启用了存货核算模块,那么采购入库单可以手工增加;如果企业同时启用了库存管理模块对各种出入库、盘点、调拨业务进行处理,那么采购入库单由采购子系统通过暂估操作或结算操作传递到存货子系统,而不能直接在存货子系统手工添加。相关单据输入的介绍在采购子系统中已作介绍,这里不再赘述。

(二)产成品入库单的输入

制造企业完工的产成品和半成品验收入库时,要编制产成品入库单。产成品入库单是制造企业入库单据的主要部分,商业企业没有此单据。典型的产成品入库单输入界面如图 5-14 所示。

在编制产成品入库单时,应注意以下方面:

(1)存货核算模块单独启用时,该模块的产成品入库单可以手工增加;与库存管理模块同时启用时,存货核算模块的产成品入库单只能由系统根据库存管理模块的库存产成品入库单自动生成。后面的委托加工入库单、调拨入库单和其他入库单也是如此。为了通用起见,我们介绍通过手工增加单据的情况。

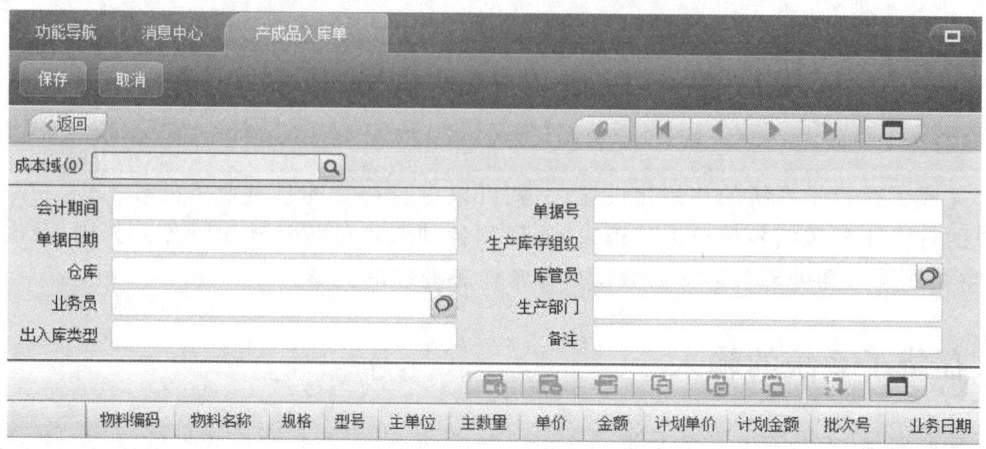

图 5-14　产成品入库单输入

(2)从图 5-14 中可见,产成品入库单表头一般包含成本域,会计期间,系统自动生成的单据号,自动带入系统日期但允许修改的单据日期,参照选择的生产库存组织、产成品入库仓库、生产部门、入库类型(例如产成品入库或半成品入库)等。其中,成本域指物料成本计算的一个范围,在不同的成本域中其成本核算方式可能不同。

(3)手工直接录入或参照输入单据表头内容之后,就可以在表体部分录入产成品或半成品的数据。在参照录入物料编码以后,系统自动带入该物料在存货档案中已经设置的相关信息。如果要求进行批次管理,还需输入生产批次号。另外,根据存货子系统的业务规则,不同单据有不同的必填栏目,例如某产品要求进行保质期管理,则需要录入生产日期或失效日期,如果必填的栏目为空,系统会提示用户输入,以保证数据的完整性。

(4)产成品或半成品在入库时一般无法确定产品的总成本和单位成本,所以在填制产成品入库单时,一般只有数量,没有单价和金额。在没有启用成本子系统时,可通过存货子系统的"产成品入库成本分配"功能,把生产成本自动分配到产成品入库单上,如图5-15所示。如果启用了成本子系统,则产成品入库成本的分配由成本子系统自动进行,无须在存货子系统中进行操作。

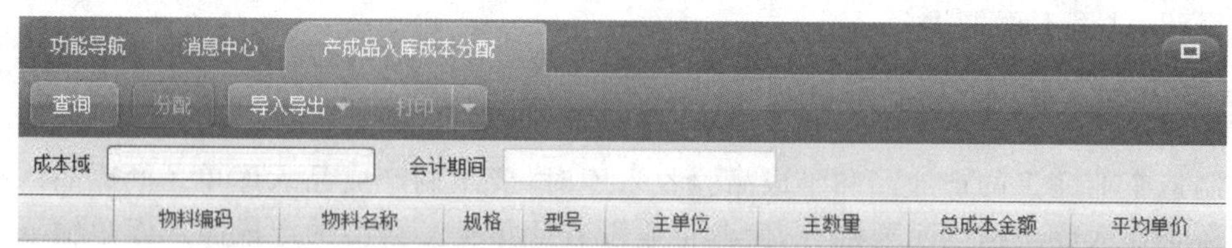

图 5-15　产成品入库成本分配表

(三)生产报废入库单的输入

当生产部门生产的产品不符合要求,形成废品入库时,要编制生产报废入库单。在会计信息系统中,库存管理模块的生产报废入库单签字时不会传递至存货核算模块。生产报废入库单可以手工自制，也可以由生产报告进行报废操作推式生成。生产报废入库单输入界面如图 5-16 所示。

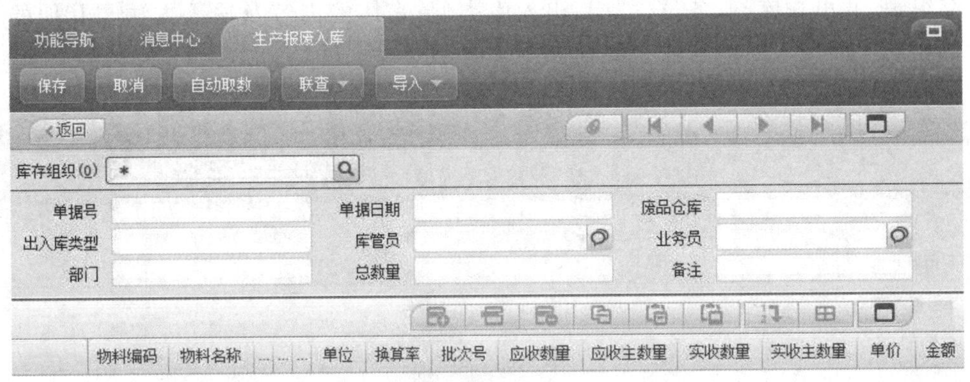

图 5-16 生产报废入库单输入

在编制生产报废入库单时，应注意以下方面：

(1)生产报废入库单不同于其他的入库单据，因其不参与成本计算，故其主组织为库存组织。而其他入库单据的主组织均为成本域。

(2)生产报废入库单的表头、表体内容与产成品入库单基本相同。不同的是，其在表头部分录入的是废品仓库；在表体部分，物料的数量信息需要区分应收数量和实收数量。

(四)委托加工入库单的输入

委托加工入库单用于核算委外加工件的入库金额，与产成品入库单的填制基本相同，这里不再赘述。其输入界面如图 5-17 所示。

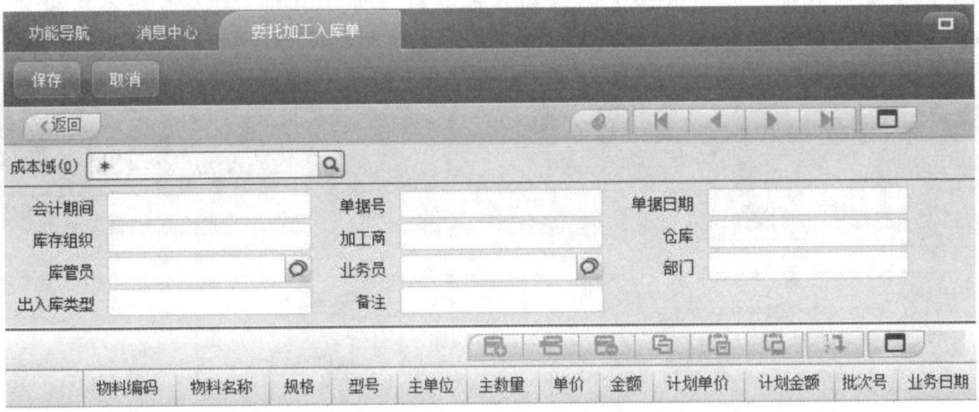

图 5-17 委托加工入库单输入

(五)调拨入库单的输入

调拨单是指用于仓库之间存货的转库业务或部门之间的存货调拨业务的单据，分为调拨入库单和调拨出库单。其中，调拨入库单用于核算物料的调拨入库金额。

调拨入库单的表头一般包含成本域、会计期间、单据号、单据日期、库存组织、仓库、调出库存组织、调出仓库、业务员、部门、出入库类型；表体的内容及输入方法与其他的各种入库单相同。调拨入库单的输入界面如图5-18所示。

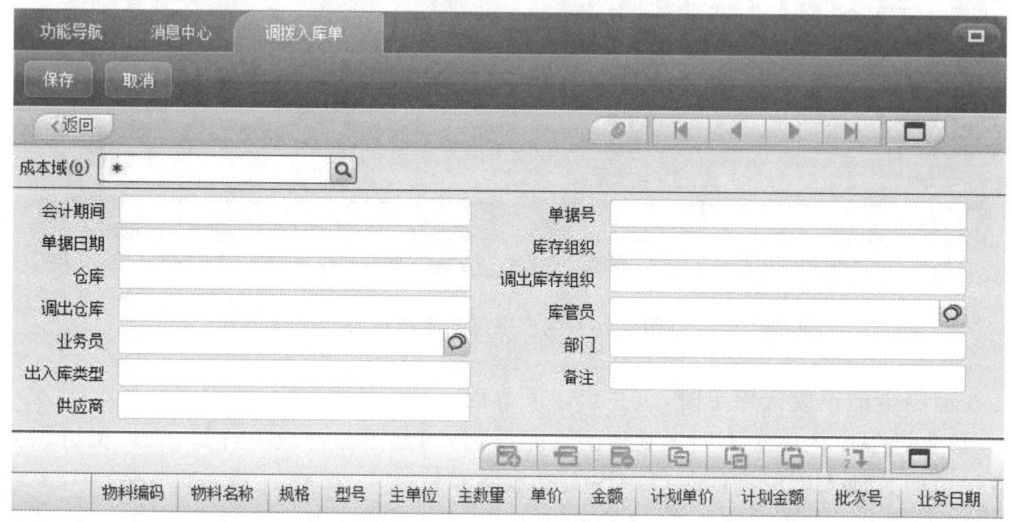

图 5-18 调拨入库单输入

(六)其他入库单和盘点单的输入

采购入库和产成品入库是企业存货入库的两种主要业务，此外还有其他的入库业务。如前文介绍，库存调整的盘点以及组装、拆卸、转库、形态转换等调整业务，都是其他出入库业务的来源。其他入库单的表体内容和其他各种入库单相似，输入方法不再赘述。其他入库单的输入界面如图5-19所示。

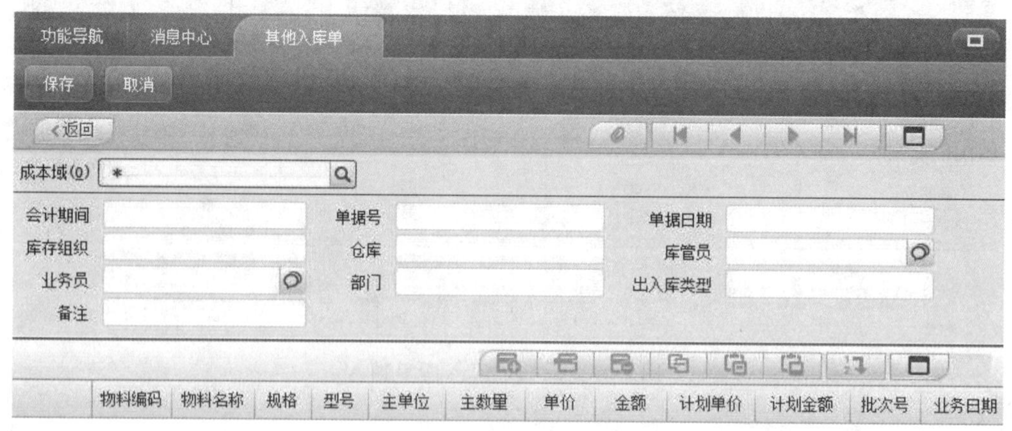

图 5-19 其他入库单输入

盘点是定期或临时对库存物料的实际数量进行清查、清点的作业。在会计信息系统中，有两种方式可以进行盘点：直接录入和盘点选择。盘点单是其他出入库单的重要来源。盘点单的输入界面如图 5-20 所示。

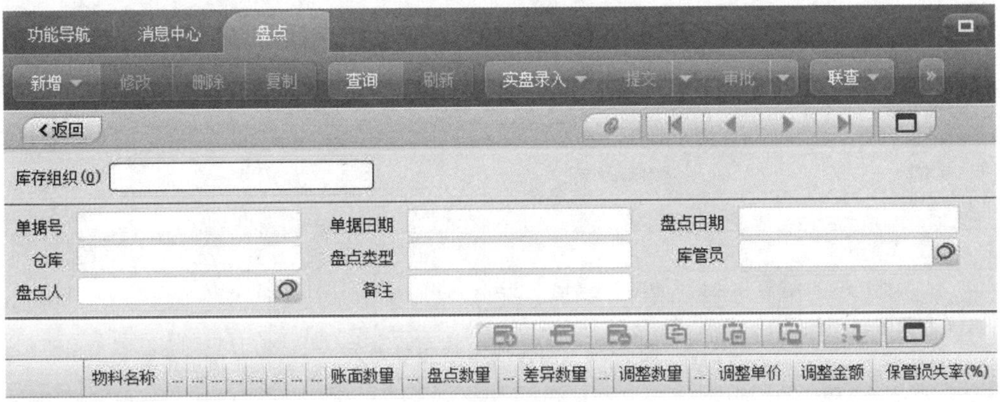

图 5-20　盘点单输入

在盘点单输入和处理时，应注意如下方面：

(1)盘点单表头包括库存组织，系统自动生成的单据号，单据日期和盘点日期可以修改输入，盘点仓库和盘点类型参照输入。如果选择“新增”功能下的“直接录入”节点，则需手工在盘点单上填写表头信息；如果选择“新增”功能下的“盘点选择”节点，则在弹出的菜单中输入盘点日期、盘点库存组织和盘点仓库，并选择盘点方式(如整仓盘点、货位盘点、物料盘点等)之后，系统会自动生成盘点单并自动填制表头内容和物料基本信息。

(2)在盘点单的表体部分，如果选择直接录入方式，在输入物料编码之后，即可带入物料档案中已经设置的若干项目，这与前面的其他单据相似。此外，为了支持盘点单业务，系统提供账面取数功能，以自动带入账面数量；而后根据盘点情况手工录入盘点数量，差异数量由系统比较账面数量和盘点数量计算而得。

(3)当盘点结果显示账面数量与实物数量存在差异时，要对差异进行其他入库或其他出库的调整处理。通过“关联”功能下的“调整”节点，可以自动生成其他出入库单。

(七)销售成本结转单的输入

销售成本结转单用于核算产成品的销售出库成本金额。销售成本结转单可以手工增加，也可以由销售和应收子系统通过结算在存货子系统自动生成。其输入界面如图 5-21 所示。

销售成本结转单的表头和表体内容与入库单基本相同。需要特别注意的是：

(1)销售成本结转单支持发出商品处理的业务，同一笔业务将生成两次销售成本结转单，第一次结算产生的销售成本结转单记入发出商品明细账，第二次结算产生的销售成本结转单从相应的明细账转入销售成本。

(2)发出商品标志包括非发出商品、发出商品借方和发出商品贷方。

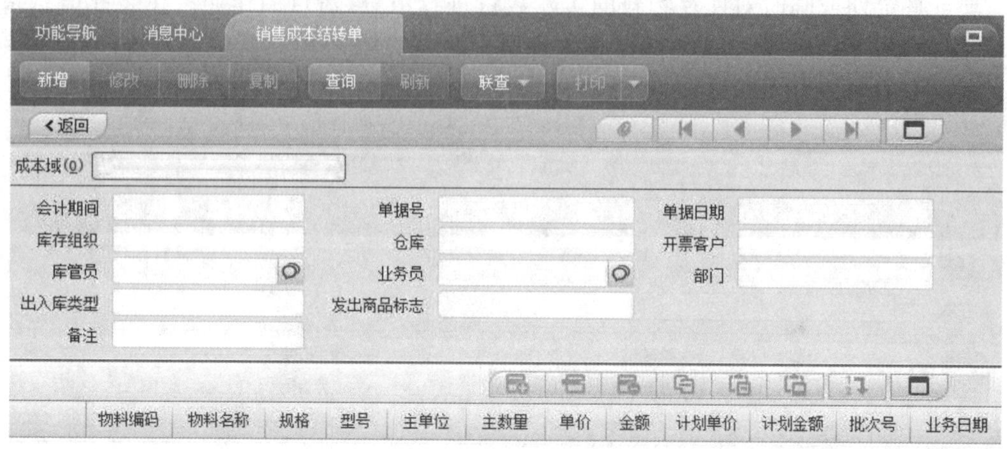

图 5-21　销售成本结转单输入

(八)材料出库单和假退料单的输入

在制造企业,为了生产的需要而领用材料或半成品时,需要编制材料出库单,材料出库单的输入界面如图 5-22 所示。

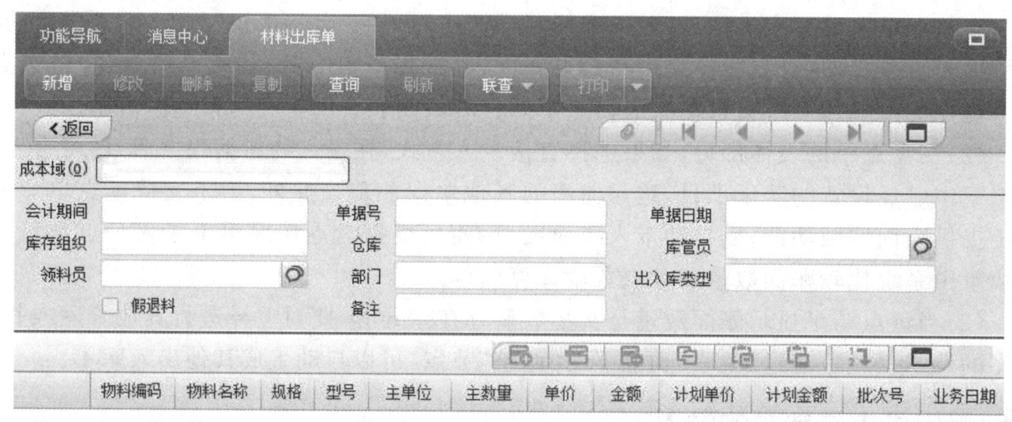

图 5-22　材料出库单输入

材料出库单在输入时,应注意以下方面:

(1)存货核算模块单独启用时,该模块的材料出库单可以手工增加;与库存管理模块同时启用时,存货核算模块的材料出库单只能由系统根据库存管理模块的库存材料出库单自动生成。后面的假退料单、调拨出库单、其他出库单和报废单也是如此。

(2)如果是在库存管理模块填制库存材料出库单,然后传递至存货核算模块自动形成存货材料出库单,那么库存材料出库单可以自制,也可以参照出库申请单、物资需求申请单、工单、领用单等生成。此外,系统提供配比出库的辅助功能,即用户参照录入产品结构和生产数量,并指定材料出库单生成的分单方式,系统自动进行 BOM 分解,根据产品数量计算出所需原材料的数量，并根据分单方式自动生成所需要的应发状态的材料出库单。

(3)在表体部分，如果材料领用的目的明确，即为了某个项目或生产某种产品而领用，就需要输入相应的项目编码或成本对象的编码，这样在成本子系统中，材料费用就可以作为专用材料进行核算；如果材料是某个车间领用，用来生产多种产品，即不能归属到某一种产品，在这里就不需要输入项目编码或成本对象编码，这样在成本子系统中，材料费用就作为共用材料，按照一定的方法进行分配。因此作为与成本子系统息息相关的材料出库单，必须准确反映材料领用的用途。

车间已领用的材料，在月末尚未消耗完，下月需要继续耗用，则可以不办理退料。在这种情况下，为了使成本子系统能正确核算产品的材料费用，业务系统提供假退料单的录入功能。

假退料单在输入时，应注意以下方面：

(1)在会计信息系统中，假退料单也就是红字的材料出库单，在材料出库单界面进行录入。系统会自动勾选"假退料"，以示该材料出库单为假退料单，并且假退料单表体中的数量必须小于零。

(2)假退料单记账或期末处理时成本的核算方法与材料出库单相同。

(3)月末结账时，根据当月已记账的假退料单自动生成假退料的回冲单，数量、金额的符号与假退料单完全相反，其他内容完全相同。单据号同原假退料单单号相同。日期是下个月的第一天。假退回冲单月末结账时自动记账，记账时成本的核算方法与材料出库单相同。

(九)调拨出库单的输入

调拨出库单的输入和处理与调拨入库单类似，不再赘述。

(十)其他出库单的输入

其他出库单指除销售出库、材料出库之外的其他出库业务，如调拨出库、盘亏出库、组装拆卸出库、形态转换出库、不合格品记录等业务形成的出库单。其他出库单一般由系统根据其他业务单据自动生成，例如盘点单，同时也可手工填制。其他出库单的输入和处理与其他入库单类似，不再赘述。

(十一)报废单的输入

出库业务中的报废单不同于入库业务中的生产报废入库单。前者所指的报废是在库存管理中将不能再使用的那部分物料从正常库存中区分出来，比如物料在质量上已经变质或存储太久已经过时，所形成的报废单是将资产转为费用的处理单据。而后者所指的报废是由于在生产过程中产生废品而引起的。它与其他的各种出库单据的填制基本相同，此处不再赘述。其输入界面如图 5-23 所示。

调整业务主要对物料的出入库成本、损益或计划价进行调整，主要的单据包括：入库调整单、出库调整单、损益调整单、计划价调整单、计划价批量调整单。由于损益调整单不允许手工自制，因此本节不介绍损益调整单的输入。一般来说，调整业务只涉及金额的调整，不涉及数量的调整。

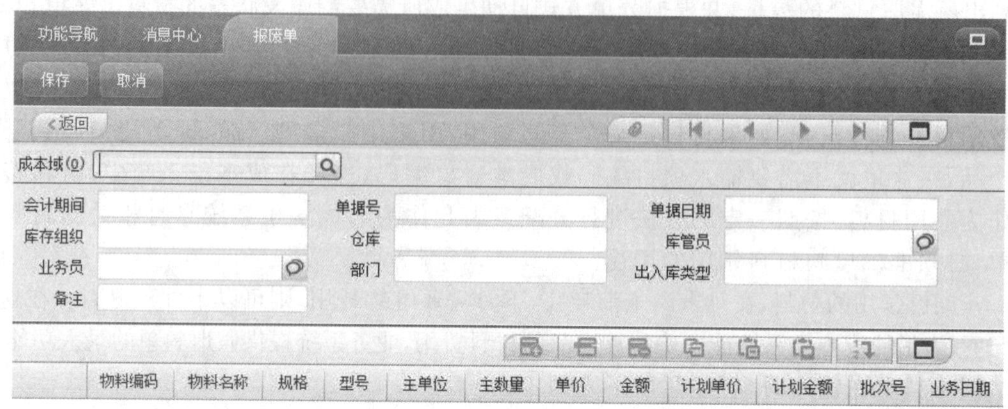

图 5-23　报废单输入

(十二)入库调整单的输入

入库调整单用来调整物料的入库成本。例如,在采购暂估入库过程中,如果在收到采购发票之后,发现暂估单价与发票单价不一致,系统会自动生成一张入库调整单。存货核算模块单独启用时,入库调整单可以手工增加;与库存管理、采购管理、内部交易模块同时启用时,入库调整单可以由采购管理模块、内部交易模块的结算业务传递到存货子系统。入库调整单的输入界面如图 5-24 所示。

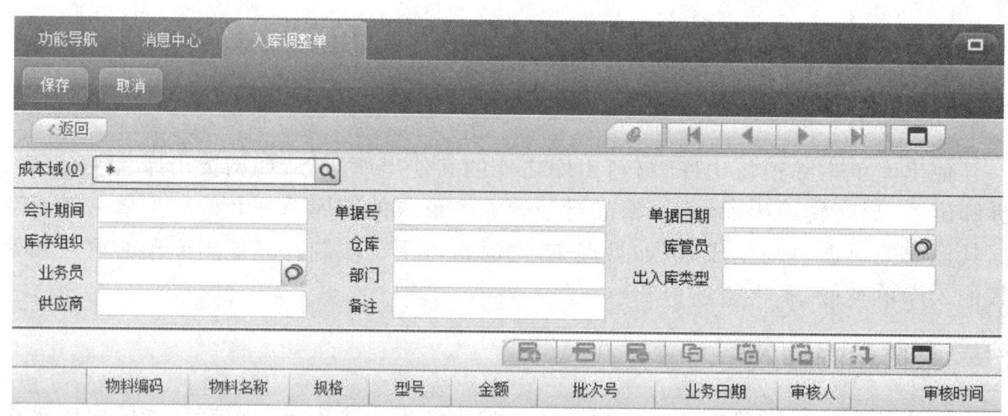

图 5-24　入库调整单输入

入库调整单在输入时,应注意以下方面:

(1)在手工录入时,必须首先选择成本域;在采购结算、内部交易结算生成存货入库调整单时,外系统自动带入成本域;计划价调整单生成入库调整单时,入库调整单的成本域对应计划价调整单的成本域。

(2)对于系统自动生成的入库调整单,系统会自动将用户当前登录的日期填入表头的单据日期和表体的业务日期,并在保存时判断单据日期和业务日期是否小于会计期间。

如果单据日期或业务日期小于会计期间，系统会自动更改为取会计期间的最后一天。此外，还要求业务日期所对应的会计期间必须小于等于表头的会计期间。

(十三)出库调整单的输入

出库调整单用来调整物料的出库成本。存货核算模块单独启用时，出库调整单可以手工增加；与库存管理、采购管理、内部交易模块同时启用时，系统支持对个别计价、先进先出的物料，入库调整单会根据计价辅助表中入库单和出库单的对应关系，复制出库单信息生成出库调整单，调整历史出库成本，之后出库的出库成本则按结算后的单价来匹配；对于全月平均、计划价、移动平均计价方式的存货，如果入库调整单数量大于结存数量，则会复制最后一张出库单信息生成出库调整单，调整出库成本。出库调整单的输入与入库调整单类似，不再赘述。其输入界面如图 5-25 所示。

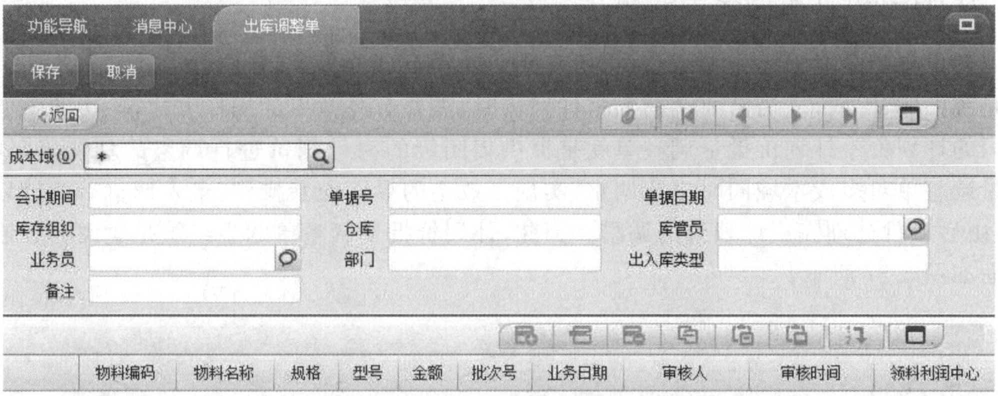

功能导航　消息中心　出库调整单

保存　取消

<返回

成本域(O)　*

会计期间　单据号　单据日期

库存组织　仓库　库管员

业务员　部门　出入库类型

备注

	物料编码	物料名称	规格	型号	金额	批次号	业务日期	审核人	审核时间	领料利润中心

图 5-25　出库调整单输入

(十四)计划价调整单的输入

计划价是物料的计价方式之一。该计价方式以计划价作为出库成本，月末计算差异率，再将差异分摊得到实际的出库成本。计划价调整单按照成本域来调整物料的计划价，影响物料档案上对应物料的计划价，同时在进行成本计算后影响结存计划金额和结存差异。其输入界面如图 5-26 所示。

计划价调整单在输入和处理时，应注意以下方面：

(1)从图 5-26 可见，计划价调整单表头一般包含成本域、会计期间、系统自动生成的调价单号、自动带入系统日期但允许修改的调价日期、参照选择的业务员和调价部门。

(2)在表体部分，在输入物料编码等基本信息之后，还需要输入调整前计划单价和调整后计划单价。

(3)计划价调整单在审核时，将根据各个仓库的结存数量，分别生成对应仓库的入库调整单(入库调整单表头会记录对应的各个仓库)，并自动计算成本，同时根据计划价调整单调整前后的计划价差异计算出各个仓库的结存差异。

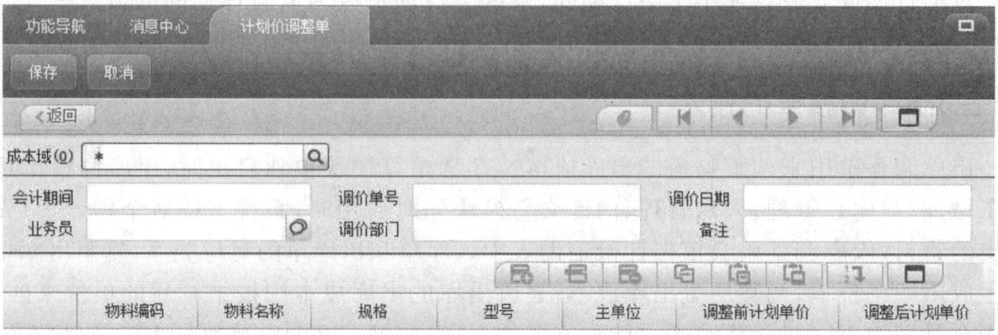

图 5-26 计划价调整单输入

(十五)计划价批量调整单的输入

假设集团企业下面有多家公司,所有公司的物料计价方式是计划价,并且全集团采用的是统一的计划价。当需要调整物料计划价时,需要有高效率的操作方式,一次调整所有公司的计划价。计划价批量调整单就是提供集团级的对计划价进行调整的功能,计划价批量调整单对多成本域同时进行调整,实现高效率的界面交互操作,录入调整后的计划价后,由后台批处理完成计划价的调整。因此,计划价批量调整单的主组织是集团。其输入界面如图 5-27 所示。

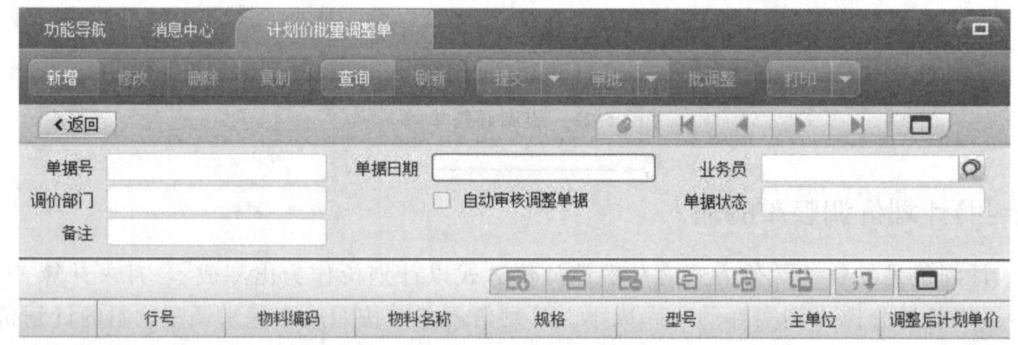

图 5-27 计划价批量调整单输入

二、存货子系统的数据处理

存货子系统的数据处理包括调拨处理、盘点处理、存货记账、跌价处理和制单五个环节。调拨处理的结果和盘点处理的结果是生成调拨出入库单和其他出入库单;各种出入库单据经过存货记账,更新存货库存余额文件;存货按照成本与可变现净值孰低的原则进行计提跌价准备的处理,生成跌价提取单;各种经过审核的出入库单以及跌价提取单按照设置的科目自动生成记账凭证,传递到账务处理子系统。

(一)存货记账

存货记账是将存货的各种出入库单据过入存货明细账,如果各种出入库单据在存货记账之前没有单价和金额,系统将按照物料档案设定的计价方式,自动取价。存货记账以后,就可以更新存货的收发存的数量和金额。

(二)自动转账

自动转账凭证文件设置是为了将存货子系统中有关的业务数据组织成凭证数据,然后传递到账务处理子系统,以便进行账务处理。存货业务的会计科目与存货类别、收发类型有明确的对应关系。设置完相关的会计科目以后,就可以据此生成自动转账凭证,存入自动转账凭证文件。

一个集成性较好的系统,能够根据各种单据和自动转账凭证的规则自动生成该系统的各种记账凭证。

(三)跌价处理

跌价处理指系统提供的计提跌价准备处理、跌价准备冲回的处理等功能。跌价处理的作用是系统自动计提或冲回存货的跌价准备。跌价处理的结果自动生成记账凭证转到账务处理子系统中。具体内容将在本章第五节进行介绍。

(四)月末结账

月末结账是将每月的出入库单据、跌价提取单以及其他存货单据逐月封存,并将当月的存货数据记入有关账表中。在手工会计处理中,都有结账的过程,在计算机会计处理中也有这一过程,以符合会计制度的要求。月末结账应注意的事项在其他子系统中介绍。这里介绍与存货子系统的月末结账相关的特别事项:

(1)如果和采购系统、销售系统集成使用,必须在库存系统、采购系统、销售系统结账后,存货核算系统才能进行结账。

(2)存货子系统月末结账时,根据当月已记账的假退料单自动生成假退料的回冲单,数量、金额的符号与假退料单完全相反,其他内容相同。单据号同原假退料单单号相同,日期是下个月的第一天。

三、账表输出

存货子系统的账表输出模块主要是输出各种统计、分析报表和明细账。输出的账表可分为三类:一类是统计报表,该类报表依据日常业务数据按各种条件进行筛选后输出,如:出入库流水账、出入库汇总表、收发存汇总表等,这三个报表的查询数据对象均为出入库单、入库调整单和出库调整单。第二类是存货分析类报表,是对两种以上输入数据进行比较后,再按各种条件筛选的结果,如:存货周转率分析表、安全库存分析表、超储分析表等。第三类就是各种明细账输出,如:库存台账、存货明细账、发出商品明细账等。

表 5-1　存货子系统中的各类账表

序号	报表名称	用　　途
1	出入库流水账	用于查询任意日期范围内物料的出入库详细信息
2	出入库汇总表	用于对某期间物料的出入库按照不同的口径进行统计汇总
3	收发存汇总表	用于按照指定的统计依据对物料在一定日期内的期初、收入、发出、结存进行汇总查询
4	存量表	用于库管员和仓管员根据企业管理需要定期上报现存量
5	物料库存分布统计表	用于管理人员按一定的统计结构查看集团企业下各单位的存量分布
6	存货周转率分析表	用于计算衡量和评价企业存货管理状况的综合性指标，进行存货周转率分析
7	安全库存分析表	用于计划员定期对现存量进行安全库存分析，将低于安全库存的物料及其缺口数量查询出来，作为库存补货的依据
8	超储分析表	用于计划员定期对现存量进行超储分析，将高于最高库存的物料及其超储数量查询出来，后续对此物料进行库存控制
9	短缺分析表	用于计划员定期对现存量进行短缺分析，将低于最低库存的物料及其短缺数量查询出来，据此提交紧急采购申请
10	呆滞积压分析表	用于库管员定期对在库库存进行物料周转动态分析，分析处于呆滞、积压状态的库存情况
11	库龄预警分析表	用于查询库龄超过“预警天数”的所有在库物料，帮助用户减少库龄，加快库存物料的周转
12	库存台账	用于仓管员实时查询物料计入台账的收入、发出和结存明细
13	存货明细账	用于按照成本域、会计期间对物料或物料＋批次的期初结存、收入、发出、期末结存情况进行查询
14	仓库存货明细账	用于按照成本域、仓库、会计期间对物料或物料＋批次的期初结存、收入、发出、期末结存情况进行查询
15	发出商品明细账	用于查询发出商品核算的物料或物料＋批次，在某成本域、会计期间内的期初结存、发出、结算、期末结存情况

第五节　存货成本核算

存货成本核算包含四部分内容：入库成本核算、出库成本核算、产品成本核算和跌价准备提取。首先，合理确定入库成本是正确核算产品成本的基础。而出库成本的计算不仅涉及生产过程领用材料的成本，也涉及销售货物而结转的成本。在期末，结存的存货还需要通过存货跌价准备的提取或转回合理确定其价值。

一、入库成本核算

入库成本核算一般有两种方法：实际成本法和计划成本法，这在第四章已经有所介绍。这里将主要结合实际成本法介绍三种主要的入库业务的成本核算问题。

(一)采购入库成本核算

采购成本包括购买价款和采购费用。采购入库成本一般取自采购子系统中采购发票上的金额(购买价款),即通过采购结算直接取得入库成本,无须进行成本计算。采购发票与采购入库单的结算在第四章已经介绍,此处不再赘述。

在制造企业中,如果除购买价款之外,还有其他各种采购费用,则需要通过计算取得采购入库成本。而在商业企业中,采购过程中发生的费用直接计入期间损益,不影响成本。通常,采购费用包括运输费、装卸费、保险费、包装费、运输途中的合理损耗、入库前的挑选整理费用以及相关税费(如进口关税)。在会计信息系统中,采购业务中发生的除货物购买价款以外的成本或费用,即采购费用,被定义为成本要素。企业可通过"采购成本要素定义"节点,对采购费用进行归类,定义成本要素的分摊方式和决定成本要素是否进入货物的入库成本。分摊方式包括按数量、按金额、按重量和按体积。此外,企业可通过"费用结算"节点,指定费用发票与采购入库单结算,根据成本要素定义是否影响成本及分摊方式将采购费用分摊到各货物上。

总之,通过采购发票、费用发票与采购入库单的结算,可正确计算出采购入库的成本。

(二)产成品入库成本核算

如前所述,产成品入库的成本核算需要通过"产成品入库成本分配"节点实现。而成本分配是以产品成本核算为基础的,这将在本节第三点中介绍,此处不再赘述。

(三)委托加工入库成本核算

委托加工物资的实际成本包括加工过程中实际耗用物资的实际成本、支付的加工费用及往返运输费等以及支付的税金。其中,税金包括委托加工物资负担的增值税和消费税(针对属于消费税应税范围的加工物资)。因此,委托加工入库成本核算的重点在于确定材料成本和加工费。

对于委托加工入库单的成本计算,系统会根据委托加工核销关系,要求用户先计算该委托加工入库单对应的委外材料出库单的成本,然后计算加工品的委托加工入库单成本。其中,委外材料出库单的生成通过"供应链"模块中"委外加工"功能下的"材料核销"节点实现。具体而言,委托加工入库单金额=对应的所有委外材料出库单材料成本金额+加工费金额,加工品单价=金额÷加工品入库数量。如果入库时尚未收到加工费发票,需要暂估加工费金额;如果收到加工费发票,则按发票上的金额进行委外结算,核算加工品成本。

二、出库成本核算

一般来说,存货子系统的出库单据在填制时没有单价和金额,需要依据不同的计价方式进行成本计算。在成本计算之后,将单价填写到出库单据上,形成同时反映数量和金额的出库单。出库成本核算方法的选择通常与入库成本核算方法相同,即选择实际成本法或计划成本法。但在出库业务中,实际成本法又可进一步划分为四类:先进先出法、移动加权平均法、月末一次加权平均法和个别计价法。在会计信息系统中,与各种成本核算方法相对应的存货出库计价方式包括:先进先出法、移动平均法、月末一次加权平均法、个别计价法和计划价法。下面对各种计价方法作一简要介绍。

(一)先进先出法

先进先出法是假定存货的流转顺序采取先收入的存货先发出,并根据这种假定的成本流转程序计算确定发出存货和期末存货的成本。经营活动受存货形态影响较大或存货容易腐败变质的企业,一般采用先进先出法确定其发出的存货成本。在会计信息系统中,企业可通过"成本计算"节点计算该种计价方式下的存货出库成本。系统只对没有成本的出库单计算其出库成本,对于用户手工填写的成本,系统不予处理。

(二)移动加权平均法

移动加权平均法是指企业每次收货后,立即根据库存存货总数量和总成本,计算出新的平均单位成本的一种方法。在会计信息系统中,企业可通过"成本计算"节点计算该种计价方式下的存货出库成本。系统只对没有成本的出库单计算其出库成本,对于用户手工填写的成本,系统不予处理。

(三)月末一次加权平均法

月末一次加权平均法是指以期初存货数量和本期各批收入存货的数量为权数,去除本月全部收货成本加上月初存货成本,计算加权平均单位成本,据以对存货进行计价。在会计信息系统中,企业可通过"计算全月平均单价"节点计算当月每个物料的全月平均单价,并自动计算出库单的出库成本。

(四)个别计价法

个别计价法又称分批认定法或具体辨认法,指对每次领用或者发出的存货进行个别辨认,看属于哪批或哪几批收入,然后分别按照所属各批收入的实际成本确定每次领用或发出存货的实际成本。这种计价方式适用于体积大或成本较高、数量较少的存货。在会计信息系统中,"个别计价"节点用于对采用个别计价法核算的物料成本进行个别指定和取消个别指定。

(五)计划成本法

计划成本法是指发出存货时按事先确定的计划成本核算,月份终了时再将本月发出的存货应负担的成本差异进行分摊,随同本月发出存货的计划成本记入有关账户,将发出存货的计划成本调整为实际成本。发出存货应负担的成本差异,必须按月分摊,不得在季末或年末一次分摊。计算本月材料成本差异率时,应将月初结存材料和本月入库材料的成本差异之和除以月初结存材料和本月入库材料的计划成本之和。计算本月发出存货应负担的差异时，直接将发出存货的计划成本乘以材料成本差异率即可求得。在会计信息系统中，当月每个物料的差异率的计算可直接通过“计算差异率”节点实现。

三、产品成本核算

产品成本核算是通过成本核算子系统实现的。该系统主要是进行产品生产成本的日常核算和成本分析。在期末，从业务系统和总账归集成本资料；进行间接费用的分配分摊，再通过成本结转，计算出各成本对象的完工成本、在产品成本和废品成本；经过会计平台生成相应的总账凭证；通过与标准成本、历史成本的对比分析，为企业改进、控制企业的生产成本提供数据支持。

(一)产品成本包含的项目

产品成本包括直接材料、直接人工、其他直接费用和制造费用四个项目。直接材料是直接用于产品生产，构成产品实体的原料及主要材料、外购半成品、包装物等。直接人工是直接从事产品生产的工人工资以及按规定比例计提的职工福利费。其他直接费用是企业发生的除直接材料费用和直接人工费用以外的，与生产商品或提供劳务有直接关系的费用。制造费用是各项间接费用，包括工资和福利费、折旧费、修理费、水电费、办公费等，但不包括行政管理部门为组织和管理生产经营活动而发生的管理费用。

(二)产品成本计算的方法

主要的成本计算方法有品种法、分批法、分步法和分类法。成本计算方法决定了四个因素：成本对象、费用的归集及计入产品成本的程序、成本计算期、生产费用在产成品和在产品之间的分配。产品成本计算方法具体是如何确定的，可以参考成本会计教材的介绍。对这些方法的掌握，有助于理解这些方法在计算机中实现的方式，以及对各种费用分配标准的应用。

(三)产品成本核算的一般程序

成本核算一般包含四个程序：一是对费用进行确认，确定产品成本的核算范围；二是将应计入产品成本的各种要素费用，在各种产品之间按照成本项目进行归集和分配，计算出各种产品成本；三是对既有完工产品又有在产品的产品，将月初在产品成本和本月生产费用之和，在完工产品与月末在产品之间进行分配和归集，计算出该完工产品成本；四是结转已销售产品的成本。其中，第一个程序通常在财务处理子系统、存货、工资和固定资产等子系统完成，第二和第三个程序通常在成本核算子系统完成，第四个程序通常在存货子系统完成。第二和第三程序体现了计算机系统环境下成本计算的一般过程，又可以细分为四个步骤：第一步，对直接费用进行归集，将直接费用直接归集到各产品下；第二步，对间接费用在各部门内进行归集；第三步，对归集到部门下的费用，依据分配率在不同产品间进行分配；第四步，在完工产品与在产品之间进行分配。

(四)产品成本的会计核算

以制造企业为例,其成本核算所涉及的主要会计科目和核算过程如下:

(1)"生产成本"科目:设置"基本生产成本"和"辅助生产成本"两个明细科目,反映和监督企业基本生产成本和辅助生产成本的增减情况,期末借方余额反映为企业的在产品成本。其中,"辅助生产成本"用于核算直接归属于辅助生产车间的直接材料、直接人工等直接费用,以及在"制造费用"中核算的经过分配后归属于辅助车间的间接费用,"辅助生产成本"期末结转到"基本生产成本"以后,无余额。"基本生产成本"主要用于核算直接归属于基本生产车间的直接材料、直接人工等直接费用,在"辅助生产成本"中核算的经过分配以后归属于基本生产车间的辅助费用,以及在"制造费用"中核算的经过分配后归属于基本生产车间的间接费用;此外,有些废品损失以及停工损失也在本科目反映。

(2)"制造费用"科目:反映和监督企业生产间接费用的发生和结转情况。制造费用期末结转到生产成本后,无余额。

在账务处理上,存在下述几种情况需进行账务处理:

(1)成本计算分配以后,根据制造费用分配单据上各产品或辅助服务应负担的制造费用数据,作如下分录:

借:生产成本——基本生产成本

——辅助生产成本

贷:制造费用

(2)成本计算分配以后,根据辅助生产成本分配单据上各产品、管理部门或辅助服务应负担的辅助费用数据,作如下分录:

借:生产成本——基本生产成本

管理费用

贷:生产成本——辅助生产成本

如果辅助费用采用了交互分配,就需要在辅助成本之间结转,作如下分录:

借:生产成本——辅助生产成本——明细科目1

贷:生产成本——辅助生产成本——明细科目2

(3)在成本核算子系统和存货子系统集成使用的计算机系统环境下,存货子系统处理产成品入库业务时,结转的产成品成本和生产成本直接根据存货子系统中的入库数量和成本核算子系统中该产品的单位生产成本计算而得。而成本核算子系统在计算单位生产成本时,依据的是完工单汇总的完工数量。因此,如果完工数量多于产成品的入库数量,说明有一部分的完工产品生产成本不能结转到产成品成本中,即盘亏;反之,说明结转的生产成本超过了实际的完工产品生产成本,即盘盈。为了保证生产成本结转的正确性,如果发生了盘亏,就需要结转剩余的完工产品生产成本,作如下分录:

借:待处理财产损溢——待处理流动资产损溢

贷:生产成本——基本生产成本

如果发生了盘盈,就需要补充多结转的完工产品生产成本,作如下分录:

借:生产成本——基本生产成本

贷:待处理财产损溢——待处理流动资产损溢

但是,这样的会计核算主要是为了应对计算机信息系统中完工产品数量和入库产品数量差异而带来的影响,传统的成本会计或财务会计对于这样的数量差异从未关注,同时目前也缺乏相应的会计准则的规定。究其本质,针对这样的数量差异,是应该采用上述的方式处理,还是应该相应的改变单位产品成本,在产成品成本中消化这个影响,即产成品成本等同于完工产品生产成本。关于这个问题的讨论不具有很强的制度支持,并且超出了本节的内容。由于没有相关的制度规定,所以不同的软件可能采用不同的方式,因此这里介绍的会计核算不具有很强的通用性,但是为了更好的理解某些重要软件中类似的处理方式,还是应该对此有所了解。

(4)在计算机信息系统环境下,为了更有效地管理物料,一般会定义产品结构。另外,在成本核算子系统中,为了适应成本计算的需要,一般会定义工序。工序按部门定义,与产品结构中的每一个父项产品相对应。在一个产品结构中,可能存在两层以上的结构,即存在中间产品或半成品,如果该半成品完工以后尚未入库,就直接用于生产上一级的产品,即发生了工序间领用产品的业务。换言之,下一道工序直接使用了上一道工序的产品,而没有经过存货子系统。针对这样的业务,应根据工序产品耗用表和单位产品成本的数据,作如下分录:

借:生产成本——基本生产成本——A 产品

　贷:生产成本——基本生产成本——B 产品

(五)计算机系统环境下的产品成本核算程序

在会计信息系统中,产品成本核算的基本程序如下:

1.费用归集

费用归集是对各期间生产过程耗费的材料费、人工费、制造费等各种费用进行归集统计:通过会计平台,从总账系统获取各种人工费、制造费等;通过存货核算取数,从存货核算系统获取各种材料费、委托加工费;通过生产制造取数,可从工序委外加工获取工序委外加工费。简言之,费用归集是通过从外系统和会计平台取数,归集直接费用和间接费用,最终生成消耗单。具体说明如下:

(1)外系统取数

外系统取数主要是根据外系统取数相关设置,从存货核算、库存管理、生产制造、总账、工序委外系统获取消耗数据、完工数据、作业统计数据和形态转换组装拆卸数据。取数对象包括材料出库、产成品入库、生产报废入库、作业、加工费结算单、其他出入库。取数生成的目标单据包括消耗单、完工单、作业统计单、其他出入库消耗单。

(2)会计平台取数

会计平台取数主要通过会计平台从总账明细获取各成本中心的间接费用,如人工费、折旧费、其他制造费用等,生成产品成本的消耗单,以便后继成本处理使用。

(3)消耗单

消耗单主要是统计生产过程中各成本中心和成本对象的各种材料、费用消耗数据,并承载所有的间接成本分配的分配过程数据,以及在产调整等费用数据。

2.辅助服务转移数据统计

辅助服务转移数据统计也就是通常所说的辅助生产费用汇集的过程。动力部门为保障生产部门的正常生产，为生产部门提供水、电、汽等辅助服务；同时，动力部门自身也会存在辅助服务的部分消耗，如生产水的过程中消耗了部分的电。在会计信息系统中，可通过非仓储物料转移单完成辅助服务转移数据的统计，以便后续进行辅助生产费用的交互及对外分配。其中，非仓储物料指无库存管理的辅助服务(水、电)等。非仓储物料转移单主要是统计各期间的非仓储物料的转移数据，既体现了非仓储物料的完工，又体现了成本对象或成本中心对非仓储物料的消耗。

3.完工归集和在产归集

完工归集和在产归集主要是用于确定各期间的完工产品数量和在产品数量。

完工归集是对各期间完工数据进行归集统计：通过存货核算取数，从存货核算系统获取各种产成品完工入库数据和委托加工入库数据；通过废品取数，从库存系统获取生产报废入库数据。通过外系统取数之后，生成完工单。外系统取数在前面已经介绍过，而完工单主要是统计各期间的生产过程中，各成本中心的最终成本对象的合格品和废品完工产量。

在产归集是在各期间末，对仍留存在生产现场的未完工在产品的数量进行盘点统计；对仍留存在生产现场而未投入到产品生产流程中的材料进行盘点统计。在产归集支持手工录入，也可通过倒挤生成在产品盘点单和在产材料盘点单。其中，在产品盘点单主要是统计生产过程中各成本中心最终成本对象的在产数量，即未完全完工入库仍留存在生产线的产品的数量。在产材料盘点单主要是统计生产过程中各成本中心在产材料盘点数据，即期末仍留存在生产线而未投入生产的材料数据。

上述三个程序主要形成产品成本核算所需的成本资料，包括消耗单、非仓储物料转移单、完工单、在产品盘点单和在产材料盘点单等。

4.实际成本处理

归集完某期间的成本资料后，需进行实际成本的处理：通过间接成本的分配，将所有成本分配到最终成本对象；通过辅助服务的成本分配，计算出辅助服务的实际价格和各成本中心应承担的辅助服务费用；通过成本结转，进行相应联产品和副产品成本的分离，并计算出各成本对象的完工成本、在产成本和废品成本；通过凭证生成，将本期内各种成本处理数据生成相应的总账会计凭证。

(1)间接成本分配

对于非基本生产成本中心消耗的各项成本，如生产管理成本中心的管理人工费，其成本将分摊到相应的基本生产成本中心，并由各产出成本对象最终承担。通过成本中心到成本中心的分配事务执行，可实现将非基本生产成本中心的间接费用，分配到基本生产成本中心。通过成本中心到成本对象的分配事务执行，可实现将基本生产成本中心的间接费用再分配到该成本中心下的各产出成本对象。在系统中的实现路径为“成本动因—成本中心到成本中心—成本中心到成本对象—分配事务执行”。

(2)辅助服务分配

辅助服务分配主要是进行辅助服务的实际成本计算，并将辅助服务的相关成本分配给消耗辅助服务的成本中心、成本对象。会计信息系统支持两种辅助服务分配方法：代数分配法、计划成本分配法。其中，代数分配法按照“辅助服务待分配的费用＋耗用其他辅助服务量×其他辅助服务单价＝辅助服务数量×本辅助服务的服务单价”，构建多元一次方程，计算各辅助服务的实际单价；计划成本分配法按计划价计算各成本中心、成本对象消耗的辅助服务，实际成本和计划成本的差异分配到差异负担成本中心。在系统中的实现路径为“消耗单—非仓储物料转移单—辅助服务分配”。

(3)全成本计算

全成本计算主要完成计算产品层次、调整计算层次，并按照本期调整后的成本计算层次，进行全成本计算，分离出主产品成本、联产品成本和副产品成本，然后计算各成本对象的完工成本、在产成本和废品成本。

(4)凭证生成

凭证生成主要实现通过会计平台，将成本核算子系统中的各种单据和完工成本数据生成相应的总账凭证。

四、跌价准备提取

根据企业会计准则规定，会计期末，当存货的账面结存成本高于存货的可变现净值时，根据会计核算的稳健性原则，需要按照存货的账面结存成本和市场价值的差额提取存货跌价准备，并在总账作如下会计分录：

借：资产减值损失

　贷：存货跌价准备

当存货的账面结存成本低于存货的可变现净值时，作相反的会计录入冲回多提的存货跌价准备。其中，可变现净值是指在日常活动中，存货的估计售价减去至完工时估计将要发生的成本、估计的销售费用以及相关税费后的金额。为生产而持有的材料等，用其生产的产成品的可变现净值高于成本的，该材料仍然应当按照成本计量；材料价格的下降表明产成品的可变现净值低于成本的，该材料应当按照可变现净值计量。在系统中，可变现净值可以取采购该存货的最新市价，也可以手工输入。

因此，在跌价准备提取的实务操作中，应注意以下几点：

(1)企业应于期末分析各项存货的可变现净值，比较成本和可变现净值的金额，计算期末应计提的存货跌价准备，再比较已经计提的存货跌价准备。如果前者超过后者，本期就需要补提存货跌价准备；反之，本期就需要冲回存货跌价准备。上述业务通过跌价提取单的录入和处理来实现。

(2)跌价处理单文件的主要内容包括会计期间、物料编码、物料名称、规格、型号、主计量单位、主数量、结存成本单价、最新市价、已提取金额、本次提取金额和本位币币种。

(3)企业根据跌价提取单的记录，按照存货子系统的跌价科目设置，编制自动转账凭证。

(4)就提取方法而言，企业通常应当按照单个存货项目计提存货跌价准备。对于数量繁多、单价较低的存货，可以按照存货类别计提存货跌价准备。与在同一地区生产和销售的产品系列相关，具有相同或类似最终用途或目的，且难以与其他项目分开计量的存货，可以合并计提存货跌价准备。

第六章 销售与应收子系统

企业需要通过周而复始的产品销售或劳务供应获取营业收入，以补偿生产的耗费和赚取利润。因此，销售与收现过程是企业的一个重要的交易循环。从企业经营循环角度看，销售与收现过程无论对工业企业还是商业企业都是企业价值实现的终点。在商业信用环境下，大部分销售活动表现为赊销，即在产品与劳务的提供和货款收取之间存在着一定的时滞间隔(数日或者数月)，这样产品销售(或提供劳务)与收取货款可以看作是一个相对独立的子系统，简称为销售与应收子系统。在这个子系统中，既存在实物的流动过程(由卖方向买方转让资产或提供劳务)，又存在资金的流动过程(应收账款的收现)。本章从销售与应收循环的业务流程与数据流程入手，阐述该系统内部结构、数据输入、处理和输出等日常业务处理，以及该系统的其他与管理有关的模块功能。

第一节 销售与应收子系统概述

销售与应收循环起始于接收客户的购货订单，直至收回客户支付的货款。销售业绩的好坏直接关系到企业的发展和存亡，因此，对销售业绩的信息管理要求很高。销售业务的完成需要企业多个部门的协调工作，其业务流程涉及销售部、运输部、仓储部、信用审核部和财务部门的工作。在手工条件下，各部门间的协调和信息传递无法满足销售业务的实时性要求。例如：销售部门在销售发票时很难随时得到库存信息，时常会出现客户已付款，销售发票已开出但却无法提货的问题；对赊销业务，由于业务处理由销售部门进行，而结算则由财务部门负责，当需要催款时，销售部门不了解结算情况，而财务部门又没有客户的详细资料，造成应收账款无法及时催收。至于如何根据市场销售信息及时调整生产，或根据客户的历史资料进行账龄分析估计客户的信用情况，以及考核每个销售人员销售业绩以确定其奖励和报酬等，手工业务处理流程一般无法满足。因此，在计算机会计信息系统中有必要单独建立一个将销售业务管理和销售与应收账款的核算集成于一体的销售与应收子系统，让其负责管理与销售产品或提供劳务有关的业务处理、计划、核算、监督、分析与考核等管理与核算工作，以达到以销售循环的事前、事中、事后管理的目的，充分提高企业的经济效益。

销售与应收循环的管理与核算因不同行业或企业而有所不同。在商品流通企业中，由于商品的采购、保管和销售是一个联系紧密的有机整体，为了业务处理和核算的方便，通常将购、销、存管理和核算功能集成于一个子系统，形成商品流通企业的购销存子系统。同时在商品流通企业中，采购和销售也采用赊购或赊销方式进行结算，因此，其应收账款与应付账款也包括在购销存子系统中。对于工业企业而言，在采购与销售之间多了一个生产环节，对产品成本需要进行复杂的成本核算工作，购销存之间的联系不像商品流通企业那样紧密，而往往需要独立地进行处理，这样就将采购、仓储与销售分开各自建立了系统进行管理和核算。类似地，在工业企业中，销售产品或提供劳务也经常采用赊销的结算方式，销售与应收账的管理存在必然的因果关系，有必要将销售与应收账款集成在一个子系统中，从而形成了销售与应收子系统。本章将以工业企业的销售与应收子系统作为讨论与分析的对象。

一、销售管理

销售是企业价值实现的最后阶段，也是最关键的步骤。在市场经济条件下，企业的一切生产活动都应该以销售为目的，以销定产已成为企业组织生产的基本原则。因此，销售的管理是企业管理工作的重要方面。销售管理往往需要涉及多个部门，这些部门各司其职，共同组成一个完整的管理和控制体系。

(一)销售部

销货交易始于销售部门收到来自客户的口头、书面或电子传递的订单。销售部根据客户的订单开出多联式的销货单，送交信用审核部门审核。一般而言，销货单的数目取决于不同企业的营运特点和管理需要，多联式销货单可采用顺序编号或以不同颜色的纸张区别。

(二)信用审核部

信用审核部的责任在于审查客户信用以及授权销货交易。信用部职员根据销售部转来的销货单，查阅客户的信用记录，确定赊销信用条件与限额。对新客户往往需要执行较详细的信用调查，核定其赊销信用额度；对老客户则着重审阅其货款支付历史记录以及其订货金额是否超出原先核定的信用限额。经信用审核部审批之后的销货单将退回销售部，授权把其他各联销货单分送相关部门处理。通常，企业应设级别较高的销售主管负责客户的信用审核与交易授权。

(三)仓储部

仓储部门收到销售部门送来的两联销货单(提货联)，注明所提货物的品种、数量及提货地点后交仓管人员。仓管人员必须签署销货单，表明提货业务的完成以及确认有关资料的正确性。一联提货单随货物转送运输部门，一联在仓储部门存档。仓管人员也须登录存货进出仓备忘簿(仓库台账)，反映有关存货的减少。

(四)运输部

销售部先将销货单的运输联送至运输部门。运输部门收到仓储部转来的货物和出货单后，经核点提货单所列示的品名与数量并且核实物品后，将货物送交客户。同时，运输部门将填制一份交运单，列明交运物品品种、数量、运输方式、运费，以及交运货物的所有权和运输责任等资料，送交运输机构启运货物。随后将提货单和发运单转送开单部。

(五)开单部

开单部负责向客户开出与寄送销货发票或账单，同时执行对销货交易资料的调节、核对与汇总。开单部职员根据销售部和运输部转来的各种销货交易原始凭证核对有关资料；在销货发票有关栏次填入单价、税项和运费；确定销货折扣和货款支付方式；把销货发票寄送给客户；登录销货日记账并填制一联销货记账凭证转送会计部门。

(六)会计部门

在销货交易完成之前，会计部门已经收到来自销售部、开单部、仓储部有关的交易资料，财务处理人员据以分别过入销售、应收账款、存货和销售成本等总账账户、分类账，并且核对有关总账账户与其所属明细账户的余额，检查过账的正确性；负责存货核算的会计人员依据提货单资料更新存货明细账记录，并将提货单存档；负责应收账款核算的会计人员依据销货单或销货记账凭证等资料，登录按客户的应收账款明细账，列明客户名称、地址、信用资料、交易日期、销货发票号码、货款金额、销售折让与退货等资料。

上述介绍的只是销售管理环节的基本过程。不同的企业，其销售管理的组织模式可能不同，如有的企业销售部和信用审核部合并同一个部门；有的企业没有设置开单部门，而是由财务部或销售部负责开单；有的企业另设存货控制部，负责存货的收、发、结存管理并登记明细账记录等等。但无论采取何种模式，在销售管理方面，部门或人员的设置应满足不相容职务分离的内部控制基本要求，即管钱、管账、管物的部门或人员分离；授权审批、信用审核、开单、运输的部门或人员要分离。此外，销售管理组织的设置还应考虑流程的畅通与部门间的合作协调。

二、销货交易的会计核算

销售是指企业因向客户提供产品(商品)、劳务活动而取得收入的过程。不同类型的企业销售活动不完全相同,对应的会计核算也有区别。较典型的企业是工业企业和商品流通企业。以下介绍的内容以工业企业为主,商品流通企业的不同之处将给予简单说明。

(一)销售收入与费用的核算

收入是指企业在日常活动中形成的、会导致所有者权益增加的、与所有者投入资本无关的经济利益的总流入。这里所指的日常活动是指企业为完成其经营目标而从事的所有活动,以及与之相关的其他活动。如制造业销售商品、商品流通企业销售商品、出租固定资产、商业银行提供贷款服务、广告商提供广告策划服务等。经济利益,是指现金或最终能转化为现金的非现金资产。

《企业会计准则第 14 号——收入》(2017 年修订版)不再划分销售商品、提供劳务和让渡资产使用权三种类型来分别确认收入,而是采用统一的"五步法"模型来规范所有与客户之间的合同产生的收入,并要求企业在履行了合同中的履约义务,即在客户取得相关商品控制权时确认收入。"五步法"具体包括识别与客户订立的合同,识别合同中的单项履约义务,确定交易价格,将交易价格分摊至各单项履约义务,以及履行履约义务时确认收入。履约义务,是指合同中企业向客户转让可明确区分商品的承诺。取得相关商品控制权,是指能够主导该商品的使用并从中获得几乎全部的经济利益。

新收入准则规定对于在某一时段内履行的履约义务,应当按照履约进度确认收入,且履约进度的确认可以采用产出法或投入法;对于在某一时点履行的履约义务,应当在控制权转移时点确认收入,并列举了表明控制权转移的迹象,包括:

(1)企业就该商品享有现时收款权利,即客户就该商品负有现时付款义务。

(2)企业已将该商品的法定所有权转移给客户,即客户已拥有该商品的法定所有权。

(3)企业已将该商品实物转移给客户,即客户已实物占有该商品。

(4)企业已将该商品所有权上的主要风险和报酬转移给客户,即客户已取得该商品所有权上的主要风险和报酬。

(5)客户已接受该商品。

(6)其他表明客户已取得商品控制权的迹象 。

"某一时段内"主要匹配原有的提供劳务和建造合同收入,而"某一时点"主要匹配原有的销售商品收入。

工业企业取得销售收入在"主营业务收入"科目中进行核算,该科目核算企业销售产成品、自制半成品和提供工业性劳务所发生的收入。企业对发生的销货退回应冲减本期的销售收入,销售过程中发生的销售折扣或折让也应作为本科目的抵减项目处理。企业发生的材料销售、包装物的出租和运输等非工业性劳务收入在"其他业务收入"科目中进行核算。销售过程中发生的费用,包括运输、装卸、包装、保险、展览费等,在"销售费用"科目中核算。

商品流通企业在销售过程中发生的销售折扣或折让应单独设置“销售折扣或折让”科目核算。

(二)销售成本的核算

企业在确认销售收入的同时应确认销售成本。工业企业和商品流通企业销售成本的核算差异较大。工业企业的销售成本通过产成品结转,而产成品的销售成本可以采用计划成本也可以采用实际成本两种不同的方法计算;商品流通企业的销售成本也有按进价核算和按售价核算两种不同的方式。不同的核算方法在会计处理上的差异较大,具体核算内容可参照企业会计准则及其指南的规定。销售成本通过“主营业务成本”科目核算。

(三)销售税金及附加的核算

企业在确认销售收入的同时确认相应的销售税金及附加,包括:增值税、消费税、城市建设维护税、资源税和教育费附加等。其中,增值税属于价外税种,应单独在“应交税费——应交增值税(销项税额)”科目进行核算;其他税种则在“税金及附加”科目中核算。

(四)应收账款的核算

在市场经济条件下,企业为了扩大销售,充分利用商业信用,除了通常的缴款提货的方式外,还采用了灵活的销售方式,这些方式包括:先提货后收款、提货后分期付款、委托其他单位代销商品、预收部分货款后交货等。这些赊销方式会形成企业间的债权、债务关系。企业应设置“应收账款”、“预收账款”等科目核算这些债权、债务关系。

为了客观地反映企业间的债权、债务关系,企业应采用备抵法计提坏账准备。坏账准备的提取金额由企业自选确定,可以是应收账款的期末余额按规定百分比计提,也可以使用账龄分析法分别对应收账款计提坏账准备。因此应收账款的核算还应包括坏账准备的计提和对发生的坏账的处理。

三、销售与应收子系统的特点与目标

(一)销售与应收子系统的特点

销售与应收子系统是会计信息系统中的一个较为复杂的子系统,它包括三方面的内容:一是销货单的处理,二是产品的发送,三是价款的收回。销售与应收子系统具有如下特点:

1.数据的实时性要求高

为使企业决策者及时制定出合理的生产、销售及催款策略,保证企业再生产各个环节的畅通无阻,最大限度地减少产品积压和坏账损失,降低销售费用,加速资金周转,提高经济效益,销售和应收子系统应能够及时提供有关销售收入、应收账款和产品数量等方面的动态信息。

2.业务内容及核算方法比较复杂

由于企业类型不同,其相应的核算方法也不同,加之存在批发、零售、赊销、分期付款、退货等不同的销售方式和手段,使得该子系统的业务和核算方法相对较为复杂。

3.数据加工深度高,应具备一定的分析预测功能

该系统除对产品、销售、利润、客户等方面的日常信息进行反映外,通常还要根据管理的要求,同时具有产品销售预测、应收账款账龄分析、利润预测与销售费用水平分析和销售人员的业绩考核等功能,为市场营销提供多层次、多角度的预测和决策服务。

4.与存货子系统和账务处理子系统存在频繁的数据传递关系

销售与应收子系统不是一个独立的系统,系统中的很多输入数据需要从其他子系统中转来,如存货成本数据需要从存货子系统和成本核算子系统中转来,客户结算情况方面要接收账务处理子系统的数据,同时又要将销售货物以及货款结算情况传递到存货子系统和账务处理子系统中去。

5.管理要求高

同采购与应付子系统一样,销售与应收子系统的业务处理既涉及钱也涉及物,还涉及税的合理计算。因此,对销售与应收子系统的输入、处理、核算的管埋要求很高,必须有专人审核和授权。

(二)销售与应收子系统的目标

根据上述特点,销售与应收子系统的目标应包括以下几方面:

1.销售核算与管理

完成日常销售核算和管理,反映和监督企业的销售数量、销售收入、销售成本、销售费用、销售税金、销售利润的完成情况;及时、准确地传递数据给账务处理子系统和存货子系统。

2.应收账款的核算与管理

对客户档案和销售合同(或订单)进行管理,以便反映客户的欠款和信用情况,并对客户的偿债能力和信誉度给以正确评价;及时记录已收回的货款,反映和监督赊销货款的收回情况,编制应收账款汇总表和账龄分析表,并进行相应的催收工作。

3.提供与销售循环相关的各种管理信息

及时掌握企业的销售情况,反映和监督销售计划和销售合同的执行情况,促使企业按预定的销售战略完成销售计划;提供按销售部门和销售人员的销售收入和同期应收账款的增减统计数据,以便量化销售人员的业绩,合理确定销售人员报酬和奖励政策。

第二节 销售与应收子系统流程分析

销售与应收子系统是企业会计信息系统中一个重要的子系统。在这个子系统中,既有物流的流动,又有资金的流动,同时还要反映与客户间的结算关系,因此如何保证物流、资金流与信息流这三条线的联系,是销售与应收子系统的关键。尽管不同企业销售与应收子系统的目标基本一致,但在管理模式和业务流程上还是存在一定的区别。本节我们

同样以工业企业为例，介绍销售与应收子系统的业务流程与数据流程。

企业的日常销售活动一般是从与客户签订销售订单开始，到收回客户支付的货款停止。在销售与应收子系统中，物流、资金流及信息流均以销售订单为核心，后续发货和开票也均以销售订单为依据，没有销售订单就无法进行下游业务的开展。因此，销售订单是销售与应收子系统中最重要的单据。为了更好地介绍销售与应收子系统，本节从销售订单的来源与签订开始讲解系统流程。

一、销售订单的签订

销售订单是与客户签订的销售协议，是具有一定约束力的交易契约，主要描述了销售业务的售货方、销售地点、购买方、销售标的物、销售数量、结算方、应收方、运输方、销售价格、收款协议和到货日期等围绕销售行为所发生的一系列信息。销售订单一般根据预订单、报价单、销售合同、借出转销售出库单等单据填制，其中销售合同为销售订单最主要的参考依据。图 6-1 展示了实务中常见的企业销售订单签订业务的交易处理步骤。

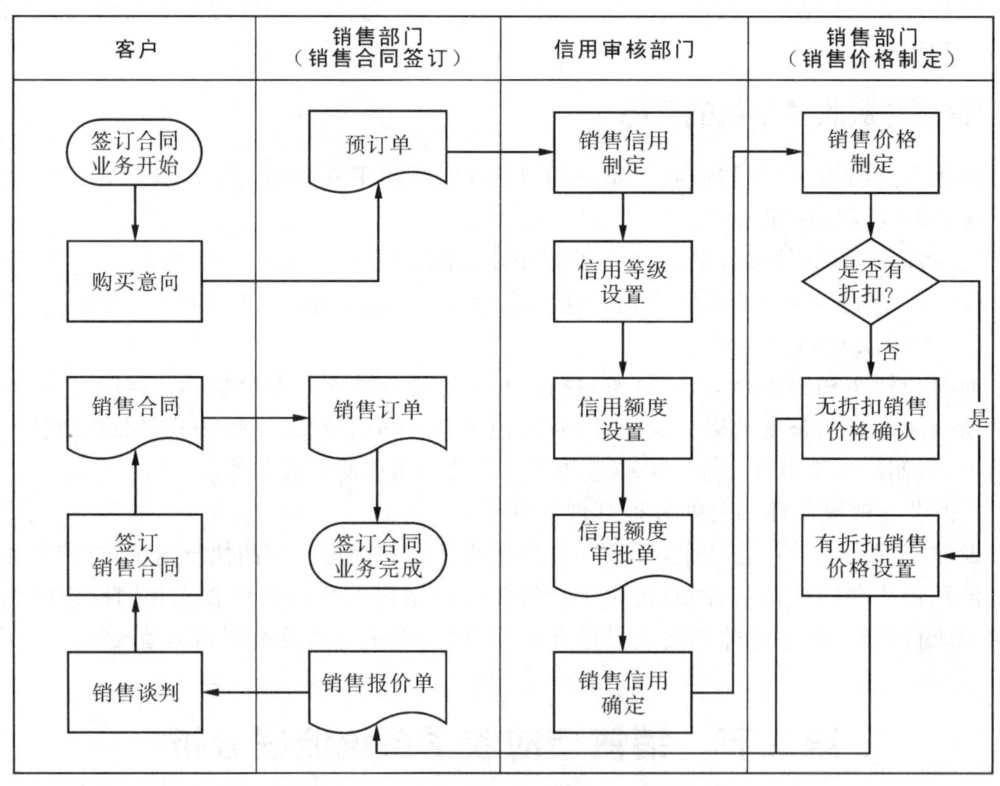

图 6-1　企业销售订单签订业务流程图

该业务处理流程包括下列主要交易事项：

1.客户预订与预订单

客户通过电话、邮件或上门洽谈订货，表明购买意向。销售部门记录下客户的需求，据此填制预订单,用来描述是什么客户、订什么货、订货数量、订货价格、收发货时间、地点。预订单表示销售商务谈判初期,双方达成销售交易行为的意向协议。企业在进行预订单审批、安排后形成销售订单,进入正常的销售业务流程。

2.信用销售与销售信用

信用销售是企业通过分期收款、延期收款等方式向客户销售商品或服务的信用交易方式,是企业常用的销售方式。信用销售可以争取到更多订单,但同时也面临很大的坏账、呆账等信用风险。另外,赊销还会产生由现金占用带来的机会成本、管理成本和借贷成本,因此企业常常通过赊销额度、赊销期限(账期)的约束来尽可能地降低这些成本。因此,企业需要对客户的信用进行评估,在信用销售业务流程中进行信用额度和账期检查,在事前规避信用风险。

客户的销售信用一般由信用审核部门进行设置,主要包括额度类型设置、信用等级设置和信用额度设置。额度类型设置是销售信用管理必须设置的基本档案,用来设置额度类型覆盖的范围、信用占用时点、信用控制方式等;信用等级设置是将客户从信用风险的角度进行分级;信用额度设置是根据客户的信用登记,按信用函数制定的约束条件计算并授予一定信用额度。客户信用等级和信用额度设置完成后,信用审核部门填制信用额度审批单,经过审批后,确定客户的销售信用。

3.销售价格制定与销售报价单

销售部门根据信用审核部门确定的客户销售信用制定销售价格,确定是否进行信用销售,并设置折扣价格。销售部门确定销售价格,填制销售报价单,用于向客户提供此次销售业务的报价。

4.销售合同和销售订单

客户获取销售部门的销售报价单后,和企业进行销售谈判,签订销售合同。企业销售部门根据销售合同生成销售订单,开始企业日常销售活动。

二、日常销售与应收子系统的业务流程

销售订单生成后,经信用部门审核陆续传递至仓储、运输、开单和财务部门,由运输部门运出所售物品(或客户自提)、财务部门开出销售发票并收回货款或登记相应的往来账户而告终。在库存商品不足的情况下,与客户签订合同,要由计划部门组织安排生产,在规定交货期按合同结算并开出提货单供客户提货。如果合同规定需要收取部分定金或预收款,则由财务部门收取并登记相应的往来账。如果是采用赊销方式进行销售,则需要用户开具商业票据或记录客户的有关信息及合同付款期等以备日后进行结算。图 6-2 展示了实务中常见的企业日常销售与应收子系统的交易处理步骤。

该业务处理流程包括下列主要交易事项:

1.发货安排与销售出库

发货安排是对销售订单的物流进行安排,按照客户的要求或企业规定对未发货订单进行的发货排程,其结果是发货单。发货单是记录发货时间、发货组织、发货地点、客户地址、存货码、发货数量、运输组织和方式等企业销售业务所发生的一系列信息集成,其来源

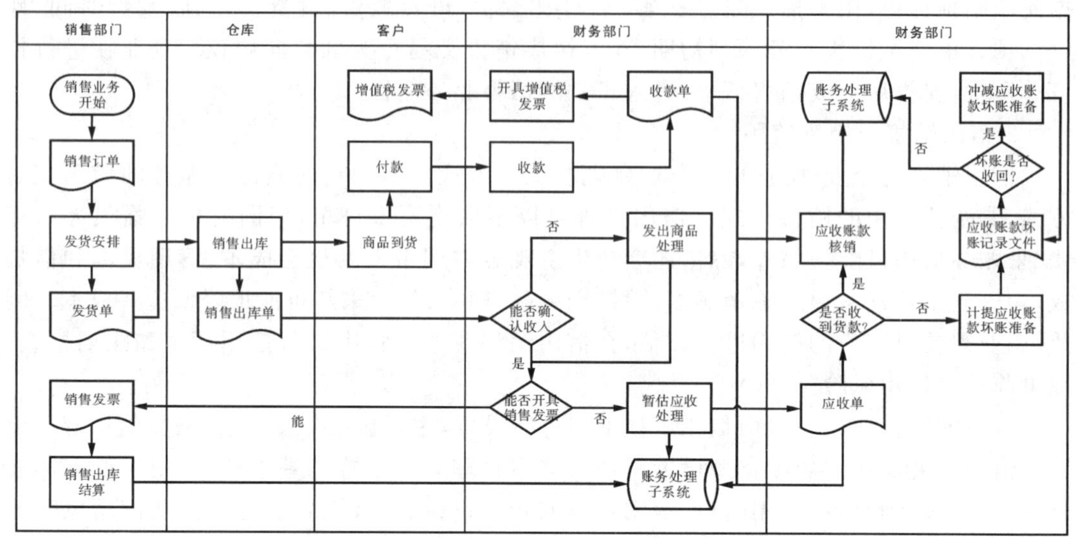

图 6-2 企业日常销售与应收子系统业务流程图

为销售订单和调拨订单，下游为销售出库单和调拨出库单，也是物流组织业务处理核心单据之一。仓库根据发货单完成企业商品销售出库业务，并填制销售出库单。

2.销售发票

销售发票并非是企业真正意义上的增值税发票，而是类似用于财务核算的销售清单，主要描述的是销售组织、发货地点、客户、开票客户、销售标的物、销售数量、结算财务组织、应收组织、运输组织、销售价格等围绕企业销售行为所发生的一系列信息集成。销售发票作为确认收入、应收、销售成本核算的依据，可以作为企业真正增值税发票的附件。在销售子系统中，销售发票处于供应链的中间环节，并非是企业必须具有的单据，是对企业实际销售情况的一种详细描述，既可以作为具有实际意义的业务单据，也可以作为发货清单成为其他业务单据的附件，并非必须经过的业务环节，对于特殊的业务类型可以不设销售发票。销售发票的来源根据业务类型不同而不同，可来源于销售订单(先票后货)也可来源于销售出库单(先货后票)。图 6-2 展示的是先货后票的销售类型，也是企业的日常销售类型。

3.销售结算

销售结算并不是通常意义上所说的结款，而是指联结业务环节与财务环节的纽带，属于销售部门的内勤工作，对与客户发生的销售业务进行确认，确认后的结果将传递到应收会计处暂估应收、传递到成本会计处进行销售成本核算，因此它是企业销售数据进入财务数据的通道。销售结算的意义在于向上联结业务环节，向下联结财务环节，还可以用于发布暂估应收通知和成本核算通知。销售结算的数据来源一般为销售出库单，销售结算业务主要包括发出商品处理、暂估应收处理和销售出库结算。

企业对已销售出库，但不满足收入确认条件，所有权未发生转移的商品，为了在财务上体现该部分商品，作发出商品处理。企业对本期无法开具销售发票并且未进行销售结算的销售出库单，期末统一作暂估应收处理。销售出库结算是基于销售出库单和销售发票对销售商品数量、金额进行结算。

4.应收与坏账处理

财务部门在进行应收处理时填制应收单，描述企业应收账款的客户、金额、预计收款时间、账期等信息，并更新账务处理子系统数据。在应收账款预计收款时点，财务部门若能够足额收到货款，则根据收款金额填制收款单，并开具增值税发票交予客户，再根据应收单和收款单进行应收账款核销处理，同时将收款单和应收账款核销信息在账务处理子系统中进行更新；财务部门若不能够足额收到货款，则对应收账款进行坏账处理。

企业销售业务中的应收账款不可避免地会发生减值损失，企业发生的坏账，一般应按实际发生额扣除。但基于谨慎性原则，经税务机关批准后也可预提坏账准备金。当有客观证据表明应收款项发生了减值时，以确认的减值损失冲减坏账准备；实际发生的坏账损失超过已提取坏账准备金的部分，可在当期直接扣除。财务部门进行坏账处理首先需要设置坏账计提方案，包括各方案的计提方法、计提期间、期初余额、计提基数算法等，设置完成后用于根据应收账款进行坏账计提准备；接着需要设置计提比率，即对不同的坏账计提方案设置各期间的坏账计提比率；然后计提坏账准备，在应收账款坏账记录文件中进行记录，并转入账务处理子系统；若企业在日后收回了已被确定为坏账的应收款，需要进行坏账收回业务处理，并更新应收账款坏账记录文件，转入账务处理子系统。

三、销售退换货业务流程

销售退换货业务是销售售后服务的一个业务过程，对客户因产品质量不良或其他原因退回所购货物而引起的直接退货业务中的物流和相关信息流进行处理。图 6-3 展示了实务中常见的企业销售退换货业务的交易处理步骤。

上述企业销售退换货业务流程包括下列交易处理步骤：

1.客户退换货要求

客户若因产品质量不良或其他原因要求退换所购货物，直接导致退换货业务的发生。退换货业务分为两种业务流程，一种为退换货必须质检，另一种为退换货不需质检。

2.退换货必须质检

企业在这种退换货业务处理中，以退换货订单为核心，当销售部门收到客户退换货请求时，若同意退换货，则填制退换货订单。该订单实质为负数销售订单，描述客户退换货请求、标的物、原因和数量等信息。当销售部门收到客户退换货商品时，根据退换货订单和收到退换货实际情况填制退换货接收单。质检部门对退换货商品进行质量检查，并生成报检单和相应的检验报告。销售部门根据报检单及检验结果，参照退换货订单，填制红字销售出库单，进而填制红字销售发票。在进行销售结算之后，转至财务部门进行处理，至此销售退货业务结束。如果需要换货，销售部门需要根据退换货订单填制换货销售订单，生成发货单并进行换货出库业务，至此销售换货业务结束。

3.退换货不需质检

企业在这种退换货业务处理中，若同意退换货，退换货订单无须检验，直接入库。对

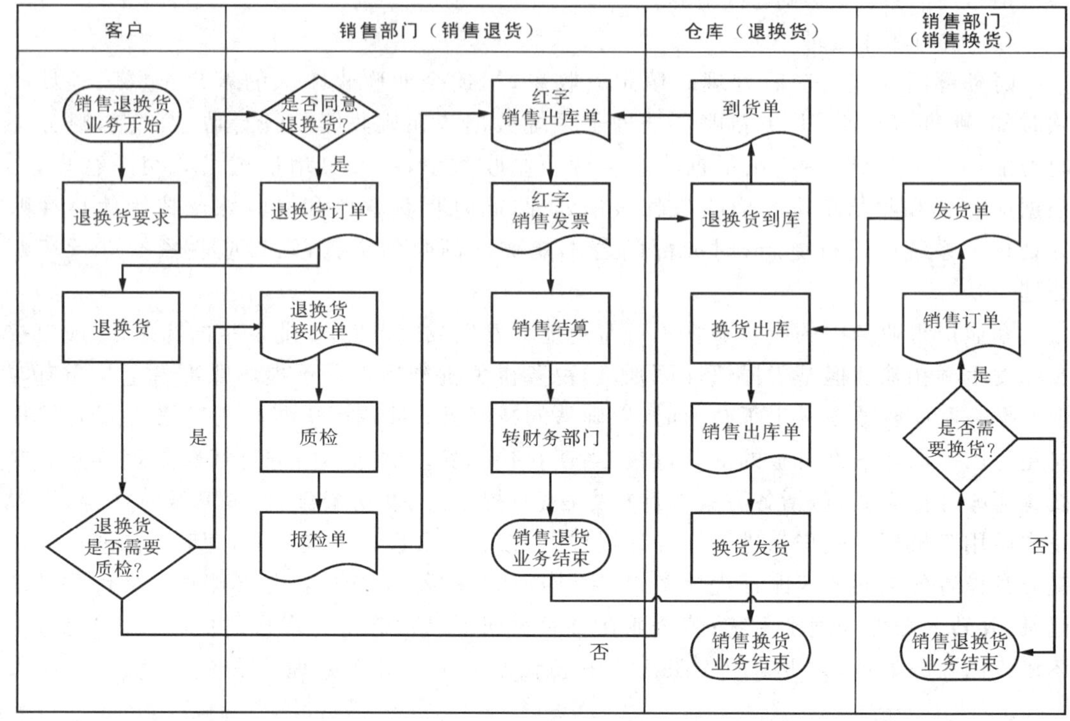

图 6-3　企业销售退换货业务流程图

于只需要退货的货物，在退换货到库之后，销售部门根据退换货订单填制红字销售出库单，然后生成红字销售发票，转至财务部门进行处理，至此销售退货业务结束。对于需要进行换货的货物，其后续步骤参照退换货必须质检的情况。

四、销售与应收子系统的数据流程

在图 6-2 中，我们可以看出销售与应收子系统业务流程主要包括销售订单确认、销售物资出库、销售货款结算三个环节。这三个环节中，既包含着物的流动，又包含着资金的流动，同时还包含着交易数据在账务处理子系统与存货子系统之间的传递。为了控制物流、资金流和信息流的统一，同时区分不同部门之间的责任，销售与应收子系统通常需要设置并传递以下主要单据：

(1)销售订货确认——销售订单。销售部门根据合同或客户送来的订购单，填写销售订单多联，送信用审核部进行审核，经授权的销货订单分别送仓储部、运输部和开单部。因此，销售订单的输入是销售与应收子系统数据录入的开始。

(2)销售物资出库——发货单(联)、运输单(联)。仓储部和运输部根据销售部门转来的销售订单，组织物资出库和运输，填写或签署发货单(联)和运输单(联)，将有关单据转送至开单部，同时将物资实际出库情况输入到销售与应收子系统中表明所销售物资已经出库。

(3)销售货款结算——销售发票、收款单。开单部门收到销售部和仓储、运输部转来的销售订单、出库单、运输单等单据,向客户开出销售发票,并随同有关单据一并交会计部门。会计部门收到上述单据后录入到销售与应收子系统中进行销售结算,系统根据不同的结算方式登记客户间的往来,并将有关数据传递到账务处理子系统。

参照图 6-2 的业务处理流程,我们给出一个销售与应收子系统的基本数据流程,如图 6-4 所示。

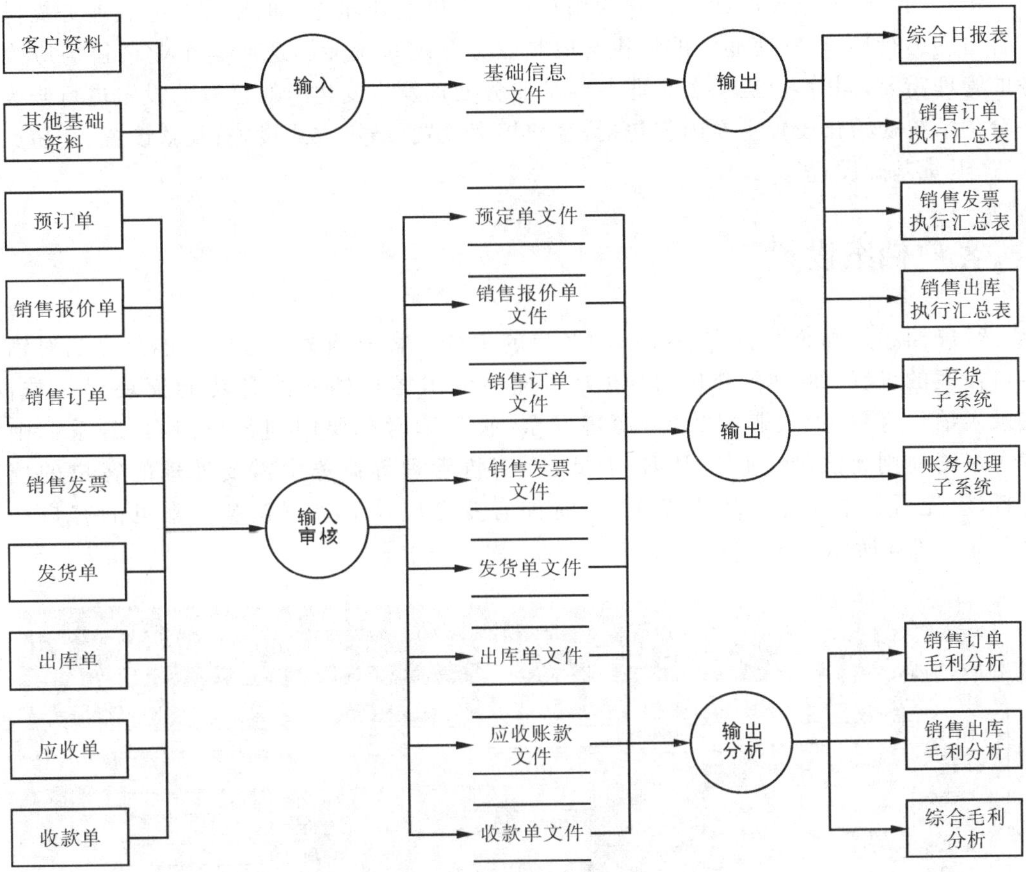

客户资料
其他基础资料
输入
基础信息文件
输出
综合日报表
销售订单执行汇总表
销售发票执行汇总表
销售出库执行汇总表
存货子系统
账务处理子系统
预订单
销售报价单
销售订单
销售发票
发货单
出库单
应收单
收款单
输入审核
预定单文件
销售报价单文件
销售订单文件
销售发票文件
发货单文件
出库单文件
应收账款文件
收款单文件
输出
输出分析
销售订单毛利分析
销售出库毛利分析
综合毛利分析

图 6-4　企业销售与应收子系统的数据流程图

五、销售与应收子系统的数据文件

从数据流程图中可以看出,销售与应收子系统中有两类主要的数据文件:一类是基础数据文件,包括客户资料、销售人员、部门、结算方式、价格政策、税率等其他基础数据,通常在初始化过程进行设置。另一类是业务数据文件,即随着销售业务的发生而产生的数据,包括销售订单、销售发票、发货单和收款单,需要用户不断地更新和输入。这些数据文件一方面能够合理地接收系统输入的数据,另一方面通过进一步加工处理又可以形成各种账表数据输出。其中,销售订单文件、销售发货文件、销售发票文件、收款单文件和应收账款文件是销售与应收子系统的主数据库文件。这些主要数据库文件的结构与内容我们将在初始化设置与日常业务处理中介绍。

第三节　销售与应收子系统初始化设置

销售与应收子系统的初始设置为用户在计算机上处理企业的销售与应收业务提供一个合适的运行环境，它使通用的销售与应收业务管理系统能够适应本企业销售与应收业务的管理需要，同时，也提供了企业在经济业务处理发生变化时对已有的设置进行修改的平台。系统初始化设置主要内容包括：客户档案设置、结算方式设置、收款设置、交易类型设置、退货基础设置等。

一、客户档案设置

客户档案是和企业有交易关系的客户的集合。客户档案设置的功能是完成对销售客户档案的设置、维护和管理，以便为系统中使用客户档案的各功能模块提供数据。在录入销售订单、应收账款数据、销售发票、收款单时都要用到客户档案，若系统中没有客户资料则无法录入业务单据，因此，在销售管理等业务中需要处理的客户的档案资料，应先行在本功能模块中设定，平时如有变动应及时进行调整。常见的客户档案设置如图6-5所示。

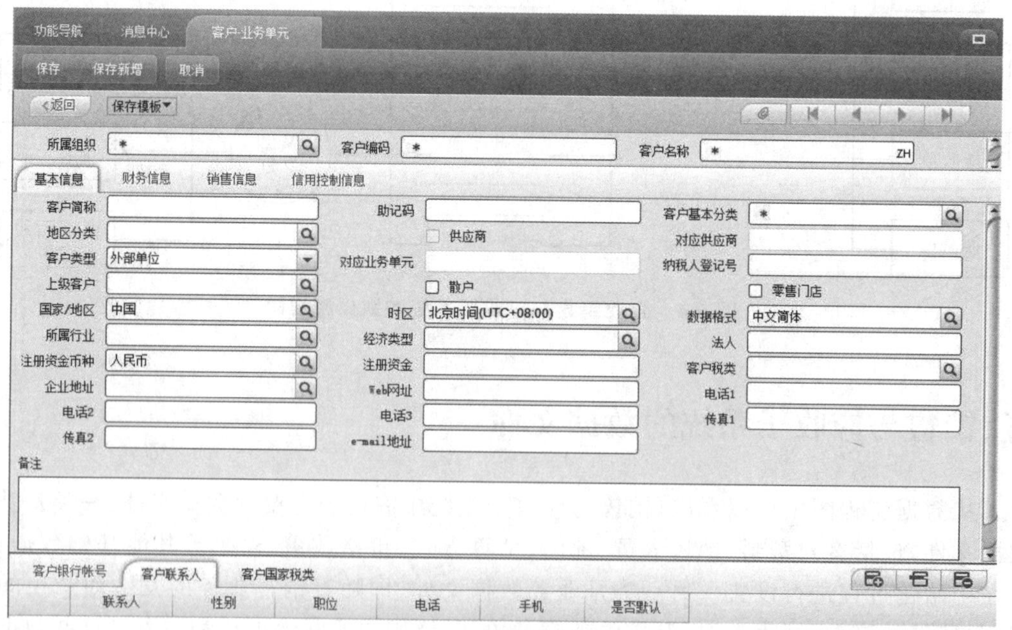

图6-5　客户档案设置

客户档案初始化的主要内容包括：

(1)客户编码：客户编码必须是唯一的，客户编码可以用数字或字符表示。

(2)客户名称：可以是汉字或英文字母。客户名称用于销售发票的打印，即打印出来的销售发票的销售客户栏目显示的内容为销售客户的客户名称。

(3)客户简称：可以是汉字或英文字母。客户简称通常用于业务单据和账表的屏幕显示，例如，屏幕显示的销售发货单的客户栏目中显示的内容为客户简称。

(4)所属分类码：系统根据用户增加客户前所选择的客户分类自动填写，用户可以修改。如果新增客户档案有上级分类，则系统会自动显示上级分类编码，只需输入下级编码即可。

(5)所属地区码：输入客户所属地区的编码，输入系统中已存在编码时，自动转换成地区名称，也可以用参照选择输入法。

(6)所属行业：输入客户所归属的行业，可输入汉字。

(7)税号：输入客户的工商登记税号，用于销售发票的税号栏内容的屏幕显示和打印输出。

(8)开户银行：输入客户的开户银行的名称，如果客户的开户银行有多个，在此处输入该企业同用户之间发生业务往来最常用的开户银行。

(9)银行账号：输入客户在其开户银行中的账号。银行账号应对应于开户银行栏目所填写的内容。如果客户在某开户银行中有多个银行账号，在此处输入该企业同用户之间发生业务往来最常用的银行账号。

二、结算方式设置

结算方式设置功能用来建立和管理用户在经营活动中所涉及的结算方式。它应与财务结算方式一致，如现金结算、支票结算、电汇、银行本票、商业汇票等。常见的结算方式设置如图 6-6 所示。

功能导航　消息中心　结算方式

新增　修改　删除　刷新　过滤　启用　打印

	结算方式编码	结算方式名称	英文名称	网银支付	缺省标记	资金类型	现金	直接借记	贷记转账	信用证	适用零售	启用状态
1	0	现金	Cach	☐	☐		☑	☐	☐	☐	☐	已启用
2	1	现金支票	Cach Cheque	☐	☐		☑	☐	☐	☐	☐	已启用
3	2	转账支票	Transfer Che...	☐	☐		☐	☐	☐	☐	☐	已启用
4	3	网银	Online Banking	☑	☐		☐	☐	☐	☐	☐	已启用
5	4	电汇	wire Transfer	☐	☐		☐	☐	☐	☐	☐	已启用
6	5	信汇	Mail Transfer	☐	☐		☐	☐	☐	☐	☐	已启用
7	6	银行承兑汇票	Bank Accepta...	☐	☐		☐	☐	☐	☐	☐	已启用
8	7	商业承兑汇票	Commercial ...	☐	☐		☐	☐	☐	☐	☐	已启用
9	8	银行汇票	Bank Draft	☐	☐		☐	☐	☐	☐	☐	已启用
10	9	委托收付款	Delegated Co...	☐	☐		☐	☐	☐	☐	☐	已启用

图 6-6　结算方式设置

结算方式设置一般包括如下内容：

(1)结算方式编码：用以标识某结算方式。用户必须按照结算方式编码级次的先后顺序来进行录入，录入值必须唯一。

(2)结算方式名称：根据企业的实际情况，必须录入所用结算方式的名称，录入值必须唯一。

(3)票据管理标志：不同结算方式管理要求不同，如对支票等票据需要登记票据号码以便加强对支票的管理和进行银行对账。用户可根据实际情况，选择该结算方式下的票据是否要进行票据管理。

三、收款设置

收款设置包括收款时点设置、收款协议设置、现金折扣方案设置和收款类型设置。现金折扣方案设置和收款类型设置和采购与应收子系统相同，此处不再赘述。常见的收款时点设置如图 6-7 所示。

功能导航　消息中心　收款时点-业务单元

新增　修改　删除　查询　刷新　过滤　启用　打印

业务单元(0)　*

	所属组织	编码	名称	系统预置	启用状态	创建人
1	全局	STST001	出库日期	☑	已启用	NC
2	全局	STST002	出库签字日期	☑	已启用	NC
3	全局	STST003	销售开票日期	☑	已启用	NC
4	全局	STST004	销售发票审核日...	☑	已启用	NC
5	全局	STST005	销售订单日期	☑	已启用	NC
6	全局	STST006	销售合同生效日...	☑	已启用	NC
7	全局	STST007	出口合同签约日...	☑	已启用	NC
8	全局	STST008	出口合同审批日...	☑	已启用	NC
9	全局	STST009	出口合同最迟交...	☑	已启用	NC
10	全局	STST010	出口明细单提单...	☑	已启用	NC
11	全局	STST011	出口明细单装运...	☑	已启用	NC
12	全局	STST012	出口发票日期	☑	已启用	NC
13	全局	STST013	出口发票审批日...	☑	已启用	NC
14	全局	STST014	出口调整发票日...	☑	已启用	NC
15	全局	STST015	出口调整发票审...	☑	已启用	NC
16	全局	STST016	出口合同实际生...	☑	已启用	NC

图 6-7　收款时点设置

收款协议主要应用于分期收款业务，如对设备、周转材料(如液压支柱)、施工用物资(如照明设备)等大宗贸易，通过收款协议编制分期收款的时点、比例、结算方式和折扣等重要交易因素，对销售合同、销售订单、销售发票的销售收款计划进行跟踪，实现客户应收账龄分析、收款预测、信用管控等管理工作。常见的收款协议设置的界面如图 6-8 所示。

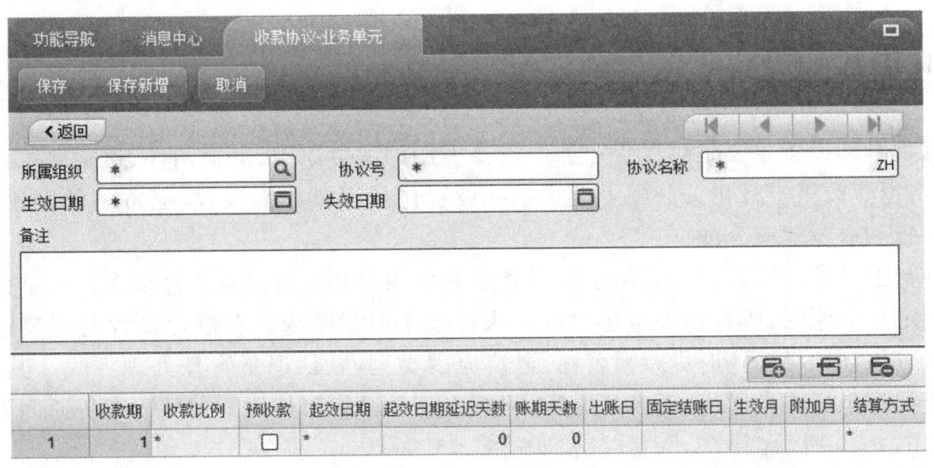

图 6-8 收款协议设置

四、交易类型设置

交易类型本质上就是一些约束规则，这些规则的不同组合会造成单据的数据输入输出、状态、处理手法的不同，以此适应不同的业务需要，即每一种组合对应一种交易类型。在“销售管理”模块，需要设置预订单、销售报价单、销售订单、发货单和销售发票的交易类型。在“应收管理”模块，需要设置收款单和应收单的交易类型。以销售订单为例，常见的交易类型设置的界面如图 6-9 所示。

图 6-9 交易类型设置

五、退货基础设置

退货基础设置主要是对退货业务中需要引用的退货原因、退货条件、退货政策进行设置,并将退货政策进行相关分配。退货基础设置包括退货原因设置、退货条件设置、退货政策设置和退货政策分配。

进行退货原因设置主要是便于被退货业务引用以及进行退货条件设置。通常由集团统一制定退货原因,所有销售组织均可以执行集团退货原因。在进行设置时需要输入销售组织、退货原因编码、退货原因名称、退货原因类型、默认退货责任处理方式。其中,退货原因类型包括质量退货、新产品退货、配额内正常退货和其他。常见的退货原因设置的界面如图 6-10 所示。

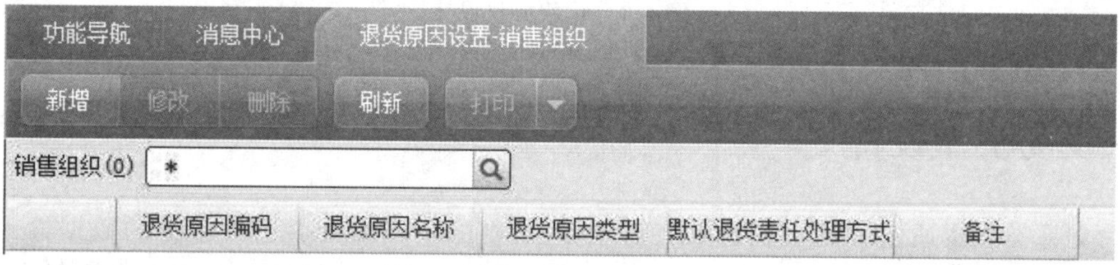

图 6-10 退货原因设置

退货条件设置主要是设置满足退货业务的基本条件,每个退货条件是一个单元,它是组成退货策略的基本要素。在进行设置时需要输入销售组织、退货条件编码、退货条件名称和退货条件表达式。其中,退货条件表达式是由公式编辑录入。退货条件本质上为条件表达式,由"函数"(含业务函数与数学函数)、运算符、比较符、逻辑规则("且"、"或")等组成。退货条件函数有两类,一类是"档案",一类是"函数",档案是指存在于各基础档案中的可以被查询出的"字符类"结果,函数是指对业务数据查询出的"数值类"结果。常见的退货条件设置的界面如图 6-11 所示。

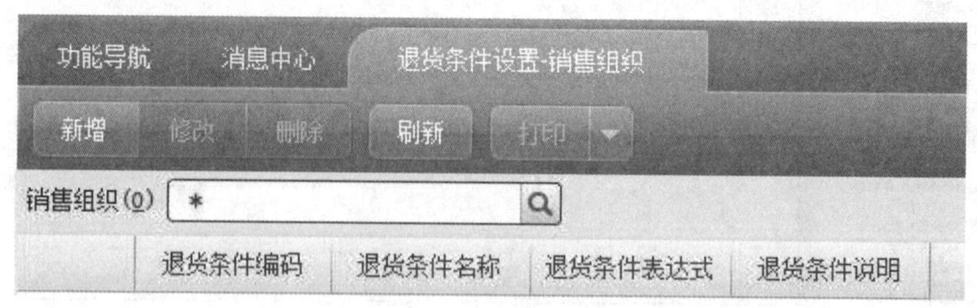

图 6-11 退货条件设置

退货政策设置用于在退货订单审批时进行约束,是由若干个退货条件进行逻辑组合形成的表达式。在进行设置时需要输入销售组织、退货政策编码、退货政策名称、退货政策逻辑表达式、执行开始日期和执行结束日期。其中,退货政策逻辑表达式是通过公式编辑指定退货条件函。退货政策逻辑表达式的业务函数，参照选择退货条件设置。常见的退货政策设置的界面如图 6-12 所示。

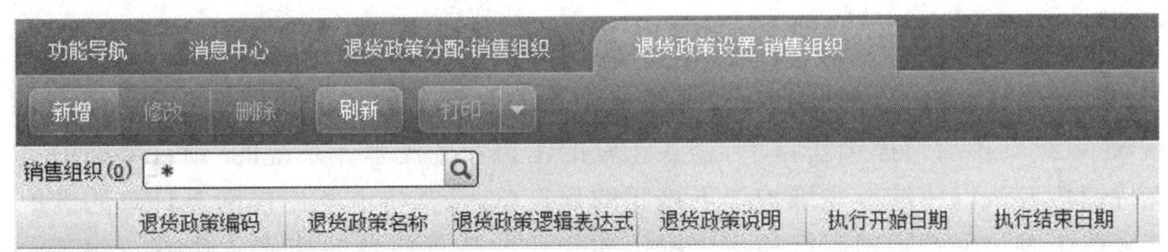

图 6-12　退货政策设置

退货政策分配是对产品线、物料分类、物料、客户分类、客户分配退货策略，它是退货政策检查的匹配依据，集团退货政策可以适用于所有销售组织。常见的退货政策分配的界面如图 6-13 所示。

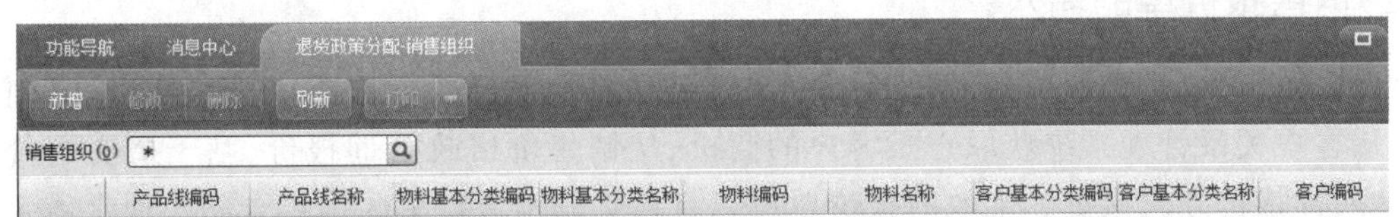

图 6-13　退货政策分配

第四节　销售与应收子系统日常业务处理

完成了销售与应收子系统的初始化设置后，就可以进行销售交易的日常业务处理工作。从图 6-2 日常销售与应收子系统业务流程图和图 6-4 销售与应收子系统的数据流程图中可以看出，企业销售与应收账款循环日常业务处理主要包含销售预订、销售信用设置、销售价格设置、销售订货、组织发货、销售出库、开具发票、账务处理、往来核算、应收账款管理等程序。

上述的销售交易程序在销售与应收子系统中是通过各种单据的输入、处理，并以各种账表形式输出有关信息来完成的，而及时、准确、完整地输入各种交易数据是日常业务处理的关键。

一、销售与应收子系统的数据输入

销售与应收子系统的输入数据分为三类：第一类是初始数据，如客户档案、结算方式、收款设置等，属于系统初始化内容；第二类是销售与应收子系统和其他子系统集成运行时自动调入的数据，如从存货子系统调入销售出库单数据；第三类是销售与应收子系统的日常企业处理交易数据，包括预订单、销售报价单、销售订单、发货单、销售出库单、销售发票、退换货订单、退货接收单、应收单和收款单等。下面对交易数据的输入进行介绍。

(一)预订单的输入

预订单是销售商务谈判初期,双方达成销售交易行为的意向协议。它是销售业务的起点,经审批安排后形成销售订单,进入正常的销售业务流程。系统的“预订单维护”节点既支持销售专员以传统形式维护线下接收的预订单,又支持电子销售网上订单的维护,还支持来源于客户关系管理商机和零售门店向企业的补货信息的接入。其中,商机是指已经验证了的销售线索,值得进入销售过程进行销售跟踪的商业机会。预订单中需要输入的基本数据有:电子销售组织、单据号、预订单类型、订货日期、失效日期、客户、币种、物料编码、单位、数量、含税净价等信息。在会计信息系统中,“销售管理”模块仅提供预订单执行查询功能,无法进行预订单的输入操作,因此此处不再详细介绍。

(二)销售报价单的输入

销售报价单是企业价格部门或销售部门用来向外报价的单据,可以通过手工自制报价、从客户关系管理系统获取正式客户的商机、从销售价格政策询报价、基于历史报价资料这四种报价方式报价。生效的报价单可以直接生成销售订单和销售合同。通常需要输入的内容包括:销售组织、报价单号、报价单类型、报价日期、失效日期、客户、币种、物料编码、数量、税率、整单折扣、单品折扣、无税单价、含税单价、无税净价和含税净价等。销售报价单的输入界面如图 6-14 所示。

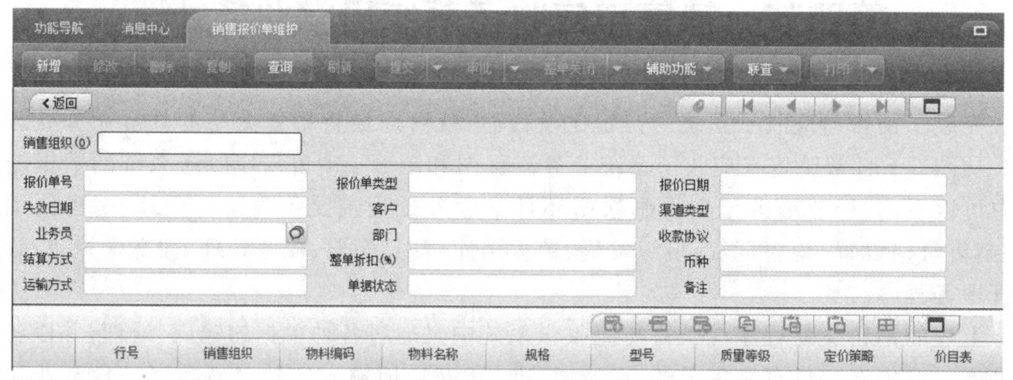

图 6-14 销售报价单输入

销售报价单在输入时,应注意以下方面:

(1)系统自动显示第一个报价单交易类型,可以参照进行修改。

(2)失效日期是销售报价单的有效截止日期。审批状态的销售报价单,到达失效日期,系统会自动关闭报价单;并且禁止手工打开、禁止再进行提交或审批操作,只能取消审批或删除。

(3)整单折扣是针对整个单据所给的折扣,等于价税合计除以报价单中各物料的数量、含税单价、单品折扣的乘积之和，用公式表示为整单折扣＝价税合计÷∑(数量×含税单价×单品折扣)，默认值为100。单品折扣是针对各行物料所给的折扣，采用直扣形式，即如果录入90，表示本行打九折销售，默认值为100。

(4)各行物料的无税净价等于无税单价乘以单品折扣，相应地，含税净价等于含税单价乘以单品折扣。一般来说，在输入无税单价、税率和单品折扣之后，系统会自动计算出含税单价、无税净价和含税净价。

(三)销售订单的输入

销售订单是反映由购销双方确认的客户需求的单据，它可以是企业销售合同中关于货物的明细内容，也可以是一种订货的口头协议。销售订单对应于企业的销售合同中订货明细部分的内容，但不能完全代替销售合同。销售订单的来源包括手工自制、销售合同、销售报价单、库存借出单和订单中心预订单。销售订单的内容包括销售组织、订单类型、单据号、单据日期、客户、部门、开票客户、币种、物料编码、单位、数量、税率、整单折扣、单品折扣、无税单价、含税单价、无税净价和含税净价等信息。销售订单中需要输入的基本数据大部分都在初始化中定义，因此，在录入时可以使用系统提示功能参照选择输入。销售订单的输入界面如图6-15所示。

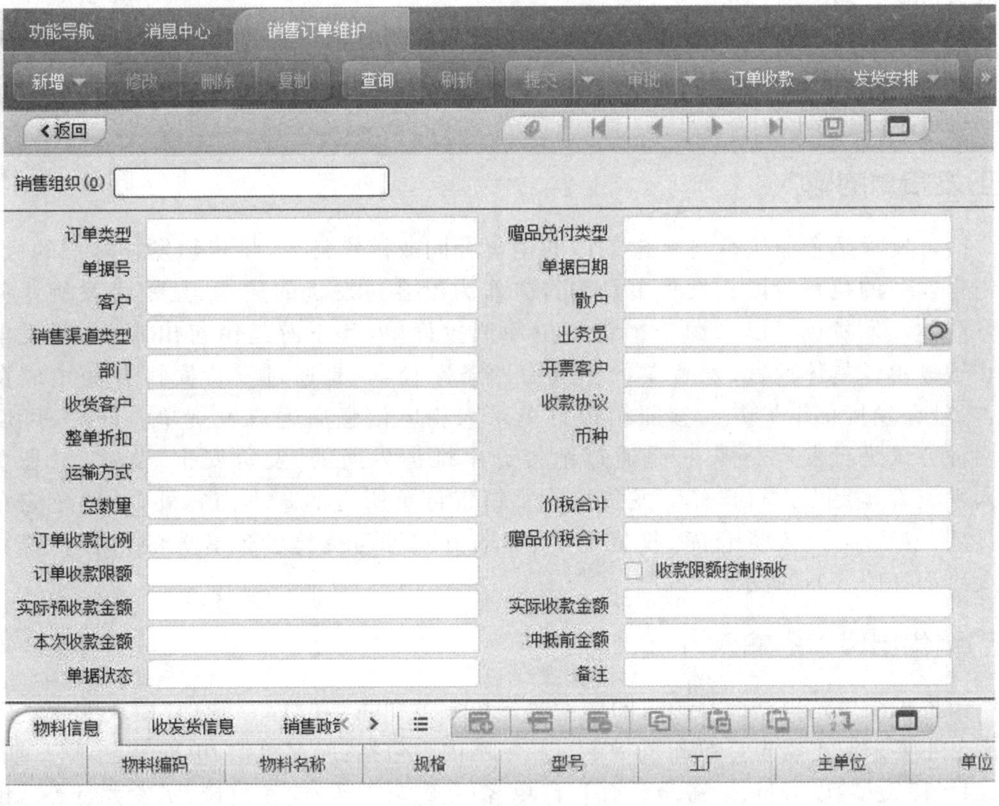

功能导航　消息中心　销售订单维护

新增　修改　删除　复制　查询　刷新　提交　审批　订单收款　发货安排

返回

销售组织(0)

订单类型		赠品兑付类型	
单据号		单据日期	
客户		散户	
销售渠道类型		业务员	
部门		开票客户	
收货客户		收款协议	
整单折扣		币种	
运输方式			
总数量		价税合计	
订单收款比例		赠品价税合计	
订单收款限额		收款限额控制预收	
实际预收款金额		实际收款金额	
本次收款金额		冲抵前金额	
单据状态		备注	

物料信息　收发货信息　销售政策

物料编码	物料名称	规格	型号	工厂	主单位	单位

图6-15　销售订单输入

销售订单表体分为五个页签，其角色分别是：

(1)“物料信息”描述客户预订物料的相关信息，如物料、规格、型号、数量、价格等。

(2)“收发货信息”描述收发货双方物流的相关信息，如发货库存组织、发货仓库、物流组织、计划发货日期、收货客户、收货地区、收货地点、地址、要求到货日期等。

(3)“销售政策”显示销售订单物料的相关取价政策情况，如定价策略、价格组成等。

(4)“执行结果”显示销售订单物料后续物流、商流处理执行情况，如累计发货、累计开票、累计应发未出库、累计传应收、累计传存货核算、累计对冲出库、结算金额、收款金额等，由系统自动维护。

(5)“辅助信息”显示客户信用、客户预收款和物料存量信息。

销售订单的输入说明可参照销售报价单的相似内容。但需特别注意以下几点：

(1)订单类型的选择可以区分不同的销售业务流程，通常包括普通销售、退换货、发出商品、直运销售采购、借出销售、普通＋退换货以及赠品兑付等，一般选择普通销售。

(2)如果勾选“收款限额控制预收”，则订单累计实际预收款金额必须小于等于订单收款限额；如果不勾选，则订单累计实际预收款金额必须等于0，否则订单预收款生成的预收收款单无法自动核销。其中，实际预收款金额是指以前已经核销完的订单预收款金额，取收款单行“预收款”标记打钩的订单收款核销金额。订单收款限额等于订单收款比例乘以表头价税合计。

(3)在“收发货信息”页签中，还需要填写计划发货日期、要求收货日期、收货客户和结算财务组织，否则无法保存。但在一般情况下，系统会根据表头信息自动填写上述信息，用户也可以进行修改。

(四)发货单的输入

销售发货是企业执行与客户签订的销售合同或销售订单，将货物发往客户的行为，是销售业务的执行阶段。发货单是销售方作为给客户发货的凭据，是销售发货业务的执行载体。发货单可以来源于销售订单和调拨订单，其下游是销售出库单、调拨出库单和运输单。具体而言，发货单的生成有两条路径：一是通过发货安排自动生成发货单，二是在发货单维护界面参照销售订单录入相应信息后生成发货单。同时，可以通过两种方式进行发货安排：一是通过销售订单维护界面的“发货安排”节点，二是直接进入发货安排界面进行操作。发货单除了销售订单所有的基本内容外，一般还应有发货日期、发货单号、发货仓库、收货地址、运输方式等与货物管理有关的内容。发货单输入界面如图6-16所示。

(五)销售出库单的输入

销售出库单是根据商品销售的实发数量填制的单据，在“库存管理”模块实现。销售出库单主要来源于销售订单和发货单。其基本内容包括：库存组织、单据号、单据日期、仓库、出入库类型、库管员、业务员、部门、订单客户、物料编码、应发数量、实发数量等。销售出库单输入界面如图6-17所示。

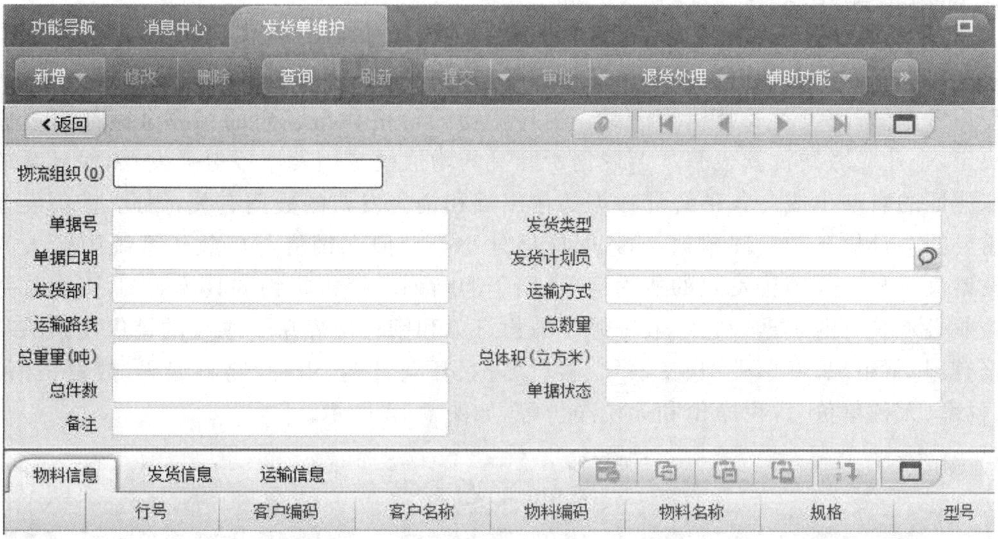

图 6-16　发货单输入

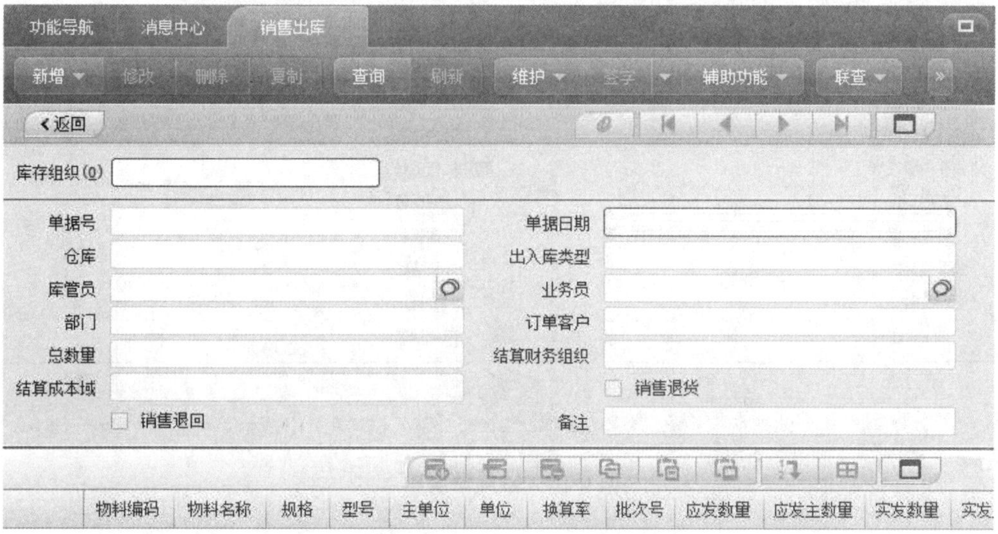

图 6-17　销售出库单输入

在输入销售出库单时,需要注意:

(1)必须填写实发数量,否则不能签字,还会影响后续销售发票和应收单的生成。

(2)系统会自动带入结算财务组织和结算成本域,且不可修改。

(3)该单据中有两个勾选框:一是标识是否销售退货,即通过退库销售订单生成的红字销售出库单;二是标识是否销售退回,即通过退回按钮生成的红字销售出库单。这两个标识由系统自动勾选,不可编辑。

(六)销售发票的输入

企业真正意义上的销售发票是在销售开票过程中所开具的原始销售单据,包括增值税专用发票、普通发票及其所附清单。销售货物的价格和与客户的结算金额都由销售发票决定,企业应缴纳税款也基本上依据所开具的增值税专用发票或普通发票,而且系统内记账凭证的自动生成与各种统计数据的输出都和销售发票的数据有关,因此,销售发票是很重要的会计核算和管理单据,输入时应格外小心。但在销售与应收子系统中输入的销售发票仅仅是正式销售发票的所附清单,用于清晰列示销售货物的具体明细,因此其并非是企业必须具有的单据。它一般来源于销售订单和销售出库单。系统的销售发票的基本数据有:开票组织、发票类型、发票号、客户名称、开票日期、币种、物料编码、数量、含税单价、税率、无税单价、含税净价和无税净价等,如图 6-18 所示。

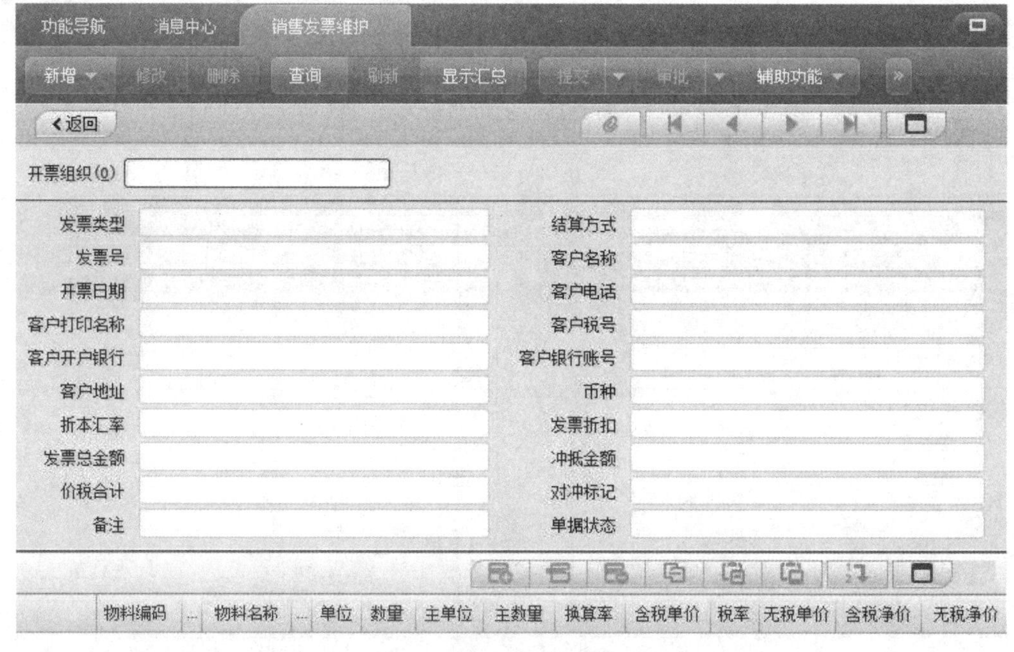

图 6-18 销售发票输入

(七)退换货订单的输入

退换货订单是退货业务的核心,可以作为负销售订单处理,需进行退换货业务的跟踪。退货订单可以来源于销售订单、销售出库单、手工自制。如果流程配置含退货接收单,其下游单据是退货接收单,否则,为红字销售出库单。退换货订单需要输入的基本内容包括:销售组织、订单类型、单据号、单据日期、客户、部门、开票客户、整单折扣、币种、销售组织、物料编码、数量、税率、含税单价和无税单价等。必须注意,退换货订单中的数量必须为负。退换货订单的输入界面如图 6-19 所示。

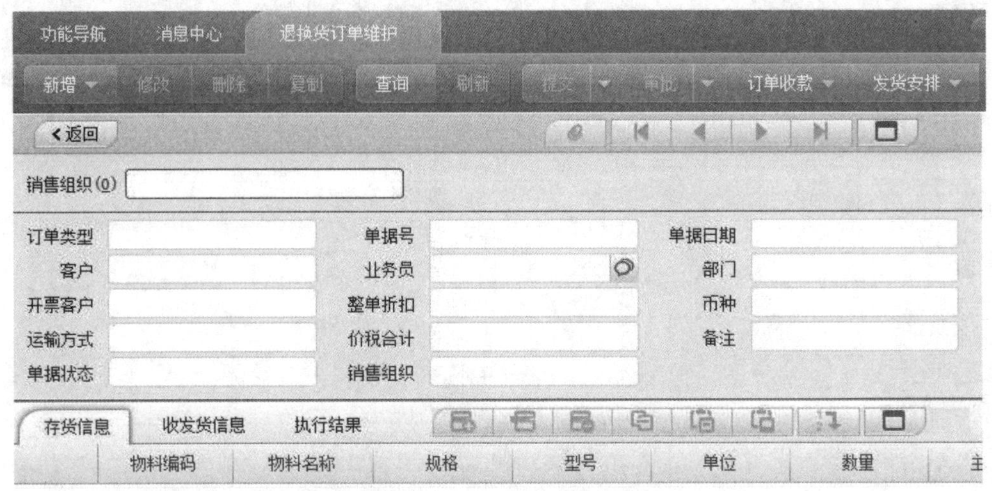

图 6-19 退换货订单输入

(八)退换货接收单的输入

退货接收是销售发货的逆向过程,即处理销售退货回收的过程。退货接收单的唯一来源是退换货订单。在物料档案的库存信息页签选中“是否退货根据检验结果入库”,则货物必须经过质量检验才可退货入库,且只有在上述情况下才能生成退换货接收单。具体而言,如果需要质检,则在退货接收过程中可以配置质量检验,则退换货订单参照生成退换货接收单,进而下游生成“质量管理”模块的报检单;如果不需要质检,则退换货订单可以直接入库,生成红字销售出库单,不再流转退货接收。

(九)应收单的输入

一般在对销售出库单进行签字操作之后,系统会自动生成一张应收单。另外,也可以在“应收管理”模块实现,即通过手工录入或参照收款单生成应收单。其基本项目有:财务组织、单据号、单据日期、起算日期、往来对象、客户、业务流程、币种、借方原币金额、本币汇率、本币金额、物料、数量、单价、税率等。应收单的输入界面如图 6-20 所示。

(十)收款单的输入

收款单用来记录企业收到的款项。收款单据录入,是将已收到的客户款项录入到销售与应收子系统。企业收到每一笔款项,都应知道该款项是客户结算所欠货款,还是提前支付的货款,或是支付其他费用。通常,系统用款项类型来区别不同的用途,在录入收款单时,需要指定其款项用途。如:若选择款项类型为应收款,则表明该款项性质为冲销应收账款;若选择款项类型为预收款,则该款项用途为形成预收账款;若选择款项类型为其他费用,则该款项应冲减其他应收款等。系统会根据款项内容的设定对收款业务作相应的账务处理。对于同一张收款单,如果包含不同用途的款项,应在记录中分行显示。对于销售时钱货两清的销售业务,可以直接根据销售发票生成收款单。收款单的输入界面如图 6-21 所示。

图 6-20 应收单输入

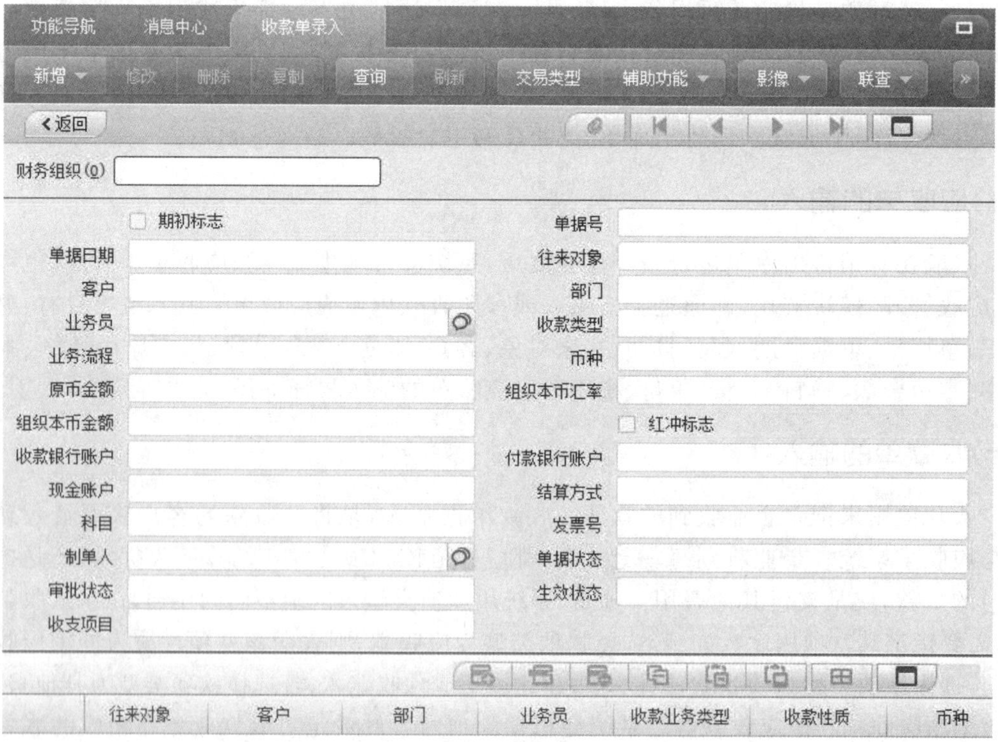

图 6-21 收款单输入

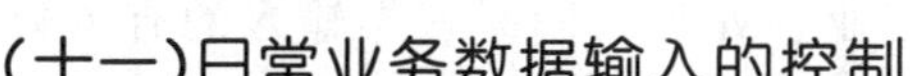

(十一)日常业务数据输入的控制

为了保证数据输入的正确和可靠,尽量减少输入的工作量,根据销售与应收子系统业务流程的特点,对日常业务数据输入应设置相应的控制措施。了解软件设计中这些控制的特点,对于正确、灵活使用销售与应收子系统具有重要的意义。

(1)初始化中提供了用户自行设置单据的功能模块,有的会计软件将所有会计信息系统的单据设置放在一个模块中进行,并提供一个原始的单据样本,用户可根据本身的需要和习惯进行修改。尽管手工与计算机输入的数据项目大同小异,但在单据格式设置上尽量提供与手工单据格式一致的界面,减少因使用习惯上的差异而带来的错误。

(2)销售与应收子系统中业务流程是按一定的程序进行的,业务单据间有一定的联系。一笔销售业务的发生相应都会产生预订单、销售报价单、销售订单、发货单、销售出库单、销售发票、应收单和收款单,这些单据中的内容许多是一样的,因此在输入时尽可能利用系统提供的单据自动相互生成功能。如果用户以前曾经录入过与目前将要填制的单据类似或完全相同的单据,可用复制单据功能,加快单据的录入速度。在软件设计中设置这种功能的目的,一方面是为了方便和提高录入速度,另一方面更为重要的是体现一种控制的要求。

(3)输入某个单据的各个项目时,有些栏目的数据必须输入,而有些栏目的数据可以根据已输入栏目的数据生成。如:在输入销售发票时,用户选择或输入物料编码后,系统自动将该物料的名称、规格、型号、单位、税率等项目输入单据。

(4)销售与应收子系统中的数据直接与企业的钱物有关。为了保证业务的真实和数据的正确,系统一般都设有单据审核的功能,对输入的单据进行第三方的确认,并将审核人编码保存在相应的单据中。单据输入与审核应由不同的人来完成,这是一种最基本的内部控制要求。

二、销售与应收子系统的数据处理

销售与应收子系统的数据处理包括销售结算和核销处理两个环节。销售结算并不是结款,而是向上联结业务环节,向下联结财务环节,用于发布暂估应收通知和成本核算通知。销售结算的数据来源是销售出库单,主要包括三个操作:发出商品处理、暂估应收处理和销售出库结算。发出商品处理是商品销售出库后,在不满足收入确认条件的前提下进行的处理;暂估应收处理是对本月销售出库、但本月又无法开票结算的销售出库单进行的处理;销售出库结算是进行销售出库单的应收、成本结算,以及取消出库结算、取消出库对冲处理。核销处理环节是把应收单和收款单联系在一起,通过比较应收单数据和收款单数据,形成正确的与客户之间的往来账过程。

(一)自动转账

自动转账凭证文件设置是为了将销售与应收子系统中有关的业务数据组织成凭证数据,然后传递到账务处理系统,以便进行账务处理。销售业务涉及的会计科目与销售方式和结算方式有明确的对应关系。在销售与应收子系统中,记账凭证是通过销售方式和结算方式设置(系统初始化)中设置的凭证模块,在销售业务处理的同时根据输入的有关数据自动生成的。由于每种销售方式和结算方式各对应一个凭证模块,因此,在系统录入有关单据后,自动转账凭证文件中自动生成转账凭证。

(1)在输入销售发票后,根据销售方式和结算方式生成会计分录:

借:库存现金(银行存款、应收账款、应收票据等)

　贷:主营业务收入

　　应交税费——应交增值税(销项税额)

(2)根据销售发票文件中销售数据记录和产品编码,从存货子系统中得到的产品单位成本数据,生成结转销售成本的会计分录:

借:主营业务成本——××商品

　贷:产成品——××商品

(3)根据账务处理子系统转来的当期应交流转税税率,生成结转销售税金及附加的会计分录:

借:税金及附加

贷:应交税费——应交××税

　其他应付款——××费

(4)根据收款单上记录的结算方式和款项类型,可以自动生成该结算方式对应的会计分录:

借:库存现金(或银行存款)

　贷:应收账款(或应收票据、预收账款等)

(二)核销处理

销售与应收子系统的核销处理是指用户日常进行的核销应收款。核销处理的作用是解决收回客商款项核销该客商应收款的处理,建立收款与应收款的核销记录,监督应收款及时核销,加强往来款项的管理,进而进行精确的账龄分析。系统一般提供手工核销与自动核销两种功能:

(1)手工核销指由用户手工确定收款单核销与它们对应的应收单的工作。手工核销可以根据查询条件选择需要核销的单据,然后手工核销,加强了往来款项核销的灵活性。

(2)自动核销指系统确定收款单与它们对应的应收单核销的工作。自动核销可以根据查询条件选择需要核销的单据,然后系统自动核销,加强了往来款项核销的效率性。自动核销可对多个客户进行核销处理,依据核销规则对客户单据进行核销处理。核销完成后,提交自动核销报告,显示已核销的情况和未核销的原因。其原理与采购与应付子系统中的核销处理类似。

(三)坏账处理

坏账处理指系统提供的计提应收坏账准备处理、坏账发生后的处理、坏账收回后的处理等功能。坏账处理的作用是系统自动计提应收款项的坏账准备,当坏账发生时即可进行坏账核销,当被核销坏账又收回时,即可进行转回处理。坏账处理的结果自动生成记账凭证转到账务处理子系统中。

(1)企业应于期末分析各项应收款项的可收回性,并预计可能产生的坏账损失。对预计可能发生的坏账损失,计提坏账准备。企业计提坏账准备的方法由企业自行确定,系统提供坏账处理的方式,包括应收余额百分比法、销售余额百分比法、账龄分析法和直接转销法。

(2)企业应当依据以往的经验、债务单位的实际情况制定计提坏账准备的政策,明确计提坏账准备的范围、提取方法、账龄的划分和提取比例。

(3)当坏账发生时,企业应确定哪些应收款为坏账,选定发生坏账的应收业务单据,并进行核销。

(4)当被确定的坏账又被收回时,可通过坏账收回功能进行处理,即录入一张收款单,该收款单的金额即为收回的坏账金额。

(5)通过坏账查询功能查询一定期间内发生的应收坏账业务处理情况及处理结果,加强对坏账的监督。

(四)往来对冲处理

往来款对冲处理是为了避免往来款多头挂账的问题而设置的功能。在实际业务中,由于经济业务的复杂性,有时候无法明确划分某些企业是供应商还是客户,有些企业的销售货款是其他企业代付的,有些企业的预收款项无法明确是哪笔销售业务。因此,系统一般都提供往来对冲处理功能,以便正确反映与这类企业的往来情况。往来对冲处理业务包括:

(1)应收冲应付:用某客户的应收账款,冲抵某供应商的应付款项。系统通过应收冲应付功能将应收款业务在客户和供应商之间进行转账,实现应收业务的调整,解决应收债权与应付债务的冲抵。

(2)应收冲应收:指将一家客户的应收款转到另一家客户中。系统将应收款业务在客商之间进行转入、转出,实现应收业务的调整,解决应收款业务在不同客商间入错户或合并户问题。

(3)预收冲应收:处理客户的预收款和该客户应收款的转账核销业务。

(五)月末结账

月末结账是将每月的销售单据逐月封存,并将当月的销售库数据记入有关账表中。在手工会计处理中,都有结账的过程,在计算机会计处理中也有这一过程,以符合会计制度的要求。月末结账应注意的事项:

(1)月末结账通常与系统中其他功能的操作互斥,即在月末结账前,应确定其他功能均已退出,在网络环境下,要确定本系统所有的网络用户退出了所有的功能。

(2)月末结账之前用户一定要进行数据备份,否则数据一旦发生错误,将造成无法挽回的后果。

(3)月末结账后将不能再做当前会计月份的业务,只能做下个会计月份的日常业务。上月未结账,本月单据可以正常操作,不影响日常业务的处理,但本月不能结账。

(4)结账前用户应检查本会计月工作是否已全部完成,只有在当前会计月所有工作全部完成的前提下,才能进行月末结账,否则会遗漏某些业务。

企业是持续经营的，企业的会计工作是一个连续性的工作，除上述月末结账外，系统一般也提供年度结账功能。每到年末，启用新年度账时，也就需要将上年度中的相关账户的余额及其他信息结转到新年度账中。年度结账功能的目的是将上年的基础数据和各种单据的数据悉数转入本年度账套中，起承上启下作用。

三、账表输出

销售与应收子系统的查询和报表模块主要是输出各种统计、分析报表和明细账。具体报表如表 6-1 所示。

表 6-1 销售与应收子系统中的各类账表

序号	报表名称	用 途
1	综合日报表	用于按日对销售组织的各种销售业务状况进行全面反映，包括销售订货、销售调拨、销售发货、销售出库、销售开票、销售收款、销售退换货等
2	销售订单毛利分析	基于销售订单进行当期订单收入、成本、毛利和毛利率数据分析
3	销售出库毛利分析	根据销售的实际出库情况作收入成本的毛利分析。对于未作收入、成本结算的出库单，按照预估的销售收入和成本作毛利分析
4	综合毛利分析	统计一段期间内实际发生的销售收入和销售成本，计算毛利，分析最有价值客户、部门、业务员、物料等，以便制定相应的销售政策
5	销售订单执行汇总	对一定期间范围内销售业务的执行情况进行统计，包括订单数量、出库数量、途损、开票、收入结算、成本结算数量的统计
6	销售发票执行汇总	对一定期间范围内的销售开票执行情况进行统计，包括开票数量、开票金额，以及销售收入结算、销售成本结算的数据统计
7	销售出库执行汇总	对一定期间范围内销售出库的执行情况进行统计，包括出库数量、出库金额、途损退回数量、开票数量、收入结算、成本结算数量的统计
8	客户余额表	查询在一定期间内指定客户所发生的应收、收款以及余额的汇总情况。查询范围包括应收和未核销的收款
9	客户明细账	查询一定期间内选定客户发生的应收以及收款明细情况
10	客户应收(收款)账龄分析	根据查询对象按账龄区间或按日期区间进行不同方式的应收(收款)账龄分析
11	客户应收欠款分析	用于查询相关时点某客户的欠款金额，以及欠款组成情况
12	客户收款分析	分析在一段时间内选定客户的款项回收情况，可按款项构成分析或按结算方式分析
13	客户收款预测	用于预测某段期间内指定客户可能收到的资金情况
14	应收报警单	用于对往来款进行报警。可根据报警条件设置来查询已过期或快要到期的往来款项

第七章　薪酬管理子系统

与企业薪酬管理相关的业务主要包括人事管理和职工薪酬两个部分。人事管理的工作主要包括为管理部门提供决策所需的必要人事信息以及对员工档案的管理，职工薪酬依赖于人事管理系统却又相对独立地进行包括工资计算、汇总、分配与发放的管理与核算。在企业应用计算机的初期，人事管理和职工薪酬往往分开处理。但是，随着计算机技术在企业管理应用中的普及，对管理系统多功能化的要求越来越高，人事管理和职工薪酬开始慢慢融合为一个整合的薪酬管理系统。本章从薪酬管理的概念介绍入手，进而阐述薪酬管理系统的业务流程、数据输入、日常业务处理和账表输出，力图介绍薪酬管理子系统如何实现人员管理和职工薪酬核算与发放的全过程。

第一节　薪酬管理子系统概述

随着人们对人力资源重要性的日益认识，人力资源的管理已成为当前企业管理的热点问题，同时在会计领域也有相当一部分的学者致力于人力资源会计的研究，并取得了一定的进展，但人力资源目前的管理和核算还存在许多亟待解决的难题。因此，会计在人力资源管理的应用主要集中于对已经发生的人事信息变动保持实时的更新和控制以及对职工薪酬的准确核算，这两部分内容构成了整个薪酬管理子系统。

薪酬管理子系统主要内容应包括：组织机构管理、人员信息管理、人员变动管理和职工薪酬管理等方面。组织机构管理下设职能职级、职务管理和岗位管理等，便于管理集团的机构和岗位。人员信息管理包括入职管理和职工信息维护等，便于管理集团的职工档案信息。人员变动管理包括转正管理、调配管理、兼职管理和离职管理，便于管理集团内部的人员变动。本节主要以工业企业为背景，对薪酬管理子系统进行分析和讨论。

一、薪酬管理

薪酬管理是人力资源管理中与财务密切相关的重要组成部分。薪酬管理包括人事管理和职工薪酬管理。

(一)人事管理

人事管理对企业经营决策的制定具有重大影响。在多数企业中，人事管理要设置单独的职能部门，人事管理的主要职责是人事需求规划、招募与辞退、职工薪酬定级和劳保福利、职工技能的培训、职工的绩效考评和奖罚、职工之间的关系处理等。职工是指与企业签订劳动合同的所有人员，包含全职、兼职和临时职工，也包括虽未与企业订立劳动合同，但由企业正式任命的人员，如董事会成员、监事会成员等。在企业的计划和控制下，虽未与企业订立劳动合同或未有其正式任命，但为其提供与职工类似服务的人员，也属于薪酬管理范畴中所称的职工。人事管理中的一个主要部分是人事信息管理。人事信息管理是企业登记在册职工的档案管理，企业需要保持从员工入职、职位的变动到最后的员工离职的整个过程的控制，才能更好地避免低效的人事管理带来的寻租空间和成本上升。

人事管理的构成包括以下几个部分：

1.组织机构管理

组织机构管理是人事管理的基础，包括组织管理、职等职级管理、职务管理和岗位管理。组织管理是对集团下属的组织以及组织内部的部门信息进行管理。职级类别是集团或组织根据不同的职能等级划分的大类级别；在同一职能级别之中，又包含有一个或多个职务类别；在同一职务类别下，又存在一个或多个不同的岗位。例如人事部规定，事业单位岗位分为管理岗位、专业技术岗位和工勤技能岗位三种类别。专业技术岗位分为十三个等级，包括高级岗位、中级岗位、初级岗位。高级岗位又分为七个等级，由高到低分为一至七级，其中正高级岗位包括一至四级，副高级岗位包括五至七级；中级岗位分为三个等级，由高到低分为八至十级；初级岗位分为三个等级，由高到低分为十一至十三级，其中十三级是员级岗位。每位员工的工资由岗位工资、薪级工资和其他福利组成。

2.人员信息管理

人员信息管理包括员工入职管理和员工信息维护。员工入职管理是针对集团新进员工进行的必要程序，例如入职登记信息、入职申请信息和入职审批信息输入，继而形成员工的信息档案，完成该部分程序后新员工正式成为集团的内部员工。员工信息维护是对集团现有或已离职员工的信息的管理。某些关键人员的信息可能需要进行单独管理，某些旧员工曾经由于损害集团利益可以将其列入黑名单永不录用。

3.人员变动信息管理

人员变动信息管理是人事管理日常业务的一部分，主要是对试用期员工的转正管理、对员工在组织间的调配管理、员工外派兼职管理及员工的离职管理。为了保持组织对人员变动过程的控制，不论是员工转正、调配、兼职或离职都需要提交相应的申请，获得审批后记录在册，完成相应的程序之后才可以实现人事变动。

人事管理的基本管理过程：

(1)在公司章程中，集团应该按照统一的标准设定相应的组织、部门和岗位信息，并按照规定设定职等职级和职务类别、工作内容及任职资格等。

(2)当新员工入职的时候，需要按照人事部门规定进行入职登记，提交入职申请，在入职申请获得审批通过后方可建立人事档案，正式入职。入职时，人事部门需要按照相应的标准为员工创建薪资档案，包括职等职级、职务类别和基本薪资及福利等。

(3)试用期满后员工转正需要向人事部门提交转正申请，获得审批后方可将档案转为正式员工档案；正式员工需要调配到集团内其他组织时，需要向人事部门提交相应的调配申请或兼职申请，获得审批后方可入职其他组织；离职员工需要按照公司规定提前提出离职申请，获得审批后方可按照程序离职。离职员工之前在集团的工作档案同样存在于企业内，若离职员工被集团记入黑名单，再次入职时该影响不会消除。

(二)职工薪酬管理

职工薪酬管理涉及职工薪酬的计算、汇总、发放和分摊。职工薪酬是以货币形式支付给劳动者的报酬。在尚未支付时，它是企业为了使用职工的知识、技能、时间和精力而承担的对职工个人的一种负债。对企业职工业绩考评和薪酬计算的正确与否，直接关系到职工的切身经济利益，这影响到一个企业能否充分调动职工的积极性。准确反映职工薪酬的计提和分配，还可以为企业的人力资源的配置决策以及相关的成本费用控制提供必要的信息支持。此外，职工薪酬的发放亦是企业一个重要的现金流出，及时准确地反映对企业合理安排现金流也有重要的意义。职工薪酬的管理与核算涉及企业的每一位职工，必须按照相应的职工薪酬制度规定，根据每个月的相关统计资料，计算每位职工的职工薪酬；而后按照各个部门的受益情况，进行职工薪酬的分配；接着需要在一定的时间以现金或银行存款的方式向职工个人支付薪酬；会计则需要对这一系列的活动进行核算与反映。职工薪酬的管理与核算因不同行业或企业而有所不同，譬如国有企业和外资企业的职工薪酬制度就存在差异，制造企业和商品流通企业的职工薪酬管理与核算的复杂程度也是不同的。

职工薪酬主要包括以下几个部分：

(1)职工薪酬、奖金、津贴和补贴；

(2)职工福利费；

(3)医疗保险费、养老保险费、失业保险费、工伤保险费和生育保险费等社会保险费；

(4)住房公积金；

(5)工会经费和职工教育经费；

(6)非货币性福利；

(7)因解除与职工的劳动关系给予的补偿;

(8)其他与获得职工提供的服务相关的支出。

此外,在实际工作中,往往要从应付职工薪酬中代扣职工应交的各种款项。例如代扣职工居住公共宿舍的房租和水电费、工会会费、住房公积金、个人所得税等。因此,每月实际支付给职工个人的职工薪酬即实发职工薪酬为应付职工薪酬扣除代扣款项以后的余额。

职工薪酬的基本管理过程:

(1)企业应按照劳动职工薪酬制度的规定,根据考勤记录、工时记录、产量记录、职工薪酬标准、职工薪酬等级等,编制职工薪酬单(亦称职工薪酬结算单、职工薪酬表、职工薪酬计算表等),准确及时地计算职工的应发职工薪酬、代扣款项和实发职工薪酬。企业一般可按单位、部门编制职工薪酬结算单,职工薪酬结算单通常一式三份,一份由职工薪酬部门存查;一份按每一职工裁成单条,连同职工薪酬一并发给职工,以便核对;一份由职工签章后作为财会部门职工薪酬结算和支付的凭证。职工薪酬结算单中的应付职工薪酬,一般由职工薪酬部门按有关资料计算填列,代扣款项和实发职工薪酬一般由财会部门据有关部门的扣款通知单填列。

(2)财务部门将职工薪酬单进行汇总,编制职工薪酬汇总表,按规定向银行提取现金发放职工薪酬,也可由银行代发。现金发放时,需考虑票面的分布以及零头扣除的处理,以方便财务人员的发放工作。银行的代发需要每位职工的银行账号,以便通知银行发放。

(3)企业的职工在各自不同的岗位上,从事着不同性质的工作,不同类型职工的薪酬支出体现为不同的成本、费用,须按受益的情况,进行准确的分配。因此在处理职工薪酬时,需要区分不同工作性质的职工,例如企业的行政管理人员、工厂专设销售机构的人员、生产车间的管理人员、生产车间的生产人员、固定资产工程建设人员等等,他们的薪酬分别需要分摊到不同的成本费用项目上,因此需要做出准确的区分。

(4)企业的职工发生调入、调出、内部调动或者调整薪酬时,需要及时处理。

二、职工薪酬的会计核算

职工薪酬的会计核算较为简单,主要涉及职工薪酬计提和分摊的核算,职工薪酬发放的核算。不同类型企业的职工薪酬业务不完全相同,对应的会计核算也有所区别。

以制造企业为例,其职工薪酬核算所涉及的主要会计科目和核算过程如下:

(1)"应付职工薪酬"科目:核算企业根据有关规定应付给职工的各种薪酬。在"应付职工薪酬"科目下按照"薪酬"、"职工福利"、"社会保险费"、"住房公积金"、"工会经费"、"职工教育经费"、"解除职工劳动关系补偿"、"股份支付"等应付职工薪酬项目进行明细核算,以反映和监督职工薪酬的计提和结算情况。

(2)"生产成本"、"制造费用"、"管理费用"、"营业费用"和"在建工程"等科目:主要用于反映和监督职工薪酬所对应的分配去向。

在账务处理上,存在下述几种情况需进行账务处理。

(1)发放单位在支付职工薪酬时,根据职工薪酬结算单、职工薪酬汇总表、各种代扣款通知单以及付款凭证作如下分录:

借:应付职工薪酬——薪酬(职工福利、社会保险等)
　贷:银行存款(现金)
　　其他应收款(如代扣的房租、水电费等)
　　应交税费——应交个人所得税(代扣的个人所得税)

职工在规定期限内未领取的职工薪酬,由发放的单位及时交回财务会计部门,并作如下分录:

借:应付职工薪酬——薪酬(职工福利、社会保险等)
　贷:其他应付款

(2)月度终了,应将本月应发的职工薪酬按职工的不同性质进行分配,根据各种成本费用的分摊一览表作如下分录:

借:生产成本(生产车间的工人)
　制造费用(生产车间的管理人员)
　管理费用(企业的行政管理人员)
　营业费用(应由采购、销售费用开支的人员)
　在建工程(固定资产工程的建设人员)
　贷:应付职工薪酬——薪酬

(3)本月实际支出的职工福利费、计提的工会经费、职工教育经费等,也需要按职工的不同性质进行分配,作如下分录:

借:生产成本(生产车间的工人)
　制造费用(生产车间的管理人员)
　管理费用(企业的行政管埋人员)
　营业费用(应由采购、销售费用开支的人员)
　在建工程(固定资产工程的建设人员)
　管理费用(企业医护人员、职工浴室、理发室、幼儿园、托儿所人员)
　贷:应付职工薪酬——职工福利/工会经费/职工教育经费

(4)解除与职工的劳动关系给予的补偿,作如下分录:

借:管理费用
　贷:应付职工薪酬——解除职工劳动关系补偿

(5)外商投资企业按规定从净利润中提取的职工奖励及福利基金,作如下分录:

借:利润分配——提取的职工奖励及福利基金
　贷:应付职工薪酬

三、薪酬管理子系统的特点和目标

(一)人事管理特点

1.个体差异性大

人事信息主要包括组织的部门信息、工资等级信息和员工的个人信息,其中组织的部门信息和工资信息一般不变,但是员工的个人信息根据员工的个人特征不同而不同,数据的差异性较大,不能进行统一输入,所以在输入和管理的时候要注意核对。

2.信息变化性大

随着时间的推移,员工的信息可能会随时发生变化,比如未婚员工结婚、薪资等级调动、集团内调动或员工离职,这些数据的变化具有无规律性,只能通过人工更改。尤其是针对员工的薪资信息,错误的薪资计算可能会带来员工的不满和绩效降低,薪资计算一定要准确且及时。

3.数据隐私性强

人事信息中包含有员工的个人信息,这些信息中大部分属于员工的个人隐私,所以对该部分数据的保密要求较高。大部分员工不希望其他人知道自己的个人信息或薪资信息,企业应该注意该类信息的权限和储存,即使是离职员工的信息也应该妥善保存,否则可能会产生相应的法律风险。

(二)人事管理目标

根据人事管理模块的上述特点,人事管理模块的目标应该包括以下几方面:

1.信息的即时输入

由于员工的信息差异性较大,变化性较强,为了实现信息的准确输入,一般要求员工在发生信息变动时及时向人事部门反映,人事部门应该核实情况后及时进行相应的审批和更改。

2.绩效考评的准确性

绩效考评是员工薪酬变动数据的主要来源,是准确核算职工薪酬的基础,所以绩效考评必须准确且及时,从而为职工薪酬的核算提供信息。

3.员工的发展和保持

人力资本是企业发展的重要部分,使员工在企业中发挥自己最大的潜能并且从工作中产生获得感,能够有效地帮助企业提升员工的黏性,减少优秀员工的流失率,降低企业的人力成本,这也是人事管理最重要的目标之一。

(三)职工薪酬管理特点

1.业务处理政策性强

国家制定了职工薪酬的各项制度,并要求按规定代扣代缴个人所得税,企业需要严格遵循;此外职工薪酬计算的正确与否直接关系到职工的切身利益。因此必须准确计算并如实填报,即保护职工利益,也保护国家利益。

2.数据的时效性、准确性要求高

职工薪酬的发放有确定的时间限制,因此必须按企业规定的职工薪酬发放日期完成职工薪酬业务的处理,并保证数据处理的正确。

3.数据量大

由前面的介绍可知,职工薪酬的构成项目较多,因此薪酬管理子系统的原始数据量大。其中,职工姓名、编码、标准职工薪酬等每月固定不变或相对固定的数据需要长期保存。事假、病假、加班职工薪酬等每月变动的数据需要在进行职工薪酬业务处理时进行编辑修改。此外,薪酬管理子系统的数据输入工作量因职工规模的大小而不同。在职工人数多的企业,这一工作量很大。

4.处理业务重复性强,核算方法较为简单

职工薪酬业务的核算方法较为简单。每月进行职工薪酬业务处理时,只需要输入每一职工的有关变动数据即可,而每一职工的职工薪酬的计算方法都是重复同样的程序,具有较强的规律性,便于计算机处理。

5.涉及面广

职工薪酬核算涉及很多方面,如职工个人、人事劳资部门、职工所在部门、总务部门等。此外职工薪酬代发还涉及银行,个人所得税缴纳涉及税务部门等等。

6.与成本核算子系统和账务处理子系统存在周期性的数据传递关系

职工薪酬子系统是一个相对独立的系统,它在运行过程中应该说和其他子系统的数据传递不是很频繁,但它与成本子系统和账务处理子系统之间存在周期性的数据传递关系。成本核算子系统中人工费用的数据来自职工薪酬子系统职工薪酬分摊的结果,职工薪酬的计提和分配形成的转账凭证须传递到财务处理子系统中去。

(四)职工薪酬管理的目标

根据职工薪酬模块的上述特点,一个完善的职工薪酬管理的目标应该包括以下几方面:

1.职工薪酬档案管理

管理职工薪酬档案的信息,以便在此基础上计算、分摊职工薪酬,并进行相关的统计分析;职工发生调入、调出或内部调动时,应及时更新职工薪酬档案。

2.职工薪酬的核算和管理

对职工薪酬项目中的固定数据进行计算,在固定数据发生调整时及时更新;及时准确地输入每月变动的考勤记录、工时记录、产量记录、代扣款项,根据职工薪酬标准、职工薪酬等级等相关的规定,正确计算应付职工薪酬、代扣款合计、实发职工薪酬和个人所得税,编制职工薪酬单和职工薪酬汇总;及时为职工薪酬的发放做好准备;月末根据职工所属的部门以及工作的性质对职工薪酬进行准确的分摊,并计提相关的费用,以正确反映企业的成本费用并传递数据给账务处理子系统和成本核算子系统。

3.提供各种职工薪酬管理信息

辅助人力资源的相关决策和管理;提供职员档案与薪酬信息的动态查询和打印功能。

第二节 薪酬管理子系统流程分析

本节我们同样以制造企业为例,介绍薪酬管理子系统的业务流程与数据流程。

一、人事管理的业务流程

企业的人事管理起始于员工的入职,然后由人事部门进行相关资料的输入和审批,审批通过后建立员工人事档案和薪资档案。当集团内员工的工作岗位发生变动时,人事部门应该根据实际变动情况及时地更新员工信息。当员工离职时,员工应该按照规定提前向管理部门申请，申请通过后再到人事部门办理相应的离职手续后方可离职。人事管理的业务流程如图 7-1 所示。

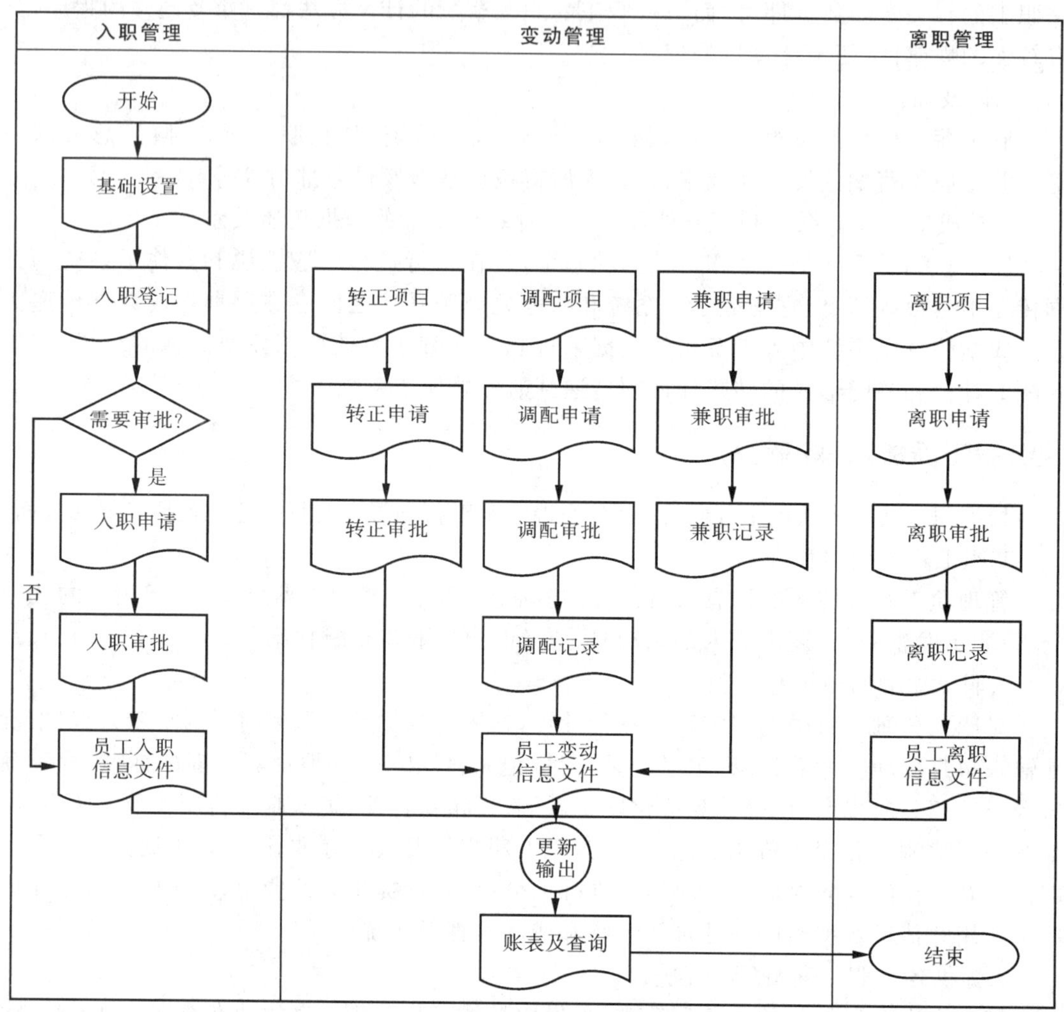

图 7-1 人事管理模块业务处理流程图

人事管理业务流程包括下列处理步骤：

(1)当新员工进入集团时，首先对其进行入职登记。如果入职登记需要审批，则向相关部门提交入职申请，等待审批通过后建立人事档案(包括薪资档案)；如果不需要审批则直接建立人事档案(包括薪资档案)，并将新建立的档案存入员工入职信息档案系统进行统一保存。

(2)试用期员工转正首先需要员工提交转正申请，审批通过后人事部门进行员工档案的信息更新，数据存入员工信息变动文件；集团内员工调配和员工兼职同样需要员工提出申请，相关部门审批通过后人事部门进行相应的记录，数据存入员工信息变动文件。

(3)集团员工离职时，员工向自己的管理部门提出申请，审批通过后到人事部门办理完必要的程序后即可离职，员工的离职数据存入员工离职信息文件。

二、职工薪酬模块的业务流程

企业的职工薪酬业务一般从劳动职工薪酬部门输入应付职工薪酬的有关资料开始，然后由财会部门核对输入的资料，根据有关部门提供的扣款通知单输入代扣资料，计算职工的实发职工薪酬，编制职工薪酬结算单（或者职工薪酬发放签名表、职工薪酬发放条）以及职工薪酬汇总表，并安排职工薪酬的发放。月末对职工薪酬进行分摊以后，将相关的凭证传递到财务和成本子系统进行相关的数据处理。职工薪酬的业务处理流程如图 7-2 所示。

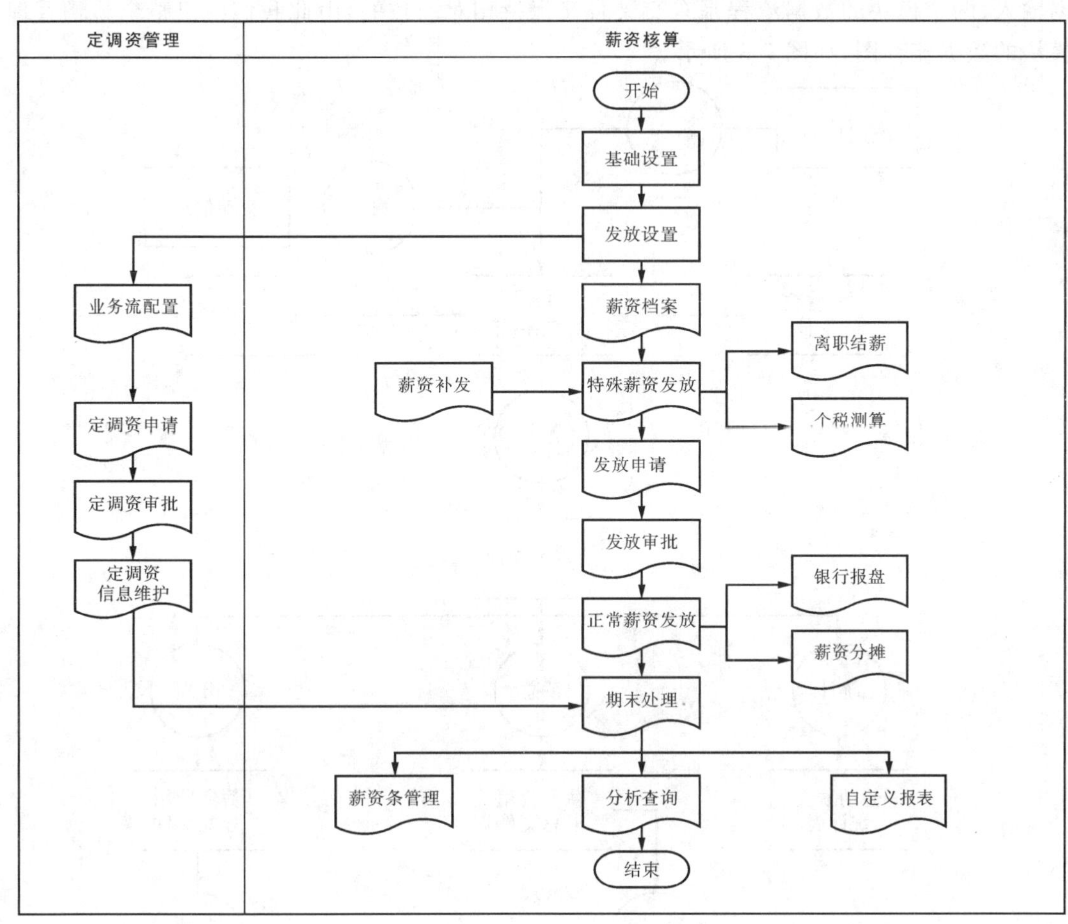

图 7-2 职工薪酬业务处理流程图

职工薪酬业务流程包括下列交易处理步骤：

(1)生产部门、车间科室、人事部门和综合行政部门输入有关资料，进行应付职工薪酬、代扣款项、代扣个人所得税和实发职工薪酬的计算，编制职工薪酬结算单，并作为与员工结算职工薪酬的依据。

(2)财会部门汇总职工薪酬结算单数据，编制职工薪酬汇总表，进行应付职工薪酬的分摊，职工薪酬汇总表作为职工薪酬现金发放或银行代发的依据，职工薪酬分摊的结果传送到成本核算子系统，更新成本记录。

(3)职工薪酬发放部门根据应付职工薪酬处理的结果发放职工薪酬，可以采用现金发放的方式，也可以委托银行代理发放。

(4)负责账务处理的职员根据职工薪酬分摊、职工薪酬发放的资料，定期过入总分类账户。

三、薪酬管理子系统的数据流程

由图 7-1 和图 7-2 的业务流程可以看出，职工薪酬的业务处理依赖于人事信息的数据输入，两个模块的数据流程是有交叉且又保持相对一致的，由此我们给出整个薪酬管理模块的数据流程图，如图 7-3 所示。

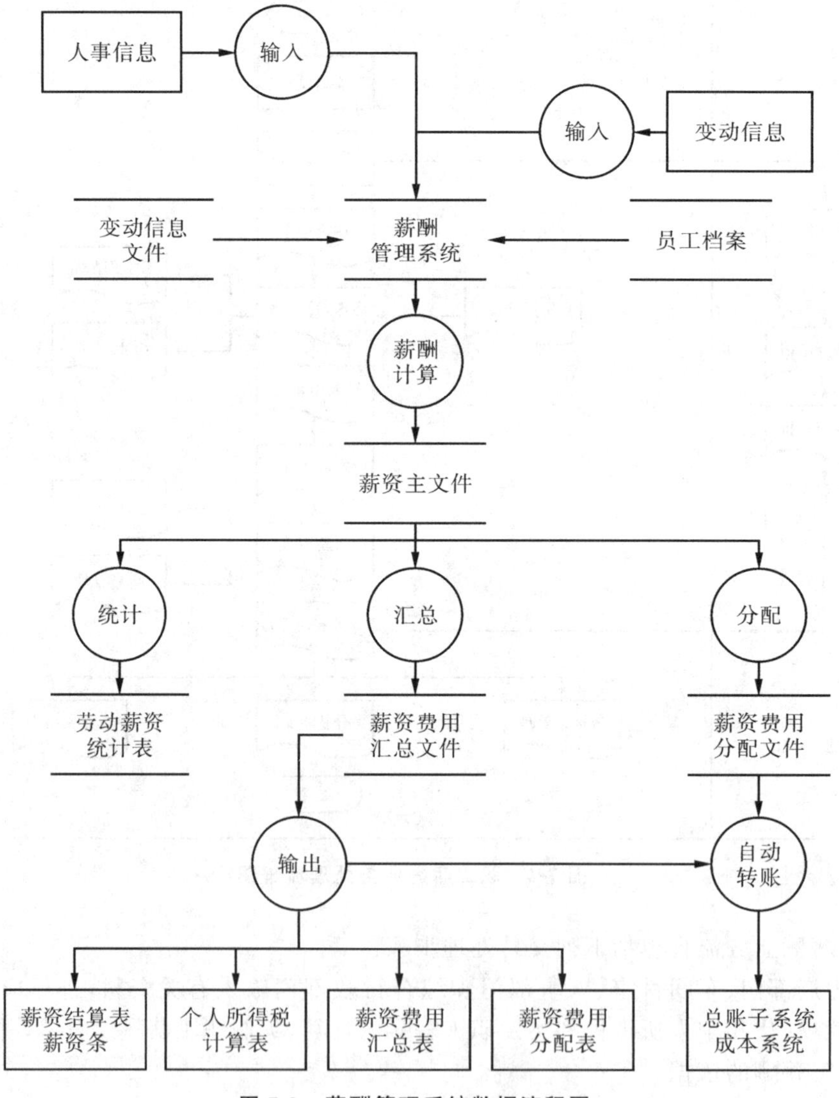

图 7-3　薪酬管理系统数据流程图

薪酬管理子系统数据流程图说明如下：

(1)在基础设置中，用户完成参数的设置、扣税设置、扣零设置、人员编码设置、职工薪酬项目设置、人员附加信息设置、银行名称设置、人员类别设置、人员档案管理、计件职工薪酬标准和方案设置等，系统会将这些数据保留在基础信息文件中以备随时调用。

(2)依据人员变动数据和职工薪酬调整数据，更新固定职工薪酬数据文件。

(3)输入计件统计等资料，存入计件职工薪酬统计数据文件。

(4)输入事假、病假、加班职工薪酬、代扣水电费等每月变动的数据，并接收当月的计件职工薪酬统计文件的数据，形成当月的变动职工薪酬数据文件。

(5)依据固定职工薪酬数据文件和变动职工薪酬数据文件的数据，计算应发职工薪酬、代扣款项、实发职工薪酬等项目，存入职工薪酬变动文件。有的软件不区分固定职工薪酬数据文件和变动职工薪酬数据文件，而是设置一个职工薪酬变动文件，直接进行职工薪酬计算，计算结果仍然保存在职工薪酬变动信息文件中。

(6)薪资费用分配文件中的职工薪酬分摊的数据传递到成本子系统，作为人工成本计算的依据。

(7)系统自动将薪资费用分配文件中的职工薪酬数据加工成机制凭证存在记账凭证文件，并通过自动转账模块传递到账务处理子系统。

(8)根据用户的需要，系统通过基础信息文件、职工薪酬变动信息文件、职工薪酬汇总文件和薪资费用分配文件输出各种统计表。

四、薪酬管理子系统数据文件

从图 7-3 中可以看出，薪酬管理系统中有两类主要的数据文件：一类是基础数据文件，另一类是业务数据文件。这些数据文件一方面能够合理地接收系统输入的数据，另一方面通过进一步加工处理又可以形成各种账表数据输出。其中，职工薪酬变动文件、职工薪酬汇总文件和职工薪酬费用分配文件是职工薪酬子系统的主要数据库文件。

目前大多数中小型组织基本应用相对独立的薪酬系统，这种模式提高了薪酬计算的准确性，但却没有显著提高工作效率。对于大中型企业，薪酬管理系统通常归属于人力资源管理系统。人力资源管理系统收集并处理广泛地与职工相关的数据，包括人力资源规划、职工关系、人事信息(薪酬率、扣款等)及薪酬单。人力资源管理系统必须支持实时访问雇员文件，以便当职工的状况改变时可以直接访问并记录。人事部门负责通过终端对雇员文件进行实时修改，包括增添新的职工、删除离职职工记录、代扣款的改变和薪酬等级(工作岗位)的改变等。考勤部门负责确认、输入职工的考勤记录，形成考勤记录数据文件。数据处理部门采取批处理方式进行薪酬费用的计算、汇总、分配和转账等处理。

第三节　薪酬管理子系统初始化设置

薪酬管理子系统的基础设置分为人事管理的初始化设置和职工薪酬管理的初始化设置。

一、人事管理的初始化设置

(一)信息集管理设置

在人力资源管理系统的基础设置中需要设置各种参数。首先是信息集管理设置,信息集分类设置中含有职务信息、部门信息、岗位信息、组织信息、人力资源组织信息、公司信息、人员基本信息、劳动合同协议和应聘人员信息的设置。以人员基本信息为例,图 7-4 为人员基本信息的参数设置图,首先可以对信息项进行添加,其次可以在选项中勾选可空或只读。其他信息也可以类比设置。图 7-5 为信息项在系统中的显示顺序设置,自定义设置完毕之后选择确定即可。图 7-6 为同步设置,需要注意的是,自定义的信息集和信息项将不能删除,且同步后需要重新登录系统。图 7-7 为信息交换项设置,该选项用于集团之间的信息交流,首先定义需要共享的人力资源组织,然后定义需要交换的源信息集和目标信息集,再增加想要共享的信息项,比如职位职级,任职类型等。设置完成后,目标人力资源组织就可以看到共享的人力资源信息了。

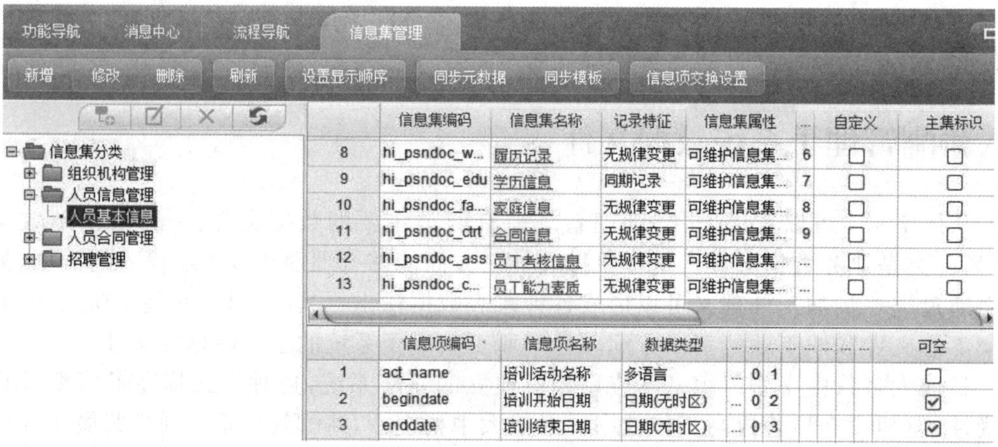

	信息集编码	信息集名称	记录特征	信息集属性	...	自定义	主集标识
8	hi_psndoc_w...	履历记录	无规律变更	可维护信息集...	6	☐	☐
9	hi_psndoc_edu	学历信息	同期记录	可维护信息集...	7	☐	☐
10	hi_psndoc_fa...	家庭信息	无规律变更	可维护信息集...	8	☐	☐
11	hi_psndoc_ctrt	合同信息	无规律变更	可维护信息集...	9	☐	☐
12	hi_psndoc_ass	员工考核信息	无规律变更	可维护信息集...	...	☐	☐
13	hi_psndoc_c...	员工能力素质	无规律变更	可维护信息集...	...	☐	☐

	信息项编码	信息项名称	数据类型	...	...	...	可空
1	act_name	培训活动名称	多语言	...	0	1	☐
2	begindate	培训开始日期	日期(无时区)	...	0	2	☑
3	enddate	培训结束日期	日期(无时区)	...	0	3	☑

图 7-4　人员信息管理设置

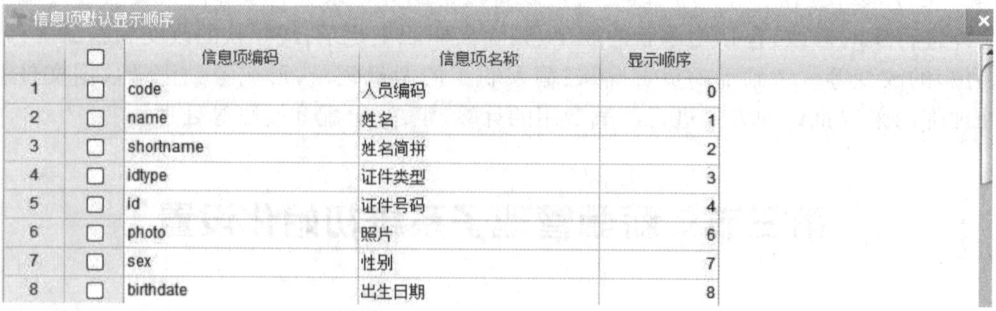

信息项默认显示顺序

	☐	信息项编码	信息项名称	显示顺序
1	☐	code	人员编码	0
2	☐	name	姓名	1
3	☐	shortname	姓名简拼	2
4	☐	idtype	证件类型	3
5	☐	id	证件号码	4
6	☐	photo	照片	6
7	☐	sex	性别	7
8	☐	birthdate	出生日期	8

图 7-5　信息项显示顺序设置

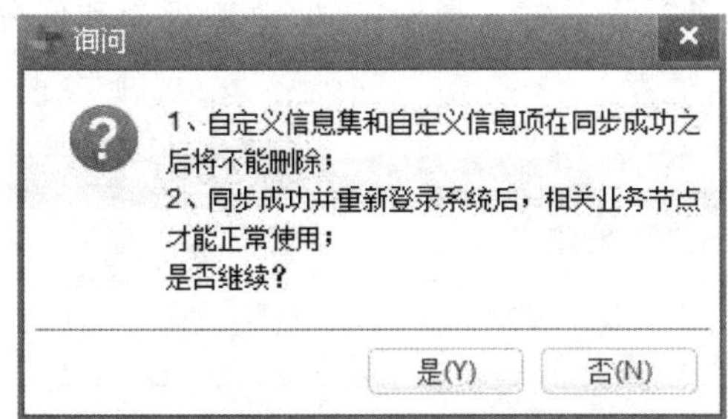

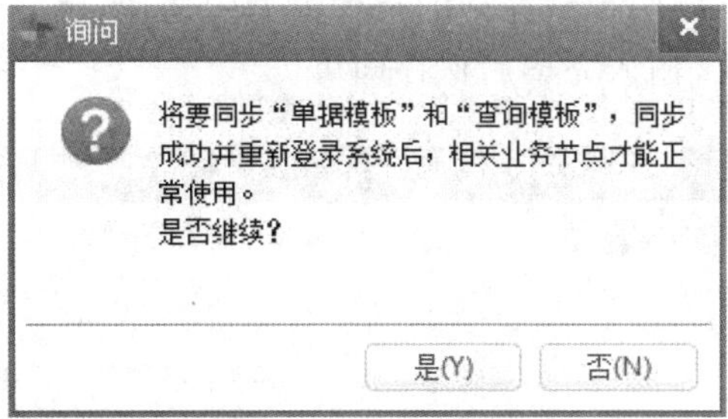

图 7-6　同步元数据与同步模板设置

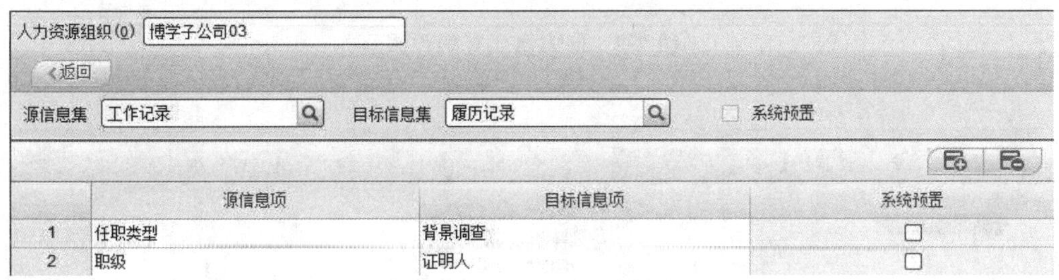

图 7-7　信息交换项设置

(二)基础档案设置

基础档案设置包括全局和集团的设置，两个设置方式和方法相同。图 7-8 是基础档案的设置界面。首先自定义档案，如考评等级等。然后在自定义的档案目录下新增档案项目，输入所属组织(全局或集团)、档案编码、简称、助记码、备注，系统会根据输入情况自动输入创建人、创建时间、最后修改人和最后修改时间。

新增　修改　删除　查询　刷新　过滤　启用　打印

档案 考评等级

	所属组织	档案编码	档案名称	简称	...	...	备注	创建人	创建时间	最后修改人	最后修改时间
1	全局	10293557	AAA	A-	...	...	合格				
2	全局	10293558	AAAAA	A+	...	...	最优				
3	全局	10293559	AAAA	A	...	...	次优				

图 7-8　基础档案设置

(三)能力素质库设置

能力素质库中包含能力素质等级和指标(全局和集团)。图 7-9 是能力素质等级设置图，首先需要设置等级组名称和所属组织，然后添加等级。值得一提的是，等级只能在基础档案设置中已输入的备选项中选择，如果没有设置则不能在此设置，需要返回基础档案设置进行重新设置。图 7-10 是能力素质指标类型设置，此处可以进行考评指标的类型设置。图 7-11 是能力素质指标设置，在能力素质的指标中，指标类型和能力素质等级组必须从已经设置完毕的指标类型中选择，选择完毕后手动输入指标定义、典型行为和低分者建议，输入完毕后保存即可。

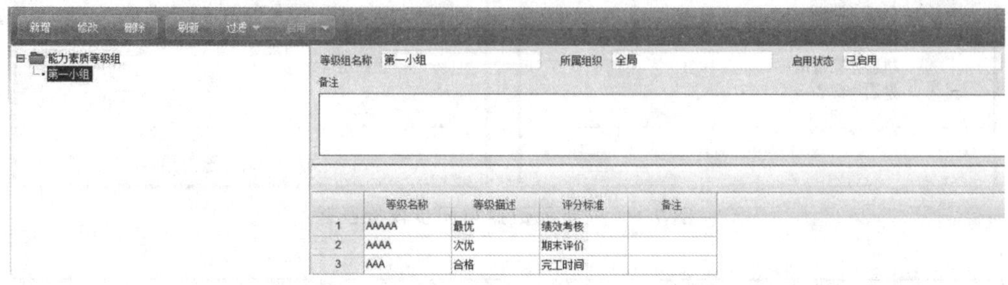

图 7-9　能力素质等级设置

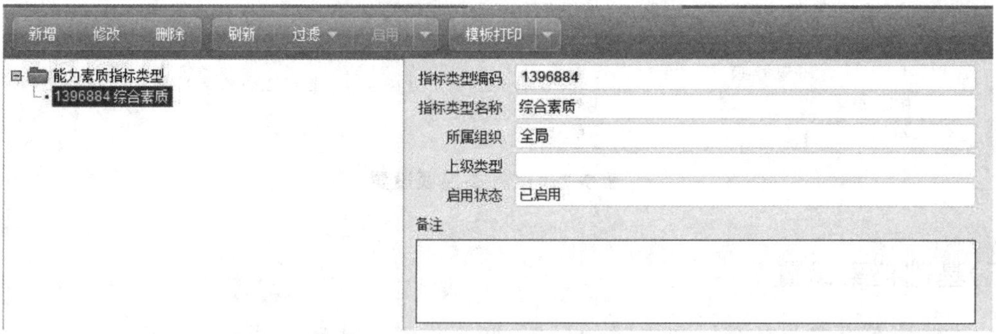

图 7-10　能力素质指标类型设置

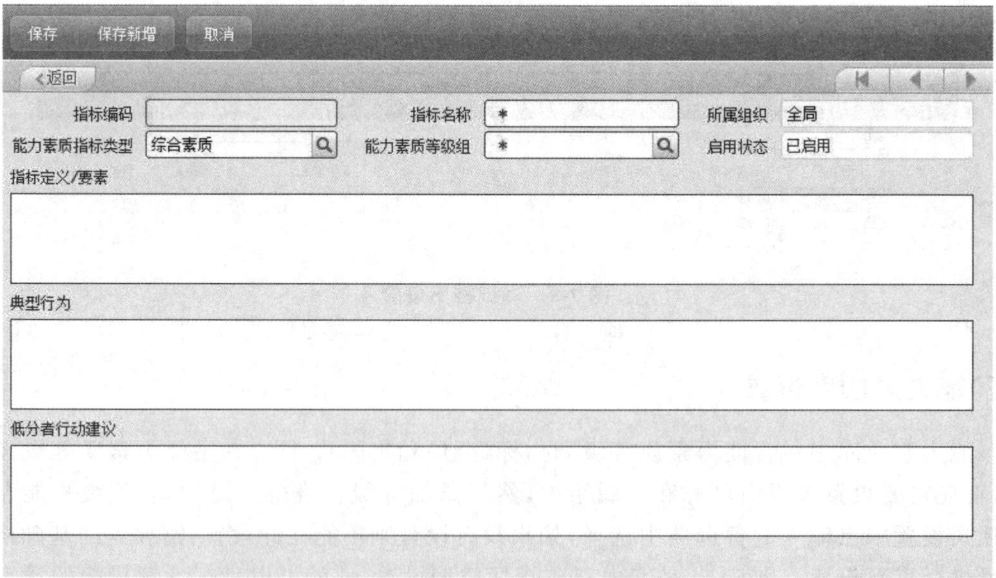

图 7-11　能力素质指标设置

(四)人员类别规则设置

人员类别规则设置如图 7-12 所示，左边是人员类别，右边是人员信息，在选择了人力资源组织之后，点击修改命令，就可以对人员信息集的显示项、必须输入项、编辑项、审核项等进行选择，选择后作为相应人力资源组织的基础模板应用。

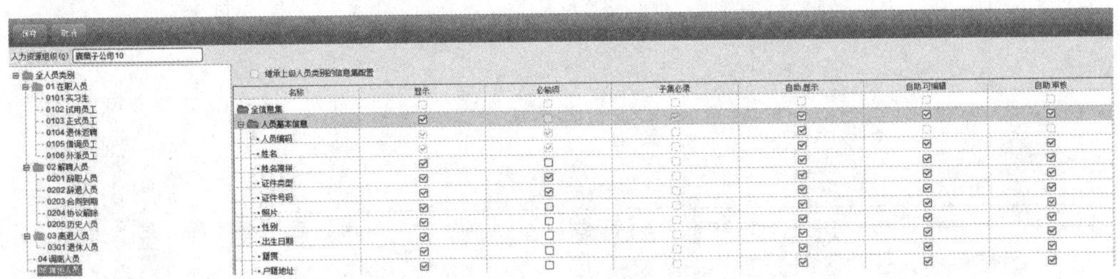

图 7-12 人员类别规则设置

(五)岗位设置

集团需要根据自己的战略发展方向和实际需要而设置岗位，岗位的设置应该合理且适当，避免由于岗位不足而带来的短缺成本和岗位设置不合理所带来的资源浪费。在进行集团的岗位设置时，首先要进行岗位序列的设置，如图 7-13 所示，按照图中所示项目，填入对应的上级序列和职级信息，填写完毕之后相应的岗位序列信息就会保存在系统之中。其次就要进行基准岗位的设置，如图 7-14 所示，按照要求选择相应的岗位序列，然后依次填入岗位编码、岗位名称等基本信息，如有需要，还可以在同一界面新增岗位职责、岗位办公设备、岗位工作权限等。特别的，该岗位如有学历或工作经验等要求可以在岗位任职资格界面单独输入，如图 7-15 所示。

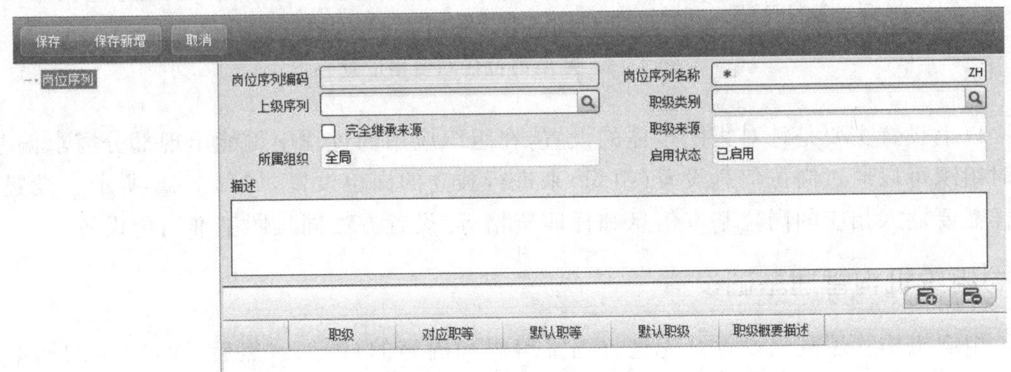

图 7-13 岗位序列设置

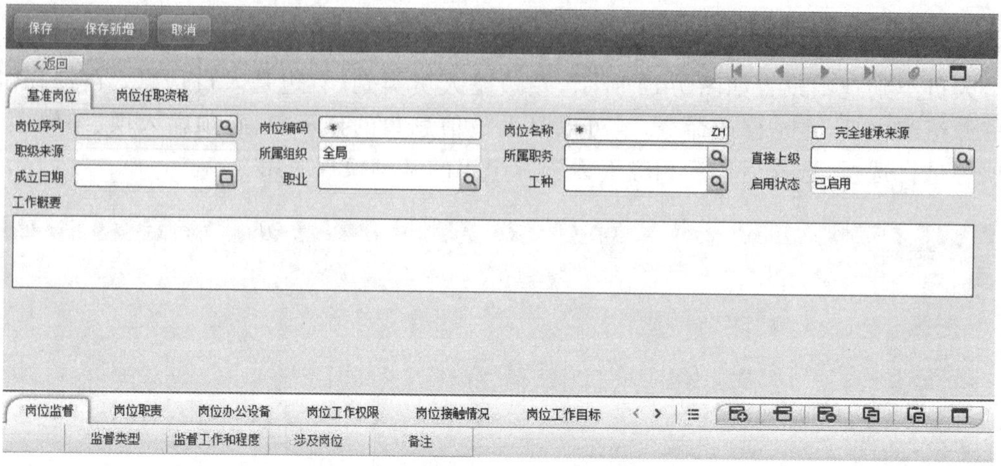

图 7-14　基准岗位设置

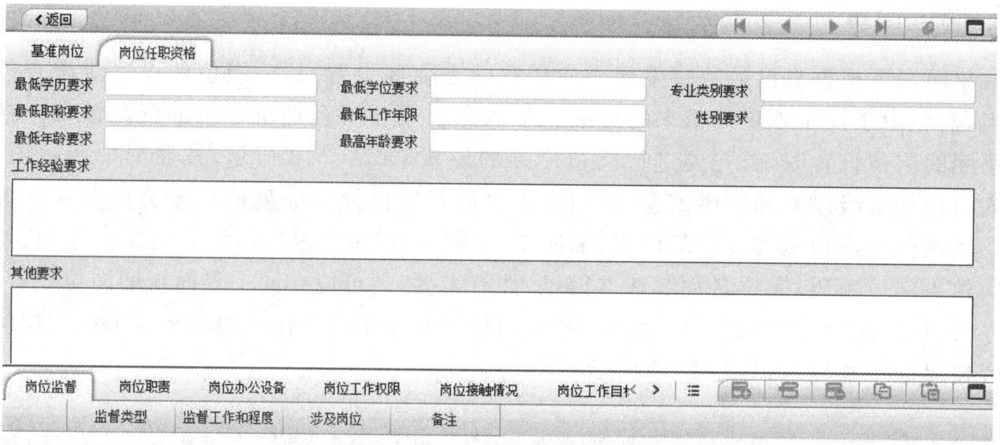

图 7-15　基准岗位任职资格设置

以上设置主要是针对集团整体的设置,在组织应用的过程中可能出现部分需求偏差,此时组织可以通过岗位信息设置(组织)来进行独立的岗位设置,如图 7-16 所示。设置时同样需要输入相应的岗位基本信息和任职资格等,设置方法同集团基准岗位设置。

(六)组织机构管理基础设置

组织机构管理基础设置首先进行档案编码和内容的自定义,然后从自定义的档案编码中选择一份档案后再输入条目即可。图 7-17 为组织机构管理基础设置的自定义档案举例。

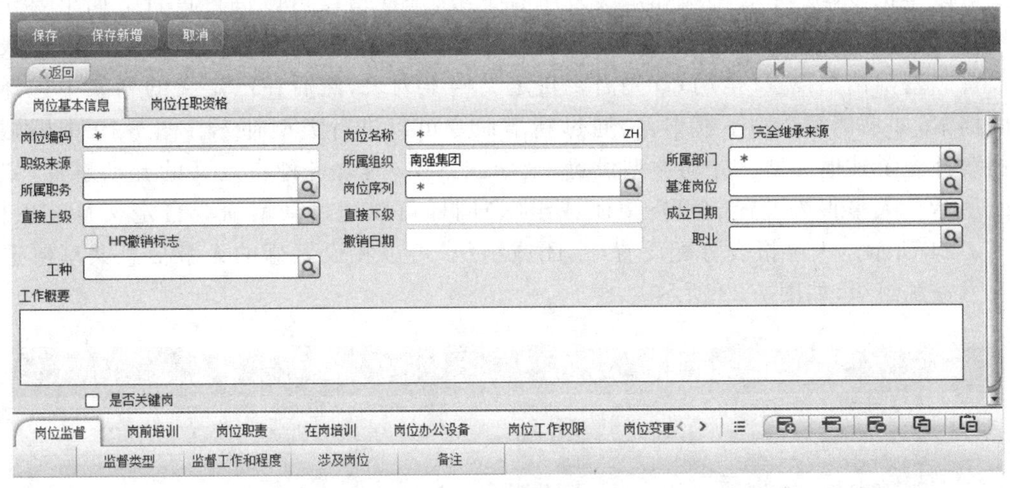

图 7-16 岗位信息设置(组织)

自定义档案列表

过滤(Alt+F)

	自定义档案编码	自定义档案名称
1	HR016_0xx	职业
2	HRJF001_0xx	职责类型
3	HRJF003_0xx	接触对象
4	HRJF004_0xx	监督类型

图 7-17 组织机构管理基础设置

(七)人员信息管理设置

人员信息管理设置首先是人员信息管理逐级管控设置(全局或组织)①。有三种管理

---

① 在用友 NC 6.5 中,“全局、集团和业务单元”在系统管理中是很重要的概念,这里作一解释。

a.全局。全局是指一个 NC 系统的一个客户安装环境。从技术上讲全局是一个 NC 数据源,是跨越系统内所有集团的一个范围。不论系统中有多少集团,都不能超出“全局”这个概念。全局不具备业务职能,但在系统中可以针对全局设定一些通用的规则和数据标准,比如币种。

b.集团。NC 6 中“集团”的概念与实际业务中的“集团”有非常重要的区别。实际业务中,这个词是指大型集团企业的多个子集团和多个业务板块;而在 NC 中,集团是指主数据和部分组织数据的隔离范围,我们可以通俗地将它理解为“领地”或“范围”,它并不具备业务职能。如果要对应实际业务中具备业务职能的“集团总部”,那么需要建立业务单元。

c.业务单元。业务单元对企业中的业务职能进行了划分,是企业中特定业务职能的载体,是为了完成特定业务职能而划分的具有相应功能权限的单位,比如财务业务单元完成财务核算的功能,销售业务单元完成销售业务的功能等。NC 中所有的组织都是由业务单元构成的。业务单元是一个抽象的概念,它只有在跟组织职能关联以后才有具体的业务语义。在 NC 组织机构体系中,业务单元就是通过标明“组织职能”而得到的。在 NC 组织结构体系中,企业的具体业务行为即由这些具体的业务单元负责执行与实施,业务活动的主要载体是业务单元,它们各自承载特定的业务,并负责制定跟本类业务相关的业务政策。业务单元是各类业务管理的边界,也是业务数据隔离的边界。

模式可以备选：本级、下管一级和本级及所有下级，选择错误可以进行重置。如果要允许下级修改，需要点击修改命令后在相应的选项框里打钩。图 7-18 为人员信息管理逐级管控设置。基础档案设置(全局)首先需要自定义档案列表，然后在已定义的列表中选择相应的档案，如果档案类别不够丰富，通过新增命令可以进行类型补充。图 7-19 中婚姻状况档案补充了其他类型。异动类型设置(全局或集团)内含各种自定义的异动事件，如图 7-20 所示。人事报表设置(全局、集团或组织)同样可以通过新增命令自定义补充项目，如图 7-21 所示。人事报表分配设置(集团或组织)可以将设置好的人事信息共享给选定的人力资源组织，如图 7-22 所示。

设置　修改　刷新　重置　打印

	功能编码	功能项	组织信息项	组织范围	人员信息项	人员范围	备注	允许下级修改
1	60070cardrep_...	人员卡片-集团	组织/部门	本级及所有下级				☑
2	60070cardrep_...	人员卡片-组织	组织/部门	本级				☑
3	60070listrep_grp	人员花名册-集团	组织/部门	本级及所有下级				☑
4	60070listrep_org	人员花名册-组织	组织/部门	本级				☐

图 7-18　人员信息管理逐级管控设置

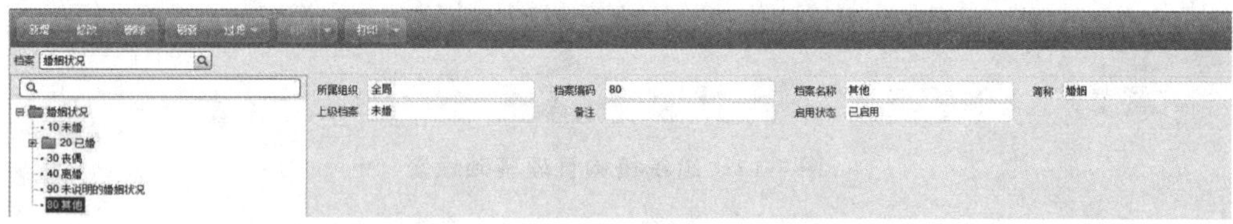

图 7-19　人员信息管理基础档案设置

刷新　过滤　打印

异动事件
- 入职
- 转正
- 调配
- 离职
- 离职后变动

	编码	名称	创建组织	异动事件	自助使用	启用状态	备注
1	0101	聘用	全局	入职	☐	已启用	
2	0102	退休返聘	全局	入职	☐	已启用	
3	0103	劳务派遣	全局	入职	☐	已启用	
4	0104	实习	全局	入职	☐	已启用	

图 7-20　异动类型设置

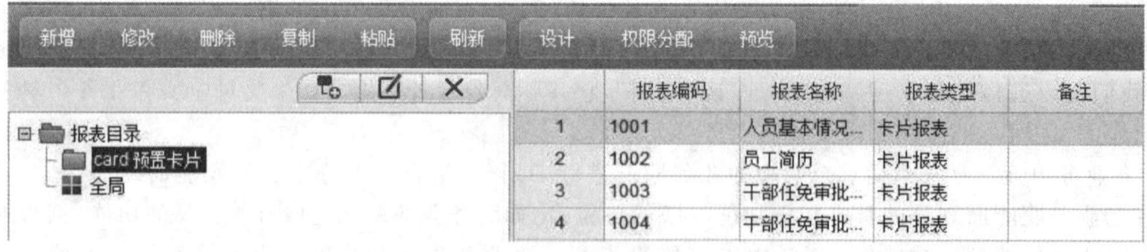

	报表编码	报表名称	报表类型	备注
1	1001	人员基本情况...	卡片报表	
2	1002	员工简历	卡片报表	
3	1003	干部任免审批...	卡片报表	
4	1004	干部任免审批...	卡片报表	

图 7-21　人事报表设置

图 7-22　人事报表分配设置

(八)人员变动项目设置

人员变动项目设置主要应用于集团内的人员变动，例如人员转正、人员调配和人员离职。针对可能发生的人员变动，在初始化设置时，要求预先置入可能发生的项目变动输入条目，便于在日常业务中使用。图 7-23 为入职试用调配项目设置举例，可以在内置的项目中选择某个项目，然后勾选必须输入、默认或调整。如果选择必须输入，则在集团发生人员变动时就必须输入此项目。

试用期类型 入职试用

	显示	项目显示名称	所属信息集	数据类型	调整	必输	默认
1	☑	人员类别	工作记录	参照	☑	☑	☑
2	☐	职务类别	工作记录	参照	☐	☐	☐
3	☑	部门	工作记录	参照	☑	☑	☑
4	☐	职务	工作记录	参照	☐	☐	☐
5	☐	岗位序列	工作记录	参照	☐	☐	☐
6	☑	岗位	工作记录	参照	☑	☐	☑
7	☐	职等	工作记录	参照	☐	☐	☐
8	☐	职级	工作记录	参照	☐	☐	☐
9	☐	任职类型	工作记录	参照	☐	☐	☐

图 7-23　入职试用调配项目设置

二、职工薪酬管理的初始化设置

职工薪酬管理的初始化设置包括基础设置、发放设置和定调资管理。

(一)基础设置

职工薪酬管理的基础设置包括：

(1)基础档案(集团或组织)。设置薪资变动原因档案和薪资项目分类档案或其他在系统生成时自定义的内置档案。

(2)公共薪资项目(集团或组织)。从系统生成时已输入的备选项中设置集团或组织的公共薪资项目。如图 7-24，左侧为公共薪资项目设置的备选项，有系统项目或在基础档案设置中的新增自定应档案，在右侧需要选择的选项框中点选打钩。图 7-25 为公共项目的细分设置，选择相应的项目之后就可以进入该项目的细分设置，在细分设置中可以设置项目分类、增减属性、项目数据来源和预警条件等。项目数据来源可以选择固定值、公式计算、手工输入、按薪资标准表或薪资规则表等，填写完毕后点击保存即可。需要注意的是，组织层面的公共薪资系统项目不能新增系统项目，而只能选择集团已经置入的系统项目。

新增 修改 删除 刷新 显示顺序 打印

⊞ 项目分类

	公共...	公共项目名称	...	增减属性	...	...	中间项目	纳入薪酬体系	扣税	下月清零
1	f_1	应发合计	...	系统项	...	2	☐	☐	☐	☐
2	f_2	扣款合计	...	系统项	...	2	☐	☐	☐	☐
3	f_3	实发合计	...	系统项	...	2	☐	☐	☐	☐
4	f_4	本次扣税基数	...	系统项	...	2	☐	☐	☐	☐
5	f_5	本次扣税	...	系统项	...	2	☐	☐	☐	☐
6	f_6	已扣税基数	...	系统项	...	2	☐	☐	☐	☐
7	f_7	已扣税	...	系统项	...	2	☐	☐	☐	☐
8	f_8	补发金额	...	系统项	...	2	☐	☐	☐	☐
9	f_9	补发扣税	...	系统项	...	2	☐	☐	☐	☐
10	003	福利	...	增项	...	2	☐	☑	☑	☑
11	01	基本工资	...	增项	...	2	☐	☑	☑	☐
12	02	补贴	...	增项	...	2	☐	☑	☑	☐

图 7-24　公共薪资系统项目设置(集团或组织)

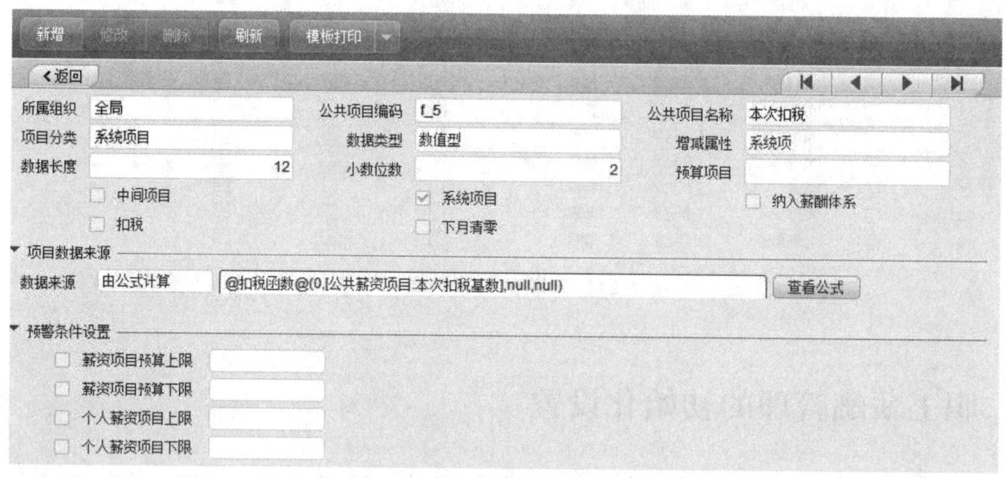

图 7-25　公共薪资项目细分设置

(3)预算项目构成(集团)。设置集团的预算项目，必须从系统中已经设置好的公共薪资项目中选择，如图 7-26。

(4)薪资期间(集团或组织)。设置薪酬计算年度和期间，以及开始日期和截止日期。

(5)薪酬标准设置(集团或组织)。设置整个会计主体的薪酬标准，如图 7-27，包括薪资标准类别编码和名称、对应薪资项目、级别金额排序方式等。图 7-28 为新增薪酬标准的设置界面，在此界面中可以设置新的薪酬标准，包括薪资档位和薪资级别，设置完毕后点击保存即可。需要注意的是，若选择多档位，必须设置档别人员属性，档别人员属性在内置系统档别中选择即可。

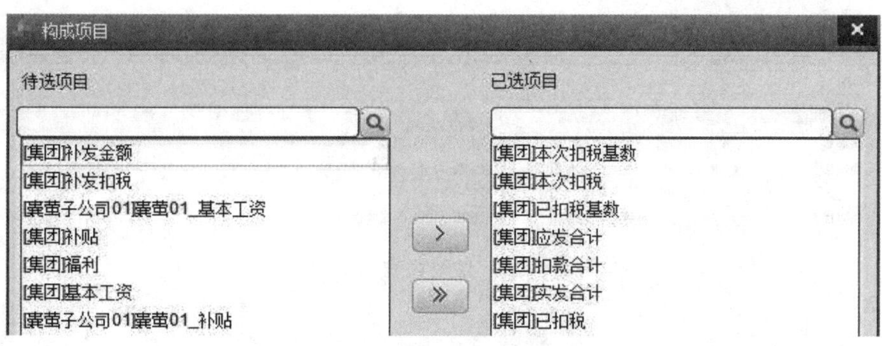

图 7-26 集团公共薪资项目举例

新增 修改 删除 复制 刷新 打印

	所属组织	...	薪资标准类别名称	对应薪资项目	...	...	...	...	多档	宽带薪酬	创建人	创建时间	最后修改人	最后修改时间
1	南强集团	00	基本薪酬	基本工资	0	0	...	...	☐	☐				
2	南强集团	00	奖金	福利	1	1	...	...	☑	☑				
3	南强集团	01	标准薪资	基本工资	2	2	...	...	☑	☐				

图 7-27 薪酬标准设置

图 7-28 薪酬标准细分设置

(6)薪资规则(集团或组织)。用自定义公式设置集团或组织的薪资规则。

(7)税率表(集团或组织)。设置集团或组织的税率。图 7-29 为系统生成时已经置入的税率表,同样可以根据集团或组织业务的不同进行税率的新增。新增税率时,需要输入税率表名称和编码、所属组织以及税率的具体数据,输入完成保存之后新增税率就会自动出现在税率表的界面中,如图 7-30 所示。

新增 修改 删除 复制 刷新 打印

国家区域 中国

	所属组织	税率表编码	表名称	表类型	创建人	创建时间	最后修改人	最后修改时间
1	南强集团	WithholdingTax	工资薪金所得-...	工资薪金所得扣税	系统管理员			
2	南强集团	RemittingTax	工资薪金所得-...	工资薪金所得扣税	系统管理员			
3	南强集团	WorkWithholdingT	劳务所得-代扣	劳务报酬所得扣税	系统管理员			
4	南强集团	WorkRemittingTa	劳务所得-代付	劳务报酬所得扣税	系统管理员			

图 7-29　系统内置税率表

新增 修改 删除 复制 刷新 模板打印

返回

所属组织 南强集团　税率表编码 RemittingTax　表名称 工资薪金所得-代付

表类型 工资薪金所得扣税　国家区域 中国

费用扣除

附加费用扣除额 0.00　费用扣除 3,500.00

	税率级次	纳税级距下限	纳税级距上限	税率%	速算扣除数
1	1	0.00	1,455.00	3.0000	0.00
2	2	1,455.00	4,155.00	10.0000	105.00
3	3	4,155.00	7,755.00	20.0000	555.00
4	4	7,755.00	27,255.00	25.0000	1,005.00
5	5	27,255.00	41,255.00	30.0000	2,755.00
6	6	41,255.00	57,505.00	35.0000	5,505.00
7	7	57,505.00		45.0000	13,505.00

图 7-30　新增税率举例

(二)发放设置

职工薪酬的发放设置包括：

(1)薪资方案(集团或组织)。设置集团或组织的薪资方案,包括薪资方案编码、名称、起始期间和补发扣税方式等,方案权限设置是对薪资方案在集团内的组织授权。如图7-31所示。

新增 修改 删除 复制 刷新 过滤 分配 停用 方案权限设置 打印

	所属组织	...	薪资方案名称	...	期间方案	起始期间	最新年度	...	...	...	补发扣税方式	停用	参与月末制单	允许下级增加发放项目
1	南强集团	00	基础工资+提成	...	20XX	20XX05	20XX	...	...	...	累计到本期扣税	☐	☑	☑
2	南强集团	00	奖金	...	20XX	20XX05	20XX	...	...	...	累计到本期扣税	☐	☑	☑

图 7-31　薪资方案

(2)个税申报表(集团或组织)。设置个税申报表中需要包含的项目如图 7-32 所示,组织层面没有新增或修改的权限。

(3)薪资方案权限。为薪资方案授权,授权可分为按角色授权、按方案授权和按用户授权。

14	薪资年	字符型		☑
15	年所得额(境内)	数值型		☑
16	年所得额(境外)	数值型		☑
17	年所得额(合计)	数值型	年所得额(境内)+年所得额(境外)	☑
18	应纳税所得额	数值型		☑
19	应纳税额	数值型		☑
20	已缴(扣)税额	数值型		☑

图 7-32　个税申报表设置

(4)薪资发放项目。设置薪资发放所包含的项目。每个薪资方案中都必须包括相应的发放项目。公共薪资项目中设置过的薪资发放项目也可在本模块被使用。

(5)薪资项目权限。为薪资项目授权,授权可分为按角色授权、按方案授权和按用户授权。

(6)分摊方案。分摊方案分为财务会计分摊方案和责任会计分摊方案。两种分摊方案都只需要在选择薪资方案和薪资期间后填入分摊比例、薪资单据和计提基数即可。

(7)汇总薪资方案。为了应对多种薪资方案同时应用的情况,可以在汇总薪资方案中汇总两种及以上的薪资方案,比如工资和补贴。

(8)合并计税方案。集团和组织中可能有多位员工同时使用某种计税方案,合并计税方案可以把同种计税方案的员工设置为合并计税,设置完毕后保存即可。

(三)定调资管理

定调资管理包括:

(1)业务流配置。如图 7-33,业务流配置的单据类型主要有人员入职、人员转正和人员调配。

新增　修改　删除　刷新　打印

人力资源组织(0) 襄萤子公司10

	所属组织	单据类型	薪资项目 ▲1	薪资标准类别
1	襄萤子公司10	人员入职	基本工资	标准薪资
2	襄萤子公司10	人员转正	基本工资	标准薪资
3	襄萤子公司10	人员调配	基本工资	标准薪资

图 7-33　业务流配置

(2)定调资申请和审批。设置定调资申请或薪资普调申请,需要填写申请单编码、申请单名称、流程类型和生效日期等。如图 7-34,定调资申请时需填写员工的基本信息、原薪资以及申请的薪资,申请完之后高层管理人员进行审批后方可通过。

(3)定调资信息维护。所有定调资信息都在该模块显示,包括定调资申请和薪资普调申请。薪资普调申请是向组织上级申请将选定的所有员工的薪资等级同时向上或向下调整一个或多个等级。

保存 保存新增 保存提交 取消

<返回

申请单编码 申请单名称 * 审批状态 自由
流程类型 生效日期 * 依据文件
申请人 * 申请日期 *

	员工号	姓名	部门	…	岗位	…	职务	生效日期	薪资项目	…	原薪资			申请薪资					审批薪资		
											薪资标准	标准金额	金额	谈判工资	薪资标准	标准金额	金额	变动原因	薪资标准	标准金额	金额

图 7-34 定调资申请单

第四节 薪酬管理子系统日常业务处理

薪酬管理子系统的日常业务主要包括人事管理日常业务和职工薪酬管理日常业务。

一、人事管理日常业务

人事管理日常业务包括:员工入职管理、员工变动管理、员工离职管理和特殊人员管理。

(一)员工入职管理

员工入职管理分为三个部分,分别为:入职登记、入职申请和入职审批。当新员工报到时,首先进行入职登记,如图 7-35,新增入职登记时只要简单输入员工的唯一性信息即可。然后再进一步填写入职申请,如图 7-36,申请单编码和入职人员姓名是必填项目。如果该员工的入职信息需要审批,则转入入职审批流程,如图 7-37。如果不需要审批则入职申请单提交后即完成入职,相应的数据会储存在员工入职信息文件中。

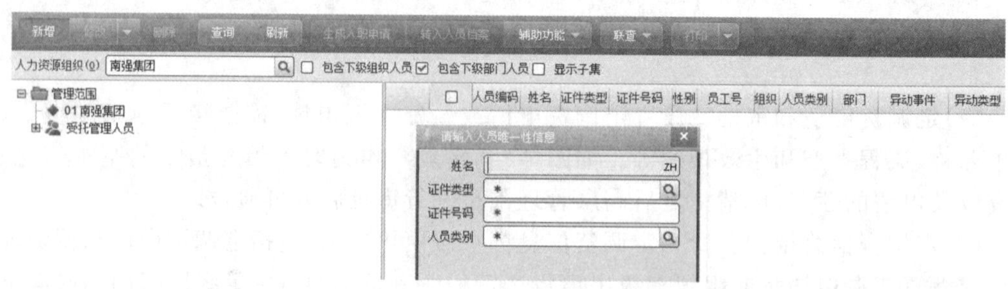

图 7-35 入职登记

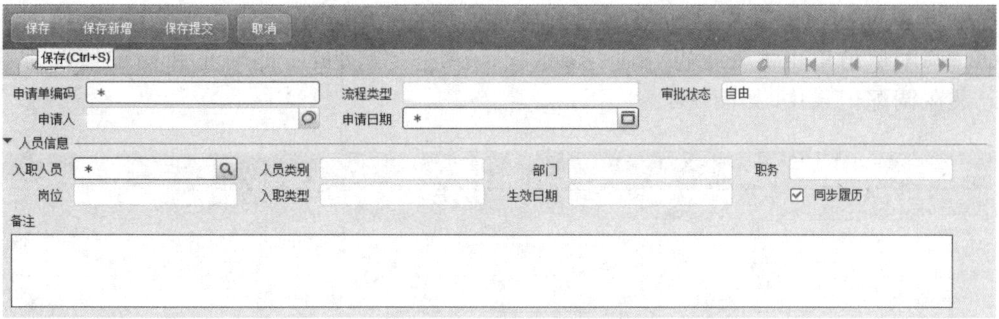

图 7-36　入职申请单

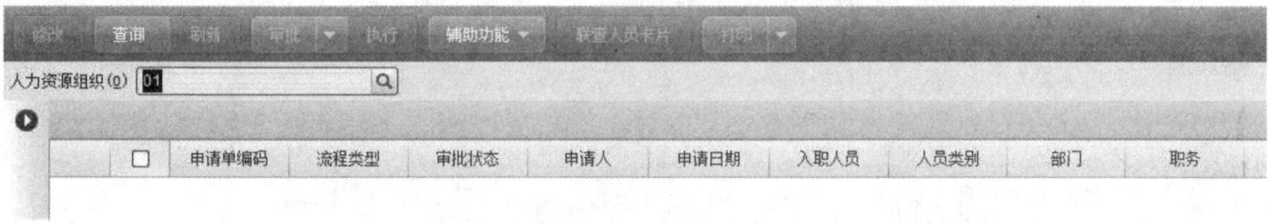

图 7-37　入职审批

(二)员工变动管理

员工变动管理是针对员工的工作环境或工作情况的变化所做出的记录和管理，分为转正管理、调配管理和离职管理三个主要部分。转正管理针对入职试用和转岗试用，试用期结束后要转正的话需要提交转正申请，转正申请单的形式如图 7-38，转正申请提交后

图 7-38　转正申请单

等待审批即可。调配管理针对集团内的调配，同样需要提交调配申请单，形式如图 7-39 所示。调配申请单也需要审批，审批界面如图 7-40。集团员工的转正和调配情况都会统一记录在调配记录中，如图 7-41。

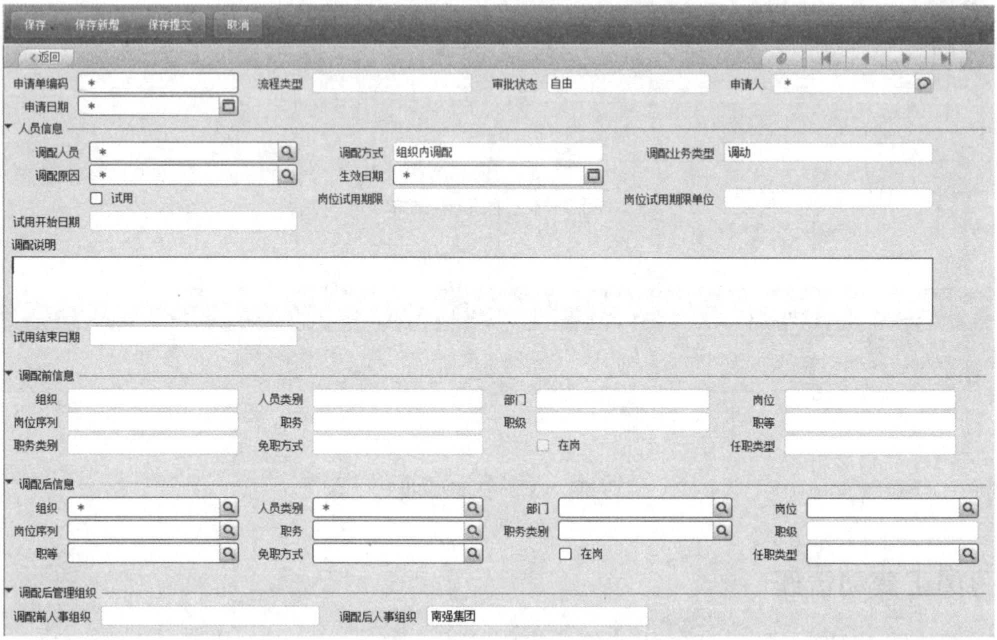

图 7-39 调配申请单

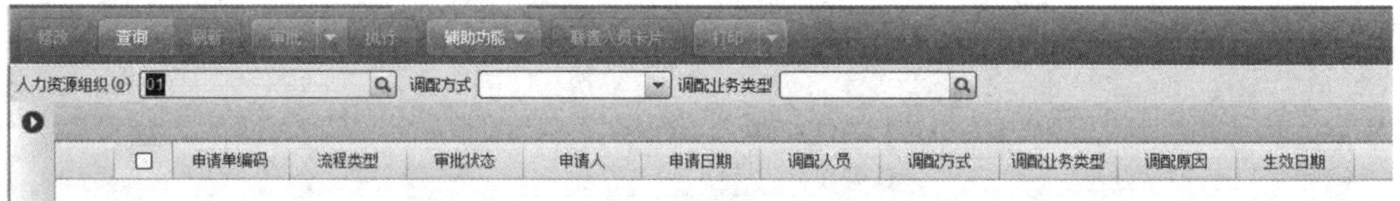

图 7-40 调配审批

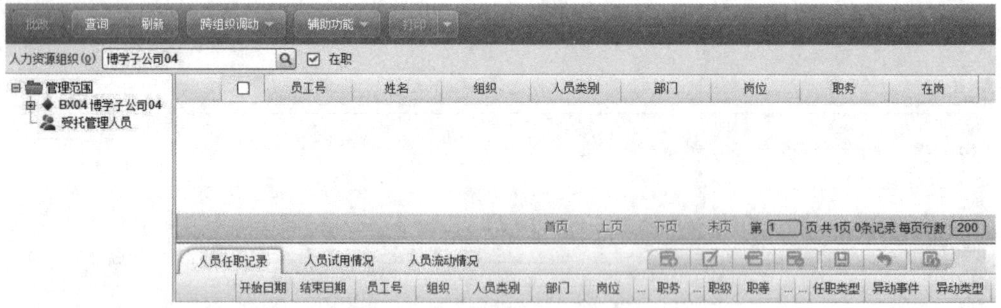

图 7-41 转正和调配记录

(三)离职管理

离职管理是针对员工离职的一系列程序。为了程序的一致性,离职同样需要提前申请和审批。员工提出离职申请后应填写离职申请单如图7-42,需要填写申请单编码、人员信息和离职后信息等,离职申请审批通过后离职信息会保存在离职记录中以供查询和分析使用。

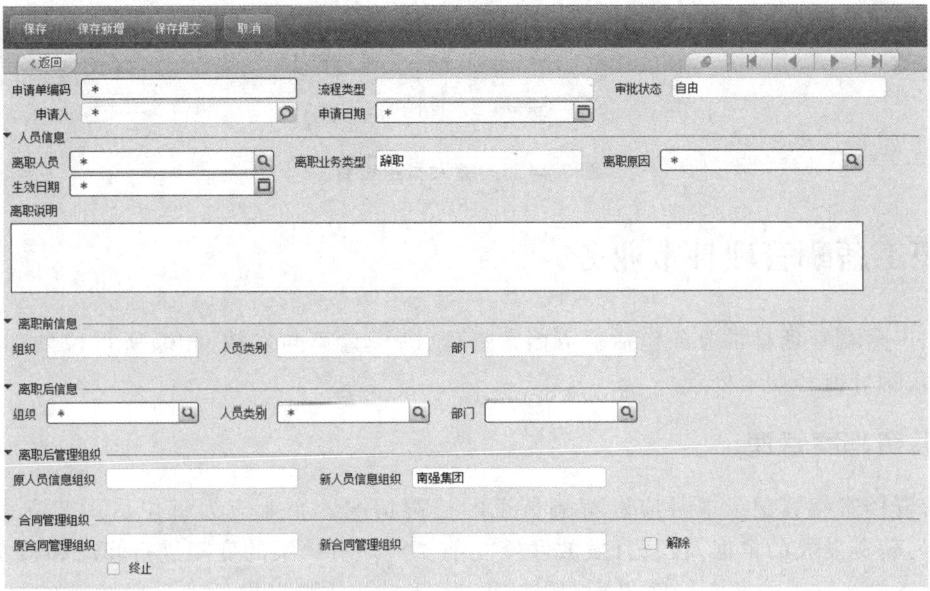

图 7-42　离职申请单

(四)特殊人员管理

如果某些员工因违反了集团的规定而受到集团对其永不录用等惩罚时,可以将其记入黑名单,如图7-43所示。记入黑名单的员工的工作档案和个人信息将会在集团内永久保存。针对某个组织或某些特别项目,如果存在一位或多位关键人员需要进行单独档案管理,可以把他们编入关键人员组,如图7-44所示。关键人员的档案将单独保存并具有变动敏感性。

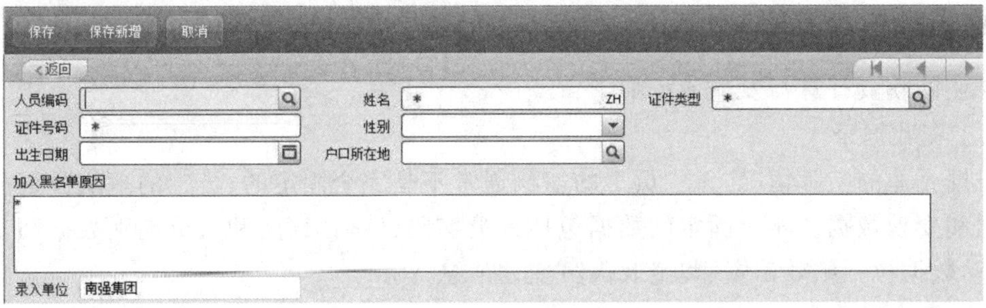

图 7-43　黑名单录入

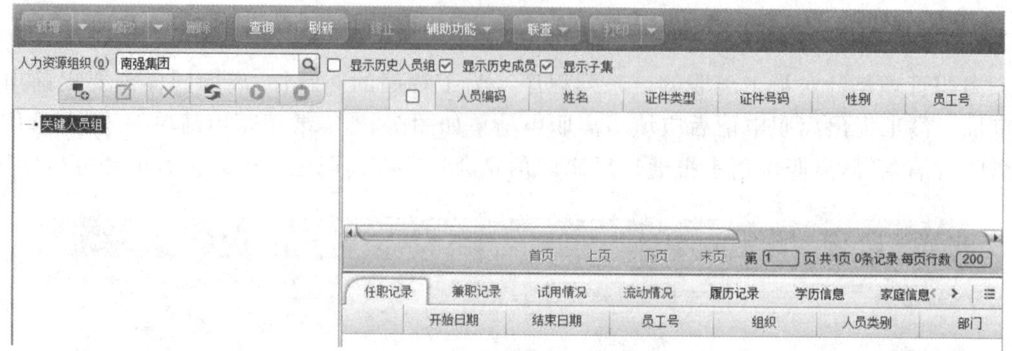

图 7-44　关键人员组设置

二、职工薪酬管理日常业务

职工薪酬管理日常业务包括薪资档案管理、薪资计算与发放、扣缴所得税处理、银行代发、薪酬分摊和期末处理。

(一)薪资档案管理

薪资档案核算记录本月应发薪酬员工的档案情况。企业应为每位员工建立薪资档案，作为薪资发放的依据，在每月发放薪资之前要对薪资档案的变动进行修改和核实。图7-45为公司某员工的薪资档案界面，图 7-46 为个人银行账户界面。需要注意的是，员工薪资档案里的银行信息需要在动态建模平台里完成。

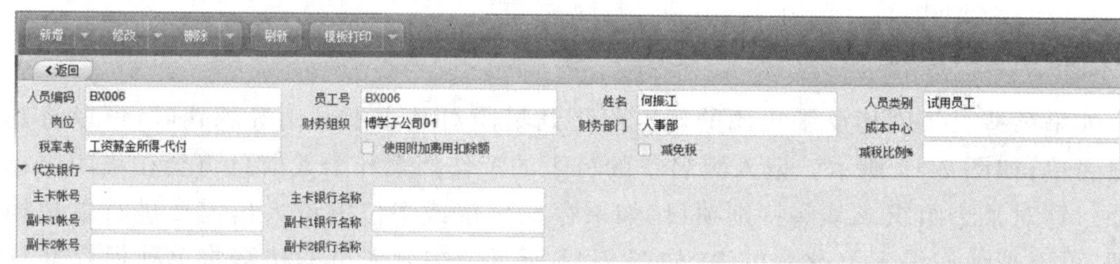

图 7-45　员工薪资档案

(二)薪资计算与发放

企业的薪资计算与发放流程如下：

1.工资数据录入

根据企业的实际情况，每位员工的薪酬通常不是完全固定的，员工的薪酬数据分为固定数据和变动数据。相对固定的数据包括人员编码、姓名、部门和人员类别数据和基本工资，变动数据包括绩效工资、奖金及人员变动信息等。

2.基金计算

按照初始设置的基金计提方案及基金的计算公式，计算出每位职工个人应缴部分，生

图 7-46 个人银行账户

成基金计算表,并将其导入到职工工资表。

3.个人所得税计算

计算个人所得税时,系统按照初始设置时设定的税率、所得额、所得税的计算方法,计算出每位职工的应交所得税,并生成个人所得税申报表,导入到职工工资表中。

4.工资计算与发放

工资计算就是按照设置的计算公式分工资类别计算。工资计算完成之后,就可以列出每位职工的工资清单。根据代发银行的要求,设置提供数据中所包含的项目,以及项目的数据类型、长度和取值范围等。制作符合银行要求的工资发放文件,以保证企业工资计算结果与银行文件格式一致。

计算日工资的方法有三种:

(1)按全年实际工作天数计算,职工在周末和法定休假日没有工资。

(2)按每月日数固定为30天计算,也就是在星期天和法定节假日照付工资,缺勤期间的节假日也算缺勤,照扣工资。

(3)按每月实际工作天数计算,此种方法计算结果误差最小。

系统中薪资发放按照选定的某个薪资方案下的员工进行统一发放。

(三)扣缴个人所得税处理

企业应按规定代扣代缴职工个人所得税,许多企业计算职工薪酬所得税的工作量较大,一般软件可以提供个人所得税自动计算功能。在使用时,只需自定义所得税税率,系统就可以按照设定的所得税税率,自动计算个人所得税,既减轻了工作负担,又提高了工作效率。在扣缴所得税处理中,可以根据出现的栏目,选择所得项,选择收入额合计所对应的薪酬项目,然后按照国家的有关规定设置所得税税率。设置完个人所得税税率以后,系统就可以依据设置的扣除费用、税率和对应的收入额合计,自动计算每个职工的应纳税所得额和应缴纳的个人所得税税额,编制个人所得税扣缴申报表。

(四)银行代发处理

目前许多单位发放薪酬时都采用薪酬信用卡方式。这种做法既减轻了财务部门发放薪酬的工作量,有效地避免了财务部门到银行提取大笔款项所承担的风险,又提高了对员工个人薪酬的保密程度。随着信息技术和数据传输技术的不断发展,企业可以和银行实现银企数据互联,由银行根据企业上传的数据发放薪酬,在人员档案设置中选择了该员工采用银行代发,并且设置了银行账号以后,系统就可以根据薪酬变动文件中该员工实发薪酬的金额在银行报盘模块中显示银行代发一览表,列出所有采用银行代发的人员编号、账号和金额等信息。

银行代发一览表的文件格式可以根据代发银行的要求设置,文件格式主要包含栏目名称、数据类型、总长度、小数位数、数据来源等内容,有些银行提供标准的文件格式,文件格式的设置决定了银行代发一览表的结构。银行代发文件需要传输给代发银行,以办理代发业务。文件在传输之前,也需要按照代发银行的规定设置文件类型,例如文本文件或其他文件类型。设置完以后,就可以将银行代发文件按照规定的文件类型传输到目标磁盘的目标路径,提交给银行。

(五)薪酬分摊

薪酬分摊是指在月末自动完成薪酬分摊、计提、转账业务,并将生成的凭证传递到总账系统,实现各部门资源共享。在处理薪酬分摊业务时,需要选择计提费用的类型、核算的部门、计提的会计月份、计提分配方式。计提费用的类型一般和会计核算的需要相关。计提分配的方式一般按照部门就可以满足管理与核算的需要。

薪酬分摊处理涉及下列操作:

1.生成工资分配业务数据

系统初始化时,根据会计制度规定输入工资费用分配文件中的部门代码、工作类别和会计科目代码对应的数据。工资分配数据由工资计算文件产生,按薪资方案进行分摊,还要按照财务制度规定的工资总额比例计提“五险一金”、工会经费和教育经费等。

2.编制工资分配业务转账凭证

当月工资业务处理完毕后,系统自动编制转账凭证,生成记账凭证数据文件,传输到总账子系统。薪酬管理子系统与会计信息系统中总账子系统和成本子系统之间存在数据传递关系。薪酬管理子系统与总账子系统的关系是:薪酬管理子系统将根据工资费用分配文件中的科目代码、应付职工薪酬等数据编制的转账凭证写入本系统的凭证文件,作为本系统与总账子系统的接口。将工资转账凭证传输到总账子系统必须在账务处理结账前进行,并且每月只能向总账子系统传输一次工资转账凭证,这些操作顺序由系统程序自动控制。薪酬管理子系统与成本子系统的关系是:薪酬管理子系统将薪酬分配表数据传送到成本子系统,供成本计算使用。

(六)期末结账

月末结转是将当月数据经过处理后结转至下月。每月薪酬数据处理完毕后均可进行月末结转。由于在薪酬项目中,有的项目是变动的,即每月的数据均不相同,在每月薪酬处理时,均需将其数据清为0,而后输入当月的数据,此类项目即为清零项目。若为处理多个薪酬方案,则应按薪酬方案分别进行月末结算。若本月薪酬数据未汇总,系统将不允许进行月末结转。进行期末处理后,当月数据将不再允许变动。月末处理功能只有主管人员才能执行。图7-47为期末结账步骤图,首先需要选择结账或取消结账,其次选择要处理的薪资方案,最后选择该薪资方案中要清零的薪资项目即可完成本月结账。

图7-47 期末结账

三、账表输出

薪酬管理子系统的账表输出主要是输出各种统计和分析报表。输出的账表可分为两类:一类是统计报表,该类报表依据日常业务数据按各种条件进行筛选后输出;第二类是薪酬分析类报表,是对两种以上输入数据进行比较后,再按各种条件筛选的结果。各种输出的报表可以直接屏幕上显示,也可以通过打印机打印输出,还可以以文件的形式输出。

表7-1 薪酬管理子系统账表及凭证举例

序号	账表	说 明
1	职工薪酬汇总表	反映每期工资发放及领取情况的账表
2	薪酬变动汇总表	反映所有职工薪酬变动的账表
3	薪酬发放明细表	反映每期向每位员工发放薪酬的构成
4	薪酬发放条	反映每位员工工资情况的凭证
5	人员类别汇总表	反映人员类别构成的账表
6	职工薪酬构成分析表	反映总体职工薪酬的构成情况
7	薪酬增长情况表	反映职工薪酬随时间的增长情况
8	人员花名册	反映记录在册的员工信息
9	员工调动信息	反映集团内员工的调动信息

第八章 固定资产子系统

资产是指企业过去的交易或事项形成的，由企业拥有或控制的，预期会给企业带来经济利益的资源。在会计信息系统中，货币资金的核算与管理在账务处理子系统中进行，债权性资产的核算与管理在应收账款子系统中进行，存货的核算和管理在存货子系统中进行，金融资产、投资性房地产、无形资产和其他资产为非日常性交易事项，在本教材中不详细介绍。除上述资产项目外，企业的固定资产也是企业资产的重要组成部分，为了保证固定资产安全完整，保持其良好的使用状态，提高使用效率，并正确核算与固定资产相关的各项成本和费用，企业应当加强固定资产的核算与管理。本章从固定资产的业务流程与数据流程入手，阐述该系统的内部结构，数据输入、处理和输出等日常业务处理，以及该系统的其他与管理有关的模块功能。

第一节 固定资产子系统概述

对固定资产进行有效的管理并准确、及时地反映，可以通过会计信息系统的重要子系统——固定资产子系统来实现。

一、固定资产管理

固定资产，是指企业使用期限超过一年，为生产商品、提供劳务、出租或经营管理而持有的有形资产。固定资产作为企业生产经营过程中使用的主要劳动资料，对企业生产经营活动的开展，具有十分重要的作用。

固定资产管理与总账管理及成本管理密切相关，固定资产的增加、减少、修理、改扩建、折旧、减值都是总账需要反映的内容，折旧费的计提和分配则是成本计算中折旧费用的依据。在许多制造业企业中，固定资产在总资产中所占比重较大，大额的固定资产购建会影响企业的现金流量，固定资产的后续支出费用是影响损益的重要因素，固定资产管理一旦失控，所造成的损失将远远超过一般的存货等流动资产。固定资产管理的基本过程融合了固定资产的增加、减少、修理、改扩建、折旧和减值处理。我们需要先对固定资产的管理有一个较清晰的认识，以帮助后面的理解。固定资产相关的管理问题可概括为以下方面：

1.固定资产分类管理

企业一般按照经济用途和使用情况对资产进行综合分类，可将固定资产分为生产经营用固定资产、非生产经营用固定资产、租出固定资产 、不需用固定资产、未使用固定资产、融资租入固定资产。在这几个大类之下，企业还可根据管理的需要进行细分，例如机器设备、运输设备、办公设备等等。对固定资产进行分类管理，有助于了解固定资产的分布和使用情况，促进固定资产的有效利用。此外不同类别的固定资产可能适用的折旧方法和政策不同，例如不同的使用状态可能决定了是否要计提折旧。

2.固定资产来源管理

固定资产的来源有多种，来源不同不仅计价的方法不同，涉及的核算科目也不相同。固定资产可以来自外购、自行建造、投资转入、融资租入、改扩建、债务重组、非货币性交易、捐赠、盘盈、无偿调拨等途径。对于不同来源的固定资产，需要按不同的方法确定价值，同时用不同的科目进行核算。

3.固定资产的领用管理

固定资产投入使用以后，可以分布在不同的部门，体现为不同部门的成本费用。因此明确固定资产的使用部门，一方面可以落实责任，有效管理企业的重要资产；另一方面可以知道各项固定资产的受益部门，准确地反映折旧费用的归属部门和归属科目。

4.固定资产档案管理

固定资产在使用过程中，可能因为环境变化而发生变动，例如出售、盘亏、投资转出、捐赠转出、报废、毁损、融资租出等，这就要求企业的资产管理部门对固定资产的变动情况保持有效的全过程控制，及时对各项固定资产进行备查账登记和报废清理登记等工作。

5.固定资产折旧计提

固定资产的折旧方法较多，包括平均年限法、工作量法、年数总和法和双倍余额递减法等。实际处理中，企业也可以根据需要另行选择符合固定资产价值转移情况的折旧方法和定义相应的公式，选择完毕不宜随意更改。

6.固定资产卡片管理

卡片是为每一项固定资产而设置的，随着固定资产的增减变动，卡片也应相应地增加或修改。卡片项目是固定资产卡片上显示的用来记录资产资料的栏目，原值、资产名称、使用年限、折旧方法等是卡片最基本的项目。此外，企业完全可以根据需要定义一些有助于管理决策的卡片项目，以收集更丰富的数据和提供更多的有用信息。

7.固定资产减值准备

由于固定资产使用期限相对较长，因此很可能因为减损、技术进步或其他原因使得一项固定资产的可收回金额低于账面的价值。为了恰当估计资产的价值，防止虚盈实亏的情况出现，企业需要定期对各项资产进行减值迹象的判断，如果存在减值迹象，则应进行减值测试，合理地预计各项资产可能发生的损失，并计提资产减值准备。这样才能真实地反映企业固定资产的状况，为固定资产的相关决策提供真实的信息支持。

对大多数企业来说，特别是制造企业，相比固定资产，其他资产的价值相对较低，出于成本效益考虑，管理的难度和精细程度可能不如固定资产。

在组织获取某项资产(如包装物和周转材料等)时，应该对该资产的类别、之前的使用状况、所采用的折旧方法和计入的账簿信息进行相应的设置，相关的信息会自动储存在资产信息管理的数据包中。在该项资产的整个使用寿命中，每一次的变动都需要将变动的原因进行输入，包括财务上对其进行的减值准备、折旧计提等后续计量和业务上对该项资产进行过的检查和维修以及集团内部的转让等，持续到最后资产的转出。

二、固定资产的会计核算

固定资产的会计核算与上述的固定资产管理活动息息相关，主要涉及固定资产增加、减少、变动、折旧和减值的核算。以制造企业为例，其固定资产核算所涉及的主要会计科目和核算过程如下：

(1)“固定资产”科目，反映和监督企业固定资产的增减变动情况，期末借方余额反映企业所有的固定资产原值之和。

(2)“累计折旧”科目，反映和监督企业已计提折旧的增减情况，期末贷方余额反映企业所有的固定资产计提折旧总额。

(3)“银行存款”、“在建工程”、“实收资本”或“股本”、“长期应付款——应付融资租赁款”及“未确认融资费用”、“递延税款”及“资本公积——接受捐赠非现金资产准备”、“待处理财产损溢”、“应收账款”或其他负债科目、“资本公积——无偿调入固定资产”等科目。上述科目在固定资产核算中主要用于反映和监督由于外购、自行建造、投资转入、融资租入、改扩建、债务重组、非货币性交易、捐赠、盘盈、无偿调拨而增加固定资产的各种情况。这些科目都是固定资产增加时的对应科目，其中，“待处理财产损溢”也是固定资产盘亏减少时的对应科目。

(4)“固定资产清理”和“长期股权投资”科目，这两个科目主要用于反映和监督固定资产出售、捐赠转出、报废、毁损、融资租出、投资转出等情况，是固定资产减少时的对应科目。

(5)“生产成本”、“制造费用”、“管理费用”、“销售费用”和“在建工程”等科目，主要用于反映和监督折旧费用分配的去向。

(6)“固定资产减值准备”科目，用于反映和监督固定资产减值准备的计提和转出情况。期末贷方余额反映企业所有固定资产的可收回金额低于账面价值的总额。在固定资产减值准备计提或转出时，对应的科目是“资产减值损失”。

固定资产存在下述几种情况时需进行账务处理：

(1)固定资产因各种情况而增加时，财会部门根据各种原始单据，作分录：

借：固定资产

　贷：银行存款(或上述第3点中介绍的其他会计科目)

(2)固定资产因各种情况而减少时,财会部门根据各种原始单据,作分录:

借:固定资产清理(或长期投资)

　累计折旧

　贷:固定资产

(3)月度终了,应将本月计提的折旧按使用的不同部门或者固定资产的不同类别进行分配,根据各种折旧费用分配表作分录:

借:生产成本

　制造费用

　管理费用

　销售费用

　在建工程

　贷:累计折旧

(4)企业定期对存在减值迹象的固定资产进行减值测试后,根据固定资产账面价值和可收回金额计算应计提的固定资产减值准备。

当应计提的减值准备金额大于已计提的金额时,要补提,此时应作如下分录:

借:资产减值损失

　贷:固定资产减值准备

准则规定,减值损失一经计提不得转回,只有等到该资产处置时,计提的资产减值准备才可转出。

三、固定资产子系统的特点和目标

(一)固定资产子系统的特点

固定资产子系统是会计信息系统中一个较为简单的子系统,它包括四方面的内容:一是以固定资产卡片的方式,处理固定资产的增减变动;二是根据设置的折旧方法计提各项资产的折旧;三是根据固定资产的使用部门或固定资产的类别分摊折旧费用;四是固定资产减值准备处理。固定资产子系统具有如下特点:

(1)数据量大且数据保存时间长。固定资产子系统为每一项固定资产设置卡片进行管理,卡片上记录了许多项目,有着丰富的数据。固定资产文件的记录个数多,同时数据项目也多。此外,已经淘汰的固定资产的数据也需要保留,以加强固定资产的管理,保留必要的审计线索。

(2)数据处理频率较低。固定资产的增减变动并不是企业经常发生的业务,且固定资产折旧的计提和分配一般每个月处理一次即可。相对于购销存子系统,它的处理频率明显要低得多。

(3)数据处理方式较为简单。固定资产的增减变动可以通过固定资产卡片的增加、删除以及编制各种固定资产变动单来处理,处理方法较为简单。此外固定资产每月计提折旧的处理,只需要在初始设置中定义好各种折旧方法的计算公式,并设置每一项固定资产的折旧方法,就可以在每月末执行折旧计算,由系统自动完成每项固定资产的折旧计提;

并且在设置好不同部门的对应折旧费用科目的情况下，系统可以根据固定资产的所在部门直接完成折旧费用的分配，然后生成自动转账凭证，由用户修改、确认。

(4)管理要求高。固定资产是企业的重要资产，对之加强管理是非常必要的。根据固定资产的初始数据和后来的业务数据，可以生成大量的账表，提供丰富的信息，以满足管理的需要。

(5)与成本核算子系统和账务处理子系统存在数据传递关系。折旧费用的计提和分配形成的数据在传递时也是周期性的，这一点和薪酬管理子系统相似。成本核算子系统中折旧费用的数据来自于固定资产子系统折旧费用计提和分配的结果。固定资产增减变动、折旧的计提分配、固定资产减值准备的计提等形成的记账凭证须传递到财务处理子系统中去。

(二)固定资产子系统的目标

根据固定资产的上述特点，一个完善的固定资产子系统的目标应包括以下三方面：

(1)固定资产卡片的数据管理。固定资产卡片是记录固定资产初始数据和增减变动的信息载体，卡片上的数据是进行折旧的计提和分配，以及计提固定资产减值准备的依据。

(2)固定资产核算与管理。根据固定资产增加的单据，及时准确地以固定资产卡片的方式录入新的固定资产的各项数据；根据固定资产减少的单据，及时地进行资产减少的处理(减少时不删除相应的卡片，因此是在固定资产卡片中生成卡片注销记录)；在固定资产发生变动时，例如原值的增减、部门的转移、使用状况的变动、折旧方法的调整、累计折旧的调整、工作总量的调整、净残值率的调整、类别的调整，系统应当能根据相应的单据，及时准确地编制变动单进行相关的处理，从而为下一个期间折旧的计提和分配做好准备；每个月月末，能根据每项固定资产的折旧方法、所属的部门、所属的类别、固定资产卡片中的相关数据，自动计提折旧和分配折旧费用；在对存在减值迹象的固定资产进行减值测试后，能根据固定资产可收回金额和账面价值的情况，及时准确地编制变动单，处理减值准备的计提，反映固定资产的实际价值。

(3)提供各种固定资产管理信息，辅助固定资产的相关决策和管理。系统应提供动态查询和打印功能，并在固定资产增加、减少、原值变动、累计折旧变动、折旧计提和分配、减值准备计提时，能自动生成记账凭证，传递数据到账务处理子系统和成本核算子系统。固定资产单位价值高，变动不频繁，分散使用，管理难度较大。固定资产管理的有效性对于企业的价值提升具有重要意义。在大数据越来越普及的今天，固定资产的核算和管理除了要为固定资产核算提供及时、准确的信息，还要根据固定资产管理的需要及时提供和反馈信息。

第二节　固定资产子系统流程分析

固定资产子系统是企业会计信息系统中一个数据量较大、但较为简单的子系统。在这个子系统中，固定资产卡片的管理、变动单的处理、折旧的计算和分配、减值准备的计提和分配是该子系统的主要内容。本节我们同样以制造企业为例，介绍固定资产子系统的业务流程与数据流程。

一、固定资产子系统的业务流程

如图 8-1 所示，固定资产业务流程较为简单，包括固定资产增加和减少的处理、变动单的处理、折旧的处理和减值准备的处理，并且将相关的凭证传递到账务处理子系统和成本核算子系统进行相关的数据处理。应该说在日常的业务处理中，除了传递数据到其他子系统以外，并没有什么严格的先后顺序。

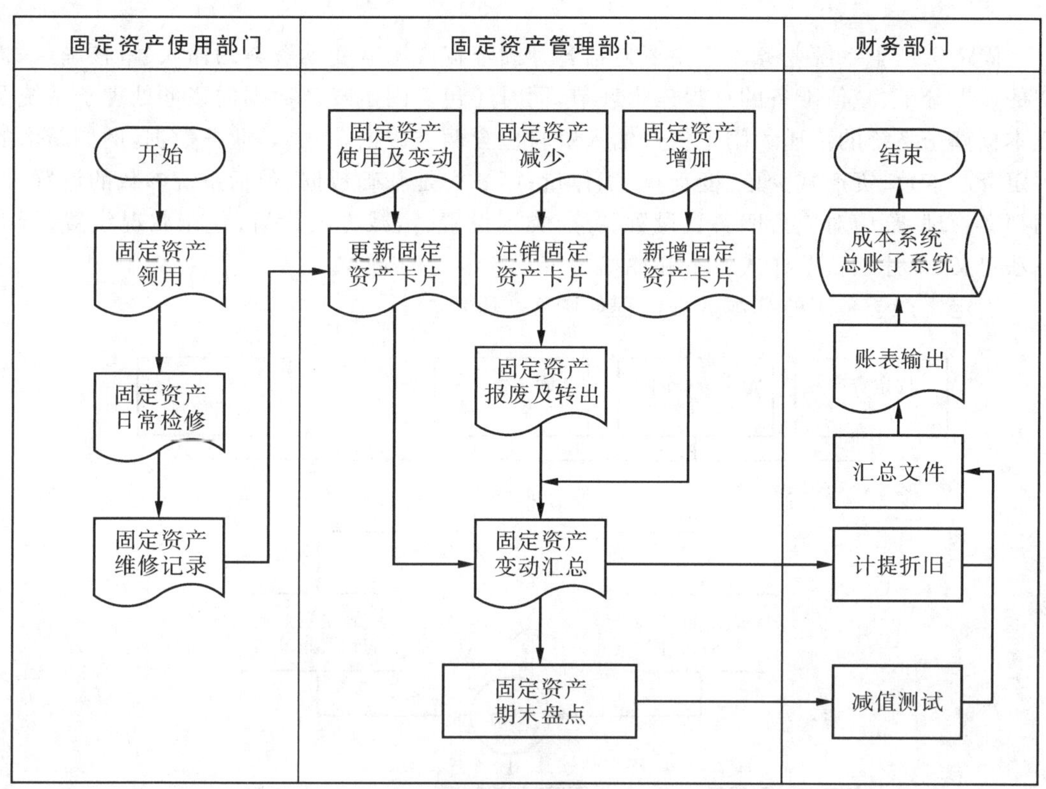

图 8-1 固定资产系统业务流程图

固定资产子系统业务流程包括下列业务处理：

(1)固定资产增加时，根据原始单据增加新的固定资产卡片，添加固定资产增加记录，同时更新固定资产卡片记录。

(2)固定资产减少时，根据原始单据进行资产减少处理，添加固定资产减少记录，同时更新固定资产卡片记录。

(3)固定资产发生前述的各种变动时，根据原始单据增加变动单，添加变动单记录，同时更新固定资产卡片记录。

(4)根据期初固定资产卡片的记录和相应的折旧方法，计提折旧，形成折旧清单记录，同时更新固定资产卡片记录。

(5)根据折旧清单记录,按照所属的不同部门或者不同的资产类别,进行折旧分配,形成折旧分配记录,同时更新成本记录。

(6)固定资产减值测试后,进行减值准备的计提处理,更新减值准备记录,同时更新固定资产卡片记录。

(7)固定资产增减变动、折旧计提、减值准备计提等处理,在影响到相关会计科目的金额时,相关的资料要定期过入总分类账户。

二、固定资产子系统的数据流程

固定资产子系统业务流程主要包括各种固定资产增减变动资料的输入、审核确认,折旧的计提分配、减值准备的计提三个环节,同时还包含固定资产数据向账务处理子系统及成本核算子系统的传递。固定资产输入资料包含两类数据,一类是业务数据,例如新增的固定资产卡片、资产减少单、变动单、工作量;第二类是基础数据,包括系统参数的设置、部门档案管理、部门对应折旧科目设置、资产类别设置、增减方式设置、使用状况设置、折旧方法定义、卡片项目及样式设置和原始固定资产卡片的输入。

固定资产子系统的基本数据流程如图 8-2 所示。

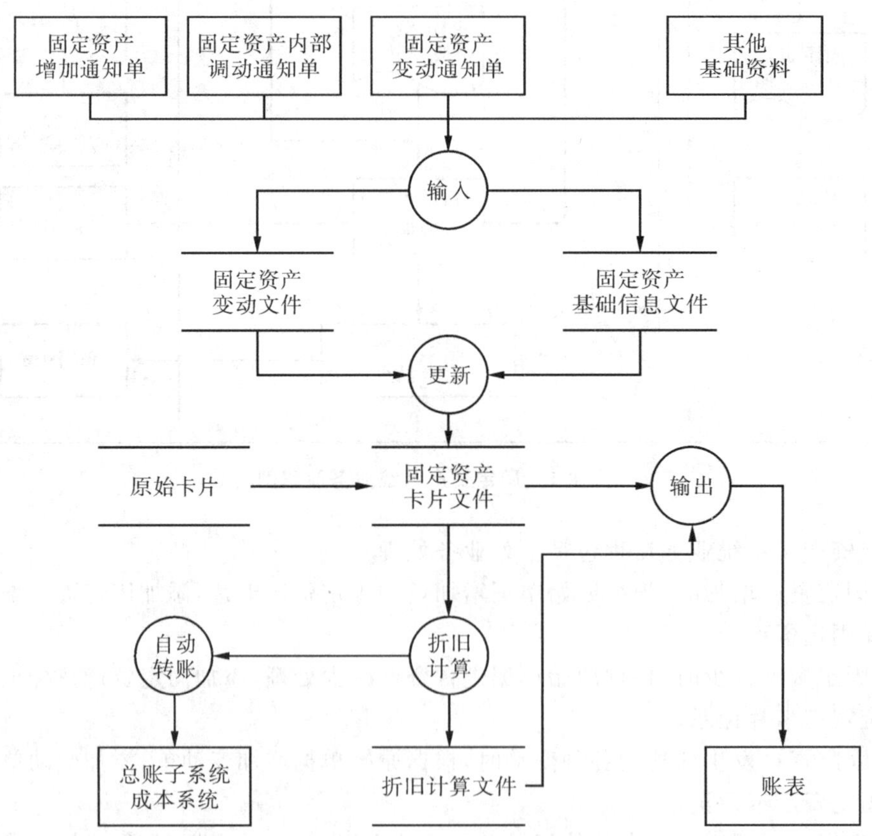

图 8-2　固定资产子系统数据处理流程图

该流程图说明如下：

(1)在初始化设置中，用户完成账套参数的设置、部门档案管理、部门对应折旧科目设置、资产类别设置、增减方式设置、使用状况设置、折旧方法定义、卡片项目及样式设置和原始固定资产卡片的输入。系统将这些数据保留在基础信息文件和固定资产卡片文件中，以备随时调用。

(2)依据固定资产增减变动数据，输入新的固定资产卡片，资产减少单、变动单，更新固定资产增减变动文件和固定资产卡片文件。这里也包含了减值准备的计提数据的输入和处理。

(3)输入工作量统计等基础资料，存入固定资产工作量文件。

(4)月末根据固定资产工作量文件、基础信息文件、固定资产卡片文件中的数据，执行折旧计算的处理，形成折旧清单文件。

(5)月末依据折旧清单文件、基础信息文件、固定资产卡片文件中的数据，执行折旧费用分配处理，形成折旧分配文件。

(6)折旧分配文件中折旧费用分配的数据传递到成本核算子系统，作为折旧费用进一步分配的依据。

(7)系统自动将折旧分配文件、固定资产增减变动文件中的数据加工成机制凭证存在记账凭证文件，并通过自动转账模块传递到账务处理子系统。这些凭证有的不需要人工干预就可以生成，有的需要人工补充缺少的数据，传递的凭证包括但不限于载有前面会计核算中介绍的各种会计分录的凭证。

(8)根据用户的需要，系统通过基础信息文件、固定资产卡片文件、固定资产增减变动文件、折旧清单文件和折旧分配文件输出各种账表。

三、固定资产子系统的数据文件

资产管理子系统中有两类主要的数据文件：一类是基础数据文件，另一类是业务数据文件。这些数据文件一方面能够合理地接收系统输入的数据，另一方面通过进一步加工处理又可以形成各种账表数据输出。其中，固定资产卡片文件、固定资产增减变动文件、折旧清单文件和折旧分配文件是固定资产子系统的主要数据库文件。

第三节　固定资产子系统初始化设置

固定资产子系统的初始化设置是为用户在计算机上处理企业的固定资产业务提供一个合适的运行环境而进行的操作，其目的是使通用的固定资产业务管理系统能够适应本企业固定资产业务的管理需要，同时，也提供了企业在经济业务处理发生变化时对已有的设置进行修改的平台。会计信息系统中固定资产的基础设置包含两部分内容，分别涉及财务层面和管理层面。其中财务层面的初始化设置主要从集团和组织角度对固定资产的会计核算设定普适规则，包含账簿信息、账簿初始化、折旧方法等功能的设置；管理层面的初始化设置主要实现对固定资产的信息、使用、维护的有效管控,包括设备信息设置、规则设置、维修设置等功能模块。

一、固定资产子系统基础设置

(一)对账

固定资产子系统与账务处理子系统集成使用的情况下,为了确保子系统所有固定资产的原值总额和累计折旧总额分别等于账务处理子系统的固定资产一级科目的余额和累计折旧一级科目的余额,可以选择与账务处理子系统对账,这样在系统运行中随时可执行对账功能,及时发现两个系统的偏差,予以调整。

如果选择与账务处理子系统对账,相应地需要确定固定资产子系统和账务处理子系统中的哪一会计科目对账。在正常情况下,一般固定资产对账科目应选择固定资产一级科目,累计折旧对账科目应选择累计折旧一级科目。选择了对账以后,还可以设置在对账不平的情况下是否允许结账,一般而言,应当保证两个子系统一致,才能予以结账。

在固定资产子系统中,可以根据各种业务,进行记账凭证的编制。在系统自动编制记账凭证时,可以参考固定资产缺省入账科目和累计折旧缺省入账科目进行编制,如果在这里没有设置缺省入账科目的代码和名称,固定资产子系统制作记账凭证时,凭证中缺省科目为空。缺省科目的设置可以方便记账凭证的编制。

(二)基本信息

基础设置是使系统能够便捷使用的必要工作,用户可以根据企业的实际需求设置系统规则和输入原始数据。固定资产子系统的基础设置在集团层面包括资产类别、使用状况、折旧方法、增减方式、模拟折旧设置和账簿信息;在组织层面包括固定资产变动原因、减少原因、资产组、模拟折旧设置;最后在下属的参数设置选项中还可以进行集团或组织层面的折旧汇总设置。

1.资产类别

固定资产的种类繁多、规格不一,为强化固定资产管理,及时准确地进行固定资产核算,必须建立科学的资产分类体系,为核算和统计管理提供依据。企业可根据自身的特点和管理要求,确定一个较为合理的资产分类方法。资产类别的设置只有在最新会计期间才可以增加。在设置时,必须输入类别编码、类别名称,并选择该类别的计提属性、折旧方法和卡片样式。可以输入使用年限、净残值率、计量单位等信息,作为卡片输入时的默认值,也可以不输入。计提属性和折旧方法也是作为默认值,在具体的卡片操作中,可以选择其他的计提属性和折旧方法。

设置资产类别时,首先选择系统初始化时内置的自定义资产类别,如固定资产、投资性房地产和无形资产等,可以按需新增。图 8-3 为固定资产类别下的房屋建筑物资产的设置图,可以看到,需要设置净残值率和使用年限、折旧方法以及交易类型等。图 8-4 为固定资产的种类示例。

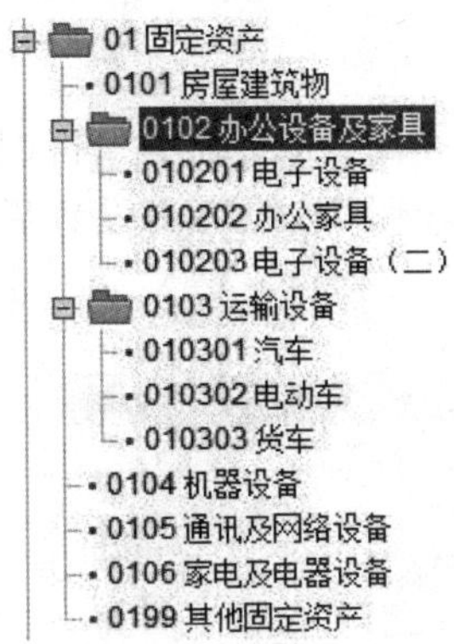

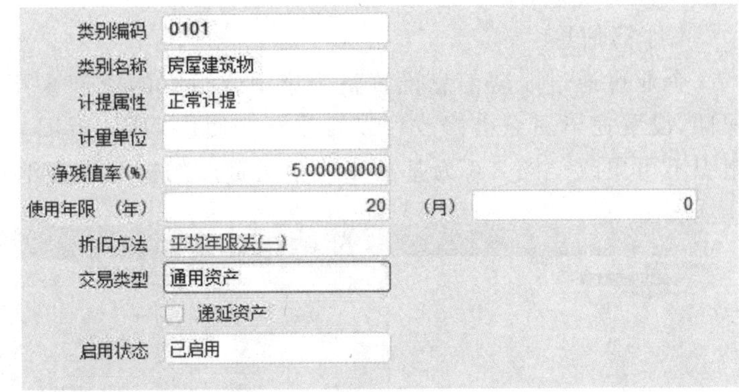

图 8-3 固定资产折旧方法设置

过滤(Alt+F)

	交易类型编码	交易类型名称
1	H1-00	通用资产
2	H1-01	机械资产
3	H1-02	运输资产
4	H1-03	建筑房产资产
5	H1-04	土地资产
6	H1-05	递延资产

图 8-4 固定资产种类

2.使用状况

从固定资产核算和管理的角度，需要明确资产的使用状况，一方面可以正确地计算和计提折旧，另一方面便于统计固定资产的使用情况，提高资产的利用效率。一般资产管理子系统可设置使用中、未使用和不需用三种状况。使用中的固定资产又可分为在用、季节性停用、经营性出租、大修理停用等状况。企业可以根据管理与核算的需要进行设置。会计制度规定，不同类别的固定资产的不同使用状况决定了是否要计提折旧，因此通过预先设置不同使用状况的折旧计提与否，作为卡片输入的默认值，可以方便操作，提高效率。设置界面如图 8-5 所示。

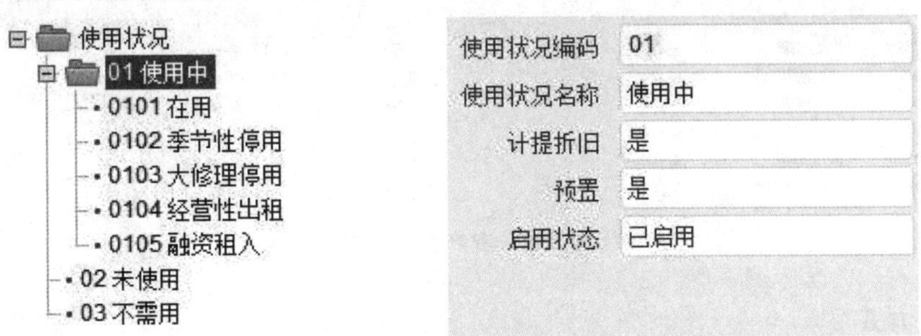

图 8-5 资产使用状况类别设置

3.折旧方法

设置集团可采用的折旧方法有不计提、平均年限法、工作量法、年数总和法、双倍余额递减法、五五摊销法和一次摊销法等。企业同样可以根据需求自定义增加新的折旧方法和折旧计算公式。

4.账簿信息

企业可通过账簿信息设置整个集团或组织的资产采用的折旧方法、净残值率和折旧属性，设置完毕后点击修改可以修改资产使用期限、折旧方法减值转回等，但集团设置后组织不可更改。图 8-6 为基准账簿中对资产的折旧设置汇总。

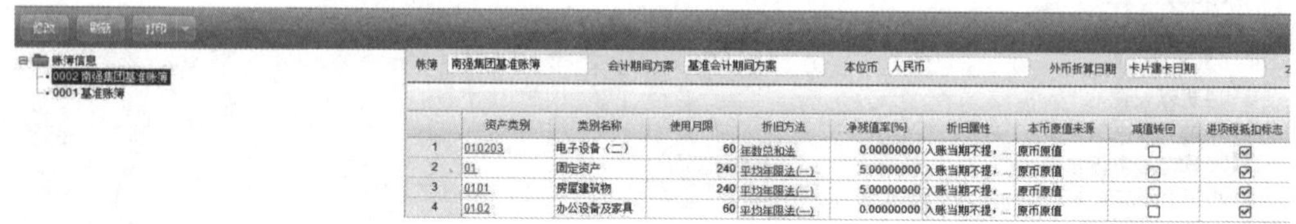

修改 刷新 打印

账簿信息
0002 南强集团基准账簿
0001 基准账簿

账簿 南强集团基准账簿　会计期间方案 基准会计期间方案　本位币 人民币　外币折算日期 卡片建卡日期

	资产类别	类别名称	使用月限	折旧方法	净残值率[%]	折旧属性	本币原值来源	减值转回	进项税抵扣标志
1	010203	电子设备（二）	60	年数总和法	0.00000000	入账当期不提，...	原币原值	☐	☑
2	01	固定资产	240	平均年限法(一)	5.00000000	入账当期不提，...	原币原值	☐	☑
3	0101	房屋建筑物	240	平均年限法(一)	5.00000000	入账当期不提，...	原币原值	☐	☑
4	0102	办公设备及家具	60	平均年限法(一)	0.00000000	入账当期不提，...	原币原值	☐	☑

图 8-6　折旧设置汇总

5.变动原因

变动原因模块用于设置企业资产增加或减少的原因，类似的还需要设置企业的资产减值原因。由于减值原因较为多样化，且发生频率不高，所以在发生时输入即可，如有惯用原因也可以预先设置。系统生成时原始数据包中包含如图 8-7 和 8-8 所示的基本原因，新增选项可以增加新的变动原因。

新增 修改 删除 刷新 过滤 启用 打印

	原因编码	原因名称	启用状态	备注	创建人	创建时间	最后修改人	最后修改时间
1	0001	购入	已启用		王五十	2017-12-10 22:...		
2	0002	接受投资	已启用		王五十	2017-12-10 22:...		
3	0003	接受捐赠	已启用		王五十	2017-12-10 22:...		
4	0004	融资租入	已启用		王五十	2017-12-10 22:...		
5	0005	自建	已启用		王五十	2017-12-10 22:...		

图 8-7　资产增加原因

新增 修改 删除 刷新 过滤 启用 打印

	原因编码	原因名称	启用状态	备注	创建人	创建时间	最后修改人	最后修改时间
1	0001	出售	已启用		王五十	2017-12-10 22:...		
2	0002	盘亏	已启用		王五十	2017-12-10 22:...		
3	0003	报废	已启用		王五十	2017-12-10 22:...		
4	0004	捐赠	已启用		王五十	2017-12-10 22:...		
5	0005	调拨	已启用		王五十	2017-12-10 22:...		
6	0006	其他减少	已启用		王五十	2017-12-10 22:...		

图 8-8　资产减少原因

6.增减方式

增减方式包括增加方式和减少方式两类。增加的方式主要有：直接购入、投资者投入、捐赠、盘盈、在建工程转入、融资租入。减少的方式主要有：出售、盘亏、投资转出、捐赠转出、报废、毁损、融资租出等。正如前面所介绍的，不同的方式不仅有不同的计价方法，涉及的对应会计科目也不尽相同。为了在增减业务发生时，子系统能根据不同的增减方式，快速生成相应的记账凭证，减少人工补充输入缺少数据的工作量，可以按照不同的增减方式设置对应的入账科目。例如直接购入选择银行科目作为对应入账科目，这样在系统编制记账凭证时，银行存款科目将作为贷方科目的缺省值。增减方式的设置界面如图8-9所示。

图 8-9 增减方式设置

7.资产组

资产组是一组资产的组合。在设置时，资产组编号不能超过四位，且各财务组织之间的分摊比例之和必须为100%。图8-10为资产组在集团内财务组织之间的分摊示例。

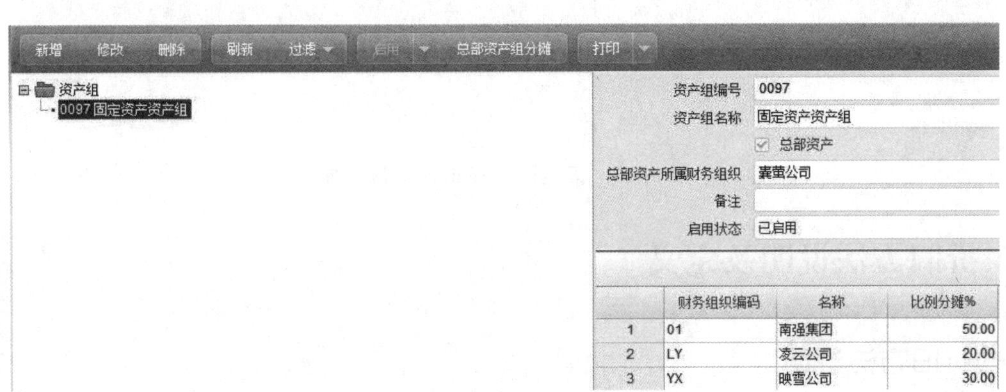

	财务组织编码	名称	比例分摊%
1	01	南强集团	50.00
2	LY	凌云公司	20.00
3	YX	映雪公司	30.00

图 8-10 资产组在财务组织之间分摊

8.模拟折旧设置

模拟折旧设置首先需要设置一个折旧方案，然后模拟资产使用的月限、折旧方法、净残值等。设置完毕后下次可以直接对指定资产应用该折旧方案，无须再按照资产来输入。图8-11为模拟折旧方案设置界面。

9.参数设置

参数设置模块设置集团账簿中的通用参数，例如折旧方法调整的适用情况和资产使用情况转变时的折旧方法变动等。图8-12为固定资产子系统的参数设置界面。

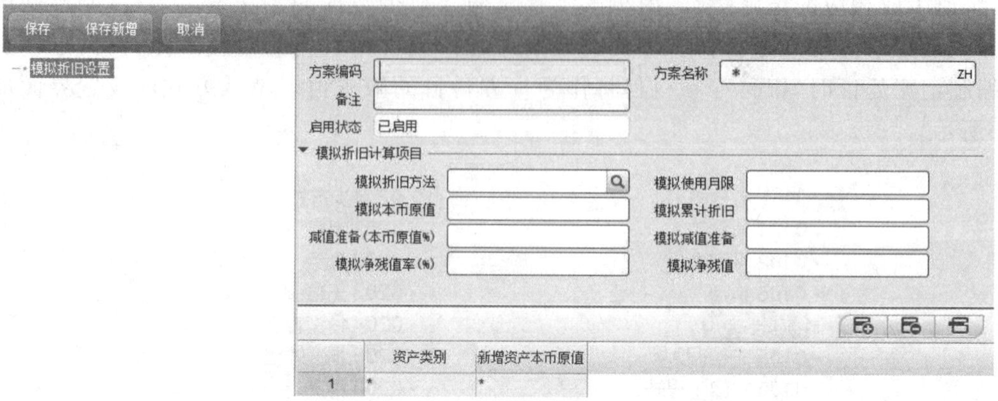

图 8-11 模拟折旧设置

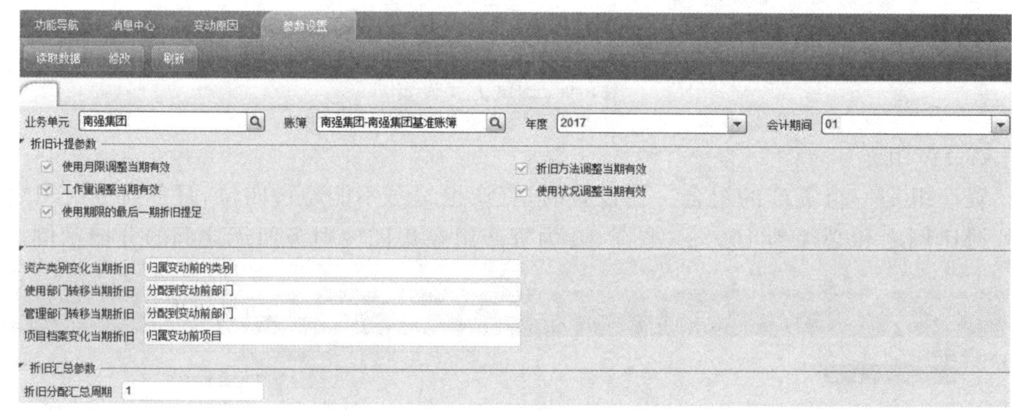

图 8-12 固定资产子系统参数设置

二、折旧方法说明及定义

(一)折旧方法说明

固定资产计提折旧后,必须把折旧分配到相关的成本或费用部门,根据不同企业的具体情况,可以按部门或按类别汇总。因为固定资产的折旧和使用部门密切相关,所以需要给每个使用部门选择一个折旧比例,这样该部门所属的固定资产折旧费用将按比例分配到相应的会计科目,在录入固定资产卡片时,选择了基准账簿后,若勾选多部门使用选项,相应的部门代码就会自动显示,注意选项中没有的部门不可在此手工输入。然后在生成部门或资产类别折旧分配表时,每一部门或每一类别按折旧科目汇总,生成记账凭证。部门对应折旧比例的设置如图 8-13 所示。

折旧记录　变动记录　评估记录　减值记录　减少记录　附属设备　保险记录　调拨记录　租金记录　费用记录　多使用部门

	部门	比例	备注
1	董事办	5.00	
2	总经办	5.00	
3	行政部	5.00	
4	人事部	5.00	
5	贸易部	40.00	

图 8-13　部门对应折旧比例设置

(二)折旧方法定义

固定资产子系统之所以能自动计算每一项固定资产的折旧费,是因为每一项固定资产的卡片中都提供了折旧计算需要的月折旧额、月折旧率或单位工作量折旧额。而这些数据并非由用户自己输入的,而是根据该项固定资产的折旧方法计算而来的。系统将根据相应的折旧公式以及固定资产卡片的各项数据自动计算。不同折旧方法的折旧公式通过不同折旧方法的定义而来。

图 8-14 所示的是各种不同的折旧方法以及相应的月折旧率公式、月折旧额公式。为了保证公式的语法正确性,一般都有专门的模块对公式进行规范的定义。该模块要求输入折旧方法的名称,提供各种可用于公式的折旧项目,例如原值、使用年限、已计提月份、月初净残值、本月工作量、工作总量、月初累计减值准备金额、月初累计折旧等项目,这些项目可以用于月折旧率、月折旧额公式的定义,另外还有各种运算符号。需要注意的是,月折旧率与月折旧额的公式一般是其中一个项目的公式包含另一个项目,但是不能相互包含,这样可以保证二者逻辑联系的正确性。一般系统有提供常用的几种折旧方法及相应的公式,如不提折旧、平均年限法、工作量法、年数总和法、双倍余额递减法,相关的计算公式可以参照财务会计的教材,这里不一一介绍。如果不能满足企业管理与核算的需要,可以定义新的折旧方法以及相应的计算公式。

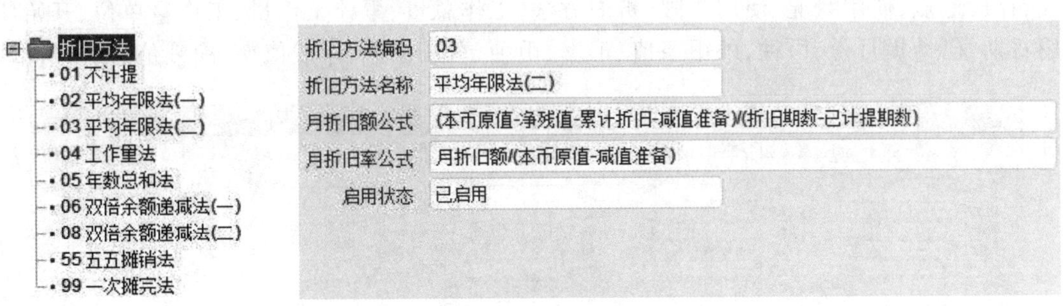

图 8-14　折旧方法定义及举例

三、固定资产卡片设置

(一)卡片项目

固定资产卡片是固定资产子系统最重要的管理工具,固定资产卡片文件是最重要的数据文件。固定资产卡片文件中的每一个记录包含的数据项体现为一个个卡片项目,正因为文件中包含了这些卡片项目,所以可以从各种卡片样式中选择安排组合各种卡片项目,并在处理具体的某种卡片样式的固定资产卡片时,可以对卡片上的各种项目进行操作,操作的结果保存在固定资产卡片文件的相应记录的相应数据项中。

一般系统提供了预设的各种卡片项目,例如原值、资产名称、使用年限、折旧方法等。这些是卡片最基本的项目,此外还有很多其他的项目,如果企业觉得不能满足需要,可以定义新的卡片项目。因为卡片项目实际上是固定资产卡片文件中的字段,所以定义卡片样式时,需要定义名称、数据类型、位长、小数位长。数据类型一般包括数字型、字符型、日期型和标签型。如果选择了数据型,就需要定义小数位,并定义计算公式;标签型数据是用来显示在卡片上的,在处理卡片时不发生变动的。在数据型、字符型和日期型的情况下,都可以选择是否参照常用字典,如果选择采用,在处理具体的卡片的相应卡片项目时,就可以在输入和编辑时,选用已经设置的参照字典中的内容,提高操作效率。

(二) 卡片样式定义

系统通用样式中的固定资产卡片如图 8-15 所示。在卡片项目能满足需要的情况下,企业就可以设计卡片样式。系统自带的通用卡片样式,包含了固定资产卡片、附属设备、大修理记录、资产转移记录、停启用记录、原值变动、减少信息等页面。其中固定资产卡片包含了固定资产编号、固定资产名称、类别编号、类别名称、规格型号、部门名称、增加方式、存放地点、使用状况、使用年限、折旧方法、工作总量、累计工作量、工作量单位、开始使用日期、已计提月份、币种、外币原值、汇率、币种单位、原值、净残值率、净残值、累计折旧、

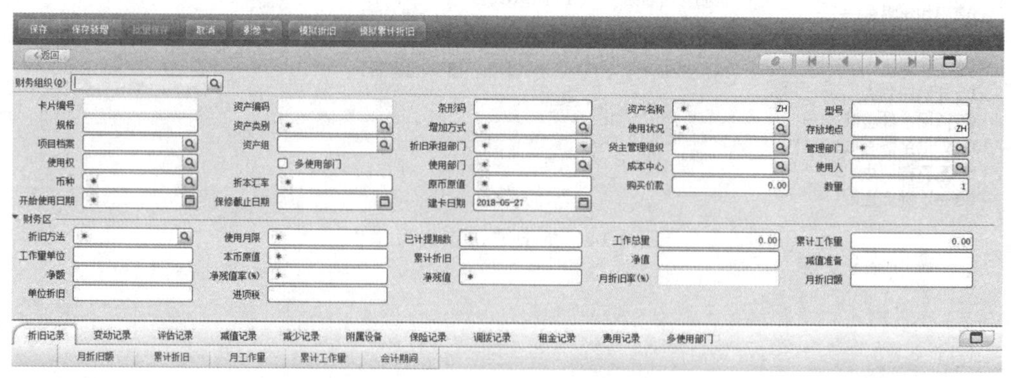

图 8-15　通用样式中的固定资产卡片

月折旧率、月折旧额、净值、对应折旧科目等卡片项目。这样的通用卡片样式一般能满足企业日常的管理要求，企业也可以定义新的样式。在定义时，可以在通用样式的基础上进行修改，企业选择适当的卡片项目，并安排好位置以后，就可以保存新的卡片样式，然后在设置固定资产类别中选择该卡片样式，这样在新增该类固定资产卡片时，就可以调用新的卡片样式。

(三)原始卡片录入

原始卡片是指卡片记录的资产开始使用日期的月份大于其录入系统的月份，即已使用过并已计提折旧的固定资产卡片。企业在使用固定资产系统进行核算前，必须将原始卡片资料录入系统，保持历史资料的连续性。

在录入原始卡片时，系统会提供资产类别参照，这有两个方面的作用，一是确定固定资产所属的类别，二是确定显示的卡片样式，因为一个资产类别对应着一种卡片样式。选择完以后，就可以进入相应的卡片操作界面，在卡片中也可再改变资产类别，相应地改变卡片样式。

在录入原始卡片时，通用的卡片界面与图 8-15 基本相同，只是由于不同的折旧方法、不同的币种而略微变化，如果不是采用工作量法，就不会出现工作量的相关项目；如果不是外币，就不会出现外币原值等相关的项目。这样灵活的显示方式有助于提供一个简单明了的用户界面。

在固定资产卡片操作中，固定资产编号一般可以自动生成，如果在选项中选择了手工编号的方式，则需要人工输入。固定资产名称需要人工输入。类别编号和类别名称可以参照输入其中任何一个。部门名称是参照输入的使用部门。增加方式、使用状况也是参照输入的，使用年限和折旧方法及币种都是默认值，可加以修改，参照输入其他的选择项。除此之外，还必须输入开始使用的日期，系统根据开始使用日期计算的已计提月份可以修改；原值必须输入，累计折旧和净值可以输入其中一个，另一个自动计算；默认的净残值率和净残值可以修改其中任何一个，另一个自动与之保持逻辑的一致性；对应的折旧科目是根据部门设置的对应科目而设的，如果选择单个部门，可以修改默认的对应折旧科目，如果是选择多个部门按照一定比例分配的，一般不能修改对应折旧科目。卡片中的月折旧额、月折旧率是系统自动计算的，不能修改。如果选择工作量法计提折旧，就需要输入工作总量、累计工作量和工作量单位，单位折旧由系统自动计算，不能修改。输入以上卡片项目的数据并确认无误以后，就可以保存。在系统启用的时候，需要整理好手工的卡片资料，准确录入计算机系统内，以保证计算机系统和手工系统的一致性，也要确保和实有的固定资产一致。

第四节　固定资产子系统日常业务处理

本节介绍固定资产日常业务处理，包括固定资产增加、资产减少、资产变动、工作量输入、折旧计提、折旧分配和减值处理，并介绍月末结账和账表输出。

一、新增固定资产

企业在新增固定资产时，应在固定资产系统期初数据的录入原始卡片中输入新增的固定资产数据。固定资产增加时，要新增固定资产卡片，它的操作方式与录入原始卡片基本相同，不同之处在于：原始卡片的开始使用日期应在本月份之前，新增卡片的开始使用日期应在本月份；原始卡片中可以显示月折旧额和月折旧率，但是新增卡片对应的固定资产还没有经过折旧的计提，还不能显示月折旧额和月折旧率。

二、固定资产减少

企业发生固定资产减少业务时，需要根据固定资产的实际变动情况填制固定资产减少通知单，并将数据保存在资产维护下属的资产减少模块中。在固定资产被淘汰以后，需要进行资产减少的处理，可以参照输入相应的卡片编号或资产编号，然后点击新增，就可新增一个资产减少的记录。在这个记录中，卡片编号、资产编号、资产名称和减少日期由系统确定，减少方式根据前面的设置参照输入，并输入清理费用、清理收入和清理原因。资产减少处理确认以后，系统将自动搜索相应固定资产的卡片，在其中的减少信息的页面中，以资产减少记录中的数据更新卡片注销记录，反映资产减少的相关情况。资产减少的处理如图 8-16 所示。

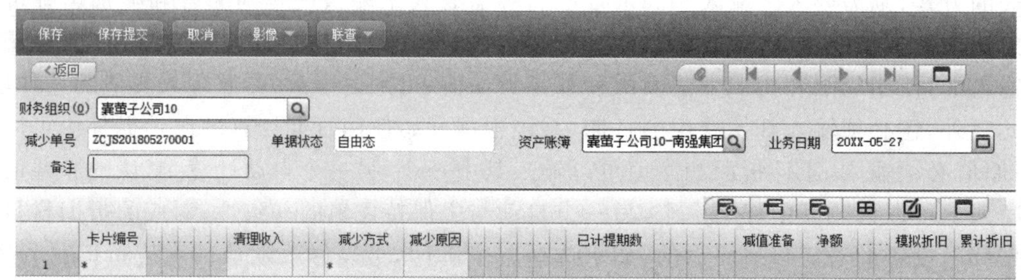

图 8-16　固定资产减少输入界面

三、固定资产变动

企业发生固定资产内部调配业务时，需要根据固定资产调配的实际情况填制内部调动通知单，并将数据保存在资产调拨下属的资产调入或资产调出模块。固定资产发生原值的增减、部门的转移、使用状况的变动、折旧方法的调整、累计折旧的调整、工作总量的调整、净残值率的调整、类别的调整等情况，均可以通过输入各种变动单进行处理。图 8-17为调整固定资产原值的界面，选择“原值增加”菜单以后，系统会出现显示固定资产变动单——原值增加界面。在处理原值增加业务时，输入卡片编号或资产编号，相应的资产名称、开始使用日期、规格型号、变动的净残值率、变动前净残值、变动前原值自动列出。

然后输入增加金额,并且自动计算出变动的净残值、变动后原值和变动后的净残值。如果默认的变动的净残值率或变动的净残值不正确,可手工修改其中的一个,另一个自动计算。并且要求输入变动原因,不能允许无故变动原值。保存变动单以后,即完成该变动单操作,同时卡片上的原值、净残值、净残值率也根据变动单而改变。

图 8-17　固定资产变动单界面——原币原值变动

四、计提折旧

自动计提折旧是固定资产系统的主要功能之一。系统会根据期初录入的固定资产原始卡片上的数据和集团或组织定义的折旧方法自动计算出应计提的折旧额,并按部门汇总后将数据保存在期末处理下属的折旧与摊销模块中。系统每期计提折旧一次,根据输入系统的资料自动计算每项资产的折旧,并自动生成折旧分配表,然后制作记账凭证,将本期的折旧费用自动登账。执行此功能后,系统将自动计提各项资产当期的折旧额,并将当期的折旧额自动累加到累计折旧项目。图 8-18 为折旧计提界面。首先选择读取数据,系统就会自动显示已经计提过折旧的固定资产的相关数据;然后选择折旧计提,系统会自动进行本期的折旧计提;最后选择生成凭证,系统就会生成相应的折旧分配汇总表,完成本期的折旧计提工作。

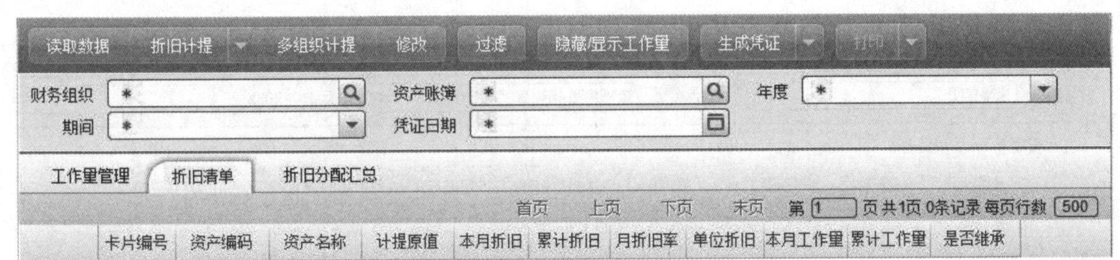

图 8-18　折旧计提界面

特别的,当企业的固定资产采用按工作量计提折旧时,就需要在每次计提折旧之前,输入该固定资产的工作量,以提供系统自动计算折旧所需要的数据。工作量的输入操作很简单,界面如图 8-19 所示。工作量输入过程中,系统自动将列示企业所有需要输入工作量的固定资产,这里只需要输入各项固定资产的本月工作量即可。

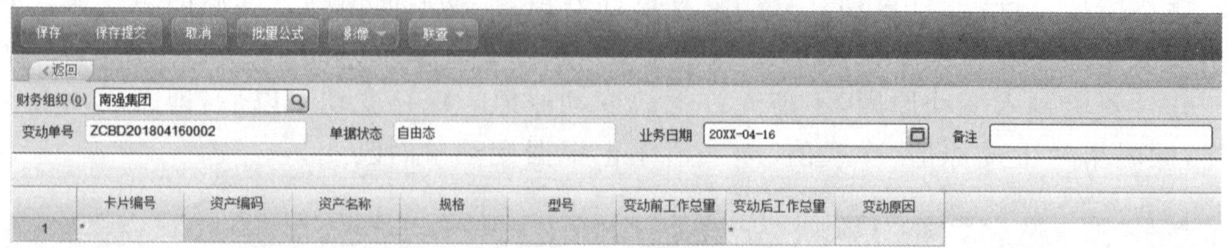

图 8-19 工作量输入界面

五、折旧分配

系统已经计提的折旧费用要按照一定的方式分配到各项成本费用中。正如前文所述，折旧费用的分配与使用部门之间有密切的联系，通过设置部门对应折旧科目来体现。这样系统计提完折旧后，就可以直接按照折旧清单以及部门对应折旧科目自动生成折旧分配表。折旧分配表是编制记账凭证，把计提折旧额分配到成本和费用的依据。折旧分配表有两种类型：部门折旧分配表和类别折旧分配表，只能选择一个制作记账凭证。部门折旧分配表的部门并非一定等同于使用部门，使用部门必须是明细部门，是分配折旧费用的依据，而部门折旧分配表所指的部门是指汇总所用的部门，因此也可以按照不同的资产类别进行汇总。但是万变不理其宗，某项资产的默认折旧费用科目和相应的金额只因使用部门而变动，并根据不同的汇总依据而被划分到不同的项目中，譬如不同的资产类别，而不会随不同的汇总依据而变动。系统生成的折旧分配表界面如图 8-20 所示。系统的折旧分配表生成以后，就可以制单，即由系统自动编制记账凭证，经过修改确认以后予以保存。这样就能正式生成记账凭证，将数据传递到账务处理子系统。这里需要注意的是，在修改记账凭证时，必须保证借贷方合计等于本月计提的折旧额。

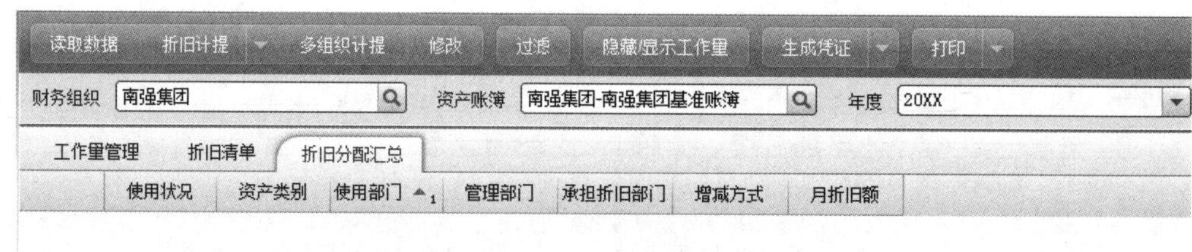

图 8-20 折旧分配表界面

六、减值准备的计提

核算一项固定资产或资产组本期期末要计提的减值准备金额，这个金额既不能小于0，也不能大于固定资产的本币原值。然后系统就可以将其累加到累计减值准备金额中，可收回金额根据原值、累计折旧、已计提减值准备金额、累计转回准备金额计算而得。输入减值原因即可保存完成减值准备的计提。计提减值准备操作界面如图 8-21 所示。

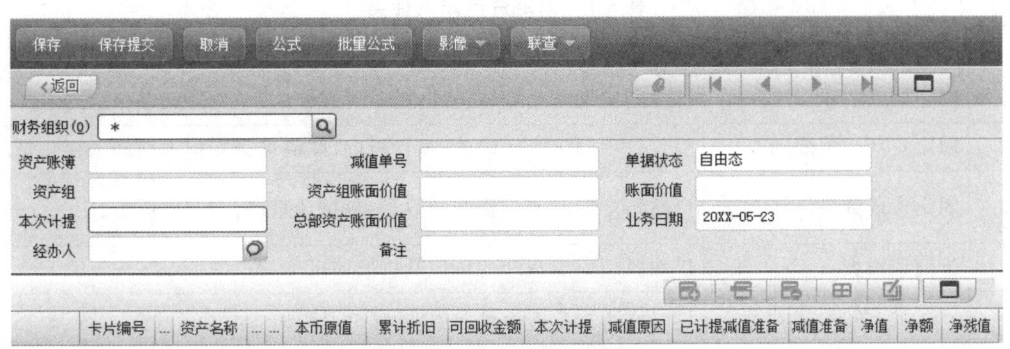

图 8-21 减值准备计提界面

七、自动转账

固定资产子系统主要与会计信息系统中的总账系统和成本子系统存在数据传递关系。一方面，在固定资产子系统中设置转账凭证模板，自动生成的记账凭证要传送到总账系统中进行账务处理。另一方面，要根据折旧计算文件分类统计、汇总折旧费用分配数据，并将折旧费用分配数据传送到成本系统供计算产品成本时使用。用户需要及时掌握固定资产的统计、汇总和其他各方面的信息。

八、期末结账

月末结转是将当月数据经过处理后结转至下月。每月固定资产数据处理完毕后均可进行月末结转。在固定资产子系统中，有两种情况不允许结账：选择了“应制单业务没有制单不允许结账”时，只要存在未制单的业务，该月不能结账，这可以通过批量制单来处理；如果“对账不平允许月末结账”没有选中，这时只要两系统出现偏差，导致对账不平，就不能结账，而应当予以调整。进行期末处理后，当月数据将不再允许变动。月末处理功能只有主管人员才能执行。

九、账表输出

账表输出模块可以输出用户需要的有关固定资产的各种账簿、统计报表、分析报表和折旧报表。其中主要包括：固定资产增减变动表，即以固定资产增加文件、固定资产减少文件、固定资产内部调动文件和固定资产卡片文件的数据，按部门汇总相关数据形成的用户视图；折旧费用分配表，即从折旧计算文件中提取数据，按费用科目汇总形成的用户视图；部门折旧统计表，即从折旧文件中提取数据，按部门汇总形成的用户视图。各种输出的报表可以直接在屏幕上显示，也可以通过打印机打印输出，还可以以文件的形式输出。表 8-1 为固定资产的账表种类。

表 8-1 固定资产账表种类

序号	报表	说 明
1	固定资产清单	提供指定期间企业各类固定资产的信息
2	固定资产价值变动表	提供各项固定资产原值、累计折旧、减值准备在指定期间的变化情况
3	固定资产数量统计表	反映指定期间固定资产的数量(包括计量单位)及原值信息
4	折旧明细表	反映各项固定资产的价值及折旧信息
5	固定资产处理情况表	反映固定资产因各种原因而减少的信息
6	折旧费用分配表	反映一个或多个会计期间,固定资产折旧计提后折旧费用分摊及核算的详细情况
7	固定资产到期提示表	反映按使用寿命计算,在指定期间到期的全部固定资产资料,包括到期固定资产的使用时间、到期时间、原值、折旧等信息
8	附属设备明细表	用于统计固定资产附属设备信息,以加强附属设备的管理。内容包括附属设备所属的资产名称、附属设备名称、登记日期、存放地点、金额等信息
9	固定资产变动与结存表	反映指定会计期间,企业固定资产变动的金额以及当期结存的金额。该表根据固定资产卡片、变动和清理、减值准备计提以及折旧计提等综合统计得到
10	固定资产明细账	用于反映一个或多个会计期间,固定资产业务的财务数据
11	折旧汇总表	用于反映指定期间,按指定项目汇总的固定资产的价值及折旧信息,汇总项目可以是类别、使用部门、存放地点等
12	资产构成表	反映指定会计期间,固定资产按照不同项目分类后,固定资产原值的构成比例,帮助企业掌握固定资产的价值分布
13	变动历史记录表	卡片变动历史记录表以分页形式反映某一固定资产的历史变动情况,包括基础信息变更、价值变更、减值准备等

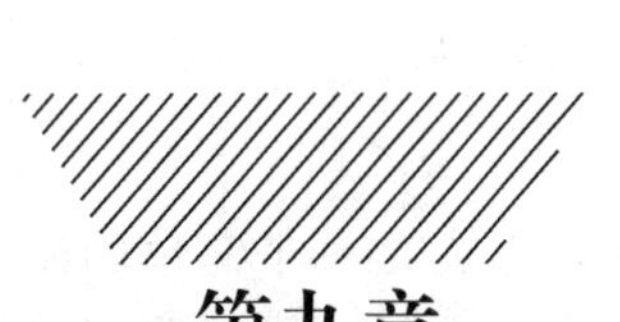

第九章 账务处理子系统

一个完整的会计信息系统是由若干个功能相互独立而又相互联系的子系统组成的。其中的账务处理子系统是最重要的子系统,它在会计信息系统中处于核心地位,与其他子系统存在频繁的数据联系。在实务中,会计工作主要围绕账务处理子系统而展开,它涉及整个会计核算中的记账、算账、报账过程。本章从账务处理子系统的流程分析入手,着重阐述账务处理子系统的初始化、日常业务处理、期末业务处理,以及账务处理中的辅助核算等内容。

第一节 账务处理子系统概述

企业进行会计核算、财务管理以及经营决策所需要的会计信息,大多数是由账务处理子系统对企业已发生的经济业务所产生的数据进行收集、加工处理后取得的。账务处理子系统涉及整个会计核算中的记账、算账、报账的过程。因此,账务处理子系统是整个会计信息系统的基础,是整个会计信息系统最基本和最重要的内容。从历史上看,会计的整个体系都是在账务处理的基础上发展充实起来的,尽管会计工作的具体内容因时期、单位规模和行业特征的不同而有繁有简,有粗有细,但账务处理一直都是必不可少的。

一、日常账务处理

早期的会计电算化软件以及适用于中小企业的会计软件，实际上就是一个简单的账务处理系统。账务处理子系统就是以凭证的输入和处理为主，以部分重要科目的明细核算为辅，完成记账、结账、银行对账、账证表查询与打印、系统服务与系统管理等账务处理工作并提供财务信息支持的信息系统。现今的账务处理系统均内嵌于大型 ERP 系统之中。它包含所有经济业务的总括核算，如采购业务、销售业务、投资业务、固定资产、所有者权益等所有经济业务的数据都流向账务处理子系统，并在该系统中产生相应的账务处理。账务处理子系统中的核心是总账模块，该模块可满足财务会计日常业务的大部分需求。一些需要明细核算的会计项目独立于账务处理子系统中的总账模块，在账务处理子系统下单独建立一个子模块进行管理与核算，以提供更为翔实的明细信息，如应收管理、应付管理、费用管理、固定资产、存货核算等。这些子模块与总账模块存在密切的数据联系，总账模块以总括核算为主，而其他子模块则侧重于明细核算。

二、辅助核算管理

为了细化企业的核算和管理，账务处理子系统一般都会提供辅助核算管理功能。辅助核算是账务处理子系统中的重要组成部分，它是会计软件设计逐步走向成熟的标志。如果说账务处理子系统的日常核算只是完美地替代传统的手工核算的话，那么辅助核算则拓展了会计信息系统的功能，使其由核算型软件向管理型软件过渡。账务处理子系统中涉及的辅助核算主要包括出纳管理、部门核算和管理、项目核算和管理、供应商核算和管理、客户核算和管理以及个人往来核算和管理等。

辅助核算可以针对某一科目或某一业务（项目）。究竟哪些科目和哪些业务需要进行辅助核算，应该进行哪种辅助核算，完全取决于企业的核算和管理要求。进行辅助核算一般有以下几个步骤：

（1）明确核算要求；

（2）将选定科目设置成为某种或多种辅助核算；

（3）设置与之相关的档案资料；

（4）填制凭证时确认辅助信息；

（5）查询打印各种辅助账表。

三、账务处理子系统的特点和目标

（一）账务处理子系统的特点

会计信息系统是由若干个子系统构成的，其中账务处理子系统是核心。账务处理子系统与其他子系统相比，具有如下几个特点：

1.以历史信息为主,涵盖所有能以货币表现的经济业务

账务处理子系统的加工对象是已发生或已完成交易、事项所发出的财务数据,因此,作为系统信息源的数据本身是历史的,而且是能用货币表现(金额描述)的数据集。这就决定了账务处理子系统输出的信息是历史的、以货币表现的信息。

2.规范性强,一致性好

会计是个信息系统,能够提供有助决策的信息是其首要的职能,因此必须按照公认会计原则规范其信息的生产。这项职能主要落实到账务处理子系统,要求将经济活动产生的数据按照企业会计准则及其指南的规范要求加工处理成相应的账簿文件,最后通过财务报表子系统输出对外报告。

账务处理子系统必须遵循世界通用的复式记账原则,即:

(1)有借必有贷,借贷必相等;

(2)资产=负债+所有者权益,利润=收入-费用;

(3)总账余额/发生额必须等于其下属明细账余额/发生额之和。

因此,不同的会计软件其账务处理的加工程序与方法可能不同,但按照复式记账法和统一会计制度,同一输入源(如模拟数据与会计规则)必然会导出相同的结果,这也是评审会计软件或审计会计应用系统的要求。

3.以总括核算为主,在整个会计信息系统中起核心作用

账务处理子系统以总括核算为主,它所产生的信息具有很强的综合性和概括性。而其他子系统只是局部而详细反映企业供、产、销过程中某个经营环节或某类经济业务。例如,采购与应付子系统只是反映采购与应付货款核算这一经营环节(采购与应付会计循环);销售与应收子系统主要反映销售、应收账款核算经营环节(销售与应收会计循环);存货子系统反映企业存货的进、销、存的管理等。

账务处理子系统与其他子系统存在频繁的数据联结与交流,它是会计信息系统的数据交互平台,它把其他子系统有机地结合在一起,综合而详细地提供企业财务状况与经营成果。

4.控制要求严格,正确性要求高

为了能够向企业内外部提供可靠而相关的信息,要求对账务处理子系统有严格的内部控制。对于计算机会计信息系统而言,内部控制一般指应用控制,即输入控制、处理控制和输出控制。为保证会计处理结果的真实性,只有从凭证开始,对账务处理的各个环节加以控制,才能防止有意或无意的差错发生。

(二)账务处理子系统的目标

计算机、通信和网络等信息技术应用于会计是会计发展史上的一次革命,它使会计数据的处理流程、处理方式以及相应的内部控制和会计的组织机构发生了巨大的变化,尤其表现在账务处理子系统上。手工账务处理方式下的某些方法与环节在计算机处理方式下可能成为多余,而手工账务处理方式下无法实现的高效、准确和及时的数据处理在计算机环境下已成为可能。在计算机环境下,账务处理子系统的目标应该达到如下内容:

(1)及时、准确地采集和输入各种凭证,保证进入会计信息系统的数据正确和完整;

(2)高效、正确地完成记账等数据处理过程；

(3)随时输出某个时期内任意会计科目发生的所有业务和各个会计期间的各种报表；

(4)建立账务子系统与其他子系统的数据接口，实现会计数据的及时传递和数据共享；

(5)留有必要的审计线索，供企业内外部审计人员审计。

此外，为充分发挥计算机的优势，增强账务处理子系统的核算和辅助管理功能，许多会计软件还在账务处理子系统中增加了部门核算和管理、项目核算和管理、往来核算和管理等辅助核算功能，以及子系统间的自动转账、母子公司间数据传递与会计实时处理功能。这些辅助管理功能的不断拓展，使账务处理子系统在会计核算与企业管理中发挥越来越重要的作用。

第二节　账务处理子系统流程分析

以下我们将阐述手工账务处理流程和计算机账务处理流程，并对两者作一对比，以期能理清会计数据处理的来龙去脉，了解会计流程在计算机环境下的优化重组，解开账务处理子系统的数据处理“黑箱”。

一、手工账务处理流程分析

(一)手工账务处理流程

在手工会计账务处理中，会计核算具有整套科学的方法体系，包括：设置会计科目及账户、复式记账、填制与审核记账凭证、设置与登记账簿、成本核算、财产清查、编制会计报表等。这些会计方法是相互联系、紧密结合的。其中，前四个方法既是账务处理业务的基础，也是记账、算账的一般方法。为了及时、正确、完整地处理会计业务，不同规模、不同业务量和业务属性的企业，可能采取不同的会计核算组织程序，也称账务处理流程，概括起来主要有五种：

(1)记账凭证核算程序；

(2)科目汇兑表核算程序；

(3)汇总记账凭证核算程序；

(4)日记总账核算程序；

(5)多栏式日记账核算程序。

不同的账务处理程序有不同的核算流程，其差别主要是登记总账的方法和依据不同，其中以科目汇兑表核算程序较为常见，其业务处理流程如图 9-1 所示。

科目汇总表核算程序包括以下六个处理步骤：

(1)根据原始凭证、汇总原始凭证填制记账凭证；

(2)根据现金和银行存款收、付款记账凭证逐笔登记现金、银行存款日记账；

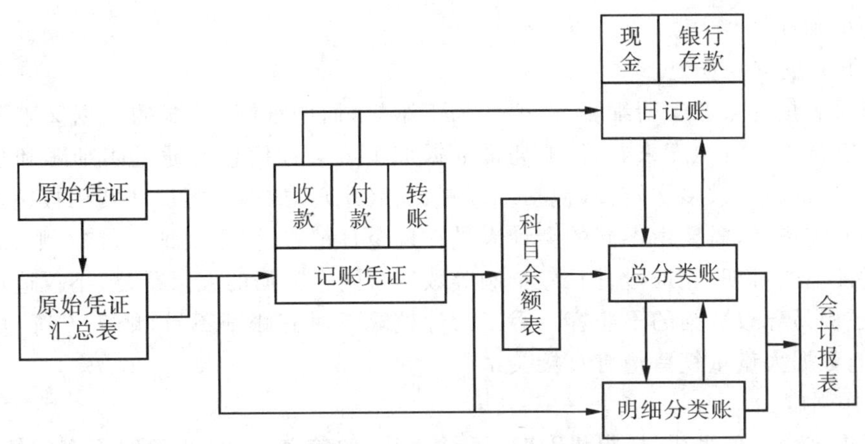

图 9-1 手工科目汇兑表账务处理数据流程图

(3)根据原始凭证、汇总原始凭证或记账凭证登记明细分类账；

(4)根据记账凭证编制科日汇总表；

(5)根据科目汇总表登记总分类账；

(6)期末处理，即每月月末进行结账，将现金、银行存款日记账和明细账的余额与相应的总分类账余额相核对；

(7)根据总分类账和明细分类账的记录编制会计报表。

(二)手工账务处理流程的缺陷

从上述手工账务处理流程分析中，可以看出流程中的每一过程都需要通过人工编制或干预，这就决定了手工账务处理流程的局限性。

1.会计信息提供不够及时

信息的及时性与信息的有用性是相联系的，任何过时的信息，其信息含量将大大降低。会计信息系统的最终产品是会计报表，是通过账务处理子系统对经济业务数据加工处理的结果。由于手工账务处理的工作量很大，手工对会计数据层层汇总、加工的速度很慢，在会计期间结束后往往还要延长一段相当长的时间才能编制出会计报表，这无疑大大削弱了会计信息所起的作用。

2.准确性差

在长期的账务处理实践中，为了避免和发现手工会计核算的错误，人们总结出一套特有的方法。如明细账和总账采用平行登记法，以便相互核对发现明细账或总账中的过账错误和计算错误。又如实务中，会计人员在凭证过账后，一般在它上面用铅笔加注"√"号以防止重复登账。但无论会计人员的素质如何，在从记账凭证的编制到报表输出的每一个环节中，转抄错误和计算错误都难以完全避免。而根据复式记账原则，会计账目不允许有一分钱的差错，否则无法平账。会计人员往往为了几分钱的差错，多次进行手工汇总和核对，既费时又费力。特别是在月底，为了尽快报出各种会计报表而又保证账表相符，有时不得不根据报表来修改总账，其结果往往隐藏了巨大金额的错报或漏报，严重影响到会计信息的准确性。

3.数据大量重复登记

财务报表信息来源于明细账、总账的加工结果，而明细账、总账的数据又来源于记账凭证，因此，从数据流角度来看，记账凭证数据加工成会计信息要通过明细账和总账两条途径，记账凭证数据被多次转抄（包括二级账、三级账）。如当一笔反映费用报销业务的记账凭证编制完毕后，需要由不同的会计人员在现金日记账、费用明细账、二级账、总账上同时转抄凭证上的日期、凭证号、摘要、金额等数据。同一数据的大量重复，不仅造成时间上的浪费，还极易导致数据的不兼容。手工会计核算下时有账证不符、账表不符、账实不符的现象，与数据大量重复登记有直接关系。

4.工作强度大

为了提高会计信息质量，提供及时、可靠、相关的信息，在其他条件不变的情况下，只能靠加重会计人员的劳动强度或增加会计人员的方式来实现。传统财务部门人员"臃肿"的现象，也是手工进行账务处理的必然结果。

二、计算机账务处理流程分析

使用计算机进行会计账务处理，原有手工条件下根据原始凭证编制记账凭证、根据记账凭证登记有关日记账和明细账、按科目分类生成总分类账、根据账簿记录编制会计报表，这一基本的处理程序从表面上看并没有发生变化。但是，由于计算机具有运算速度快、处理能力强、数据处理精度高等优点，在设计计算机账务处理子系统时，数据流程再造方面已经突破了传统手工处理方式，从而使账务处理效率与精度大大地提高。

目前，商品化会计软件非常多，如中国的用友公司、金蝶公司、安易公司、浪潮公司，美国的CA公司、D&B公司所提供的会计信息系统都包括账务处理子系统，但各公司在设计账务处理数据流程时可能不尽相同，但总的设计思路大同小异。图9-2是一个典型的账务处理子系统的数据流程图，说明如下：

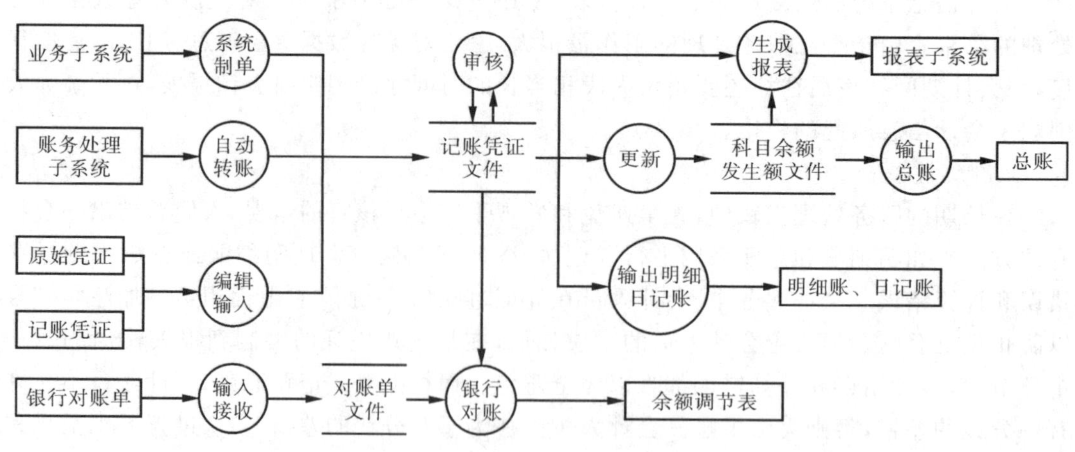

图9-2 计算机账务处理数据流程图

(1)输入数据。账务处理子系统数据输入一般分为两类:第一类是会计人员手工录入数据,这类凭证也称为“手工凭证”,第二类是计算机自动获取数据并生成凭证,这类凭证也称为“机制凭证”。手工录入数据分为两种情况:一是录入人员直接根据原始凭证输入有关数据,由计算机编制记账凭证后作为凭证录入,同时打印出记账凭证;二是会计人员根据原始凭证手工填制记账凭证,再由录入人员输入计算机。计算机自动获取数据也分为两种情况:一是业务人员在经济业务发生时录入有关数据,由计算机将数据传输至账务处理子系统,并由系统自动生成相应的记账凭证;二是对某些具有规律性且每月都发生的期末结转业务,由计算机根据初始设置生成记账凭证。

(2)对记账凭证中未审核的凭证进行审核。无论是手工输入的记账凭证还是机制凭证,都需要经授权的人员审核,以确保数据录入的正确性。

(3)随时用记账凭证文件更新科目余额文件,以便随机查询任意会计科目的当前借方发生额、贷方发生额及期末余额。

(4)根据科目余额文件和记账凭证文件编辑输出现金日记账和银行存款日记账以及其他各种明细分类账。

(5)根据记账凭证文件和对账单文件中的银行业务进行对账。

(6)根据科目余额文件编辑输出总账。

(7)根据科目余额文件和记账凭证文件生成会计报表。

值得注意的是,在计算机条件下,无须再区分或单独设置总账、明细账和日记账文件,或者说,在计算机条件下,传统的账簿体系已经弱化。这是因为计算机具有强大的数据处理能力,需要查询、打印有关账簿时,由计算机对系统内存放的记账凭证文件快速地自动进行处理加工并输出有关的内容。计算机账务处理中所指的记账操作指的是根据记账凭证文件更新科目余额发生额文件和相应的部门、项目、往来等辅助文件,同时说明已记账凭证已进入会计信息系统,不得再对凭证进行修改,从而保证会计数据的安全和完整。

在计算机会计账务处理系统第一次投入使用时,也类似手工的建账工作,这一工作通过对系统的初始设置来完成。

三、手工账务处理与计算机账务处理的区别

手工方式下和计算机方式的账务处理流程有很多不同之处,主要表现在以下几点:

1.数据处理的起点与终点不同

手工账务处理的起点为原始凭证,而计算机账务处理的起点是记账凭证、原始凭证和机制凭证。手工账务处理以会计人员编制并上报会计报表为工作终点;而计算机账务处理则以计算机自动输出各种账簿和输出定制报表为终点,另在会计信息系统中单设会计报表子系统来编制除定制报表之外的其他报表。

2.数据处理方式不同

手工账务处理中,会计数据是通过将记账凭证由不同会计人员分别登到不同的账簿中,并手工进行计算与汇总;在计算机账务处理中,记账只是个数据处理的过程,不需要由多人执行账簿登记工作,数据间的运算与归集由计算机自动完成。

3.数据的储存方式不同

手工方式下，会计数据储存在凭证、日记账、总账、明细账等纸张介质中；在计算机方式下，账务处理子系统中的会计数据存储在凭证库文件、余额/发生额库等数据文件中，在需要的时候，通过查询或打印输出。

4.对账的方式不同

手工账务处理过程中，为了避免发生记账差错，按复式记账的原则，总账、日记账、明细分类账必须采用平行登记的方法，根据每张凭证及原始凭证登记明细账，利用凭证的汇总数（通过科目汇总表或汇总记账凭证等）登记总账，然后由会计人员定期将总账、明细账、日记账中的数据进行核对，总账、明细分类账或日记账的数据若不相符，说明必然有一方或多方有记账错误，这种方式在手工账务处理中是一种行之有效的查错或纠错方法。而在计算机账务处理中，由于总账子系统采用预先编制好的记账程序自动、准确、高效地完成记账过程，明细账与总账的数据同时产生，只要预先编制好的程序测试正确，计算错误几乎不可能发生，因此，在计算机账务处理子系统中就没有必要进行总账、明细分类账和日记账的对账。但这又出现另一个问题，即当数据录入错误，而在审核过程中又没有发现，那么整个账簿体系的数据都是错误的（“垃圾进，垃圾出”），而不像手工方式下可通过账簿的对账发现错误。这说明在计算机账务处理子系统中，数据录入与审核环节相当重要。

5.会计资料的查询与统计方式不同

在手工账务处理方式下，会计人员或审计人员需要查询某一类会计资料或编制一些简要的统计表，要付出许多劳动；在计算机账务处理方式下，由于计算机具有高速处理能力，会计人员或审计人员只需通过选择各种查询功能，就可以以最快的速度完成数据的查询和统计工作。

6.账务处理的效率、准确性及时效性不同

计算机账务处理的最大优势在于它能够高效、准确和及时地提供信息，由于信息的及时性提高，会计信息的信息含量大大增加，同时，也把广大财务人员从繁重的劳动中解脱出来，使他们有充足的时间和精力从事事前预测、事中控制和事后分析等会计管理活动。因此，计算机账务处理已逐步替代手工账务处理。

第三节　账务处理子系统初始化设置

账务处理子系统是一个目标很明确的系统，它将经济活动中产生的数据按照企业会计准则的要求加工成会计信息输出。因此，现代商品化会计软件在开发过程中，重点考虑的是系统的通用性，即不同行业账务处理和财务管理的一般特征，同时，为了适应各单位的需要，系统提供了初始设置功能，允许企业根据本单位的会计核算业务和财务管理的具体情况，通过初始化功能来实现或满足本单位的会计业务处理需要。这些设置工作统称为初始化工作。

初始化设置是账务处理子系统应用的前提，只有在进行了初始化设置后，账务处理子系统才能开始投入运行。一些重要的初始化项目完成后，一般不再重新设置或修改，如需要修改应在年末结账后进行。初始化需要设置的项目较多，会计科目等核心设置已在第三章介绍，本章只对账务处理子系统的其他初始化设置进行介绍。

一、辅助核算科目设置

辅助核算是为了适应企业管理和决策的需要而对账务处理进行的一种补充。企业可根据核算和管理的需要设置科目，确定是否进行辅助核算，如部门、项目、外币、日记账或银行账、个人往来、单位往来、地域、仓库等。如果某一科目定义了辅助核算功能，那么在其后的凭证录入中，如果录入的科目出现了辅助核算的科目，系统自动要求录入辅助核算的相关信息。有关辅助核算的内容将在本章第六节详细介绍。

(一)常见辅助核算项

1.日记账

日记账用于标识需要生成日记账形式账簿的会计科目，如现金、银行存款等。系统对含有此类科目的凭证记账时会自动将其发生额记入总账、明细账及相应的日记账。

2.银行账

银行账是指将需要进行银行对账的会计科目设为银行账，一般指银行存款类会计科目，不需要对账或不能够对账的科目不能设为银行账。设为银行账的科目在输入记账凭证时，系统将要求输入相应的结算凭证方式和结算凭证号。记账时，系统自动将结算方式、结算号、金额、收付方向、业务日期等内容记入银行辅助账，以便与银行对账单核对。

3.数量金额账

对需要进行数量核算的科目，只需在设置会计科目时在“数量核算”一栏中输入相应的数量核算单位，系统会自动为该科目设立数量金额类账。

4.外币账

涉及外币的账户，除记录记账本位币金额外，还需记录相应的外币金额。设为外币类的科目还应在“外币名称”一栏中设置与科目编码相对应的外币币种。

5.个人、单位往来辅助账

账务处理子系统对个人往来业务和单位往来业务提供了两个不同的解决方案：

(1)模仿手工的处理方式。会计科目设置与手工处理科目设置相同，即在其他应收款、其他应付款科目下按费用类别设置二级科目，在二级科目下按往来的个人或单位再设置明细科目。在这种方式下，这些科目不必设置辅助核算类别。其缺点是造成会计科目数量繁多，不利于款项的清理和统计分析，因此只适用于个人或单位往来业务较少而且相对固定的企业使用。

(2)辅助核算方式。利用系统的辅助核算功能将有关科目设成个人往来类或单位往来类。在这种方式下，设置会计科目不再按个人或单位设置明细科目，而是将其归入辅助账来核算与管理。如单位人员多且差旅费借支与报销业务频繁的企业，可采用设置“其他应收款——差旅费借支”科目，并将其设成个人往来类别，以便使用账务处理子系统的辅助功能加强个人往来业务的核算和管理,同时也减少了频繁设置会计科目的工作量。

6.部门辅助核算账

为了加强管理、提高经济效益,许多企业单位都实行了部门考核,考核标准主要包括收入和费用两项指标。因此,账务处理子系统提供了部门核算辅助功能,即对收支类业务,除了需要按类别进行核算外,还需要按部门进行核算。如"管理费用"科目下,首先要按类别分成管理人员工资、办公费、差旅费、业务招待费等项目进行核算,然后还需要对每个费用项目在不同部门间进行核算。如果一个单位有10个部门需要进行部门考核核算,管理费用类别项目有10个,那么管理费用下就应设置100个明细科目。这种核算方式在手工条件下工作量是相当大的,但在计算机条件下,利用系统提供的部门核算辅助功能,却能轻而易举地实现,即在设置管理费用科目时只设置管理费用的类别,并将各类别定义为部门核算类,如:

6602	管理费用	
660201	管理人员工资	部门核算类
660202	办公费	部门核算类
660203	差旅费	部门核算类
660204	业务招待费	部门核算类
……		

7.项目核算账

项目核算是为了解决围绕一个专门的核算对象,将与该对象相关的所有收入、支出进行专项的核算而设置的功能。比如,企业的基建工程通常要进行专项核算和管理,在账务系统中将该工程涉及的科目设为项目核算类;又如,制造企业为了加强管理,经常需要分产品计算其成本、收入和利润,也可以将每种产品看成一个项目,在系统中把有关的成本、收入以及库存等科目设成项目核算。其科目设置方法与部门核算相似。

(二)辅助核算科目设置应注意的问题

(1)设置会计科目时,应先建高级科目,再建其下级科目。

(2)辅助账必须设置在末级科目上才有效,如果上级科目设辅助账,而末级科目未设,则系统将不予确认。

(3)一个科目可以同时设置两种辅助核算,如部门与项目核算组合、部门与往来核算组合、项目与银行核算组合等。

(4)账务系统所有科目由用户根据本单位的实际情况和业务特点设置,设置时用户可以任意修改或删除。

(5)设置完成投入运行后,还允许用户增加少量同级科目或对某些项目进行修改,但不允许删除或修改任何已经使用的会计科目。

(6)年度结账后,可以对科目进行适当调整,并应调整相应的科目余额。

(7)科目设置应认真仔细地一次完成,设置好的科目可以打印输出科目一览表供用户日常查询。平时不要随意进入设置科目功能,以免损坏或丢失数据。

二、凭证类别设置

由于各企业业务量的大小或会计管理模式存在较大差异，使用的记账凭证类别往往不同。有些企业只使用单一的记账凭证，所有凭证按顺序统一编号；有些企业为了便于单独反映货币资金的收付情况和日常凭证管理，往往对货币资金的收付业务编制专用记账凭证，分成收款凭证、付款凭证和转账凭证三类，每类凭证单独编号；还有些企业再细分成现金收款凭证、银行收款凭证、现金付款凭证、银行付款凭证和转账凭证五类，每类也是单独编号。为了适应不同企业的需要，账务处理子系统一般提供凭证类别设置，凭证类别设置通常需要设置凭证类别编码、凭证类别名称和凭证类别简称（如图 9-3）。凭证类别设置完成后，一般在年度内不能修改或删除。

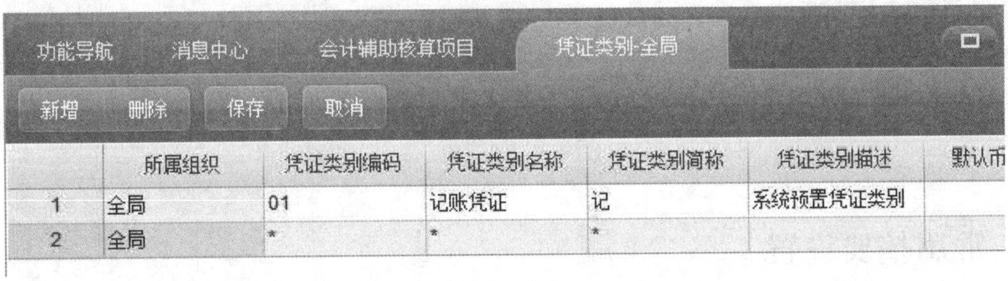

功能导航　消息中心　会计辅助核算项目　凭证类别-全局

新增　删除　保存　取消

	所属组织	凭证类别编码	凭证类别名称	凭证类别简称	凭证类别描述	默认币
1	全局	01	记账凭证	记	系统预置凭证类别	
2	全局	*	*	*		

图 9-3　凭证类别设置

三、结算方式设置

结算方式是指企业经营过程中使用的收款与付款结算，如电汇、信汇、支票等结算方式。企业在进行会计业务处理时，资金的流入和支出大部分是通过银行进行的。一般情况下，银行的各种结算方式相对稳定，且种类有限。为了便于管理和提高银行自动对账的效率，账务处理系统为用户提供了定义设置与银行资金结算方式设置的功能，用来建立在经营活动中所涉及的结算方式。

结算方式设置主要内容包括：结算方式编码、结算方式名称、票据管理标志等。结算方式编码可采用数字型或字母型编码，结算方式名称则是指其汉字名称，用于显示输出。票据管理标志是账务处理系统为辅助银行出纳对银行结算票据的管理而设置的功能，类似于手工系统中的支票登记簿管理方式。

四、外币汇率设置

在企业存在外币业务的情况下，需要将发生的外币业务折算成本位币记账，因此需要输入对应外币的折算汇率和折算方法。外汇汇率管理设置功能即用于输入各种外币的记账汇率。外汇汇率折算通常需要设置源币种、汇率小数位数、折算模式、最大折算误差等，以便在凭证录入涉及外币项目时，将外币金额自动折算成本位币记账。外币汇率设置与企业使用的外币折算方法有关，对于采用月末一次调整汇率的企业，每月月初在固定汇率项输入期初汇率，在月末计算汇兑损益时录入期末汇率；对于采用逐日调整汇率的企业，则每天在变动汇率项输入当天汇率。信息技术的进步可帮助系统实现实时汇率更新，大大提高了财务信息的准确性和及时性。由于汇率和外币与本位币的折算方法有关，因此在设置汇率时必须指明是采用原币×汇率＝本位币的折算方式，还是原币÷汇率＝本位币的折算方式。设置界面如9-4所示。

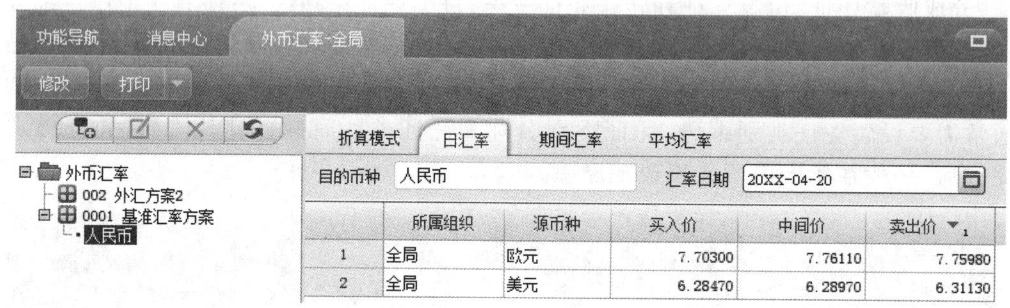

图 9-4　外币设置

五、常用摘要设置

记账凭证要求填写简明扼要并能确切反映经济业务的实质内容的摘要。在日常填制凭证的过程中，因为业务的重复性发生，经常会有许多摘要完全相同或大部分相同，如果将这些常用摘要存储起来，在填制会计凭证时可随时调用，必将大大提高业务处理效率。在账务处理系统中为了提高编制凭证的效率，减少汉字的输入量，一般设有凭证摘要库以便存放企业常用的摘要。使用时通过摘要编码或屏幕直接选取功能，自动输入摘要的内容。这就要求在系统使用之前，必须对单位使用的摘要进行认真整理和规范化，这种规范化一方面是指对摘要表述的规范化，另一方面还要符合软件的要求，摘要的字段不能超过软件预定的长度限制。

常用摘要设置也作为初始化内容之一，它包括摘要码、摘要内容和相关科目，这些信息可任意设定并可以在调用后修改补充。常用摘要的编码是调用常用摘要的依据，因此，不能重复输入，也不能为空。如果某条常用摘要对应某科目，则可定义相关科目，在填制凭证时，在调用常用摘要的同时，相关科目也被调入，提高凭证录入效率。

第四节　账务处理子系统日常业务处理

在基本的初始化工作完成后，就可以进行日常业务的账务处理工作。账务处理系统的日常业务处理主要包括记账凭证的生成/输入、审核、修改和记账等。计算机大量的人机操作工作都集中在凭证处理这一环节，也就是说，要将企业发生的业务制成会计凭证，并将凭证准确无误地填制到计算机，因此，凭证处理是账务处理的最关键环节。对小型的会计信息系统而言，日常会计工作中需要处理的凭证数量很多，而这些凭证数据都要依靠手工方式通过键盘输入计算机，因此，如何正确、快速地输入凭证是凭证处理的重点。但随着企业规模和业务的不断扩展，小型会计信息系统已无法满足企业需求，更多的企业转向使用业财融合管理的大型 ERP 系统。对大型 ERP 系统下的账务处理子系统而言，大量的凭证数据无须依靠手工方式输入，在业务发生后数据可自动从业务子系统传输至账务处理子系统，并由计算机生成相应的凭证。

一、凭证生成/输入

记账凭证是登记账簿的依据，在实行计算机处理账务后，电子账簿的准确与完整完全依赖于记账凭证，因而，必须确保记账凭证输入的准确与完整。

(一)记账凭证的类型与输入方式

1.记账凭证的类型

在计算机账务处理系统中，记账凭证按其来源不同有两种类型：

(1)手工记账凭证。指根据原始凭证编制的手工录入到计算机中的记账凭证。

(2)机制记账凭证。指由计算机系统自动生成的凭证。机制记账凭证又可分为两种类型：一种是业务人员在各业务子系统输入业务数据后，系统自动根据会计所需数据相应生成的记账凭证；另一种指账务处理系统根据系统内已有的数据产生的记账凭证，如期末业务处理时根据设置的转账凭证模板由系统自动生成的各种摊、提、结转凭证等。

早期的会计软件功能单一，局限于财务会计账务处理，因此，大量的凭证依靠手工录入，手工记账凭证是账务处理系统日常业务最常见到的凭证。但随着大型 ERP 系统的应用，主要的凭证均由账务处理子系统外的其他系统生成，机制记账凭证替代手工记账凭证成为账务处理系统日常业务最常见到的凭证。例如，购买原材料后，相关数据通过供应链系统下的采购管理模块传输至应付管理系统，并由该系统生成材料采购凭证；材料办理入库手续后，相关数据通过供应链系统下的存货管理模块传输至存货核算系统，并由该系统生成采购入库凭证；销售产品后，相关数据通过供应链系统下的销售管理模块传输至应收管理系统，并由该系统生成销售收入凭证；新增固定资产后，固定资产管理人员在固定资产管理系统中录入固定资产卡片，并由该系统自动生成凭证；员工报销费用后，费用管理系统自动生成费用凭证；账款收付后，由资金管理系统生成收款凭证或付款凭证。ERP 系统可满足企业主要的日常业务管理，业务人员在业务发生时将业务数据录入系统，因此会计人员编制凭证所需要的数据可直接从其他子系统获取，无须再根据原始凭证录入。

2.记账凭证的输入方式

由于记账凭证的来源不同，将其输入账务处理系统的方式也就不同。对于手工记账凭证，只能采用人工键盘输入的方式。由于手工记账凭证在日常会计处理中占有相当的数量，因此手工记账凭证输入是账务处理系统重要的环节。在实际工作中，手工记账凭证有两种输入方法：一种是用户直接在计算机上根据审核无误的原始凭证填制记账凭证，即前台处理；另一种是先由人工编制记账凭证，而后集中输入，即后台处理。用户采用哪种方式应根据本单位实际情况。一般来说，业务量不多或基础较好的用户可采用前台处理方式，而在第一年使用或人机并行阶段，则比较适合采用后台处理方式。

对于机制凭证，一般由其他子系统和账务处理子系统内的自动转账凭证模块，根据会计处理的要求按统一格式编制记账凭证，然后自动传输到凭证管理模块，经人工审核确认后由系统自动进行相应的账务处理。有的会计软件还专门建立通用转账子系统，用以汇集各业务处理子系统的数据，按统一格式编制记账凭证，然后自动传输到账务处理子系统。企业大量的凭证由其他子系统自动转账生成，不仅高效准确，还节省了大量的人力、物力资源。

(二)记账凭证的基本内容和输入控制

记账凭证是数据的载体，虽然通用会计软件在设计记账凭证的格式各有差异，但其中应包含的基本内容大同小异。这些基本内容构成记账凭证数据主体，也是一张完整的记账凭证必不可少的，如日期、凭证编号、摘要、借贷方科目和金额以及制单人和审核人等。账务处理子系统一般都设计有相应的输入控制措施，以防止基本内容的遗漏或者逻辑错误。一张基本格式的通用记账凭证格式如图 9-5 所示。

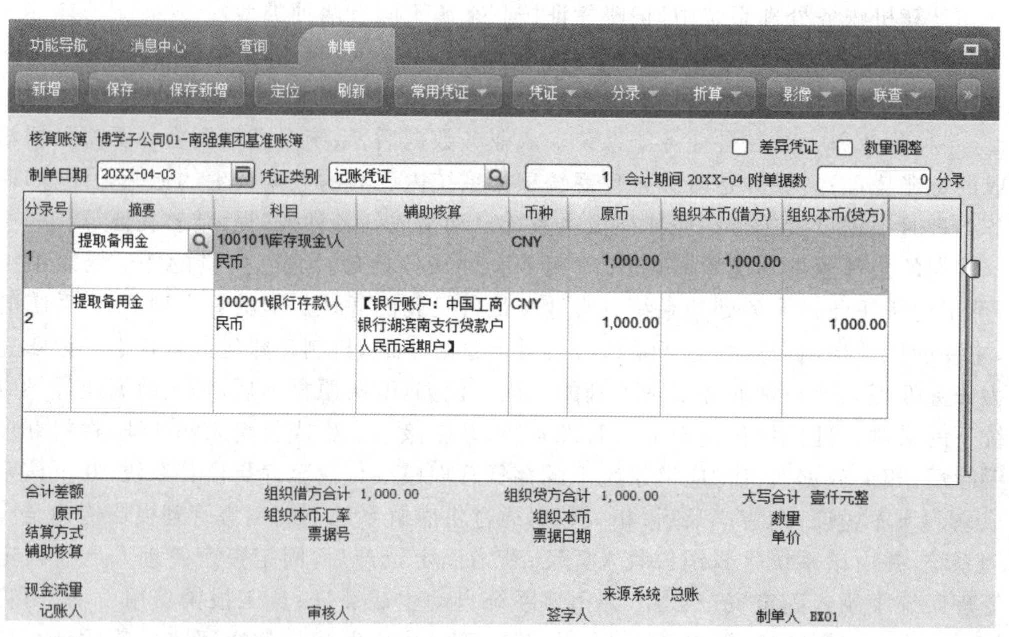

图 9-5 通用记账凭证录入界面

为了保证输入质量和提高凭证的输入速度，各种通用账务处理子系统在凭证输入时，都提供了大量的方便输入和防止差错的控制功能。下面按凭证输入的顺序，对凭证中各基本内容和相应的控制机制作一介绍。

1.凭证日期

增加一张新空白凭证，系统通常将进入系统的当天(计算机系统日期)作为默认的凭证日期。用户可以根据需要对日期进行修改，但修改是有限制条件的。为了保证会计业务的连续性和账簿的序时性，只允许对本月内的日期进行修改，有的账务处理系统甚至限制不能修改到本月最后一次记账日期之前。

2.类别

这是指凭证类别，如果在初始化中定义了分类记账凭证，即收、付、转三类或现收、现付、银收、银付和转账五类，则每增加一张新凭证，系统都会通过类别栏等待用户输入凭证类别。

3.凭证编号

凭证编号是记账凭证的标识，按企业会计准则及其指南的要求，不同类型凭证每月分别从“1”开始连续编号，不能有重号或漏号，因此，当选定好凭证类别后，系统会检查出该类最后一张凭证号，自动加“1”后生成当前记账凭证的凭证号。凭证号不能为空且必须唯一，系统也会自动管理凭证页号。有些会计软件由于受屏幕宽度的限制，每页凭证可登录的分录有限，当某号凭证不止一页，系统将自动在凭证号后标上几分之一，如：收－0001 号 0002/0003 表示为收款凭证第 0001 号凭证共有三张分单，当前所在分录在第二张分单上。

4.附单据数

这里附单据数是指记账凭证的原始单据张数。

5.摘要

输入本笔分录的业务说明，其摘要要求简洁明了。和手工编制凭证一样，摘要是凭证录入过程中工作量较大的环节，它可以以手工方式逐字输入汉字，也可以使用系统提供的常用摘要库功能，参照选择输入或用助记符输入。

6.科目

可以输入科目编码、中文科目名称、英文科目名称或助记码。科目必须一次性输入到设定的最低一级科目。为了保证输入正确，系统自动对输入的会计科目进行必要的检验，包括：

(1)存在性检查，即检查科目编码是否存在。

(2)科目级别完整性检查，即检查凭证中科目编码是否为最低一级科目编码。

(3)科目与凭证类别是否相符的检查，即检查输入的借方科目或贷方科目与凭证类型是否相符。特定的凭证类别有时要求凭证中必须出现某科目，如收款凭证中借方科目必须出现“现金”或“银行存款”；付款凭证中贷方科目必须出现“现金”或“银行存款”。

7.金额

这里金额是指该笔分录的借方或贷方本币发生额。每一科目不允许借贷双方都有金额，也不允许双方都为零，但输入的金额可以是负数。系统会对输入每一笔分录的金额进行平衡校验，借方金额合计与贷方金额合计不相等的凭证系统不予接受，并要求改正，直至相等为止。

(三)辅助信息的输入

在账务系统初始化中设有辅助核算的会计科目，输入时系统会在相应位置或新设窗口要求输入辅助信息的内容，如部门、项目、个人往来、单位往来、数量、外币、银行对账等。不同的辅助核算数据有不同的输入要求。

1.辅助核算为“部门核算”

如果辅助核算为“部门核算”，则系统会要求录入人员输入部门编码，或根据部门编码文件显示部门编码对照表供录入人员选择，并将结果保存起来，以便将该笔经济业务归集到某个部门。

2.辅助核算为“项目核算”

如果辅助核算为“项目核算”，则系统会要求录入人员输入项目编码，或根据项目文件显示编码、名称等内容，供录入人员选择，并将结果保存起来，以便将该笔经济业务归集到某个项目上。

3.辅助核算为“个人往来”

如果辅助核算为“个人往来”，则系统会要求录入人员输入往来个人，或根据个人往来文件显示往来个人名单，供录入人员选择，并将结果保存起来，以便将该笔经济业务归集到某个往来个人上。

4.辅助核算为“单位往来”

如果辅助核算为“单位往来”，则系统会要求录入人员输入往来单位编码和业务员名字，或根据往来单位通讯录文件显示往来单位名单，供录入人员选择，同时输入该笔业务的业务员名字，并将结果保存起来。

5.辅助核算为“银行账”

如果辅助核算为“银行账”，则系统会提示录入人员输入票据日期、结算方式、结算号等，并保存起来，以便对账时使用。

6.辅助核算为“数量金额账”

如果辅助核算为“数量金额账”，则系统会提示录入人员输入数量和单价。录入人员输入数量和单价并选择发生额方向后，系统自动按“数量×单价”计算出金额，填入相应的栏目中，并保存起来。

7.辅助核算为“外币核算”

如果辅助核算为“外币核算”，则系统会提示录入人员输入外币金额和汇率。如果在初始化设置中选用固定汇率，则系统会自动取出当月月初汇率作为当前汇率，并且不允许录入人员重新输入或修改；如果在初始化设置中设置了浮动汇率，则系统会取出月初汇率，并允许修改。录入人员输入外币金额和汇率并选择发生额方向后，系统自动按“外币金额×汇率”计算出本位币金额，填入相应栏目中，并保存起来。

二、凭证审核与修改

(一)凭证审核

根据计算机会计管理工作的规定，输入计算机的记账凭证必须进行审核。这是因为尽管账务处理系统在凭证输入过程中设计了大量的校验功能，但一些人为的非逻辑错误难免发生，例如：记账凭证的科目编码输入串户；凭证借贷方金额同时发生错误，且错误金额相同；借贷方金额方向输反，借方金额输入贷方或贷方金额输入借方。类似这些非逻辑性输入错误系统是很难检测的。因此，账务处理系统都设置有一道审核程序，要求独立的审核人员对录入人员输入的记账凭证逐单进行审核。记账凭证的审核应由具有凭证审核权限的操作人员进行(在初始化人员设置中规定)，按不相容职务应分离的内部控制要求，审核人和录入人员不能是同一个人。

审核凭证一般有两种方法：

1.静态屏幕审核法

静态屏幕审核法是指计算机自动依次将未审核的凭证显示在屏幕上，审核人员通过目测等方式对已输入的凭证进行检查。审核人员认为错误或有异议的凭证，应交给填制人员修改后，再审核；如果审核人员认为没有错误则可按签章鍵，这样审核人员的姓名即显示在凭证上的审核人位置，表明该凭证已通过审核。这是一种常用的审核方法，但这种方法受审核员熟练程度的影响较大，而且长时间目测易引起眼睛疲劳，效率比较低。

2.二次输入校验法

二次输入校验法是将同一凭证输入两次，通过计算机比较两次输入的凭证是否相同，从而检查输入错误的一种审核方法。重复输入时录入人员最好由不同的人担任，因为同一个操作员由于某种习惯会重复同一错误，这样在检查时就不易发现错误。采用这种方法可以检查出多输或漏输的凭证、数据不一致的凭证，查错率较高，但很费时，不适用于会计业务量大的企业。

审核凭证模块应具备的控制功能，包括：

(1)审核人和制单人不能是同一个人；

(2)凭证一经审核，就不能被修改、删除，只有被取消审核签字后才可以进行修改或删除；

(3)取消审核签字只能由审核人自己进行；

(4)作废凭证或已标错的凭证不能被审核；

(5)无论是手工凭证还是机制凭证都要经过审核程序。

(二)凭证修改

在输入凭证过程中，尽管系统提供了多种控制手段，但错误凭证是难免的。为了更正错误，账务处理系统提供了修改错误凭证的功能，由有修改记账凭证权限的人员进行。账务处理系统针对不同的错误凭证提供了三种不同的修改方法：

(1)输入计算机，但没有审核的记账凭证发现错误，可以直接由录入人员利用凭证修改功能进行修改。这种修改可以不留痕迹。

(2)输入计算机，已经通过审核人审核，但是还没有记账的记账凭证发现错误，这种情况应该由审核人在凭证审核模块中取消审核，然后再由录入人员在凭证修改功能中进行修改。这种修改也可以不留痕迹。

(3)输入计算机，已通过审核并已记账的记账凭证发现错误，则不能利用凭证修改模块进行修改。根据企业会计准则及其指南的规定，这种错误凭证的修改必须留有痕迹。因此只能采用红字冲销法或蓝字部分补充登记法来进行修正。对于涉及银行存款科目的错误凭证，为了计算机自动对账的需要，最好采用红字冲销法。

三、记账

记账是指将凭证中的数据登记到相关的各种账簿的过程。手工环境与计算机环境下的记账过程以及账簿的作用存在明显的不同。

(一)账簿的作用

手工账务处理中,对日常数据的加工与整理工作体现于账簿。账簿主要是为报表编制提供数据,而账簿的数据来源于记账凭证,是对记账凭证数据进行分类、汇总、加工、整理的结果,因此在手工账务处理过程中,账簿是会计凭证与会计报表的桥梁。

账簿在手工账务处理中是必不可少的。为了对大量连续发生的会计凭证进行分类、汇总、加工、整理,就必须设置一定格式的账页,分门别类地将会计凭证上的数据予以书面记载。没有这种书面记载,要想通过人工操作,在人员有限的情况下,对大量繁杂的凭证进行加工,企业企图集中于月末一气呵成,是十分困难的。只有通过日常分期分批地处理,才能使月末的报表得以及时编制。既然要将工作分散于平时,也就必然要设置账簿作为处理后的数据载体。可见,在手工账务处理中,账簿承担着保存与处理数据的特定任务。如不设置账簿,会计报表的编制就难以进行。

在手工账务处理中,账簿还有另一个功能,那就是对账。为了保证会计报表信息真实可靠,就应该在编制报表之前进行各种对账工作,包括账证核对、账账核对、账款核对和账实核对。

然而,在计算机账务处理系统中,并不存在手工意义上的账簿,所有的账簿数据均以数据库文件方式存在放于系统之中。从系统内部处理过程来看,记账处理实际上是会计数据在不同文件之间的传递。

比较图 9-1 和 9-2 的数据流程图,就可以清晰看出,账簿在手工账务处理与计算机账务处理间的不同作用。在计算机账务处理系统中,记账凭证数据通过输入模块存于记账凭证文件,进入该凭证库文件的记账凭证要经过进一步审核核对,然后才能进入记账模块。所谓的记账,实际上是更新科目余额发生额文件,该文件存储了所有总账和明细账科目余额和发生额,包括年初余额、月初余额、本月发生额、本年累计发生额和月末余额等,这个文件可看作是总账、明细分类账的合成。在图 9-2 中,并没有账簿文件,只是当需要输出账簿(总账、日记账和明细账)时,系统会自动从记账凭证文件和科目余额发生额文件中快速加工生成各种账簿。同样,会计报表也是系统自动从记账凭证文件和科目余额发生额文件中既定的报表格式快速加工生成的。由此可见,在计算机账务处理系统中,账簿的作用实际是弱化了。

(二)账务处理系统的记账过程

计算机账务处理系统中,会计人员只需使用记账模块,记账工作便由计算机自动、准确、高速地完成。记账工作可以在编制与审核一张凭证后进行,也可在编制一天的凭证后记一次账,甚至可以多天记一次账。计算机账务处理系统中的记账过程基本是自动完成的,除意外情况,大多数不需要进行人工干预。不同的数据处理流程,其记账模块的记账步骤也不相同,其基本过程如下:

1.记账凭证的检验

虽然记账凭证在输入和审核时已经经过多次检验,但为了确保会计数据的正确,系统在登账时仍将对记账凭证进行一次会计科目存在检查和平衡校验,这是为了防止因为病毒感染或非法操作导致已审核记账凭证错误造成对整个系统数据的破坏。如果发现不平衡凭证或错误凭证，系统会将不平衡或错误的凭证类别和凭证号显示在屏幕上，同时停止记账。

2.数据保护

记账工作涉及系统内多个数据库，记账过程一旦发生意外（如突然断电、病毒发作等），会使记账涉及的数据库受到影响甚至破坏，因此系统需要设计数据保护功能。记账前系统首先将有关数据库在硬盘上进行备份，一旦记账过程出现意外，系统将停止记账并自动利用备份文件将系统恢复到本次记账前状态。

3.选择记账凭证

开始记账时，系统首先要求用户选择要记账的凭证范围，包括月份、凭证类别、凭证编号等。系统一般给出凭证编号的最大范围作为默认值，一般记账月份不能为空，凭证类别可用通配符“*”（或者为空）表示所有类别凭证，系统自动将各类已审核的记账凭证全部进行记账。

4.开始记账

做完上述工作，系统自动将选定范围的记账凭证登记到机内相应账簿文件中（包括部门、项目、往来、外币辅助核算账簿文件），并进行汇总工作，计算出各个科目最新的本月发生额、累计发生额和最新的当前余额。

5.结束记账工作

完成记账工作，在记账凭证库文件中删除已记账的记账凭证，并将结果显示给用户，关闭所有的文件。

第五节　账务处理子系统期末业务处理

账务处理子系统除上节的日常业务处理内容外，还包括期末业务的处理。期末业务是会计部门在每个会计期末都需要完成的特定业务，主要包括会计期末的摊、提、结转业务，对账、结账和编制会计报表。这些业务数量不是太大但处理较复杂而且烦琐。由于期末业务处理的主要数据来源于系统内部数据，而且期末业务处理一般都具有较强的规律性，如摊、提、结转业务。因此，账务处理子系统对期末业务的处理都是由计算机根据用户的设置自动进行的。本节主要介绍期末的摊、提、结转、对账和结账业务，会计报表的编制将在第十章报表子系统中介绍。

一、期末摊、提、结转业务的处理

（一）摊、提、结转业务及其特点

期末摊、提、结转业务是所有单位在月底结账之前都要进行的固定业务，这类业务是把某个或某几个会计科目中的余额、部分余额或本期发生额结转到一个或多个会计科目

中,每月都要重复进行。这类业务主要包括:

(1)"费用分配"的结转,如工资分配等;

(2)"费用分摊"的结转,制造费用、辅助生产分配等;

(3)"税金计算"的结转,如增值税等;

(4)"提取各项费用"的结转,如提取福利费等;

(5)"期末收入、费用的结转",如收入转利润、费用转利润等。

摊、提、结转业务有如下几个特点:

(1)期末转账业务大多数都在各个会计期的期末进行。

(2)与一般业务不同,期末摊、提、结转业务大多数只有会计人员自己编制的会计凭证,没有具体反映该业务的原始凭证。

(3)期末摊、提、结转业务大多数要从会计信息系统内提取数据,因而要求在进行摊、提、结转业务前将其他具体业务登记入账。

(4)期末摊、提、结转业务具有严格的处理顺序,如果处理顺序发生错误,分配、计提和结转的结果也将是错误的。基本的业务处理顺序是:无形资产、递延资产摊销→工资、折旧费用的分配与计算→其他待摊、预提费用的摊提→辅助生产成本的结转→制造费用的结转→生产成本的结转→库存商品成本的结转→销售成本、费用、收入的结转。

(5)摊、提、结转生成的记账凭证也必须经过审核才能记账。对这些自制会计凭证的审核主要是检查分配、计提、结转是否正确。如果发现错误,计算机账务处理系统一般不提供修改功能,修改这类凭证的错误只能通过修改自动转账设置来完成。

(二)自动转账的设置

上述提到的期末摊、提、结转业务几乎每月都会有规律性地重复出现,填制转账凭证中的摘要、借贷方科目、数据来源和计算方法基本不变,对这类会计业务可以利用账务处理系统的自动转账功能来提高账务处理的准确性和效率。此外,在网络化会计信息系统中,其他子系统每月都以凭证的方式或其他方式向账务处理系统传递数据,如固定资产子系统的计提折旧凭证,工资子系统传递的工资费用分配凭证等,也是通过自动转账模块来实现数据的关联与共享。

账务处理子系统中的自动转账功能是通过设置二个子模块——定义自动转账业务模块和生成转账凭证模块来实现的。定义转账业务模块包括定义转账序号、转账摘要、凭证类别、会计科目、借贷方方向、数据来源和计算公式等。自动转账模块设置如图 9-6 所示。

(1)转账序号:它是该张转账凭证的代号,用于标示一笔转账凭证的在自动转账模块中的位置。由于期末结转业务有特定的结转顺序,因此转账序号即为该笔转账凭证的自动转账顺序。一张转账凭证对应一个转账编号,只能输入数字,不能重号。注意转账序号不是凭证号,转账凭证的凭证号在每月转账时自动产生。

(2)转账说明:可参照选择常用摘要录入,亦可手工输入。

(3)凭证类别:定义该张转账凭证的凭证类别。一般系统默认为"转"字类凭证。

图 9-6　自动转账模块设置

(4)科目:录入每笔转账凭证分录的科目,可单击参照输入科目编码。

(5)辅助项:当输入的科目为部门或项目等辅助核算科目时,如要按某部门进行结转时,则需指定部门。

(6)方向:输入转账数据发生的借贷方向。

(7)公式:金额的数据来源和计算公式,可参照选择录入计算公式,也可直接输入转账函数公式。

(8)公式录入完毕后,表明一张自动转账凭证已定义完成,可继续编辑下一条转账分录。

在定义完所有的自动转账凭证后,每月月末只需执行生成转账凭证即可快速生成转账凭证,所生成的转账凭证将自动追加到未审核的记账凭证中去。

上述自定义自动转账设置主要用于企业的摊、提业务结转,由于每个企业日常的摊、提业务不尽相同,因此,大多数需要预先设置。而对于期间损益结转大部分企业都要进行,而且结转的项目也类似,因此,系统一般预先设置了期间结转分录,用于在一个会计期间终了将损益类科目的余额结转到本年利润科目中,从而及时反映企业利润的盈亏情况。期间损益结转主要是对于管理费用、销售费用、财务费用、销售收入、营业外收支等科目的结转。其预先设置好的分录如图 9-7 所示。

图 9-7 期间损益结转分录

二、期末对账

对账是对账簿数据进行核对，以检查记账是否正确，以及账簿是否平衡，其目的是保证会计信息的正确性和可靠性。期末对账主要是通过核对总账与明细账、总账与辅助账数据来完成账账核对。一般说来，实行计算机记账后，只要记账凭证录入正确，计算机自动记账后各种账簿都应是正确。

但需要说明的是，手工账务处理方式下的对账和计算机账务处理系统的对账具有明显的区别。在手工账务处理过程中，会计数据要从记账凭证和汇总凭证转抄到总账、明细账和日记账册中，在转抄的过程中必然会出现抄错的现象，从而造成账证不符、账账不符、账实不符等错误，而只有通过对账确认账账相符、账证相符和账实相符（通过现金、存货等盘点）后，才能进行最后结账工作。因此，手工账务处理中，对账是一个非常重要的程序。

计算机账务处理系统利用计算机数据处理速度快、精度高等特点对会计业务数据进行处理，在正常的情况下，一般不会出现账账不符或账证不符的现象。而且，在计算机账务处理系统中，所谓的账簿实际上已经“弱化”，所有的数据都集中存放在记账凭证库和相应的科目余额/发生额库中，用户在需要时可从这些数据库中临时加工处理生成各种账簿输出，只要确保原始记账凭证输入不发生错误，那么所输出的各种账簿也不会出现错误。因此，计算机账务处理系统不存在手工意义上的对账问题。但随着业财一体化的进步，产生了总账与业务系统的对账问题。总账与业务系统对账，可检查业务系统所有的业务是否已转化成会计信息，也可检查是否存在人为操纵总账系统调整业务数据的情况。

三、期末结账

在手工账务处理中，要求日清月结，都有结账的过程，即计算和结转各个会计科目的本期发生额和期末余额，同时结束本期的账务处理工作。在计算机账务处理系统中也应有这一过程，以符合企业会计准则及其指南的要求。然而，计算机账务处理与手工账务处理的结账稍有不同：手工账务处理通常是每月月末结一次账，而计算机账务处理在每次记账时实际上已经结出各科目的余额和发生额，计算机账务处理系统的期末结账只是表明本月的数据已经处理完毕，不再增加新的凭证。期末结账工作只能在系统对账之后进行，其过程如图 9-8 所示。

图 9-8　结账过程模块

期末结账应注意如下事项：

(1)上月未结账，则本月不能结账；

(2)上月未结账，则本月不能记账，但可以填制、审核凭证；

(3)本月还有未记账凭证时，则本月不能结账；

(4)已结账月份不能再填制凭证；

(5)结账只能由有结账权限的人进行；

(6)如果是结12月的账，则必须产生下年度的空白账簿文件，并结转年度余额；

(7)结账前最好做一次备份。

四、账表输出

账务处理子系统的目标是产生各种账簿和报表，因此，账务处理子系统中设有账表输出模块，该模块的功能是根据企业管理及会计制度的有关要求对账务数据文件进行排序、检索和汇总处理，最后输出所需的账表，包括屏幕显示输出、打印机打印输出和其他输出。

(一)账表输出的方式

账务处理子系统中的账表输出方式有三种：

(1)通过屏幕直接显示输出。其输出的内容包括凭证、账簿、报表以及各种辅助项目的查询，使用的频率很高。

(2)打印机打印输出。通常凡能够屏幕查询的内容都可以打印，但考虑打印输出的速度和成本，一般只有那些有必要或会计档案所要求的资料才通过打印机输出。打印输出又可分为套打和完全打印，套打是指采用一定格式印好的专用打印纸进行打印工作，其打印速度快，成本低，但打印技术要求高，常用于打印账页和凭证；完全打印指全部内容都由打印机打印，这种方式简单，但打印速度较慢。

(3)通过磁盘或网络输出。这种方式通常用于数据备份或向其他信息系统传递会计资料。

(二)记账凭证输出

记账凭证是账务处理系统最主要和最基本的数据来源，因此系统中记账凭证的数量往往很多。为了提高查询的速度，记账凭证输出时一般要给出限定条件，通常允许的条件有：日期、凭证类别、凭证编号、科目编码、摘要关键字、发生额等，查询可按单个条件，也可按条件组合进行查询。最常用的查询限定条件是凭证编号，因为在一定会计期间内每张凭证的凭证编号是唯一的，查询速度快且准确。

由于多数企业在使用账务处理系统都采用输入手工编制记账凭证的方法，因此记账凭证的输出主要是对凭证的查询，一般只在查证某些关键问题时才对凭证进行少量打印。但对于直接在计算机上根据原始凭证编制记账凭证的企业，必须全部打印输出。需要注意的是，作为会计档案保存的记账凭证应该是审核后的记账凭证，因此打印的记账凭证应是审核后的记账凭证。

(三)账簿输出

账簿输出分总账输出、日记账输出、明细账输出和日报单输出。每种输出均有查询和打印两种输出方式。查询输出与凭证输出类似，使用时用户需要输入查询条件，系统根据用户输入的条件在屏幕上显示需要的账簿内容，当需要打印输出时，可按屏幕上的打印功能键即可将用户需要的账簿内容打印出来。账簿输出的格式由科目设置中的账类所决定，可以输出三栏式、数量金额式、复币式、多栏式等用户需要的各种账簿。

多数账务处理系统还设置了单独的账簿打印功能供用户打印全部结账后的账簿。使用这种打印功能，用户不能选择打印范围，而是统一按系统已经设定好的符合制度要求的格式内容打印账簿。此外，为了减少明细账的打印工作量，一些通用账务处理系统设置了"满页打印"的功能，该功能可控制系统对某些明细科目不足一页的部分留待以后满页时打印。

重要的日记账如现金日记账和银行存款日记账必须日日打印输出，有些日记账可以按旬、月或季打印输出，但为了体现其日记账的特点，一些账务处理系统专门设置"日报表"模块，将管理所需的各种科目的数据作为日报表输出，以便及时准确地管理和提供信息。

表 9-1　账务处理子系统中的各类账表

序号	账表名称	用　　途
1	科目余额表	用于统计各级科目的本期发生额、累计发生额和余额等，可输出某月或某几个月的所有总账科目或明细科目的期初余额、本期发生额、累计发生额、期末余额
2	总　账	用于反映科目的各月经济业务发生的汇总情况，以及全年业务的累计发生情况
3	明细账	各科目的明细发生情况
4	科目汇总表	将某一期间范围内的凭证按科目进行汇总
5	序时账	根据业务发生的时间顺序，逐笔登记每一笔业务，用于按各种查询条件查询出所需要的明细业务数据
6	辅助明细账	用于根据查询条件的设置按科目、辅助项进行分组汇总查询各期间的余额、发生额
7	日记账	按照经济业务发生的时间先后顺序逐日逐笔进行登记并按日结计余额，常见的日记账有现金日记账、银行存款日记账等
8	日报表	用于反映某个科目某日的发生额及余额情况

第六节　账务处理子系统的辅助核算

本章第三节"初始化设置"和第四节"日常业务处理"已经介绍了一些账务处理子系统中的辅助核算内容，本节将重点介绍出纳管理、部门核算、项目核算和个人往来核算等辅助核算内容。辅助核算是账务处理系统中一个很重要的内容，它是会计软件设计逐步走向成熟的标志，如果说账务处理系统的日常核算只是完美地替代传统的手工核算的话，那么辅助核算则拓展了会计信息系统的功能，使会计信息系统由核算型软件向管理型软件过渡。

一、出纳管理

出纳管理是会计核算工作最基础的内容之一。按照内部控制的要求，任何企业都要单独设置出纳岗位，出纳负责现金和银行存款的核算与管理工作。在出纳人员的诸多工作中，支票的管理和银行对账是两个比较烦琐但又细致的工作。因此，为了辅助出纳工作，在账务处理子系统内通常也设置了相应的出纳管理功能，包括输出日记账与资金日报、支票管理、银行对账、输出对账结果等。

(一)支票管理

在手工条件下，出纳通常需要建立支票领用登记簿，用来登记支票的领用和核销情况。为此，账务处理子系统提供了支票管理功能，以供出纳详细登记支票的领用人、领用日期、预计金额(或限额)、支票用途、支票号、核销日期等。支票领用登记簿常见格式如表9-2所示。

表9-2　支票领用登记簿

支票管理：

领　用　支　票

领用日期	领用部门	领用人	支票号	预计金额	用途	核销日期

(1)当有人根据支票申请单领用支票时，出纳登记领用日期、领用部门、领用人、支票号码、预计金额和用途等。

(2)支票使用后，经办人持原始单据到财务部门报销，会计人员据此填制记账凭证。当在系统中录入该凭证时，系统要求录入该支票的结算方式和支票号，在填制完该凭证后，系统自动在支票登记簿中核销日期一栏填上报销日期，表明该支票已经使用并已报销。

(3)支票登记簿中的核销日期栏，一般由系统自动填写，但对于有些已报销而由于其他原因以致系统未能自动填写报销日期的支票(如系统初始化时未设银行辅助核算功能时)，这时出纳也可以手工填写报销日期。

(4)有些支票领用后，并没有使用而退回出纳处，这时出纳要在用途一栏用手工填写“作废”字样和退回日期，以示该张支票并未使用。

(二)资金日报表

负责财务工作的企业管理层相关人员可能需要随时掌握企业在某时点的资金状况，因此要求出纳随时能够报出现有的资金存量和去向。在手工条件下，出纳编制资金日报要花一定时间,尤其在企业开户银行很多的情况下。因此,为了帮助出纳及时、准确地编制资金日报,账务处理子系统提供了随时输出现金、银行存款日记账和资金日报的功能。资金日报常见的格式如表 9-3 所示。

表 9-3　资金日报

日期:20××年 4 月 15 日

科目编码	科目名称	币种	方向	昨日余额	今日借方金额	今日贷方金额	方向	今日余额

(三)银行对账

银行对账企业出纳最重要的工作之一,也是企业货币资金管理与核算的主要内容。企业除了通过银行存款日记账对企业银行存款收发业务进行序时核算外,还要定期将银行存款日记账与银行对账单进行核对,借以检查银行存款账实是否相符,以便及时发现和更正错账,银行对账至少每月完成一次,对于银行存款收支业务较多的企业,每月要核对数次。在对账过程中,企业账面的存款余额经常与银行送来的对账单上的存款余额不一致,当然不能断言这就是错账,因为在企业与银行的结算过程中,无论是银行还是企业,都有可能存在未达账项。

所谓未达账面,是指由于结算凭证的传递和办理转账手续需要一定的时间,致使企业和银行之间一方出现尚未记账的款项。其中,企业的未达账项,如已托收的销售货款,银行一方已记入该企业的银行账户,企业一方尚未收到收款通知而尚未入账;银行已代企业支付有关费用(如水电费、邮电费等)而付款通知尚未送到企业,因而企业未将已付款从日记账中扣除。银行的未达账项,包括企业收到的转账支票已送往银行,企业已登记银行存款的增加而银行一方尚未记账;企业已开出支票并已登记银行存款的减少,而持有支票一方尚未去银行办理取款或结算,因而银行尚未入账等。

要确定未达账项,就必须定期进行银行对账工作,将银行和企业双方均已入账的部分予以剔除,余下的便是双方的未达账项。对账一般以支票号、金额为标志,对银行和企业双方所登记的发生额逐笔进行核对,双方账中的支票号和金额均相同,便认为是双方的已达账项。此外,由于上月对账单中可能存在未达账项,如不将它再与本月日记账核对,就会影响本月对账的正确性。因此,一般是将本月日记账先与上月对账单核对,再与本月对账单核对。这样核对的结果才能真正反映未达账项。

银行对账过程是:初始化对账单→录入银行对账单→对账→查询打印银行存款余额调节表等。

1.初始化对账单录入

录入初始化对账单是对账的前提条件。它的作用是将系统对账功能启用前手工业务处理的银行存款余额调节表输入计算机,以保证数据的连续和完整。输入时,如果企业有多个银行账户需要对账，则首先选择需要对账科目(在会计科目设置中进行)，录入初始余额，然后按屏幕显示的格式逐项输入。录入结算单据号时应与填制记账凭证时输入的位长相同，因为这是计算机自动对账的依据。初始化对账单录入完成后，系统将自动校验余额是否平衡，如果不平衡，系统会提示要求修改，直至平衡为止。

2.银行对账单录入

银行对账单录入是每月或定期将银行送达企业的对账单逐笔输入到计算机中，这是银行对账的必备工作。录入时不应该图省事而将几笔业务的发生额相加作为一笔业务输入。如果银行结算业务较多，录入对账单也是一项很烦琐的事情，但还是要仔细认真，尤其是对账依据的数据更不能输错，如票据号、金额、日期等。

目前，大多数银行都是以书面的形式将对账单交给企业，因而对账单录入程序不能少。但随着银行电子化程度的提高，银行完全有能力以软盘或通过计算机网络传递的方式将对账单交给企业，如果这样，银行对账单录入应该增加“获取银行对账单”模块，以接收电子数据形式的对账单，只要将数据格式进行适当转换，并保存在“对账单”文件中，就可以省去对账单的录入程序，对账效率因而将大大提高。

3.对账

银行对账的目的是为了查找特定账户的银行存款日记账与银行对账单不符的原因，防止有意或无意的错误，并标示未达账项，输出银行存款余额调节表。

在计算机账务处理系统中，对账方式通常分为自动对账和手工对账。

(1)自动对账

自动对账模块的功能是由计算机自动在银行日记账和银行对账单之间寻找完全相同的经济业务进行逐笔核对或勾销。所谓完全相同的经济业务是指经济业务发生的时间、内容、摘要、结算方式、票据号、金额等相同的经济业务。由于同一笔经济业务在银行和单位分别由不同的人记载，经济业务发生的时间、摘要等不可能完全一样，因此，比较经济业务相同的依据是：

①“支票号＋金额”相同，即企业银行日记账和银行对账单中的支票号和金额完全相同的记录；

②“结算方式＋支票号＋金额”相同，即企业银行日记账和银行对账单中的结算方式、支票号和金额完全相同的记录。

由于自动对账是以企业银行日记账和银行对账单双方对账依据完全相同为条件的，所以为了保证自动对账的正确和彻底，要求企业和银行必须保证对账数据处理的规范化和合理化。如银行日记账和银行对账单的结算方式、票据号要统一口径，如果对账双方不能统一规范，系统就无法识别。

(2)手工对账

手工对账一般作为自动对账的补充。如果银行存款日记账和对账单上有多项金额相同的账项时，系统无法自动判断，而将其全部标记为未达账项。这时，就需要用手工对账。会计人员根据其自身的判断在对账屏幕上进行手工勾销，并做勾销标记。

4.输出银行存款余额调节表

对账完毕，系统将自动生成“单位未达账项”、“银行未达账项”，检查余额是否相等并编制“银行存款余额调节表”。用户可以通过显示屏幕查看是否彻底消除虚假的未达账，检查完毕可通过打印机输出余额调节表，作为会计档案保存。

二、部门核算与管理

为了提高管理水平和经营效率，越来越多的企业实行了加强财务管理、细化会计核算工作的政策，将企业经营的总体目标进行层层分解，落实到每个职能部门，并在此基础上明确分类核算和管理。有些大型企业采用事业部制，即按产品、地区、市场或顾客类别分别建立生产经营事业部，总公司在重大问题上集中决策和调控，各事业部独立经营，每个事业部都是一个利润中心，即实行独立核算，自负盈亏。更多的企业是按职能划分部门，实行经费包干制度，对部门的收入与费用实行二级、三级、四级甚至更多级的核算与管理。因此，为考核各部门的经营业绩和管理绩效，实行按部门独立核算，在现代企业管理中显得尤为重要。

从理论上讲，无论是手工账务处理还是计算机账务处理，完成部门核算都是没有问题的。但是，如果部门很多而且分得很细，那么手工账务处理的工作量就会急剧膨胀，从成本效益考虑，实行部门核算是不足取的，甚至有时候是根本不可能的。但是，由于计算机处理数据的高效性、准确性和快捷性，使得这种多层次的交叉核算成为可能，而且很容易实现。

计算机账务处理系统中，如果用户进行了准确的部门核算与管理初始化设置，在日常业务处理时当遇到要求进行部门核算的业务(科目为“部门核算”类)，系统会进一步提示用户输入相应的部门，那么在记账时，系统就可以自动生成部门核算管理的数据。一个较完整的部门核算与管理结构图如图 9-9 所示。

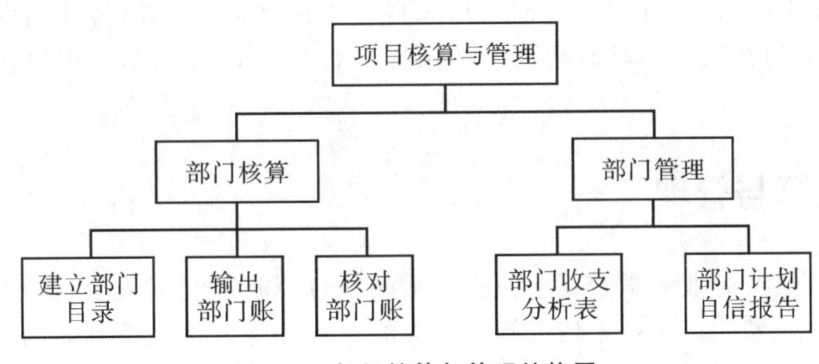

图 9-9 部门核算与管理结构图

(一)部门核算

1.输出部门核算账

会计人员可通过屏幕显示或打印输出的部门核算账，部门核算账有总账和明细账。

(1)部门总账。系统可根据用户指定的部门核算科目和会计期间，输出该部门核算科目(会计科目初始化中定义)在指定期间内各部门的期初余额、借贷方发生额及期末余额；

也可以根据用户指定的部门和会计期间，输出该部门在指定期间内对应各部门核算科目的期初余额、借贷方发生额及期末余额。

(2)部门明细账。系统可根据用户指定的部门核算科目和会计期间，输出该部门核算科目在指定期间内分部门的明细账；也可以根据用户指定的部门和会计期间，输出该部门在指定期间内对应各部门核算科目明细账；还可通过指定部门核算科目、部门和会计期间，输出该科目和该部门下指定期间内的明细账。根据建立会计科目时所定义的账页格式，明细账具体格式有金额式、原币金额式、数量金额式、原币数量式和多栏式。具体输出明细账时，用户可选择输出格式。

2.核对部门账

系统将自动检查部门核算明细账与部门核算总账是否相符，部门核算总账与总账是否相符，并输出核对结果。

(二)部门管理

部门核算模块不仅为账务会计部门深入核算企业内部各部门的收入情况及各项费用的开支情况提供了方便，而且通过部门核算产生的核算数据，为企业及部门对部门业务的管理和各项费用的控制提供信息。

1.部门收支分析表

部门收支分析表是对各个部门或部分部门指定期间内的收入情况和费用开支情况汇总分析的报表。统计分析的数据可以是发生额或余额。

2.部门计划执行报告

部门计划执行报告是各部门的实际执行情况与计划数据的对比报表。通过部门计划执行报告，可以为管理者提供各部门完成计划的执行情况。部门计划执行报告主要有两种数据方式：一是各部门在某部门核算科目下的实际发生额与计划发生额的对比数据；二是各部门在某部门核算科目下的余额与计划的比较数据。用户在具体使用时可自由选择。

三、项目核算与管理

在会计实务中，企业经常需要单独核算某些项目(如课题、工程项目、产品、合同订单等)的收入、成本、费用以及往来情况等。传统的账务处理方法是按具体的项目单独开设明细账进行核算，这样必然会增加明细科目的级次，使科目体系变得异常庞大，也给会计核算和管理资料的提供带来极大的困难。而且，许多工程项目和投资项目是跨年度的，与正常会计核算的日历年度不一致，而核算项目的目的是希望反映整个项目的财务状况，与正常会计核算的口径不同也给同一会计要素的确认与计量工作带来困难。因此，传统手工会计核算无法满足项目核算和管理的要求。借助于计算机处理数据的特点，现在的计算机账务处理系统通常都增加了项目核算与管理的功能模块。通过该模块，不仅可方便地实现对收入、成本、费用的项目核算，而且对项目的收入、成本和费用的监控管理提供了快速方便的辅助手段。

计算机账务处理系统辅助核算实现项目核算与管理的基本思路是：在账务处理系统初始化会计科目设置时，将需要按项目核算与管理的科目（如收入、成本、费用等）的性质定义为"项目类核算"，将具体项目从科目体系中剥离出来；在项目核算与管理模块中定义有关项目；在日常业务处理的凭证录入时，当凭证科目的发生为"项目类"时，系统将要求录入人员输入或选择项目编码；记账后，即可在项目核算与管理模块中查询各种项目核算与管理所需的账表，也可以打印输出。

项目核算与管理的基本功能结构如图 9-10 所示。

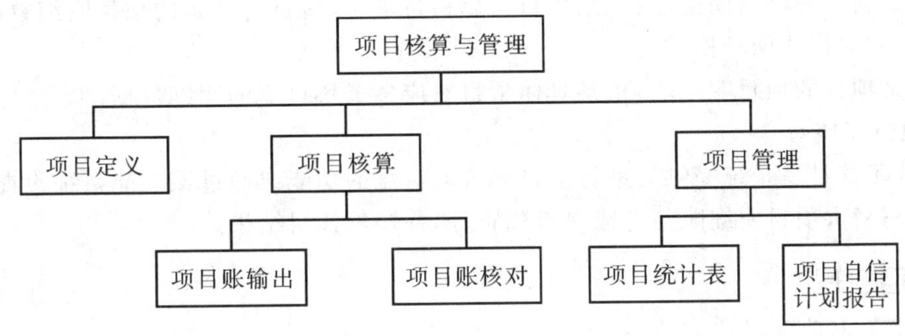

图 9-10　项目核算与管理结构图

（一）项目定义

项目定义模块又包括定义项目大类、定义具体项目目录和录入项目期初数和计划数等功能模块。

1.定义项目大类

定义项目大类的功能是将若干项目划分为若干类，并将各类项目类号、名称输入计算机，并保存在项目文件中。如大类可分为科研项目、工程项目等，每个项目大类都有一个项目编码，如 KYXM、GCXM。项目大类类似于会计科目最高级。

2.定义具体项目

定义具体项目的功能是在定义完项目大类后，定义每一项目下的具体项目，以对各个个体项目做进一步细化。如工程项目大类中，可具体再细分为厂房扩建项目、技改项目、办公楼装修项目等。定义具体项目应该包括：项目编码、项目名称、开工日期、完工日期、项目性质、项目负责人等。

3.录入项目期初数与计划数

录入项目期数与计划数功能是将每一项目的期初余额与计划数输入计算机。由于项目期初数及计划数是与科目和项目相关的，所以录入时，应逐个科目地录入，即先录入一个科目下所有项目的期初余额和计划数，再输入下一个科目所有项目的期初余额和计划数。

项目定义是第一次使用项目辅助核算功能的用户首先要进行的工作，若在今后的使用中需要增加或修改项目核算的内容，可调出项目文件再进行定义。但要注意未完工项目已定义的内容不能再修改或删除。

(二)项目核算

项目核算主要包括如下功能：

1.项目账输出

账务处理系统的项目辅助核算可提供如下三种类型的项目账：

(1)项目总账：反映某项目大类中的各个具体项目对应各个科目的各期发生额和余额的账簿。

(2)某科目的项目明细账：指某项目核算科目下，以科目为基础的项目明细数据，可输出三栏式和多栏式两种格式。

(3)某项目的项目明细账：指某具体项目对应各个科目下的明细数据。

2.项目账核对

项目账核对是系统提供的进行项目账自动对账的功能。通过该功能系统检查核对项目间是否相符，项目明细账与总账是否相符等，并输出核对结果。

(三)项目管理

和部门管理一样，项目管理是核算型软件向管理型软件过渡的又一典型功能。项目管理实际上是为对某项业务的分项管理提供管理信息资料，包括如下的内容：

1.项目统计表

项目统计表反映各项目在各个对应科目下的期初余额、借贷方发生额及期末余额的汇总报表。通过此汇总报表，可为管理者提供各项目的进展情况及各项目的开支情况，以便对项目进行管理和控制。该功能可以统计所有项目在所有对应科目下的余额和发生额情况，也可根据用户的选择，输出部分项目在其对应的部分项目核算科目下的余额及发生额情况。

2.项目执行计划报告

项目执行计划报告是各项目的实际执行情况计划数据的对比报表。它可以管理者提供各项目完成计划的执行情况。项目执行计划报告主要有二种数据方式：一种是各项目在对应科目下的实际发生额与计划发生额的对比数据，另一种是各项目在对应科目下的余额与计划的对比数据。

四、个人往来核算

个人往来是指企业与单位内部职工发生的往来业务。手工账务处理对个人往来的核算所采用的方法一般是在科目设置中体现，即一级科目设置往来总账科目(如其他应收款、其他应付款)，通过二级和三级等明细科目，开设部门和往来个人等各类明细科目。如果企业员工较多，必然造成设置的科目体系过于庞大，因而不利于核算和管理。如单位管理职能部门有员工 50 人，这些人经常会发生预支费用和报销的业务，为核算个人往来以反映这些员工借支和报销的情况，就必须按人头设置多个明细个人账户，如：

1231	其他应收款
123101	其他应收款——预支差旅费
12310101	其他应收款——预支差旅费——张三
12310102	其他应收款——预支差旅费——李四
……	
12310150	其他应收款——预支差旅费——王五

对个人往来业务较少的企业，上述手工核算方式可以满足单位个人往来核算与管理的要求，但对于往来业务较多、往来核算与管理要求高的企业来说，手工核算方式不能满足要求。因此，计算机账务处理系统通常增设了个人往来辅助核算功能。

用户在完成了个人往来核算与管理所需的设置后，在进行日常业务处理凭证输入时，若遇到已定义的往来核算业务（如"其他应收款"、"其他应付款"或"个人往来"科目），系统会自动提示用户输入往来个人的编码或姓名及其所在的部门编码或名称；记账时，系统就自动生成了个往来核算与管理的数据。

计算机账务处理系统个人往来辅助核算功能结构如图 9-11 所示。

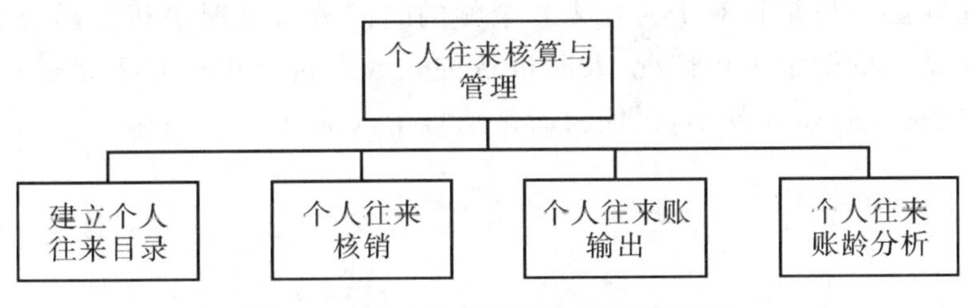

图 9-11 个人往来核算与管理结构图

个人往来核算与管理包括如下功能：

(一)个人往来核销

个人往来核销功能是自动或手工勾销"两清"往来款。

1.逐笔核销

逐笔核销功能是计算机自动找出客户编码完全相同、发生额相等、借贷方向相反的业务，即一对一业务，自动勾销两记录，并做"勾销"标志。

2.全额核销

全额核销功能是计算机自动找出客户编码完全相同、借贷方生额合计相等的(一对多或多对一的业务，即全额相等业务)若干条记录，并做"勾销"标志。

3.手工核销

手工核销功能是根据会计人员输入的个人编码，计算机自动找出该个人的全部往来业务，会计人员根据自己的判断逐笔进行核销，并做"勾销"标志。对于往来金额相同但由于其他原因计算机不能自动核销的业务，可以使用手工核销功能完成部分核销工作，以便实现对上述自动勾销功能的进一步补充和修改的目的。

一般来说,会计人员首先使用逐笔核销、全额核销的方式,将满足条件的业务由计算机自动完成核销工作,对于不能由计算机完成核销的那些业务才使用手工核销完成,这样可以大大提高往来账的对账效率。

(二)个人往来账输出

个人往来账输出包括个人往来明细账输出和个人往来余额表输出。

1.个人往来明细账

系统可提供用户指定的部门和会计期间输出个人往来明细账,也可以根据用户指定的科目和会计期间输出个人科目明细账。

2.个人往来余额表

系统可提供用户指定会计期间内某科目某部门下所有人的发生额和余额表,也可以根据用户指定的会计期间内某部门往来个人的各往来科目的发生额或余额表,或根据会计期间内某个人往来核算科目下所有人的发生额和余额表。

(三)个人往来账龄分析

个人往来账龄分析是指对个人往来款余额的时间分布情况进行账龄分析,以便及时了解个人往来款项的资金占用情况,及时进行催款或支付款项。对于超过一定账龄的款项,系统一般能提供打印催款单,以便及时地清理个人借款。

第十章　会计报表子系统

前面各章介绍了采购与应付子系统、存货子系统、销售与应收子系统、薪酬管理子系统、固定资产子系统和账务处理子系统，各个子系统之间存在着数据交换关系，各个子系统自身都能生成各种管理报表，但这些报表大多局限于各个子系统自身相关的业务，着眼于相关的管理与决策需要。而会计报表子系统并非对经营交易或事项的直接处理，它一方面用于对外法定报表的编制，另一方面用于对内管理报表的提供，更多的是着眼于整个企业生产经营活动的综合反映，是会计核算工作的总结。因此，会计报表子系统一般要在各个子系统的同期核算工作完成之后运行，这样才能保证数据的正确性，以生成如实反映企业财务状况、经营成果和现金流量信息的会计报表，以及提供管理和决策需要的有用信息。因此，会计报表子系统是直接面向内外报表使用者的信息需要，取数于各个子系统会计核算的结果，进行相应的加工处理，专门提供各种会计报表的子系统，它是一个极为重要的子系统。本章从会计报表子系统流程入手，阐述该系统的内部结构、格式定义和公式定义，会计报表生成的日常业务处理等功能。

第一节　会计报表子系统概述

随着计算机应用的日益广泛，办公自动化水平的不断提高，各个经济管理和业务部门迫切需要利用计算机来处理日常事务中大量庞杂的报表数据。会计报表是企业财务报告的重要组成部分，是会计核算系统的最终输出结果。会计报表子系统的主要功能是依据企业会计准则的要求，编制和对外提供真实、完整的会计报表，同时根据经营管理的需要，编制和对内提供灵活多样的管理报表，并依据报表数据，分析经济活动与财务收支情况。

一、会计报表概述

（一）会计报表分类

企业会计报表可以按不同的标志进行分类，对会计报表分类的认识，有助于针对不同的报表，采用不同的方式进行定义、处理和输出。

1.按报表反映的内容、性质，可分为财务状况报表、经营成果报表和成本费用报表

财务状况报表反映企业的财产和资金状况，例如反映某一特定日期资产、负债、所有者权益的总体规模和结构的资产负债表，以及反映企业一定会计期间现金和现金等价物流入和流出信息的现金流量表。经营成果报表反映企业的经营成果及其分配情况，例如反映一定会计期间经营成果的利润表，以及反映一定会计期间对实现净利润以及以前年度未分配利润的分配或者亏损弥补的利润分配表。成本费用报表反映企业一定会计期间发生的生产经营成本和期间费用的报表，例如管理费用明细表、营业费用明细表、产品成本报表和主要产品单位成本表。

2.按服务对象，可分为外部报表和内部报表

外部报表是企业向外提供给政府部门和企业外部与企业有经济利益关系的集团单位及个人的会计报表，这类报表的种类、内容、格式、报送时间、报送方式等由会计制度统一规定。例如上述的资产负债表、利润表、利润分配表和现金流量表都是对外的法定报表。内部报表是为适应企业内部管理需要而编制的报表，它不需要对外公开，有些还涉及企业机密，没有统一规定的格式和内容，不同企业可以根据需要灵活设计和编制。例如销售报表、财产明细表和成本报表等。

3.按编制单位，可分为单位报表、汇总报表和合并报表

单位报表，又称为个别报表，是指企业在自身会计核算的基础上，对账簿记录进行加工而编制的，反映企业本身的财务状况、经营成果和现金流量的财务报表。汇总报表是上级公司或行政管理部门根据所属企业报送的会计报表，连同本单位的会计报表，对报表各项目进行加总而编制的会计报表。合并报表是以母公司和子公司组成的企业集团为会计主体，在母子公司单独编制的个别会计报表的基础上，由母公司编制的，全面反映企业集团财务状况、经营成果和现金流量的财务报表。

4.按编制时期，可分为定期报表和不定期报表

企业会计准则、企业会计制度、企业财务会计报告条例规定的会计报表是定期的报表，例如月报、季报、半年报和年报。企业内部的管理报表多没有统一规定的编报时间。

5.按计量用的货币，可分为记账本位币报表和外币报表

我国企业一般以人民币为记账本位币，但业务收支以人民币以外的货币为主的企业

可以选定其中一种货币作为记账本位币，但是编报的外币会计报表应当折算为人民币。在境外设立的中国企业向国内报送的会计报表，也应当折算为人民币。

6.按结构的复杂程度，可分为简单报表和复合报表

简单报表由若干行和列组成，例如资产负债表，多个简单报表的嵌套组合就形成了复合报表。

(二)会计报表格式

会计报表中的数据只有处于特定的位置才表示一定的财务信息，才能被人们所理解，这种特定的位置是由会计报表的格式表达的。每张报表都有其特定的表格格式，但也有共性，无论是简单表还是复合表，其报表格式都可分为三个部分：表头、表体和表尾。不同报表的区别在于这三个部分的内容不同。表 10-1 是企业会计制度规定的利润表的格式，以此为例，说明报表的格式。

1.表头

表头主要用来描述报表的标题、编制单位名称、编制日期、计量单位等内容，其中编制日期随时间改变而改变，其他内容对于一个编制单位的一种报表文件的各张报表来说是不变的。如表 10-1 中，报表的标题是利润表，这对于各期的利润表都是一样的。

2.表体

表体是一张报表的核心，是报表数据的主要表现区域。表体包含报表栏目名称、报表项目名称和报表数据单元。报表栏目名称定义了报表的列，有的报表栏目比较简单，只有一层，例如利润表等简单表；有的报表栏目比较复杂，大栏目下再细分小栏目，例如主要产品单位成本报表等复合表。表 10-1 中，报表栏目名称包含了项目、本期金额和上期金额。报表项目名称定义了报表的行，例如表 10-1 中的“一、营业收入”就是利润表的第一个报表项目。除报表栏目名称和报表项目名称之外，就是报表数据单元，如表中的横向表格线和纵向表格线形成的各个单元格，各个单元格的意义由报表项目名称和报表栏目名称共同决定，这些单元格用于填写表中的数据，称为基本表单元(简称表元)。

表元是组成报表的最小基本单位，它可以由它所在的行标和列标来表示，就像坐标系里每一个点都对应一个横纵坐标一样，报表里，每一个行列坐标都对应着一个表元。例如，假设表 10-1 中，本期的营业收入所在表元的坐标为 B5，那么上期的财务费用所在的表元就是 C10。有时要找到一个表元不仅需要确定行列坐标，还需确定表页甚至报表名称，通常将确定某一表元位置所需要的要素称为“维”，如果只需确定行列坐标即可，例如 C12，那么相应的报表就是二维表；如果将多个相同的二维表叠在一起找到一个表元，则还需确定表页，例如 C5@2 表示第二页的 C5 表元，那么相应的报表就是三维表；如果将多个三维表叠在一起找到一个表元，则还需要确定表文件名，例如“利润表.rep”－＞ C5@2 表示利润表第二页的 C5 单元。

3.表尾

表尾是报表表体以下的附注、说明，既有固定的文字说明，也有少量的数值数据。

表 10-1 利润表格式

会企 02 表

编制单位： 年 月 单位：元

项 目	本期金额	上期金额
一、营业收入		
减：营业成本		
税金及附加		
销售费用		
管理费用		
财务费用		
资产减值损失		
加：公允价值变动收益(损失以“－”号填列)		
投资收益(损失以“－”号填列)		
其中：对联营企业和合营企业对投资收益		
资产处置收益(损失以“－”号填列)		
其他收益		
二、营业利润(亏损以“－”号填列)		
加：营业外收入		
减：营业外支出		
三、利润总额(亏损总额以“－”号填列)		
减：所得税费用		
四、净利润(净亏损以“－”号填列)		
(一)持续经营净利润(净亏损以“－”号填列)		
(二)终止经营净利润(净亏损以“－”号填列)		
五、其他综合收益的税后净额		
(一)以后不能重分类进损益的其他综合收益		
1.重新计量设定受益计划净负债或净资产的变动		
2.权益法下在被投资单位不能重分类进损益的其他综合收益中享有的份额		
……		
(二)以后将重分类进损益的其他综合收益		
1.权益法下在被投资单位以后将重分类进损益的其他综合收益中享有的份额		
2.可供出售金额资产公允价值变动损益		

续表

项　　目	本期金额	上期金额
3.持有至到期投资重分类为可供出售金融资产损益		
4.现金流量套期损益的有效部分		
5.外币财务报表折算差额		
……		
六、综合收益总额		
七、每股收益：		
(一)基本每股收益		
(二)稀释每股收益		

在报表中，根据需要，可以将相邻的若干单元组合，例如报表的标题所在的单元格通常都是组合以后形成的单元。此外，为了方便操作或引用，可以用区域的方式表示相邻单元格组成的矩阵，这些单元格不同于组合单元之处在于，组合单元相当于一个单元格，区域中的各个单元格则是独立的，在操作时，可以对一个区域中的各个单元格采用相同的处理，通常可用简单的方式表示一个区域，例如 C4:F7 表示从 C 列到 F 列的第 4 行到第 7 行的 4 行 4 列的一个区域。

(三)会计报表项目的数据来源

在会计报表中有各个报表项目，不同的报表项目有着不同的编制方法，相应地有着不同的数据来源，以资产负债表为例分析不同的编制方法以及相应的取数来源。

(1)根据总账有关账户的期末余额直接填列。如“应付职工薪酬”项目，根据“应付职工薪酬”总账科目的期末余额直接填列。

(2)根据总账科目余额计算填列。如“货币资金”项目，根据“库存现金”、“银行存款”、“其他货币资金”科目的期末余额合计数计算填列。

(3)根据明细科目余额计算填列。如“应收账款”项目，根据“应收账款”、“预收账款”科目所属相关明细科目的期末借方余额计算填列。

(4)根据总账科目和明细科目余额分析计算填列。如“长期借款”项目，根据“长期借款”总账科目余额，扣除“长期借款”科目所属明细科目中反映的、将于一年内到期的长期借款部门，分析计算填列。

(5)根据科目余额减去其备抵项目后的净额填列。如“无形资产”项目，根据“无形资产”科目的期末余额减去“无形资产减值准备”备抵科目余额后的净额填列。

(6)根据本表其他项目计算填列。如“流动资产合计”，根据各个流动资产报表项目的金额计算填列。

(7)根据上一期间的资产负债表填列。资产负债表的期末数按照前面的方法填列，期初数可以以此类推，也可以根据上一期报表填列，即资产负债表各个报表项目的期初数可以根据上期资产负债表的期末数填列。

（8）根据其他报表填列。如资产负债表的“未分配利润”的期末数可以根据利润分配表的“未分配利润”本年实际数填列。

由此可总结一般会计报表的数据来源有以下几种情况：

（1）账务处理系统的总账、明细账，以及其他子系统的辅助项目账取数。

（2）本表取数。

（3）其他报表取数。

（4）从系统外部取数，包括直接手工输入、以软盘传入或通过通信线路传递等。例如手工输入编制单位的名称，以软盘或网络传递子公司的个别报表。

（5）从其他软件取数。例如从其他的数据库取数。

在会计软件中，针对第一种取数方式一般提供了大量的财务函数来实现，这一点将在后面的公式定义中阐述。

二、会计报表软件简介

目前，国内报表软件众多，归结其制作方法，可分为三类：

（一）专用报表软件

专用报表软件是使用系统或行业为特定需要而设计开发的报表软件，它将会计报表的种类、格式和编制方法固化到程序中，专用性强、运行数度快、使用简便。但是只能编制规定的专门报表，每增加一种报表，就需要编制相应的报表程序，因此通用性差，报表维护困难。

（二）通用报表软件

为了满足不同报表使用者的多样化信息需求，迫切需要报表软件具有较强的通用性和灵活性。通用报表软件面向大多数用户的需求，采用符合财会人员习惯的方式，由用户定义报表格式和表内数据，而后生成需要的会计报表，同时针对不同行业编制了一系列常用的报表模板供用户选择使用。因此通用报表软件在格式设计和数据处理方面，有着专用报表软件所不可比拟的灵活性、方便性和直观性，用户不需要懂得如何编制程序，就可以通过选择预制的报表模板或者自行定义的方式编制各种各样的报表。本章主要阐述的就是通用报表软件的使用方法，这是会计信息系统知识学习的重点。

（三）电子表软件

虽然通用报表软件具有强大的功能，但相对于电子表软件而言，无论是数据分析、统计还是图形处理能力，都有所不及。目前常见的电子表软件如 Lotus、Excel、CCED 等软件，它们具有比通用报表软件更强大的数据处理功能，其中 Excel 是大多数会计人员较为熟悉的表处理软件。

一般的通用报表软件目前都采用了将会计软件与 Excel 捆绑的方法，通过在会计软件中提供公开的数据接口或取数公式，使用户可以方便地从 Excel 中通过数据接口或使用取数公式从账务系统中调用会计数据，利用 Excel 的强大功能对数据做进一步的处理和分析。

三、会计报表子系统的特点和目标

(一)会计报表子系统的特点

会计报表子系统与其他子系统相比，具有以下特点：

1.手工输入数据量少

从上述的报表数据来源分析不难看出，报表子系统中，报表的主要数据来源是账务处理子系统及会计报表子系统自身，有时来自外部系统，只有少量数据来自手工输入。

2.不设置报表数据的直接修改功能

报表尤其是对外法定报表，需要如实地反映企业的生产经营情况，如果报表生成的数据可以直接修改，数据的正确性就有可能得不到保障。因此在会计报表子系统中，一般只能根据审核以后的报表公式取数、计算各个数据单元格的数值，而不能进行直接修改，修改只能针对报表公式，并且由具有一定权限的人执行，由此才能保证报表数据的真实性。

3.输出信息规范性强

对外法定报表输出的格式和内容应当符合企业会计准则、企业财务报告条例和企业会计制度的相关规定。会计报表分析使用的财务指标也有一定的规范性。

4.通用性更强、适用面更广

通用会计报表子系统完全采用自定义的方式编制和分析会计报表，包括会计报表格式、会计报表公式和分析指标的自定义，因此能满足广大用户多样化的需要。

5.图表并用进行报表分析

会计报表子系统具有一定的图形处理功能，能结合图、表进行更直观、更深入的分析。

(二)会计报表子系统的目标

通过前面的分析，可以得出会计报表子系统的目标是根据账务处理子系统、会计报表子系统自身、其他系统等数据来源，按照用户定义的方式，编制用户需要的会计报表，并按用户的需求对报表进行各种分析。

第二节　会计报表子系统流程与项目定义

本节简要介绍会计报表子系统的处理流程和主要功能，阐述会计报表的定义，其中公式的定义是着重介绍的内容。

一、会计报表子系统流程

(一)会计报表子系统业务流程图

会计报表子系统流程如图 10-1 所示。

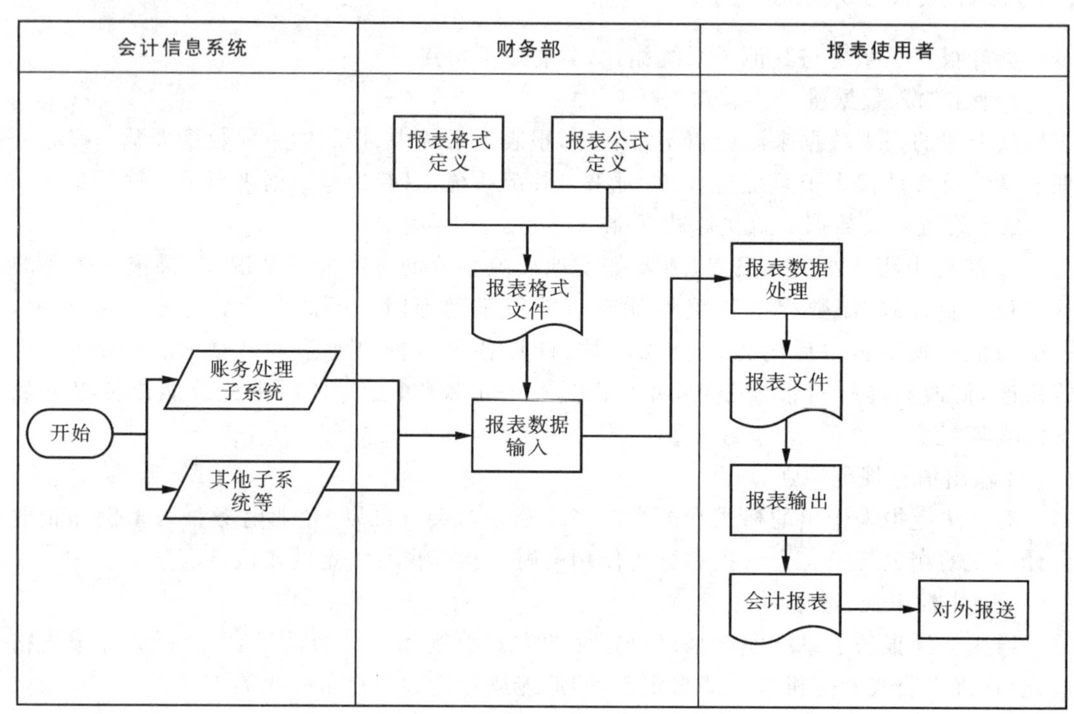

图 10-1 报表子系统业务流程图

会计报表处理的流程可分为五个步骤：

1.定义报表格式

定义报表格式相当于手工会计环境下绘制或取得一张空白的会计报表。因此格式的定义包括报表尺寸(行数和列数)的设置、组合单元的定义、表格线的绘制、报表中项目的输入(包括表头、表体和表尾)、行高和列宽的定义、单元风格的设置(包括字形、字体、字号、颜色、图案和折行显示等)、单元属性的设置(包括数值单元和字符单元)和确定关键字在表页上的位置(如单位名称、年、月、日)。

2.定义报表公式

在格式定义完之后，就要定义报表的公式，包括最为基本的计算公式、用于验证报表勾稽关系的审核公式和舍去数据的若干位数之后为了继续保持平衡而应用的舍位平衡公式。报表的格式和公式的定义完成之后，就能用于报表的多次生成，因此可以作为格式文件保存，多次使用。

3.输入报表数据

在得到报表格式文件后，需要输入报表所需的数据。输入的方法有两种，一是通过手工录入，二是由信息系统其他相关子系统共享转入。

4.处理报表数据

报表公式和格式定义之后，报表子系统就可以根据定义的公式，从账务处理子系统、其他子系统的数据文件获得数据，或手工输入数据，进行加工处理，计算各个报表项目的数值，依据定义的审核公式检验报表的勾稽关系，依据舍位平衡公式进行舍位平衡操作，并将计算结果保存在报表文件中。

5.输出报表

根据生成的报表或报表文件，输出会计报表。

（二）会计报表子系统的主要功能

从上面的会计报表子系统的处理流程可以分析，会计报表子系统具有如下主要功能：

（1）报表初始化和维护，包括报表设置、报表删除、报表备份和恢复。

（2）格式管理，包括报表格式定义和报表公式定义。

（3）报表数据处理，包括报表生成、报表审核、报表舍位平衡、报表汇总和报表合并。

（4）报表输出，包括报表显示输出、打印输出和传输。

二、会计报表公式定义

（一）报表项目计算公式定义

1.取数和函数

在报表处理时，首先要取得数据，然后在必要时进行计算，因此取数是首要的。正如前文所述，报表数据主要来自账务处理子系统和其他核算子系统，这种取数主要通过账务函数和其他核算子系统的函数来实现数据的调用；有的数据来自表内，这种取数可以直接通过表页序号和单元格的坐标来调用，例如C5；有的数据来自同一报表文件的不同表页，这种取数可以通过表页序号和单元格的坐标来调用，例如C5@2；有的数据来自不同报表文件，这种取数可以通过表名、表页序号和单元格的坐标来调用，例如“利润表.rep”－>C5@2。其中函数是会计报表软件的重要内容也是需要重点掌握的对象，虽然不同会计软件的函数名称各不相同，但其原理是相同的，因此学习了其中一种软件的函数，其他也可以融会贯通。

下面以用友NC软件为例，介绍典型的用友账务取数函数。函数及其含义如表10-2所示。

表 10-2　函数对照表

函数名称	函数说明
BNMQ	返回符合条件的指定指标本年的末期值
SHANGQ	返回符合条件的指定指标的上期值
SNTQ	返回符合条件的指定指标上年的同期值
SNMQ	返回符合条件的指定指标上年的末期值
SJMQ	返回符合条件的指定指标上季度的末期值
BNLJ	返回符合条件的指定指标本年的累计值
SNLJ	返回符合条件的指定指标上年的累计值
JDLJ	返回符合条件的指定指标当前季度的累计值
BANNLJ	返回符合条件的指定指标当前半年的累计值
LNLJ	返回符合条件的指定指标历年的累计值

这些函数只是其中的一部分,但其他账务函数与此相似。函数在定义时,有一个标准的格式,如表 10-3 所示。

表 10-3　函数格式表

函数名称	函数格式
BNMQ	MSELTL(数值型指标,[条件])

2.运算符号

运算符号一般包括"+""-""*""/""="等。正如报表项目编制中所分析的,有的可以直接填列,有的需要计算。对于前者,可直接用取数用"="填列;对于后者,需要通过其他运算符号连接所取得的数据来实现,在有些情况下还有可能有变量和常数加入运算,例如从外币报表中的取得的报表项目金额统一乘以某个汇率,以便折算为记账本位币的金额。

3.函数运用举例

在公式定义中,重点是掌握函数的运用。其他都比较容易理解和掌握。下面以用友账务函数为例,说明函数的运用。

(1)公式的定义一般是在格式设置功能下进行的,假设对图 10-2 所示的资产负债表中的货币资金期末余额(单元格 C6)进行定义,如果原来设置有公式,这时只需双击即可激活公式的定义功能,如果原来没有公式,直接输入公式或双击均可激活公式定义功能。

(2)选择好特定的单元格,并激活公式编辑功能以后,就进入了如图 10-3 所示的单元公式编辑的对话框。在这个对话框中,可以直接输入公式,也可以使用函数向导,在尚未熟练掌握函数时,可以充分利用函数向导的功能定义公式,进入函数向导画面,如图 10-4 所示。

表样 | 指标 | 公式 | HR取数规则

公有公式 | 审核公式 | 汇总公式

	A	B	C	D	E	F	G	H
1			资 产		负 债		表	
2							单位:元	会01表
3								
4	资产	行次	期末余额	年初余额	负债和所有者权益	行次	期末余额	年初余额
5	流动资产:	1	123	123	流动负债:	37	123	123
6	货币资金	2	123	123	短期借款	38	123	123
7	交易性金融资产	3	123	123	交易性金融负债	39	123	123
8	应收票据	4	123	123	应付票据	40	123	123
9	应收账款	5	123	123	应付账款	41	123	123

图 10-2 单元公式定义——资产负债表

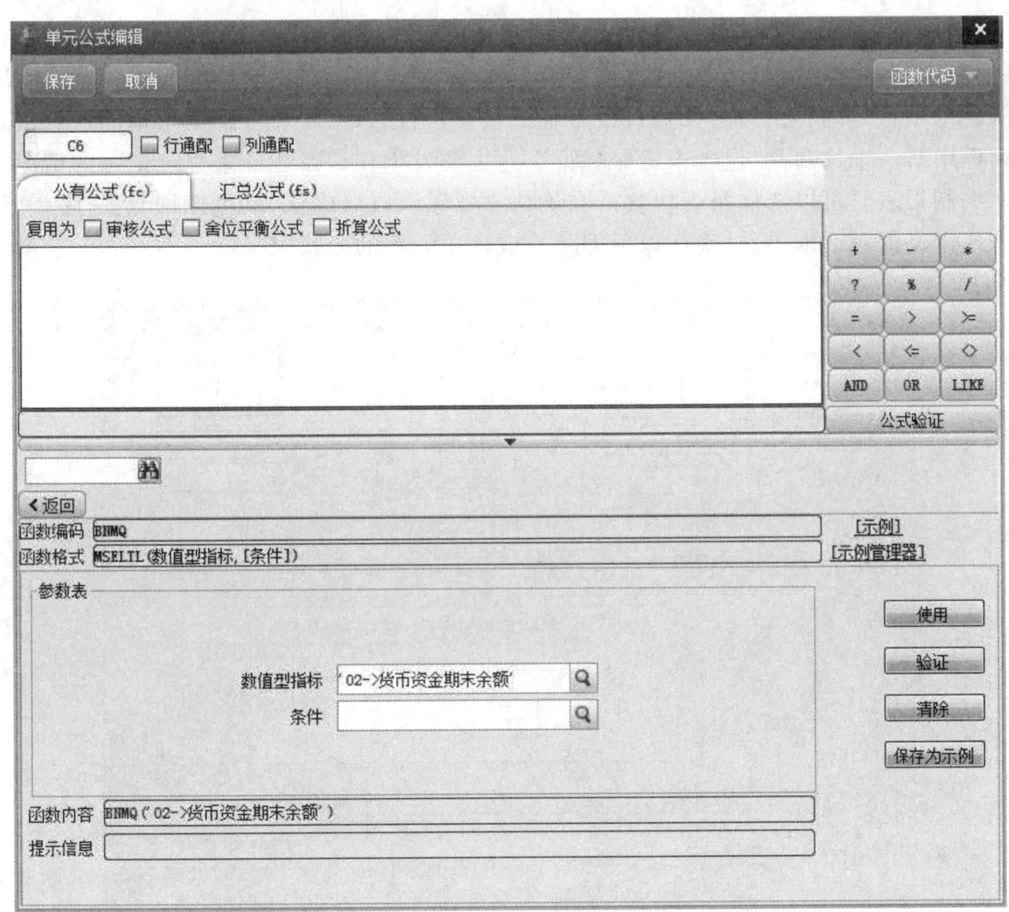

图 10-3 单元公式定义——单元公式编辑对话框

(3)在函数向导画面,选中需要用到的函数,双击进入下一步,可根据向导提示编辑函数。

常用函数 | 一般函数 | IUFO函数 | Excel函数 | 业务函数

函数代码	函数名称	示例	函数说明
NC销售管理			
NC存货核算			
NC总账			
GLOpenBal	GLOpenBal	[使用] [查看]	期初
GLCloseBal	GLCloseBal	[使用] [查看]	期末
GLAmt	GLAmt	[使用] [查看]	发生
GLNetAmt	GLNetAmt	[使用] [查看]	净发生
GLAccumAmt	GLAccumAmt	[使用] [查看]	累计发生
GLAmtWithinDateR	GLAmtWithinDa...	[使用] [查看]	日期区间发生
GLNetAmdwithinDa	GLNetAmdwithi...	[使用] [查看]	日期区间净发生

图 10-4　单元公式定义——函数向导对话框

(4)函数名选择完以后，就可以进入取数公式参数设置对话框，如图 10-5 所示，对话框中列示了各个参数项目，例如主体、账簿、会计年度、会计科目、会计期间、方向和辅助核算的各个项目等内容。当会计科目设有辅助核算项目时，系统会自动调出辅助核算信息。对话框中有一个选项是“包含未记账凭证”，这主要发生在记账凭证未完全记账的情况下，企业编制报表时可以选择是否包含。在确认参数无误以后确认，就可以回到图 10-3 所示的公式定义的对话框界面，确认以后即可完成该单元格的公式定义。

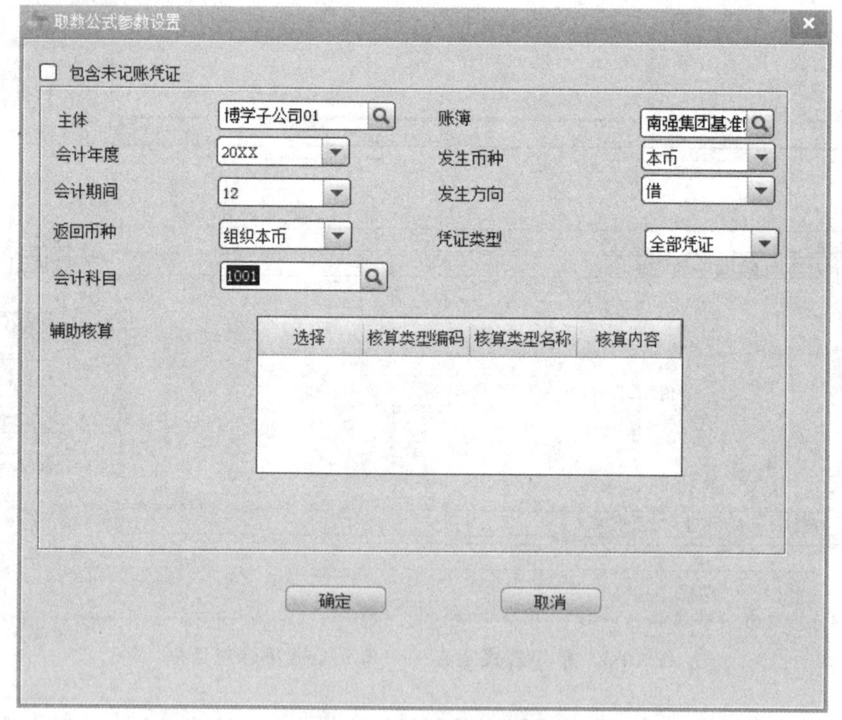

图 10-5　取数公式参数设置对话框

(5)公式定义完成后,通常需要对公式进行验证,以检验公式编辑是否存在逻辑错误和格式错误,如图 10-6 所示。

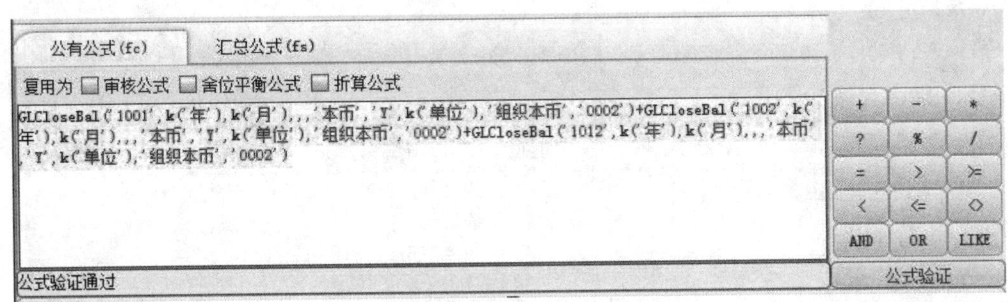

图 10-6　公式验证示例

(二)审核公式定义

在经常使用的各类财务报表中的每个数据都有明确的经济含义,并且各个数据之间一般都存在一定的勾稽关系。如资产负债表中的资产总计的金额应该等于负债及所有者权益总计的金额。在实际报表编制过程中,为了确保报表数据的准确性,我们经常用这种报表之间或报表之内的勾稽关系对报表进行勾稽关系检查,即进行数据的审核。审核公式就是表示报表数据之间勾稽关系的公式。审核公式的定义如图 10-7 所示。

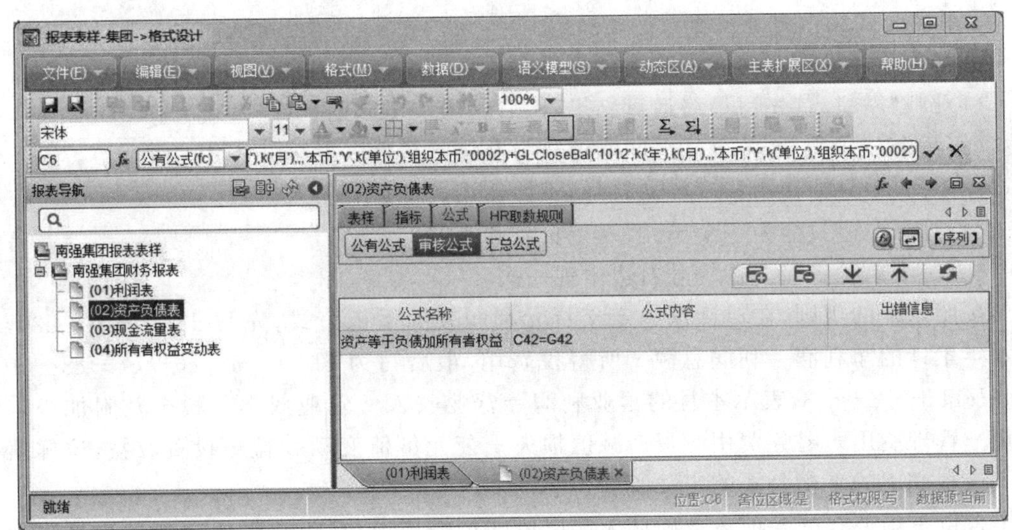

图 10-7　审核公式定义

(三)舍位平衡公式定义

报表数据在进行进位时,如以"元"为单位的报表在上报时可能会转换为以"千元"或"万元"为单位的报表,原来满足的数据平衡关系可能被破坏,因此需要进行调整,使之符合指定的平衡条件。设置舍位平衡条件后可以在报表数据中心功能点录入数据时进行金额单位的切换操作。舍位平衡条件设置如图 10-8 所示。

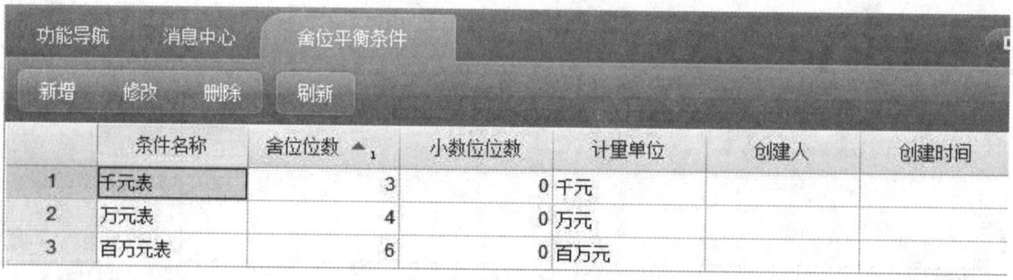

功能导航　消息中心　舍位平衡条件

新增　修改　删除　刷新

	条件名称	舍位位数	小数位位数	计量单位	创建人	创建时间
1	千元表	3	0	千元		
2	万元表	4	0	万元		
3	百万元表	6	0	百万元		

图 10-8　舍位平衡条件

在舍维平衡公式对话框中,需要输入如下各项内容:

1.舍位表名

舍位表名和当前文件名不能相同,默认在当前目录下,这是原报表经过舍位平衡处理以后生成的新报表的文件名称。例如根据以元为单位的利润表编制以百元为单位的新利润报表。报表名称定义为百元利润表。

2.舍位位数

舍位位数为 1,区域中的数据除 10;舍位位数为 2,区域中的数据除 100;以此类推。因此千元利润表的舍位位数应该设置为 3。

3.平衡公式

平衡公式是为重新建立平衡而定义的公式,该公式定义时须注意以下几点:

(1)倒顺序写,首先写最终运算结果,然后一步一步向前推。

(2)每个公式一行,各公式之间用逗号","隔开,最后一条公式不用写逗号。

(3)公式中只能使用"+""-"符号,不能使用其他运算符及函数。

(4)等号左边只能为一个单元(不带页号和表名)。

(5)一个单元只允许在等号右边出现一次。

按照这样的规则,在对话框中定义百元利润表的平衡公式,先写 d21=d19-d20,表示本年累计的净利润=利润总额-所得税费用,最后写为 c15= c5-c6-c7-c8-c9-c10-c11+c12+c13,表示本月的营业利润=营业收入-营业成本-税金及附加-销售费用-管理费用-财务费用-资产减值损失+公允价值变动收益+投资收益,这样就完成了该利润表的平衡公式的定义。

舍位平衡公式的各项参数确认无误以后即可完成,以后就可用于报表的舍位平衡操作,生成新的报表。

单元公式、审核公式和舍位平衡公式一般是在报表的格式设置功能中定义,在报表的数据状态中调用计算。定义好的公式一般可以通过公式列表查询。

三、关键字设置

关键字的设置实际上是报表格式定义的一个内容，由于在会计报表日常处理中涉及关键字的录入，因此作为一个重要的格式定义项目进行介绍。关键字可用于标志某一张表页的单位名称、单位编号、年、月、季、日和自定义的某个关键属性。这些属性可供选择使用。关键字的设置如图 10-9 所示。

关键字设置

选择	名称	状态	说明	位置
☑	单位	启用	系统预置	
☐	年	启用	系统预置	
☐	半年	启用	系统预置	
☐	季度	启用	系统预置	
☑	月	启用	系统预置	
☐	旬	启用	系统预置	
☐	周	启用	系统预置	
☐	日	启用	系统预置	
☐	对方单位编码	启用	系统预置	
☑	币种	启用	系统预置	

确定(Y)　取消(C)

图 10-9　关键字设置

四、报表模板的应用

报表的格式定义和公式定义主要用于支持报表的自定义，正如前文所述，通用报表系统一般会根据行业的特点，预先设置一系列的报表以供用户选择使用，这就是系统预置的报表模板。用户利用报表模板就可以迅速建立一张符合需要的财务报表。此外，对于一些本企业常用报表模板中没有提供的报表，在定义这些报表的格式和公式以后，可以将其定义为报表模板，以后可以直接调用，而无须重复定义。灵活运用报表模板无疑可以加快报表处理的效率。需要注意的是，如果报表模板与企业的实际需要存在差异，就需要企业充分利用报表格式和公式定义的功能，对原来的报表模板进行修改，生成新的报表模板，以便重复使用。

第三节　会计报表子系统日常业务处理

在报表模板定义等初始化工作完成以后，企业就可以进行会计报表子系统的日常业务处理，主要包括报表生成、报表审核、报表舍位平衡处理、报表输出和报表维护。本节以利润表为例阐述报表的生成和报表舍位平衡的处理，以资产负债表为例阐述报表的审核，最后介绍报表的输出和维护。

一、报表生成

一般如果常用的报表模板满足需要，企业就可以直接调用预置的报表模板生成报表；如果不能满足需要，则企业可对报表模板加以修改，或者直接自定义新的报表格式和报表公式，作为新的报表模板保存，这样企业就可以调用经过修改或者是自定义的报表模板，生成新的报表。因此报表生成只是简单的调用符合企业需要的报表模板即可，有时也需要进行报表格式和公式的少量修改。以合并利润表为例，报表生成可分为以下几个步骤：

(一)模板选择

企业可以导入系统预置的套表或自定义的利润表模板编制利润表，预置套表模板的选择如图 10-10 所示。确认以后就可以生成新的报表文件，格式设计状态下的利润表如表 10-11 所示。

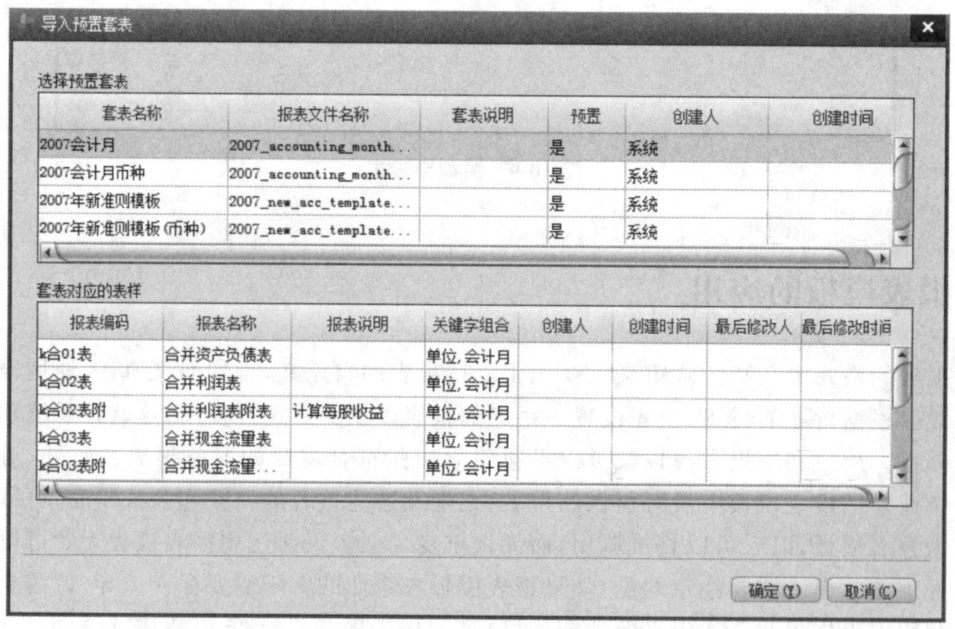

图 10-10　利润表——模板选择

	A	B	C	D
1	利润表			
2				单位：元
3				
4	项 目	序号	本月发生数	本年累计金额
5	一、营业收入	1	〈营业收入本月发生数〉123	〈营业收入本年累计金额〉123
6	减：营业成本	2	〈减：营业成本本月发生数123	〈减：营业成本本年累计金额123
7	税金及附加	3	〈营业税金及附加本月发生数123	〈营业税金及附加本年累计.123
8	销售费用	4	〈销售费用本月发生数〉123	〈销售费用本年累计金额〉123
9	管理费用	5	〈管理费用本月发生数〉123	〈管理费用本年累计金额〉123
10	财务费用	6	〈财务费用本月发生数〉123	〈财务费用本年累计金额〉123

图 10-11 利润表——格式设计状态

(二)选择关键字

进入报表数据中心，按照报表中设置的关键字选择报表组织、币种和月份，如图 10-12 所示。关键字选择完成后的报表如图 10-13 所示。公式定义时涉及关键字的值，关键字值的不同将导致报表数字的不同。例如利润表中某些项目本月数的函数中定义了期间为月，因此输入不同的月份，得出的报表数字将反映不同月份的经营成果。

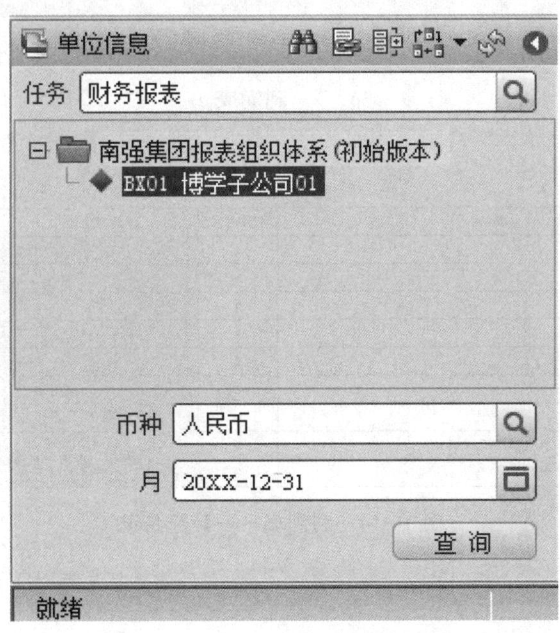

图 10-12 关键字选择

财务报表(BX01,20XX-12-31,CNY)

(01)利润表 | (04)所有者权益变动表 | (02)资产负债表 | (03)现金流量表 | 任务批注 | 管理报告

	A	B	C	D
1	利润表			
2				单位：元
3				
4	项 目	序号	本月发生数	本年累计金额
5	一、营业收入	1		
6	减：营业成本	2		
7	税金及附加	3		
8	销售费用	4		
9	管理费用	5		
10	财务费用	6		
11	资产减值损失	7		
12	加：公允价值变动收益（损失以“-”号填列）	8		
13	投资收益（损失以“-”号填列）	9		

图 10-13　财务报表——利润表

(三)数据计算

关键字录入以后，就可以选择数据计算，计算报表各个项目的数值，生成该企业一定期间的利润表，如图 10-14 所示。

财务报表(BX01,20XX-12-31,CNY)

(01)利润表 | (04)所有者权益变动表 | (02)资产负债表 | (03)现金流量表 | 任务批注 | 管理报告

	A	B	C	D
1	利润表			
2				单位：元
3				
4	项 目	序号	本月发生数	本年累计金额
5	一、营业收入	1	2442100.00	2442100.00
6	减：营业成本	2	2700000.00	2700000.00
7	税金及附加	3		
8	销售费用	4		
9	管理费用	5	87707.55	87707.55
10	财务费用	6		
11	资产减值损失	7		
12	加：公允价值变动收益（损失以“-”号填列）	8		
13	投资收益（损失以“-”号填列）	9		

图 10-14　利润表——计算结果

二、报表审核

在数据处理状态中，当报表数据录入完毕后，应对报表进行审核，以检查报表各项数据勾稽关系的准确性。报表的审核既可以通过命令窗的操作随时对部分数据进行审核，如果审核关系不等，将按照提示内容给出警告信息；也可以使用对话框输入审核公式进行审核。后一种方式设置的审核公式将随报表一起保存，随时可以对报表进行再次审核，而命令窗中的审核公式则不随报表保存。

系统按照审核公式逐条审核表内的关系，当报表数据不符合勾稽关系时，屏幕上出现提示信息。例如假设资产负债表设置了上一节所述的审核公式，经过处理以后，由于取数错误或公式错误等原因导致资产和负债及所有者权益不能保持平衡关系，这时系统就会提示相应的信息，如审核无误，则出现审核通过提示，如图 10-15 所示。每当对报表数据进行修改后，都应该重新进行审核，以保证报表各项勾稽关系正确。

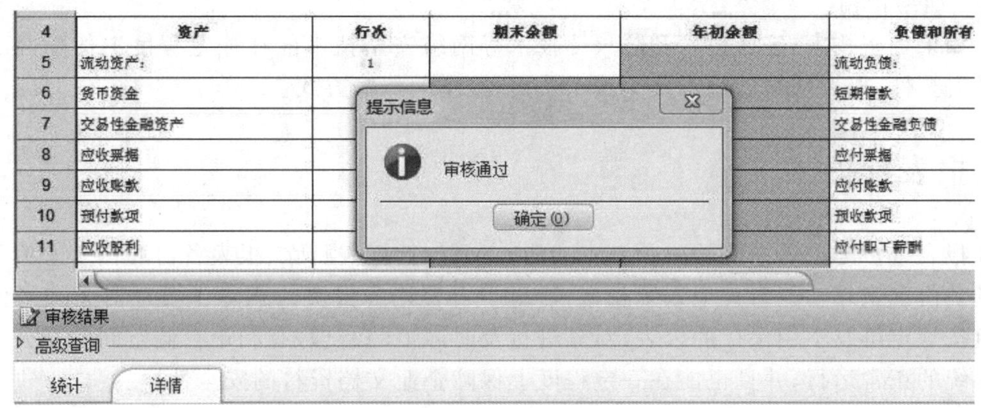

图 10-15　审核通过信息提示

三、报表舍位平衡

关于报表舍位平衡公式的设置及其原理在第二节已作介绍，舍位平衡公式设置以后，就可进行舍位平衡，生成新报表。沿用前述的例子。假设由原利润表编制百元利润表，只需在定义好的舍位平衡公式的基础上，在报表的数据中心执行舍位平衡操作，就可以生成新的以百元为单位的利润表。企业只需在新报表的格式设计中将单位修改位百元就可以完成新报表的编制工作。

四、报表输出

通过会计报表格式定义、公式定义和报表编制以后，就可以生成各种会计报表数据库文件，为了便于使用者阅读，应当对生成的会计报表数据进行输出处理，以提供合乎规范、便于阅读而且通俗易懂的会计报表。

会计报表的输出方式有以下几种：

1.屏幕输出

查询会计报表是计算机会计报表子系统的一个重要内容。这种输出主要用于企业检查报表设置和编制是否正确，不仅能查询正在编制的会计报表，也能查询历史报表。

2.打印输出

打印会计报表是会计软件提供的一个重要功能。该功能可以设置报表使用的字形、字号,调整页面的行间距和列间距,设置页边距、页眉、页脚、纸张大小和纸张来源等,从而输出用户需要的纸质报表。

3.磁盘输出

磁盘输出是指将所需要的报表以文件的形式输出到磁盘上,报表的使用者特别是上级主管部门、总公司可以直接用磁盘中的数据进行报表汇总。随着移动存储技术的不断发展,有可能采用容量更大、安全性更高的其他存储设备代替软盘,作为输出的载体。

4.网络传输

如果加密技术、签名技术和防火墙技术等网络安全技术能在一定程度上保障网络传输的安全性,那么网络传输不失为一个快捷、经济的传输方式。

五、报表维护

报表维护是报表系统的一项基本功能,主要包括报表删除、报表备份和恢复。关于报表的备份和恢复功能与其他系统相似,这里不再赘述。报表的删除主要针对无须再使用并且按规定可以不用保存的报表,对其进行及时谨慎的清理,有利于存储空间的充分利用和系统的正常运行,并且也能在一定程度上保障企业文档资料的安全性。

第四节　现金流量表的编制

编制现金流量表,是为财务报表使用者提供企业在一定会计期间的现金流入、流出信息,以便财务报表使用者了解和评价企业获得现金和现金等价物的能力,并据以预测企业未来的现金流量。

一、现金流量表概述

(一)现金与现金等价物

现金流量表是专门用于反映企业在一定会计期间现金及现金等价物流入和流出情况的报表,因此,现金及现金等价物是该表的核心内容。

现金流量表中的现金是个广义的概念,它包括库存现金、银行存款和其他货币资金。其中,库存现金指的是企业持有、可随时用于支付的现金限额,即"库存现金"账户核算的现金(狭义的现金);银行存款指的是企业存放在金融机构、随时可用于支付的存款,它与"银行存款"账户核算的银行存款基本一致;其他货币资金指的是企业存放在金融机构、有特定用途的资金,即"其他货币资金"账户核算的银行存款,如银行汇票存款、银行本票存款、外埠存款、信用保证金存款、在途货币资金等。

现金流量表中的现金等价物则指企业持有期限短、流动性强、易于转换为已知金额的现金，以及价值变动风险很小的投资，例如购买可流通的三个月内到期的短期债券投资。现金等价物虽然不是现金，但其支付能力与现金差别不大，可视为现金。企业应根据具体情况，确定现金等价物的范围，并且一贯性地保持其划分标准，如改变划分标准，应视为会计政策的变更，并在会计报表附注中披露。

(二)现金流量表的结构与编制基础

现金流量表分为表首和表体两部分。其中，表首部分包括报表名称、编制单位、报表所涵盖的日期、报表编号和货币单位及计量单位；表体包括正表和补充资料两部分。

正表基本是按照不同类别的现金流量来分类和列示的，它包括五个大项，分别是经济流动现金流量、投资活动现金流量、筹资活动现金流量、汇率变动对现金的影响和现金及等价物净增加额。与其他会计报表编制基础(权责发生制下的会计凭证和账簿)不同，现金流量表的编制基础是收付实现制下的会计凭证和账簿。

补充资料的编制基础则是按权责发生制下的会计凭证和账簿经过调整后编制的，其内容包括：将净利润调节为经营活动产生的现金流量、不涉及现金收支的投资和筹资活动、现金及等价物净增加额。

现金流量表中正表与补充资料相关项目间存在勾稽关系，包括：

(1)正表第一项经营活动产生的现金流量净额应等于补充资料第一项经常活动产生的现金流量净额。

(2)正表第五项现金及等价物净增加额应等于补充资料第三项中的现金及等价物净增加额。

(3)正表的数字是流入与流出的差额，补充资料中的数字是权责发生制下的账户期末数与期初数的差额。

(三)现金流量表的内容

现金流量是指企业某一段时期内现金流入和流出的数量。企业的现金流量可分为三类，即：经营活动产生的现金流量、投资活动产生的现金流量和筹资活动产生的现金流量。它们一般按现金流入和流出总额反映，且以“现金流入－现金流出＝现金净流量”这一公式为基础列示。其具体反映的内容如下：

1.经营活动产生的现金流量

经营活动是指企业投资活动和筹资活动以外的所有交易和事项。就工商企业来说，经营活动主要包括：销售商品、提供劳务、经营租赁、购买商品、接受劳务、广告宣传、推销商品、交纳税款等。各类企业由于行业特点不同，对经营活动的认定也存在一定差异，因此，在编制现金流量表时，应根据企业的实际情况，从现金流入和现金流出两个角度对现金流量进行合理的归类。

2.投资活动产生的现金流量

投资活动是指企业长期资产的购建和不包括在现金等价物范围内的投资及其处置活动，主要包括取得和收回投资，购建和处置固定资产、无形资产和其他长期资产等。其中，长期资产是指固定资产、在建工程、无形资产、其他资产等持有期限在一年或一个营业周期以上的资产。已包括在现金等价物范围内的投资应视为现金,不属于投资活动产生的现金流量项目。

3.筹资活动产生的现金流量

筹资活动是指导致企业资本及债务规模和构成发生变化的活动。其中,资本包括实收资本(股本)、资本溢价(股本溢价);与资本有关的现金流入和流出项目,包括吸收投资、发行股票、分配利润等;债务指企业对外举债所借入的款项,如发行债券、向金融企业借入款项以及偿还债务等。

二、现金流量表的编制方法

现金流量表的编制方法有两种,即直接法和间接法。

(一)直接法

直接法通过现金收入和支出的主要类别反映来自企业经营活动、投资活动、筹资活动的现金流量。在实务中,一般是以利润表中的营业收入为起算点,调整与经营活动各项目有关的增减变动,然后分别计算出各现金流量表各类别的现金流量。直接法一目了然,现金流入的来源和流出的去向有明显列示,这正体现了编制现金流量表的目的。

我国会计准则规定,现金流量表的正表要用直接法编制。

(二)间接法

间接法是以本期损益表中的净利润为起算点,调整不涉及现金收支的收入、费用、营业外收支以及应收应付等项目的增减变动,据此计算并列示经营活动的现金流量。本期损益表中的净利润是按权责发生制计算的,而有些收入、费用项目并没有发生实际的现金流入和流出,通过对这些项目的调整,即可将净利润调整为经营活动现金流量。结果与按照直接法编制的相一致,从而可相互核对,以保证结果的正确性。间接法的优点是其提供的信息有助于分析企业本期净利润与经营活动产生现金流量的差异及其原因,从而可从现金流量角度分析企业净利润的质量。

我国会计准则规定,企业在用直接法填报现金流量表正表的同时,应以间接法计算经营活动的现金流量,作为现金流量表的补充资料。

(三)信息化环境下现金流量表的编制方法

手工会计现金流量表编制采用的是工作底稿法或T形账户法,都是以“资产负债表”和“利润表”数据为编制基础,以总账、明细账及记账凭证等资料为依据,对每一项目进行分析并编制调整分录,最后编制出现金流量表。由于计算机工作的特点,现金流量表的编制可在经济业务发生、会计数据输入到计算机时开始,就将与现金流量变化有关和与现金流量无关的数据进行分类,以便编制现金流量表时分类汇总直接在表中列示,从根本上解决了手工会计环境下期末编制现金流量表的困难。计算机编制现金流量表的方法概括起来有以下几种：

1.现金科目明细化法

现金科目明细化法是一种较简捷的编制现金流量表方法，也即在现金科目下按现金流量表各项目设置明细科目，当每笔现金业务发生时，按现金流量表的项目要求分析现金流向，然后选择相应的明细科目做账务处理，期末对各种现金明细科目进行汇总后，其发生额实际上就是现金流量表项目应分别填列的金额。这种编制方法的思路简单明了，报表数据精确程度高，但它要求录入员在输入凭证时分析和判断现金科目的流向，因此对用户的要求较高。

2.辅助项目核算法

辅助项目核算法的思路是：将现金和现金等价物科目设置为辅助核算项目，其辅助核算项目可直接按现金流量表表外取数项目设置。在编制记账凭证时，将涉及现金流量变化和不涉及现金流量变化的事项按设定项目分类，期末根据项目总账统计表和项目明细统计表设置公式，由计算机自动编制现金流量表。这种方法的原理实际上和第一种方法类似，不同之处在于它用账务处理中的辅助核算功能代替了现金科目下的明细账设置，其不足之处依然是需要会计人员具有较高的会计业务分析和判断能力。

3.标志字段法

设立标志字段方法的基本思路是，按影响现金流量变化和不影响现金流量变化分别建立标志字段。在输入记账凭证时，对于程序能够根据对应科目自动区分的业务分别加以标记，如销售商品业务，通常的会计分录为：借记“库存现金（或银行存款、应收账款）”科目，贷记“营业收入”和“应交税费——应交增值税（销项税额）”科目。由于对应关系明确，计算机程序完全可以根据对方科目自动将库存现金（银行存款、应收账款）按商品价款金额和税款金额分别加以标记。对于计算机程序难以区分的一些涉及多借多贷的复杂业务，则由会计人员在输入凭证时或在编制现金流量表前手工操作计算机，对相应内容加以标示。期末根据不同的标记分别进行汇总，自动填列现金流量表。这种编制方法是一种非常简便而且数据精度较高的处理方法，一些通用会计软件都采用此种方法。

4.凭证摘要标注法

凭证摘要标注法的基本原理是，在输入收付现金及现金等价物的记账凭证时，在凭证摘要中标注所涉及的现金流量表行次；在设计现金流量表表外取数项目的取数公式时，直接按凭证库摘要字段中所涉及的现金流量表行次取数。其思路和上述三种方法类似。

三、现金流量表编制的操作

（一）初始化

无论采用何种编制方法，在计算机编制现金流量表前都要做一些初始化工作。这些初始化工作由于所采用不同的编制方法而有较大的差异，甚至同一会计软件的不同版本间也存在不同。以用友NC的现金流量表模块为例，其初始化设置的主要内容如下：

1.基本科目设置

一般情况下，现金流量表的现金对应企业会计账户中的库存现金、银行存款、其他货币资金等科目。由于不同的企业科目设置有所不同，因此，在编制现金流量表时首先要对现金及现金等价物科目加以定义。

2.科目关系设置

设置科目关系用于建立现金流量表项目和科目之间的关联，以便在以后现金流量分析过程中进行自动分析。科目关系设置界面如图10-16所示，现金流量表表项是反映在现金流量表上的项目，通常系统会按制度要求对现金流量表的项目进行预置。如果现金流量项目为流入项，则默认借方科目为现金类科目，且不允许修改；如果现金流量项目为流出项，则默认贷方科目为现金类科目，且不允许修改；如果现金流量项目为附表项，则借方、贷方科目可以选择任意科目。对应科目应选择末级科目，否则无法准确进行现金流量分析。

图10-16 科目关系设置

对于计算项目的数据来源，系统提供了四种方法：凭证分析、查账指定、取自报表、取自总账。

(1)凭证分析。凭证分析首先由用户定义凭证的取数条件，包括：摘要、借方必有科目和贷方必有科目，然后系统根据指定的条件，对分析期间内的拆分凭证进行筛选，将所有满足条件的凭证发生额进行汇总，得到需要的数据。

(2)查账指定。查账指定是指用户无法通过凭证分析得出数据时，系统提供了人机交互的条件查账界面，使用户可逐步缩小数据搜索范围，最终找到符合条件的凭证，将其数据归入现金流量表的计算项目。

(3)取自报表。在生成现金流量表附表时，许多数据可来源于相应的资产负债表和损益表，因此系统提供了取自它表数据的功能。

(4)取自总账。只要指定需要取数的科目编码和月份，系统就会自动从账务处理子系统中取得数据。

3.拆分“多借多贷”凭证和凭证准备

由于现金流量表的填报要求，在生成现金流量表之前，要对企业的凭证进行一次规范性处理，用以明确每笔业务内所包含的现金流流向。规范性处理的内容是将多借多贷的凭证、一借多贷的凭证、一贷多借的凭证按需要都拆分成一借一贷的凭证。经过拆分的凭证，只是从形式上发生了变化，各科目的金额仍与账务系统相等。凭证拆分又有二种方式：一是自动拆分，系统根据一般用户填制多借多贷凭证的形式，采用金额对应型、成批金额对应型、比例分配型和月末结转型四种自动拆分方法；二是手动拆分，由人工干预拆分多借多贷凭证。

通常用户只需要拆分多借多贷凭证，其余工作通过执行"凭证准备"模块，系统自动将一借多贷的凭证、一贷多借的凭证进一步拆分成一借一贷的凭证。

(二)生成现金流量表

当进行完初始化工作后，就可以自动生成现金流量表。系统在协助用户自动调平现金流量表的基础上，还提供手工调整的功能。如果用户对自动计算的结果不满意，认为个别项目中的数据可能"张冠李戴"，就可以通过手动调整将部分或全部数据调整到其他项目中。此外，用户还可通过查询功能，随时查阅已生成的现金流量表及拆分的凭证。

在信息系统环境下，现金流量表除了可以按日、按月、按季、按年编制外，同时还有汇总生成的功能。例如：如果用户是按月进行现金流量表的编制工作，那么到年底就可以将全年十二个月的月表汇总为年现金流量表。如果用户对不同账套的相同期间分别编制了现金流量表，那么也可以汇总生成总的现金流量表。

第五节　合并会计报表的编制

合并会计报表是指以母公司和子公司组成的企业集团为一会计主体，以母公司和子公司单独编制的个别会计报表为基础，由母公司编制的综合反映企业集团整体财务状况、经营成果及现金流量的财务报表，包括合并资产负债表、合并利润表、合并现金流量表和合并所有者权益变动表。合并会计报表一直被认为是财务会计的四大难题之一，在理论上合并会计报表理论尚有许多未解的难题，比如，合并会计报表编制方法的母公司观与主体观之争仍在继续。在实务上，尤其在传统的手工会计环境下，编制合并会计报表是一个既耗时、又费力的艰难工作，即使在计算机条件下，由于编制合并会计报表需要涉及许多会计职业判断，往往需要手工与计算机相结合才能完成。

一、合并会计报表概述

(一)合并会计报表与母、子公司个别会计报表的区别

1.编制的主体不同

合并会计报表由企业集团中对其他企业有控制权的公司或母公司编制，并不是企业集团中所有企业都必须编制合并会计报表，更不是所有的企业都必须编制合并会计报表。

2.报表反映的内容不同

合并会计报表反映的内容是母公司和子公司所组成的企业集团的整体财务状况、经

营成果和现金流量变动情况，反映的对象是若干个法人组成的经济意义上的会计主体，而不是法律意义上的主体。

3.编制方法不同

合并会计报表是以母子公司个别会计报表为基础而编制的，并不需要在现行会计核算方法体系之外单独设账。合并会计报表编制有独特的方法，是在对纳入合并范围的母子公司个别会计报表的数据进行加总的基础上，通过编制抵消分录，将企业集团内部交易和事项对母子公司个别会计报表的影响予以抵消，然后合计会计报表各项目的数额而完成的。

(二)合并会计报表的合并范围

合并会计报表的合并范围是指纳入合并报表的子公司的范围，主要是明确哪些子公司应当包括在合并报表范围之内，哪些子公司应该排除在合并报表之外。应纳入母公司编制合并会计报表的合并范围的子公司包括以下两种：

(1)母公司直接或通过子公司间接拥有被投资单位半数以上的表决权。但是，有证据表明母公司不能控制被投资单位的除外。

(2)母公司拥有被投资单位半数或以下的表决权，满足以下条件之一的，应当将该被投资单位纳入合并财务报表的合并范围。但是，有证据表明母公司不能控制被投资单位的除外：

①通过与被投资公司的其他投资者之间的协议，持有该投资公司半数以上表决权；

②根据章程或协议，有权控制企业的财务和经营政策；

③有权任免被投资单位董事会等类似权力机构的多数成员；

④在被投资单位董事会或类似权力机构会议上有半数以上投资权。

(三)合并会计报表的编制原则

1.以个别会计报表为基础编制

合并会计报表并不是直接根据母公司和子公司账簿编制，而是直接通过个别会计报表相加得出汇总数后，抵消内部交易和事项，得到合并数会计报表。

2.一体性原则

在编制合并会计报表时，必须将母子公司理解为一个整体。

3.重要性原则

合并会计报表是反映某一会计主体的具体经济业务的过程，即反映母子公司所组成的企业集团财务状况、经济成果和现金流量的信息，对于不重要的信息，即使不抵消，也不会误导报表使用者。因此，在编制合并会计报表时，涉及会计职业判断问题时，要强调重要性原则的运用。

二、合并会计报表的编制方法

合并会计报表是在对纳入合并范围的母子公司个别会计报表的数据进行加总的基础

上，通过编制抵消分录将企业集团内部的经济业务对个别会计报表的影响予以抵消，然后根据合并各项目的数额编制合并会计报表。因此，编制抵消分录的合并工作底稿是合并会计报表的一个重要程序。在手工会计环境下，完成合并会计报表的一系列工作是一项相当繁杂的任务，尤其是对于大规模的、控股关系复杂的企业集团，手工方式下的编报难度可想而知。在计算机环境下，由于计算机参与了大量的报表数据收集、汇总、计算等工作，大大提高合并会计报表编制的效率和准确性，工作量也大大减少，但由于合并会计报表编制的特性，在编制过程中仍需要一定的人工干预和判断。

(一)手工方式下合并会计报表的编制方法

手工操作方式下，编制合并会计报表，通常遵循的是下列程序：

(1)编制合并工作底稿，作为合并会计报表的编制基础。

(2)将母、子公司个别会计报表数据过入合并工作底稿。

(3)在合并工作底稿中将母公司与纳入合并范围的所有子公司的会计报表数据加总，计算出个别会计报表各项目加总数据。

(4)编制抵消分录，抵消母公司与子公司、子公司与子公司相互间发生的经济业务对个别会计报表的影响。

(5)计算合并会计报表各项目合并数。

(6)将合并工作底稿中计算出的各项目的合并数，过入合并会计报表相应项目内，分别得到正式的合并资产负债表、合并利润表和合并所有者权益变动表。

(7)合并现金流量表反映母公司及其子公司形成的企业集团在一定会计期间现金流入、现金流出数量以及其增减变动情况。合并现金流量表与其他合并会计报表的编制不同，一般情况下，它是以合并资产负债表、合并利润表、合并所有者权益变动表和其他会计资料为依据编制的，其编制方法与个别现金流量表的方法相同。

(二)计算机合并会计报表的编制方法

在设计合并会计报表软件时，为了充分利用计算机的效能，应尽可能让一切数据处理工作由计算机自动完成。但是，由于合并会计报表的复杂性，要让计算机完全取代手工操作，自动编制抵消分录，自动进行报表合并，其难度是相当大的，毕竟计算机的识别能力有限，它不能完全替代会计人员的职业判断，特别是对于内部交易，几乎是无能为力，即使设计出这样的功能，也难以做到通用性。通常的做法是：由手工编制抵消分录，然后输入计算机，由计算机存储在机内的母、子公司个别会计报表数据进行汇总并和调整分录数据进行加减，得出合并数，最后根据合并数编制合并会计报表。

使用计算机作为数据处理工具编制合并报表的程序与手工编制程序基本一致，一般要经过以下步骤：

1.建立合并工作底稿

在母公司系统中建立起合并会计报表工作底稿的格式，并输入工作底稿的项目，为下面填入数据准备工作。需要注意的是，工作底稿项目的设置应满足最后生成合并会计报表项目的需要，不能简单转抄个别会计报表中的报表项目。

和手工合并工作底稿一样,合并工作底稿应包含项目名称栏、母公司数据栏、各子公司数据栏、抵消分录借(贷)方栏、少数股东权益栏及合并数栏。项目名称栏由系统初始设置完成;母、子公司数据栏的数据取自母、子公司系统的数据库,可通过制作“下发盘”和“上报盘”方式对报表数据格式进行统一规范;抵消分录栏数据来源则由用户手工定义和输入。

2.数据采集

接收母子公司个别会计报表数据,将个别会计报表数据传输到工作底稿数据文件中。

3.输入抵消分录

为编制合并会计报表,子公司应向母公司提供相关的资料,包括:

(1)子公司所采用的与母公司不同的会计政策;

(2)与母公司及与母公司的其他子公司业务往来、债权债务、投资等资料;

(3)子公司利润分配有关资料;

(4)子公司所有者权益变动的明细资料;

(5)其他编制合并会计报表所需要的资料。

子公司向母公司提供以上资料的目的是为母公司与子公司之间、子公司与子公司之间,相互核对内部交易与业务往来、债权债务和投资等。企业集团内部资料的相互核对,是编制抵消分录的基础。如果通过手工方式进行上述核对工作,既烦琐又复杂,而且容易产生误差,而在计算机系统中,可以设计一个类似于银行对账的功能,将母公司和其他子公司需要核对的数据分别全部输入系统,以一个公司对各个公司的往来交易逐笔勾销的方式进行核对,核对效率将大大提高。对于核对相符的内部交易或事项才能编制抵消分录。

系统通常应设置一个单独的数据库文件存放抵消分录的内容,因为在合并工作底稿中抵消分录是按项目列示的,对于涉及一个项目的各笔抵消分录,在工作底稿中只列示该项目的合计数,要想了解每笔分录的编制过程,可以到抵消文件库中查询。此外,将抵消分录输入到工作底稿数据文件后,要随时对抵消进行平衡校验和审核,以保证输入的抵消分录的正确性。

4.定义合并公式

按照工作底稿上数据之间的关系定义编制合并会计报表需要的计算公式。如合计数为个别会计报表项目数据的简单加总;合并数要按照各类项目合并的规定,具体设计定义计算公式,如资产与费用类按“母、子公司汇总数+抵消分录借方金额-抵消分录贷方金额=合并数”公式计算,负债、权益和收入类按“母、子公司汇总数+抵消分录贷方金额-抵消分录借方金额=合并数”公式计算。

5.报表合并

根据上述定义,系统经过计算,生成由公式定义的工作底稿项目数值,然后正式生成合并会计报表。

6.对合并报表进行审核

主要检验其是否满足已定义的勾稽关系。审核无误后,合并会计报表即被确认。

7.查询与打印

合并会计报表系统应提供相关的查询和打印功能,包括:母、子公司个别会计报表、抵消会计分录、合并工作底稿、合并会计报表等。

第十一章　会计信息系统开发与实施

会计信息系统的设计是一项专业性、技术性很强的工程。它涉及组织的内部结构、管理模式、经营管理过程、会计核算方法、计算机硬件和软件的管理与应用等各方面。此外，会计信息系统涉及信息多，数据结构复杂。因此，需要科学系统的方法进行分析与设计，才能确保整个工程的顺利进行。本章分别介绍会计信息系统的开发、会计信息系统的分析与设计、会计信息系统实施的方法与步骤。

第一节　会计信息系统开发概述

会计信息系统的开发需要具备基本的条件，在开发过程中需要采用科学系统的开发方法和工程化的开发步骤。人们在实践中不断总结和归纳，逐渐形成了一些基本的开发方法。

一、会计信息系统开发的基本条件

会计信息系统的开发是一项具有技术内容和社会内容的系统工程，它的成败受多方面条件制约。一个企业在建设会计信息系统前应具备以下基本条件：

(一)高层领导对会计信息系统开发的了解和重视

由于会计信息系统的开发要涉及体制、机构、人员、规章制度的变化和调整，以及统一数据编码等很多协调工作。因此，领导的重视与否，对建立会计信息系统来说起着决定性的作用。高层领导对建立会计信息系统有足够的了解和重视，才能提出恰当的目标，提供必要的资金，抽出精干人员，制定合适的开发策略，以保证系统开发工作的顺利进行。

(二)科学合理的管理基础工作

科学合理的管理基础是开发会计信息系统的前提，只有在合理的管理体制、配套的科学管理方法和完整准确的原始数据的基础上，才能有效地开发会计信息系统。只有输入的数据准确、完整、及时，才能真实反映客观情况并具有指导意义。因此，组织的管理科学化、规范化，基础数据齐全是会计信息系统建立的基础和保证。

(三)要有需求牵引

企业会计信息系统的开发动力来自需求牵引，要有建立会计信息系统的实际需要和迫切要求，而不是一味地追赶潮流。比如，财务共享服务中心并不是每个企业都适合的。

(四)制定切实可行的开发策略

会计信息系统的开发受企业管理基础、管理模式等方面因素的影响。这些制约因素决定了会计信息系统开发是一项长期、复杂的工程，所以必须根据企业的具体情况，制定符合企业实际需要的开发策略。

二、软件工程

(一)软件危机

计算机由硬件和软件两大部分构成。硬件只是提供了信息系统的运行基础，还必须与支持和管理计算机的软件相配套，系统才能实现各种功能。计算机发展的初期，硬件的设计和生产是主要的问题，那时的所谓软件，就是程序，甚至是机器指令程序。它们完全处于从属地位。随着计算机应用领域的不断扩大，应用问题的日益复杂，程序规模逐渐上升，专门的软件、系统服务公司应运而生，软件成为产品。

由于软件产品本身的内涵和特点，软件项目的开发和研制至今尚未摆脱困境。软件系统的开发已成为计算机工程中最困难、最易失败和最具风险的系统元素。人们发现，在投入大量的人力和物力后，软件系统开发的结果却不尽人意。国外在研制一些大型的软件系统时，遇到许多困难，有些系统最终彻底失败；有些系统虽然完成了，但比原计划迟了好几年，而且经费大大超支；有些系统未能圆满地符合用户当初的期望；有些系统则无法进行修改、维护和升级。两个著名的例子是 IBM 公司的 OS/360 系统和美国空军后勤系统，这两个系统都花费了几千人多年的努力，历尽艰辛，但结果都令人失望。

软件开发和维护过程中遇到的一系列严重问题，称之为软件危机。人们感到传统的软件生产方式已不适应发展的需要，于是提出把工程学的基本原理和方法引入软件设计和生产中,就像机械产品一样,软件生产也被分成几个阶段,每个阶段都要严格地管理和质量检验。科学家们研制了软件设计和生产的方法和工具,并在设计和生产过程中用书面文件作为共同遵循的依据。

(二)软件工程

软件工程将系统化的、规范的、可度量的方法应用于软件的开发、运行和维护过程中,即将工程化应用于软件中。软件工程包含四个关键元素:方法、语言、工具和过程。

方法提供如何构造软件的技术。方法包括一组广泛的任务,其中有与项目有关的计算和各种估算、系统和软件需求分析、数据结构设计、程序体系结构、算法过程、编码、测试和维护等。

语言用以支持软件的分析、设计和实现。随着编译程序和软件技术的完善,传统的编程语言表达能力更强、更加灵活,而且支持过程实现更加抽象的描述。与此同时,规格说明语言和设计语言也开始有更大的可执行子集。

工具为方法和语言提供自动化或半自动化的支持。如今工具可以支持上面提到的任何一种方法和语言。当这些工具集成起来,由一个工具产生的信息被另一个工具使用时,就形成了一个支持软件开发的系统,该系统称之为计算机辅助软件工程(computer aided software engineering)系统,简称 CASE。

三、会计信息系统开发的方法

会计信息系统属于管理信息系统的一个子系统,其开发方法与一般的管理信息系统的开发一样。随着软件工程的发展,信息系统的开发将软件工程学的理论和方法引入会计信息系统的研制开发中,在实践中不断丰富、完善和提高,逐渐形成了目前开发信息系统时所用的方法。

(一)生命周期法

生命周期法也称结构化系统开发方法,是目前国内外较流行的信息系统开发方法,在系统开发中得到了广泛的应用和推广,尤其是在开发复杂的大系统时,显示出了无比的优越性。它也是迄今为止开发方法中应用最普遍、最成熟的一种。

1.生命周期法的基本思想

生命周期法的基本思想是,它将软件工程学和系统工程的理论和方法引入计算机会计信息系统的研制开发中,按照用户至上原则,采用结构化、模块化,自顶向下地对系统进行分析和设计。具体来说,将整个会计信息系统开发过程划分为相对独立的六个阶段,包括系统分析、系统设计、程序设计、系统测试、运行和维护以及系统评估。

这六个阶段构成信息系统的生命周期。按照生命周期法,研发任何一个信息系统都要按顺序经历上述六个阶段,如同瀑布流水,逐级下落,如图 11-1 所示。

在实际研发过程中,为了保证信息系统的质量,每个阶段完成之后,都要进行复查,如果发现问题,就应停止前进,沿着所经历的阶段返回,这就构成图 11-1 中所示的阶段间的向上流线。当信息系统不能再使用时，系统的生命期即告结束。重新研制和开发新的系统时，仍需经过上述六个阶段。

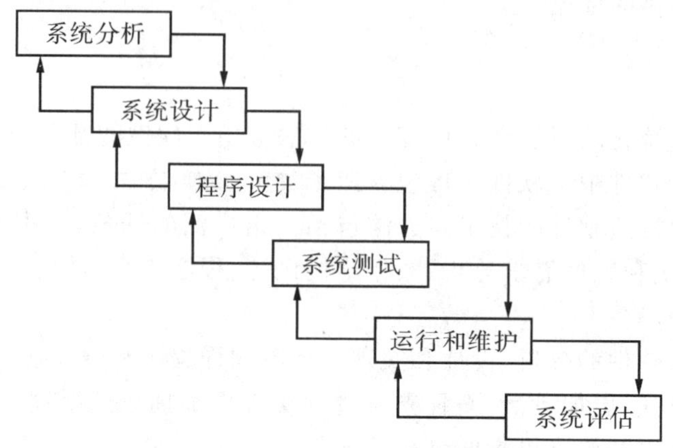

图 11-1 软件生命周期的瀑布图

2.生命周期法的工作流程和主要任务

研发任何一个信息系统都要按顺序经历系统分析、系统设计、程序设计、系统测试、运行和维护、系统评估六个阶段。在系统生命周期的每一个阶段，都有明确的任务，并生产校验的文档，作为下阶段工作的基础和依据。

(1)系统分析。系统分析是信息系统开发第一阶段的任务。系统分析又分为系统调查(可行性研究)和系统需求分析两个阶段。系统调查的任务是调查用户的需求以及现实环境，熟悉有关业务的处理过程和方法，完成对问题性质的定义，然后从技术、经济和环境三方面对软件项目或信息系统进行可行性分析。可行性研究阶段的文档是可行性研究报告。

系统需求分析的任务是回答“为了解决问题，目标系统必须做什么?”，即确定目标系统必须具备哪些功能，并建立系统的逻辑模型。需求分析阶段的文档是系统分析说明书(需求分析报告)。

系统分析人员在系统分析阶段必须和用户密切配合，充分交流信息，建立经过用户确认的系统逻辑模型。

(2)系统设计。系统设计是指在系统分析的基础上，根据目标系统的逻辑模型建立物理模型，确定系统的具体实现方案。该阶段的任务是回答“应该如何解决这个问题”，即找出问题的求解方法，建立系统的物理模型。系统设计分为总体设计和详细设计两个阶段。总体设计又称为概要设计，它决定系统的模块结构和数据结构等，即进行总体结构及数据库设计。详细设计是总体设计的进一步细分，包括每一个模块的详细功能，实现的算法和采用的数据结构细节等。该阶段的文档包括总体设计说明书和详细设计说明书。

(3)程序设计。程序设计的任务是按照详细设计说明书的要求，选择适当的程序设计语言把每个模块编码化，即编写程序。一般来说，每个模块要由多个程序构成，程序设计阶段要进行各个程序的测试。该阶段的文档包括源程序清单和程序设计说明书。

(4)系统测试。系统测试是指为了在系统的试运行阶段,尽可能地查出程序内部的各种错误,以保证系统质量而进行的调试和检验。测试的任务是及时发现错误,并排除错误,使软件达到预定的要求。系统测试包括单元测试、组装测试和确认测试。单元测试的对象是各个模块,任务是发现和纠正模块内的错误。组装测试将经过模块测试的各个模块进行装配并测试,从而形成一个完整的系统。确认测试证明所开发的系统符合系统分析中确定的全部功能和性能要求。系统测试完毕,提交的文档包括测试报告和用户操作手册等,经有关部门审核确认后,便结束系统研发工作,系统可作为一个产品投入运行。

(5)运行和维护。当系统制成并交付使用后,便进入了软件生命周期的运行和维护阶段。其任务是运行软件、对程序进行修改扩充,以及修改有关文档。系统投入使用一段时间后,一些测试阶段未能发现的错误可能暴露出来,或者用户的要求会变得跟以往不同,这时就需要对系统进行维护。维护工作又分为以下两部分:

①程序维护。程序维护包括:

• 正确性维护。改正在开发阶段产生、在测试阶段又没有发现的错误。

• 完善性维护。为扩充系统功能或改善性能而进行的修改。

②使用维护。使用维护包括:

• 环境维护。为保证系统正常运行而进行的环境维护工作(如内存、打印机等维护)。

• 意外事故维护。解决因发生意外事故而使数据混乱或丢失的维护工作。

• 系统安全治理和维护。预防、检测、清除计算机病毒和系统安全参数的设置等工作。

运行和维护阶段提交运行日志、系统问题报告、系统修改报告等文档。

(6)系统评估。系统评估的任务是评估系统的优劣。系统运行一段时间后,就可以对系统作一个评估,评估从功能和性能两方面考虑,内容一般包括系统的完成目标情况、取得的社会效益和用户的满意度三个方面。评估的成果为评估报告书。

3.生命周期法的优缺点

生命周期法的突出优点是强调系统开发过程的整体性和全局性,强调在整体优化的前提下考虑具体的分析设计问题,即自顶向下的观点。它从时间角度把软件开发和维护分解为若干阶段,每个阶段有各自相对独立的任务和目标。这使得各个阶段的任务相对独立,降低了系统开发的复杂性,便于不同人员分工协作,提高了可操作性。另外,每个阶段都对该阶段的成果进行严格的审批,有清晰的文档,强调一步一步进行系统分析和设计,发现问题及时反馈和纠正。这就使开发工程有条不紊,保证了软件质量,特别是提高了软件的可维护性。实践证明,生命周期法大大提高了软件开发的成功率。

但是,采用生命周期法,开发的周期较长,因为开发顺序是线性的,各个阶段的工作不能同时进行。前阶段所犯错误必然带入后一阶段,而且越是前面犯的错误对后面工作的影响越大,更正错误所花的工作量就越大。而且,在功能经常要变化的情况下,难以适应变化要求,不支持反复开发。

(二)原型法

原型法是20世纪80年代随着计算机软件技术的发展,特别是在关系数据库系统(relation data base system,RDBS)、第四代程序生成语言(4th generation language,4GLS)和各种系统开发生成环境的基础之上,提出的一种从设计思想、工具、手段都是全新的系统开发方法。与生命周期法相比,它扬弃了那种一步一步周密细致的调查分析,然后逐步整理出文字档案,最后才能让用户看到结果的烦琐做法。

1.原型法的基本思想

原型法的基本思想是,在获得用户基本需求的基础上快速地构造系统工作模型——初始模型,然后演示这个模型系统,在用户参与的情况下,按用户合理而又可行的要求,不断修改这一原型系统。每次修改都使系统得到一个完整的新原型,直到用户满意为止。可以看出,原型法是随着用户和开发者对系统理解的加深而不断地按更明确、更高要求进行补充和细化的。系统的定义是在逐步加深认识的过程中进行的,而不是开始就试图预见一切,它是系统的模型化和探索性的开发方法。

2.原型法工作流程

原型法是随着用户和开发人员对系统认识和理解的逐步深化,而不断地对系统进行修改和完善的过程。其工作流程如图11-2所示。

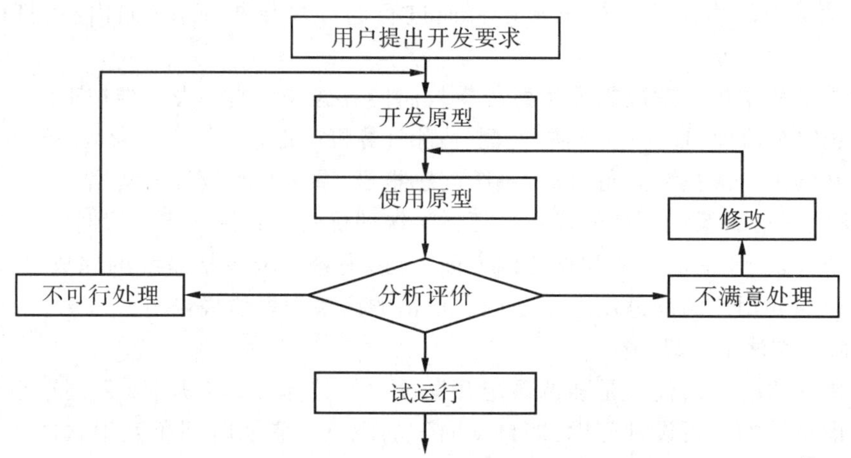

图11-2 原型法工作流程

首先由用户提出开发要求,例如对系统功能、性能的基本要求,实现这些要求的数据规范、输出报告等。开发人员归纳用户要求,研制一个初始的系统原型,即程序模块。然后让用户使用原型,并和用户一起分析评价原型,进一步发现问题和不足,讨论并确定需要修改变动的部分。如果根本不行,则回到开发原型,重新构造原型;如果不满意,则修改原型,直到用户满意为止,可进行试运行。

3.原型法的评价

与生命周期法相比,原型具有如下特点:

(1)用户参与了系统开发的所有阶段,从而使用户的需求可以及时地、较好地得到满足，系统的实用性强。而采用生命周期法，用户只介入了系统分析阶段，因此有可能造成最终系统问题很多，不能投入实际使用。

(2)采用原型法，用户可以及早接触和使用未来系统的原型，有利于日后的系统使用和维护。而生命周期法往往要经过数月甚至几年的开发时间，用户才能见到最终系统。

(3)采用原型法开发软件，其周期大为缩短，开发费用较少。而生命周期法周期长、费用高。

但是，原型法只是采用一种基于 4GLS 的快速模拟方法，要想将其用于一个大型信息系统开发过程中的所有环节就比较困难。因此，多应用于小型局部系统或比较简单系统的设计环节到实现环节。

(三)面向对象法

面向对象(object oriented，OO)的系统开发方法是 20 世纪 80 年代以来从各种面向对象的程序设计方法逐渐发展起来的。它从面向对象的角度出发，为我们认识事物、开发系统提供了一种全新的方法。

1.面向对象法的基本思想

面向对象法认为，客观世界是由各种各样的对象组成的，每种对象都有各自的内部状态和运动规律，不同的对象之间的相互作用和联系就构成了各种不同的系统。当我们设计和实现一个客观系统时，如能在满足需求的条件下，把系统设计成由一些不可变的部分组成的最小集合，这个设计就是最好的。而这些不可变的部分就是所谓的对象。

以对象为主体的 OO 方法可以简单解释为：

(1)客观事物都是由对象组成的，对象是在原事物基础上抽象的结果。任何复杂的事物都可以通过对象的某种组合构成。

(2)对象由属性和方法组成。属性(attribute)反映了对象的信息特征，如特点、值、状态等，方法(method)则是用来定义改变属性状态的各种操作。

(3)对象之间的联系主要是通过传递消息(message)来实现的，传递的方式上通过消息模式(message pattern)和方法所定义的操作过程来完成。

(4)对象可以按其属性进行归类(class)。类有一定的结构，类上可以有超类(superclass)，类下可以有子类(subclass)，这种对象或类之间的层次结构是靠继承关系来维持的。

(5)对象上一个被严格模块化了的实体，称之为封装(encapsulation)，封装了的对象满足软件工程的一切要求，而且可以直接被面向对象的程序设计语言所接受。

2.面向对象法的工作流程

按照上述思想，面向对象方法开发的工作流程可分为四个阶段。

(1)系统调查和需求分析。对系统将要面临的具体管理问题以及用户对系统开发的需要进行调查研究。

(2)分析问题的性质和求解问题。在复杂的问题域中抽象地识别出对象以及其行为、结构、属性、方法等。这一阶段一般称之为面向对象分析(object-oriented analysis)，简称为 OOA。

(3)整理问题。对分析的结果做进一步的抽象、归类、整理，并最终以范式的形式将它们确定下来。这一阶段被称为面向对象设计(object-oriented design),简称OOD。

(4)程序实现。用面向对象的程序设计语言将上一步整理的范式直接映射为应用程序软件。这一阶段被称为面向对象的程序设计(object-oriented programming),简称OOP。

3.面向对象法的优缺点

面向对象法以对象为基础,围绕对象进行系统分析和设计,然后用面向对象的工具建立系统,这是其最主要的特点和成就。面向对象法的应用解决了传统生命周期法中客观世界描述工具与软件结构的不一致性问题,缩短了开发周期,解决了从分析和设计到软件模块结构之间多次转换映射的复杂过程。

但这种方法不能涉及系统分析以前的开发环节,因此不能成为支持系统开发全过程的方法。并且OOA一开始就有很多计算机方面的术语和概念不容易被一般用户和参与应用软件开发的业务人员所了解,因而难以被普遍接受和推广使用。

(四)计算机辅助开发方法

自计算机在金融、会计等领域应用以来,系统开发过程中的系统分析、设计等过程就一直是制约信息系统发展的一个瓶颈。20世纪80年代末,人们将计算机图形处理技术、程序生成技术、关系数据库和各类开发工具相结合,形成支持系统开发的CASE。在CASE环境中可以让计算机辅助信息系统开发,这主要体现在它能够帮助开发者方便、便捷、自动地生成系统开发过程中的各种图表(如数据流程图、结构图、层次化功能图)、程序和说明性文档。这样基本解决了信息系统开发的瓶颈问题。由于CSAE环境的出现从根本上改变了开发信息系统的物质基础,从而使得利用CASE开发一个系统时,在考虑问题的角度、开发过程的做法以及实现系统的措施等方面都与传统方法有所不同。人们将计算机辅助软件工程的开发统称为CASE方法。

CASE方法的基本思想是,在实际开发一个系统时,CASE的应用必须依赖于一种具体的开发方法,例如,生命周期法、原型法、面向对象法等,并提供支持上述各种方法的开发环境。如在生命周期法中,开发过程中的对应关系包括业务流程分析→数据流程分析图绘制→功能模块设计→程序设计;在面向对象法中,对应关系包括问题抽象→属性、结构和方法定义→对象分类→确定范式→程序实现;等等。CASE提供了专门的软件工具来支持系统开发过程,实现计算机辅助开发工作。

CASE方法是一种除系统调查外全面支持系统开发过程的方法,同时也是一种自动化的系统开发方法。因此从方法学的特点来看,它具有其他方法的各种特点,同时又有其自身的独特之处——高度自动化的特点。但是,CASE方法必须依赖于一种具体的开发方法,只是一种辅助开发方法。

总的来说,只有生命周期法是真正能比较全面支持整个系统开发过程的方法,其他几种方法尽管有很多优点,但都只能作为生命周期法在局部开发环节上的补充,暂时都还不能替代其在系统开发过程中的主导地位,尤其是在占目前系统开发工作量最大的系统调查和分析这两个重要环节。这些开发方法也并非相互独立,是经常可以混合应用的。例如,在生命周期法的系统分析阶段利用原型法可以得到很好的系统逻辑模型。

会计信息系统作为企业管理信息系统的一个组成部分，与管理信息系统的其他子系统相比，具有许多共同之处，但又有其自身独具的一些特征。比如数据量大、关系复杂；数据加工处理方法要求严格；数据的真实性、准确性要求高；要有充分的安全性、可靠性保证；与其他子系统联系紧密；人为因素多，数据处理方法因单位而异等。因此，会计信息系统的开发是一项庞大复杂的工程，通常应采用以生命周期法为主，其他方法为辅的开发方法。

第二节　会计信息系统调查与分析

当企业接受了一项建立会计信息系统的任务而开发相应会计软件时，就意味着进入生命周期的第一个阶段，即系统分析阶段，包括系统调查和分析工作。此阶段的主要目标是论证新系统的逻辑模型，它表达了系统要做什么和能做什么的问题，即确立系统的问题空间和边界。

一、会计信息系统的调查

会计信息系统调查，通常又可称为系统的可行性研究，旨在了解和初步评估待开发信息系统的可行性，并且为系统开发做出规划准备。

(一)系统调查的目的

会计信息系统是企业信息系统中一个非常复杂的系统，它涉及账务处理、职工薪酬核算、固定资产核算和管理、存货核算和管理、销售核算和管理、报表编制等内容，同时又因企业的规模大小、地域分布、产品种类、生产流程的不同而千差万别。因此，早期对会计信息系统这样一个工程项目做出仔细、科学、谨慎的可行性分析和评估是十分重要的。如果在系统开发的初始阶段，能及时发现将来可能遇到的困难并做出相应的决定，可以避免人力、财力、物力及时间上的浪费。因此，系统调查、可行性分析实际上也是一种风险分析。

系统调查的目的是用最小的代价在尽可能短的时间内确定问题是否能够解决。为此，必须详细了解现实系统和用户的需求，研究若干种可供选择的解决方案，并对其进行可行性论证。

(二)系统调查的主要步骤

系统调查工作因不同企业而异，一般而言，应包括如下三个基本步骤。

1.初步调查

初步调查是指系统开发人员对企业的组织机构、管理体制、经济环境、会计业务、系统的开发条件等进行初步调查，掌握与系统有关的基本情况，作为可行性研究和制订开发计划的基础。

开发小组的第一项工作，就是对原有的会计信息系统进行初步调查及对用户提出的要求报告进行识别和理解，并且要明确以下几点：

(1)原系统的目标、功能、处理程序、处理方法、业务量、系统的优缺点、需要解决的问题和需求的迫切性等。

(2)原系统的运行机制,包括组织机构、人员组成、与外单位的联系方式等。

(3)新系统的改造目标,包括对原有系统的改进和增加新的需求。

(4)为开发新系统能提供的各种条件,包括人力、物力、财力以及技术改造和管理机制的变革等。

调查的方法有查阅收集凭证、账簿、报表、财务管理办法和制度等有关文档,召开座谈会,与有关人员面谈,填写各种调查表。

描述调查结果的工具主要有以下几种:

(1)组织结构图和功能结构图。用组织结构图和功能结构图描述企业的内部结构、财会部门的内部分工以及财会部门与其他部门的联系,用功能结构图反映企业和财会部门职能的划分。

(2)调查表。编制各种调查表描述调查结果,如财会人员情况调查表、账簿体系调查表、报表体系调查表、硬件和软件配置情况现状调查表等。

2.可行性分析

在初步调查的基础上,分析企业在现有的具体条件下新系统开发工作是否可行。其主要是从技术可行性、经济可行性及环境可行性进行分析。

(1)技术上可行性:在可能的资源条件下,采用现有技术能否实现系统。如所需的硬件、软件能否满足需要;系统所需的编程技术、数据库管理技术和通信网络技术是否可用等。

(2)经济上可行性:进行开发成本的估算及可能取得的效益的分析,以确定系统是否值得投资开发。

(3)环境可行性:新系统的建立是否与内外环境协调,包括是否涉及任何侵犯、妨碍、责任等法律问题。

3.编写可行性报告

可行性报告包括系统研发人员调查的资料、所需资金、工作量、开发计划、开发进度等内容。研发人员编写好报告后,提交有关部门审批。可行性研究报告批准后,便可着手进行系统分析工作。

二、会计信息系统的分析

系统分析,是指按照一定的方法对系统开发项目作进一步的分析研究,进而提出解决问题的各种可能办法。系统分析主要是研究系统的详细用户需求,又常称为需求分析。在系统分析过程中,需要使用一系列结构性工具和技术方法。

(一)系统分析的目的

在完成了系统调查、可行性研究后,开发人员需要对会计信息系统作进一步的需求分析。系统分析是生命周期模型中关键的一步,只有通过需求分析才能对系统的功能和结构的总体概念有明确的认识，从而奠定系统开发的基础。

系统分析的研究对象是会计信息系统的详细用户需求，为此，开发人员应深入实际，对原会计信息系统进行全面细致的调查分析，运用一定的方法，描述出原会计信息系统的逻辑模型。再根据用户的需求和信息技术环境的特点，对原会计信息系统的逻辑模型中不合理之处进行修改和补充，建立新会计信息系统的逻辑模型，最终以系统分析说明书的形式提交文档，标志该阶段工作的结束。

(二)系统分析的方法——SA 方法

结构化分析(structured analysis，简称 SA)方法，即流程建模，是进行会计信息系统分析的有力工具之一，也是面向数据进行系统分析的方法。

结构化分析方法的基本思想是：由于人的理解力、记忆力有限，不可能一下触及问题的所有方面以及全部的细节，为了降低理解的复杂性，最常用的方法是把大问题分解成若干个小问题，称为“分解”。如果每个小问题还不够简单，可以继续分解，直到每个问题均可理解为止。结构化分析方法就是对一个复杂系统进行“自顶向下，逐层分解”的一种分析方法，它有较强的可操作性和规范的描述方法。

结构化分析方法常用的工具有：

数据流图(或数据处理流程图)——描述数据处理的过程；

数据词典——描述数据流图中出现的所有数据元素。

处理说明——描述数据流图中每一个处理所作的说明。

有关这三个工具的介绍详见第三章“动态建模”的第五节“流程建模与其他基础设置”。

(三)系统分析的步骤

为了建立新会计信息系统的逻辑模型，必须首先对原会计信息系统有充分的理解，在此基础上才能分析和确认新系统“做什么”的问题。系统分析的步骤如下：

1.对原系统进行详细调查分析，识别其逻辑模型

由于新系统是在原有系统的基础上开发的，要真正了解用户对新系统的确切要求，明确所开发的新系统应该具有什么功能，必须对原有系统作详细的调查。调查内容包括原会计信息系统的组织结构情况、工作量、业务处理流程、资源利用状况、管理方式以及系统的内外部环境等，以导出原有的物理模型。具体包括以下内容：

(1)原会计信息系统的组织结构情况。了解组织机构的上下级隶属关系，画出组织结构图，以便以后设计部门编码，了解各部门对系统处理和信息的需求。

(2)原系统业务量的调查分析。与其他信息系统相比，会计信息系统数据量大，数据结构、数据关系复杂而且数据量大小又与某一具体单位的会计业务量有关，它直接影响着会计信息系统的输入输出设计、数据存储设计以及数据处理过程的设计。因此，有必要对企业的数据量进行调查分析，为下阶段的工作提供依据。

(3)原系统业务处理流程的调查与分析。这指的是对一个具体单位的原会计信息系统中所有业务、数据处理的来龙去脉、数据处理方法、会计数据的内容和结构等进行深入细致的调查和分析，识别原有系统的逻辑模型。

首先对会计信息系统进一步细化，对每一部分处理过程进行更深一步的调查与分析，并用数据流图加以描述，继续逐层分解，直到得到一个完整的原系统的层次结构数据流图。

然后，必须对数据流图中每个文件和数据流给出定义，一一建立数据词典。有了数据词典就可以方便地随时查阅和修改，它是数据流图的辅助资料，起着注释的作用。

(4)其他内容调查。除了上述讨论的主要分析内容外，还需要对资源利用状况、管理方式以及系统的内外部环境等进行调查。

将所有调查分析内容汇集起来，就可以形成原有会计信息系统的逻辑模型。

2.建立新系统的逻辑模型

系统分析的最终目标是在详细了解用户的需求和现状后，将现有系统的逻辑模型转化并改造为未来会计信息系统的逻辑模型。为此，要以原有系统的逻辑模型为基础，全面系统地分析原模型在数据流向、处理方法等方面的不合理之处，对其进行修改，在必要条件下进行业务流程重组，设计出新系统的逻辑模型。

这包括建立新系统的数据流图，确定相应的数据词典，并补充一些关于系统的总体目标、运行目标、技术目标、安全目标等。所有内容汇集起来，就构成了新会计信息系统的逻辑模型。

3.编写系统分析说明书

系统说明书是系统分析的最终结果，它反映了所建立系统的功能需求、性能需求、运行环境等方面的内容，是开发人员和用户共同理解新会计信息系统的桥梁，也是系统设计的基础。系统说明书包括以下内容：

(1)会计信息系统名称、使用单位和设计单位名称。

(2)系统目标分析。

(3)原系统数据流图和数据词典。

(4)新系统数据流图和数据词典。它反映了新会计信息系统的功能需求、范围及逻辑模型，这是系统分析说明书的主要部分。

(5)性能要求。反映用户对新会计信息系统提出的有关性能方面要求，主要有：

①合法性，即新会计信息系统必须符合并满足有关法规、制度的要求，不给用户留下可作弊的缺口。

②可靠性，即对计算机会计信息系统运行后，不发生故障概率提出的要求。如具有防止数据溢出功能，具有数据被摧毁后能在短时间恢复的功能等。

③安全保密性，即对计算机会计信息系统安全保密方面提出的要求。如每个财会人员应该设置密码，并且为每个人设置一定的权限，不属于权限范围的工作不得介入等。

④灵活性，即对计算机会计信息系统能够适应环境变化提出的要求。如会计制度变化、企业管理需求变化时，要求系统能够有较强的易扩充性、易修改性；要求能够远程联机维护，实现与用户屏幕对话等。

⑤易用性，即对计算机会计信息系统方便财会人员使用方面提出的要求。如要求系统使用界面、单据的格式应该基本符合财会人员的习惯，系统文字提示应该尽量采用财会人员能够理解的术语等。

(6)运行环境的规定。反映用户对新会计信息系统提出的硬件环境、软件环境方面的要求。如硬件环境有企业对服务器、客户机的CPU、硬盘、内存配置要求；软件环境有对操作系统、数据库管理系统的要求；还有网络环境等。

(7)其他。其他内容还包括实施计划、项目进度计划、人员组织和培训计划、资金投入计划等。

系统分析说明书编写完成后，必须由用户确认签章，系统设计将以此为依据，系统验收也将以此为标准。

第三节　会计信息系统设计

系统分析建立了新会计信息系统的逻辑模型，指出该系统应该“做什么”。系统设计则是确定“怎样做”，它将系统分析阶段建立的逻辑模型转化成物理模型，即根据系统的逻辑模型进行物理设计。与系统分析中的结构化分析相对应，结构化设计(SD)也是系统设计中一种十分有效的方法。系统设计工作分为两步，即总体设计(也称概要设计)和详细设计(也称过程设计)。

一、会计信息系统总体设计

系统总体设计又称为概要设计或结构设计。总体设计就是根据系统分析的要求和组织的实际情况来对新系统进行总体结构设计和数据库文件设计等。

总体设计应该完成的工作包括：系统的总体结构设计、数据库文件设计、编码设计、输入/输出设计、编写总体设计说明书。

(一)系统的总体结构设计

系统的总体结构设计指的是对会计信息系统进行子系统和模块的划分。子系统是会计信息系统的某些功能单元的集合，例如账务处理子系统、固定资产子系统和职工薪酬子系统等，均是会计信息系统的子系统；而模块是系统更小的功能集合。会计信息系统可以根据其功能划分为若干单元，称为子系统或模块，建立系统模块结构图。

1.系统的总体结构设计方法

总体设计方法很多，例如结构化设计方法(SD)、面向对象的设计方法(OOD)等，但目前最为常用的还是SD方法。下面简单介绍SD方法。

(1)SD方法的目标。SD方法的目标是建立结构良好的子系统和模块划分体系，以使模块的分解对今后程序性能有较好的影响。

(2)SD方法的原则。结构化设计方法是与结构化分析相衔接的方法，用于从系统分析数据流图导出系统模块结构图，以低耦合度、高内聚来划分模块。其遵循的原则有：

①自顶向下、层层分解。模块的划分与系统分析SA方法一样，也需要自顶向下、层层分解。高层的模块代表具有较高层次抽象的功能，底层模块具有具体、单一的功能。模

块结构设计图可由数据流图按一定的规则导出。图 11-3 为账务处理子系统的初步简单模块划分。

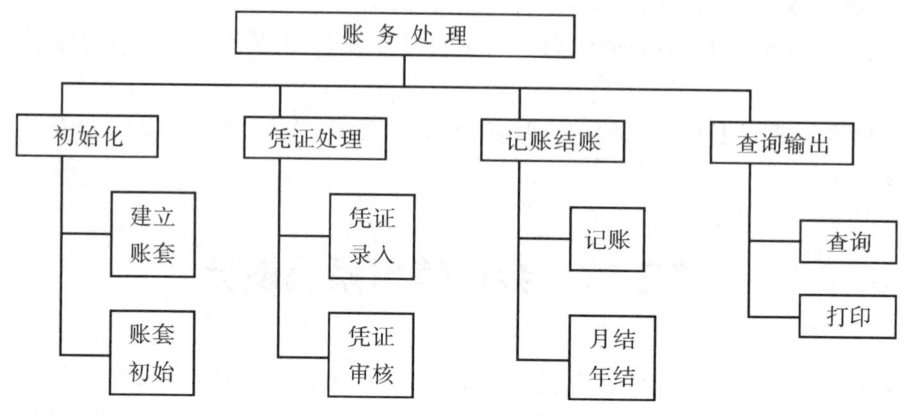

图 11-3 账务处理子系统模块划分

②模块的单一性和独立性。会计信息系统的模块划分时,每个模块必须具有独立和单一的功能。由于模块之间是相对独立的,每个模块可以单独地被理解、编程、测试、排错和修改。对于一个模块来说,解决某一问题时,不必考虑模块以外其他模块的问题。这样就减少了出错的机会,同时也有利于项目开发时任务的分配。

③高内聚、低耦合。提高模块内的聚合度,降低模块间的耦合度。高内聚指的是每个模块内部各组成成分有较高的联系,这样能使模块具有较强的独立性,使系统的修改和维护只能在指定的模块内进行,从而有效地防止系统各模块间的相互干扰,保证系统的稳定性。

低耦合指的是模块与模块之间应有较少的联系,这样能减少模块间的影响,防止对某一模块修改所引起的"牵一发而动全身"的水波效应,保证系统设计顺利进行。

2.系统的总体结构设计

系统结构设计的任务就是以前阶段的数据流图和数据词典为基础,运用结构化设计方法导出新会计信息系统模块结构图,并进行子系统的划分。首先将会计信息系统划分为若干大模块,如账务处理模块、职工薪酬核算模块等;然后再将各大模块继续划分为较小的模块。图 11-3 中的账务处理模块又划分为初始化模块、凭证处理模块、记账结账模块、查询输出模块等;继续进行划分,直到该结构图中每个模块都是功能单一的模块。

(二)数据库文件设计

数据库文件设计指的是确定各子系统中需要哪些数据库文件,每个数据库文件的结构,以及确定数据完整性和安全性方案。也就是把计算机会计信息系统所涉及的文件进行物理定义,把所有文件设计成可用计算机进行存取的物理形式。数据库文件设计的依据是系统分析中编制的数据流图和数据词典。在进行数据库文件设计时,应从以下几方面加以考虑。

1.确定系统需要建立的文件种类

为了满足计算机会计信息系统对会计数据存储、加工、输入和输出的要求，需要根据系统分析的数据流图和数据词典的要求和特点建立大量数据库文件。一般来说，可分为以下几种数据库文件：

(1)账务数据库文件。账务数据库文件主要是为了满足证、账、表输出要求的文件，如汇总文件(或余额文件)、明细文件(或历史凭证文件)等。

(2)辅助性数据库文件。辅助性数据库文件主要是为会计数据处理服务的文件，如科目文件、结算方式文件、部门档案文件、供应商往来、客户往来文件等。

(3)临时工作库文件。临时工作库文件主要是满足存放临时会计数据、分类会计数据、汇总会计数据等中间结果的文件，如临时凭证文件、科目汇总表文件等。

2.数据库文件的组织形式

数据库文件的组织形式是指一个文件中记录的排列方式，它决定了文件的存取方式(读写方式)。文件的组织形式主要有以下几种：

(1)顺序组织方式。顺序组织方式的文件，其内部的记录是按建立时间先后顺序进行排列和处理的。当数据量大时，顺序文件的存取速度比较慢。例如，历史凭证文件、临时凭证文件都是顺序文件，即其内凭证一般按发生的先后顺序排列。

(2)索引组织方式。索引组织方式文件是指对按先后顺序排列的文件按索引关键字自动建立索引的文件。对于索引文件，可以按关键字进行查询、存取等处理。因此，索引文件的处理速度比较快。

在数据库文件设计时，应该根据每项业务对文件使用上的特点和要求，选择适宜的存储方法和文件组织形式。

3.数据库文件结构设计

在系统分析阶段，建立了新会计信息系统所有文件的数据词典，定义了文件的逻辑结构。在系统设计阶段，就要根据数据词典中的定义，为每个文件设计出相应的数据库文件结构，即决定每个数据库文件的名称、字段个数，每个字段的物理名字、类型和长度等。

4.确定数据库文件的属性

数据库文件设计好之后，应该根据会计核算的要求，确定文件的属性。

(1)保密性。保密性指的是每一数据库允许操作的可能性，即确定每一数据库文件可以由哪些人员操作。

(2)读写性。读写性是指每一数据库及记录允许读写的特性，即确定在什么条件下，哪些数据库文件允许读，哪些数据库文件允许写。

(3)共享性。共享性指的是在网络计算机会计信息系统中或多用户计算机会计信息系统中，数据库文件能否被多个工作站或终端访问的特性，即确定哪些数据库文件允许多个用户使用，哪些数据库文件不允许多个用户使用等。

(三)编码设计

编码设计就是对会计信息系统中的各种数据进行编码(如会计科目、往来单位等)，以便简化输入、节省存储空间、提高处理效率和精度。会计数据的编码化是会计信息系统的一大特点。在计算机会计信息系统下，为了使会计数据更便于计算机处理，提高计算机系统处理的速度和节省数据存储的空间，也为了方便操作人员的操作，大量的会计数据都要用编码表示。

1.编码设计的原则

为了建立一套完整的编码体系，编码设计必须遵循以下原则：

(1)唯一性。每个编码表示一个唯一确定的实体，或每个实体都用一个唯一确定的编码来表示，编码与其所代表的实体必须一一对应，不能有歧义。

(2)系统性。在整个会计信息系统中所有项目的编码标准要一致，并体现数据的规律性，使数据编码不致出现重复、混乱的现象。

(3)稳定性。编码一经确定不可随意更改和取消，所设计的编码要能够适应环境的变化，可在较长时间内使用。

(4)简明性。编码设计应尽量简单，便于输入、存储和记忆。

(5)可扩性。编码设计时要考虑未来扩充编码的可能性，使今后编码的增加比较容易，不会打乱原有的编码体系。

(6)合法合规性。所设计的编码必须符合国家有关法律条文的规定。

2.编码的种类

从编码的结构特性来划分，主要有以下几种编码：

(1)顺序码。顺序码包括连续顺序码和间断顺序码。连续顺序码，就是从一开始就按顺序号排列下去的编码，这也是编码的初始形态。这种编码追加号码容易，排序也不困难，但其缺点是，可扩展性差。由于某种原因希望在中间补充编码时，无法在中间插入。间断顺序码，就是在连续顺序码中以一定的间隔预先留下空号，当需要插入时，就在这些空号处进行插入。此类编码可克服连续顺序码的缺点，但分类处理与汇总不够方便。

(2)分区码。其方法是把号码分为若干个区，各区域作间隔顺序编码。每个区域代表某一类个体，以便分类处理。这种编码方式可扩展性好，但表示的种类受到一定限制，占空间也比较多。

(3)群码(组合码)。每一编码由几个区段组成，每一个区段表示一种特征，这样的编码叫作群码。这种编码方式表示的含义丰富，系统性强，便于分类和排序，可扩展性也较好，是会计信息系统常用的编码方式。

3.会计信息系统中的编码种类

会计信息系统中几种主要的编码是会计科目编码、部门编码、职工编码、产品编码、原材料编码、固定资产编码、客户或供应商编码等。会计科目编码在整个编码体系中占核心位置。会计科目编码以分类为主要目的，用于经济业务的分类核算和查询统计。目前，会计信息系统中会计科目编码的结构通常为分级的群码。如用前四位代表总账科目，且第一位代表科目性质(相应表示资产、负债、权益、成本、损益类科目)，第5～6位代表二级明细科目，7～8位代表三级明细科目，以此类推。

部门编码、职工编码、产成品编码、原材料编码、固定资产编码、客户或供应商编码则兼有识别和分类的用途。在具体应用环境中，核算及管理的需要各有特色，相应的编码结构也没有什么固定的格式。

(四)输入/输出设计

输入/输出的内容、格式、界面等是会计信息系统的外包装,它反映了会计信息系统人机交互环境的特征。它的正确性、友好性将影响会计信息系统的应用效果,是会计信息系统总体设计中的一项重要工作。

1.输入设计

(1)输入设计的内容。输入设计的内容包括输入方式、输入设备、输入界面等设计。输入设备依赖于输入方式的选择。输入方式有键盘输入方式、网络数据传送、磁/光盘读入、扫描读入方式等。输入界面是人机交互系统的入口。计算机会计信息系统素有"垃圾进,垃圾出"的惊语。输入的正确性是保证会计信息系统正确处理的前提和基础。输入界面设计包括各种会计原始凭证的录入、修改、删除界面;菜单功能选择界面;查询报表的条件选择录入界面等。

(2)输入设计的原则:

①满足用户对输入信息的内容和格式需求。

②输入界面要友好,包括界面简捷,易于操作修改,提高输入速度。

③数据的编辑界面,要能提供数据完整性和正确性的控制,有较强的查错能力,防止错误的垃圾信息进入会计信息系统。

④对输入功能的安全、保密控制,即对不同的用户定义不同的权限,以防止非法人员进入各种输入界面。

2.输出设计

(1)输出设计的内容。和输入设计一样,输出设计的内容包括输出方式、输出设备、输出界面等设计。输出设备依赖于输出方式。输出方式常有屏幕显示、打印机打印、绘图仪绘制、磁盘机存储以及网络传递等。输出界面是人机交互系统的出口,为会计人员提供处理结果。结果的内容和格式是否满足会计人员的需求,是系统是否成功的重要标志之一。输出设计包括各种查询结果、会计报表、统计分析图形等有关内容和格式的设计。

(2)输出设计的原则:

①满足用户对输出信息的内容和格式需求。

②输出手段要灵活多样,例如对于同一张报表,可以选择屏幕显示、打印机打印、磁盘存储等不同方式。

③对输出信息的安全性、保密性控制,即对不同的用户定义不同的权限,以控制输出内容的安全性、保密性。

④除固定的会计报告外,系统应提供方便的手段来产生随机性的信息报告。

(五)编写总体设计说明书

在完成了上述设计工作之后,对其加以整理,就可以编写总体设计说明书。总体设计说明书主要包括系统结构图、数据库文件及其他辅助说明。编写完成后,需要专人进行复查、修改、评审作为详细设计和程序设计的依据。

二、会计信息系统详细设计

总体设计给出了计算机会计信息系统的总体结构图，将系统分解成许多个子系统和模块，并定义了模块的外部特征，即模块的功能集和输入/输出界面等。详细设计则将定义每个模块的内部特征，即定义每个模块内部的执行过程、具体实现方法和步骤。详细设计为编码工作制定了详细的框架、步骤和做法，编制详细设计说明书供程序设计使用。

在详细设计阶段要解决两个方面的问题，一个是决定实现每个模块的算法，另一个用什么方法精确地表达这些算法。

详细设计方法有很多，如程序流程图、N—S图、PAD图和PDL语言。这些方法和内容都比较复杂，涉及编程、程序设计语言。由于这部分工作完全是由程序设计员来完成的，因此本书略之。

第四节 会计信息系统实施

建设企业会计信息系统是一项复杂的系统工程。它既需要软件和硬件设备的大量投资，又需要人力、物力、智力的投入，需要做长期艰苦的工作。本章前三节中，我们介绍了现在国内外流行的信息系统开发方法——生命周期开发法，在经历了可行性分析、系统分析、系统设计、程序设计以及测试等几个阶段后，形成了可供企业使用的会计软件或通用会计软件，下一个阶段的工作就是系统的实施、运行和维护阶段。本节主要介绍会计信息系统的实施方法与程序、信息系统的维护和评估等内容。

一、会计信息系统实施的目的和方法

系统实施（system implementation）是按照已经审批的系统设计报告来安装、测试和启用新系统的一整套程序。系统实施是在系统调查与分析、系统设计之后的另一个系统开发主要阶段。

（一）系统实施的目的

系统实施的目的包括如下几个方面：

（1）尽快按照已批准的系统设计把新系统安装起来。

（2）编写、测试和记录已批准系统设计的计算机操作与应用程序操作步骤。

（3）保证在使用说明书编写完毕和人员培训之后，有关人员能够胜任新系统的操作与维护。

（4）通过全面的系统测试，确定新系统是否满足使用者的需求。

（5）计划、控制和有条不紊地启用新系统，并且保证新旧系统的顺利转换。

(二)系统实施的方法

选择适当的实施方法对新旧系统的顺利转换至关重要。系统实施可以通过下列三种主要方法：

1.平行法(parallel approach)

平行法是控制系统实施的最佳方法,应用平行法,新旧系统将同时运行一段时间,然后把两个系统的运行结果加以比较。如果新系统的运行情况令人满意,即可停止旧系统的运行;如果新系统的运行不太令人满意,则需要做重新修改完善后再试运行。显而易见,平行法风险较小,因为原有的系统要等到新系统运行正常之后才停止使用。

2.直接法(direct approach)

和平行法相比,直接法的风险较大。新系统一经启用,原有系统马上停止运作。新系统的运作结果无从比较,亦无法确定新系统的功能是否一定优于原有的系统。但直接法试运行成本较低,因为它不需要两套系统同时运行一段时间。

3.模块法(modular approach)

这种方法是前两种系统实施方法的结合。新系统的安装与启用采取化整为零的方式,分成若干个子系统或应用模块依次安装与启用。每当一个子系统或者一个应用模块安装完毕,经过测试检查其运转良好后投入使用,然后再安装下一个子系统或应用模块。模块法较之直接法风险小,一经发现问题可马上停止系统的转换,等问题解决后,下一个模块才安装与启用。

会计人员在系统实施中可以扮演多种角色。例如,作为系统专家,会计师可参加新系统的应用程序编写;作为咨询顾问,会计人员可以参与系统设计、合同起草和系统的测试评估;作为一般会计师,会计人员可以参与系统实施最后的测试、检查和评估,参与输入、输出模式的设计,并接受使用新系统的培训;作为内部审计师,会计人员可以评估系统实施的效率和效果,检查系统描绘记录的完整性及其是否符合本企业的既定标准。

二、会计信息系统实施的主要步骤

系统实施在系统设计之后,它主要包括两个部分:一是软硬件研究阶段所提出的系统实体构成规划的实施,这一部分限定了新系统所需要的软件和硬件设备;二是系统设计阶段所制定的系统设计报告,该报告列明了系统设计的细则、系统实施计划、系统测试计划、使用说明书的起始部分和人员培训计划等,根据系统设计报告将依次完成系统的设计,编写计算机程序,进行人员培训,测试新系统的运作,最后启用新系统。一般而言,系统实施的主要步骤及其顺序包括如下八个方面:

(一)完成系统设计

在系统实施之时,必须完成有关系统的输入、输出、文件格式、屏幕规格、系统档案、手工操作和计算机处理等多方面的具体设计。系统输出,也就是系统开发的目的与最终产品,一般得首先加以设计,然后设计系统输入资料的储存方式,最后设计系统的资料处理过程。输出所需的资料可以是交易的原始资料，或是计算机系统处理过程的输出资料，还可以是已经储存的资料档案或资料库。

除了输出和输入的设计之外，开发设计小组或者软件商的实施人员还要设计资料档案的结构及其存取方式。资料档案的结构明确描述资料要素的逻辑概貌及其名称和区位长度。资料库管理人员将依据资料档案的结构加以储存，并确定每一项资料的储存区域。此时，关于系统的手工操作和自动作业过程的细则亦必须加以明确。这些细则要设计得清晰明了，以便用来编写计算机程序和操作规则。

(二)计算机硬件设备和系统软件的购置和安装

一旦系统实体组成规划获得高层主管的批准，即可着手购买拟开发系统所需的软件和硬件，选择新系统服务器的装置地点，做好各项安装前准备工作，以便新系统的安装和运行。

新系统安装地点的各项事前准备，诸如空调设备、保安措施、计算机中心的结构布局、人员出入检查制度、网络布线计划等，都要事先计划周到。计算机设备的购置应从系统的实际出发，以经济、实用为原则，着重考虑设备的性能、质量、价格以及经销商的技术水平、服务等方面的因素。由于计算机硬件设备的更新换代速度太快，一般不提倡所谓的“一步到位”的购置方式，只要计算机设备能满足新系统的现实需要并有适度的超前性即可。

由于大多数品牌计算机都配备有相应的系统软件，这些系统软件的安装并不复杂，因而对单机系统来说，系统软件的安装与调试比较容易实现，但对于网络系统，系统软件的安装与调试需要由计算机专业人员才能完成。

(三)编写、测试和描绘计算机程序

系统实施的下一步是编写计算机系统的作业程序、测试已编写的计算机程序、更正潜在的问题或进一步改善程序。同时，必须对各个作业程序做出描绘说明和记录。该项工作基本是由程序设计师完成。

程序设计师除编写作业程序外，还要制订各个作业程序的测试计划，说明必须测试的程序模块以及所需的测试方法和资料。使用者、程序设计师和开发小组的其他成员要共同对拟编写程序模块的详细规格和测试计划加以审核，确定其能否满足既定的使用要求。程序设计师对已编写完的每一个程序模块要加以测试，检查与修正可能出现的差错，并对已编写的程序编制详尽的描绘记录。这些描绘记录是嗣后程序维护与更新必不可少的依据。

(四)挑选与培训操作人员

要有效地使用新系统，就必须正确挑选和培训新系统所需的操作人员，而新系统的使用者也有必要了解新系统的目的、特点和性能。在制定有关培训人员和培训时间的决策时，企业必须进行成本效益分析。培训的途径一般包括：由软件、硬件供应商举办的培训；委托专门从事培训的公司或机构培训；企业内部自行培训；利用计算机辅助学习软件自我培训；等等。

培训方法的选择取决于培训的目的。正式的教室演示或网络路演只适用于对新系统的大概了解；现场在职培训结合讲授、演示和实际操作，效果更好，尤其适用于对主要操作人员的培训；对于不同地点（如公司分部）的操作人员也可以借助录像或网络等手段培训；使用计算机自学软件对新手可能有一定的困难，但对有经验的或有一定系统知识的员工来说，则可能是一种低成本和见效快的培训方法。

利用企业内部的信息系统专家来培训系统的使用者是一种既省钱又有效率的办法。企业的同事之间互教互学则可以减轻许多使用者对新系统的抵触或恐惧心理，往往比专门请人培训的效果更佳。此外，计算机系统的实时"帮助（HELP）"功能，如果设计得当，也可以是一个很好的教师。

（五）编写使用说明书

使用说明书详细描述新系统的手工操作或自动作业系统的各种功能和运作过程。说明书的主要内容包括使用者的责任、系统输入方式、计算机系统的沟通界面、手工或自动资料存档、作业控制流程、系统输出的形式，以及有关的手工或自动操作的处理步骤说明等。编写良好的使用说明书可以大幅度提高系统的运作效率。如果使用者可以借助于使用说明书正确地使用新系统，则新系统的使用就会更为有效和更少产生差错，从而实现新系统的预期目的。

使用说明书一般是由系统设计师在设计阶段时编写的。系统设计师了解系统的功能与效用，必须用简洁语言告诉使用者如何使用新系统。实施过程中负责培训的人员也可以参与使用说明书的编写，培训人员首先应学会使用系统，然后准备有关的培训教材。经过培训后的新系统的使用者必须理解使用说明书的内容，在操作过程中要经常查询说明书。

（六）测试新系统

除了程序模块必须测试之外，整个新开发的系统也要进行全面的测试，以确定新系统能否真正满足使用者的需求，以及新系统的运作是否让使用者和操作人员感到满意。测试先由系统开发人员执行，然后由系统开发人员和使用者一起执行，最后由使用者自行测试。系统测试要尽可能模拟实际作业环境（如人员、设备、资料、输入、输出等），这样测试的结果才能更为有效和实用。

测试的方法有多种。从使用者角度来说，下列三种测试最为重要：

（1）系统测试。用来验证系统是否真正符合原定的目标与要求。系统测试一般由开发小组执行。

（2）认可性测试（acceptance test）。由使用者自己执行，检验系统运作的各方面是否令人满意和可接受。使用者必须测试系统的手工和自动处理的作业状况，检查使用说明书和其他描绘记录文件是否完整，以及人员培训是否已达到预期的目的。

（3）操作测试（operation test）。对系统的某一部分执行实际作业环境下的运作测试，检查系统设施和其他环境因素，诸如资料输入地点、文件报告输出与传送、联机通信等是否均令人满意。

(七)获取高层主管的批准

在完成上述六个实施程序后，开发或实施小组人员要撰写项目完成报告提交给高层主管审批。高层主管审批要检查或履行下列步骤：

(1)新系统的使用说明书是否内容完整和实用，新旧系统的转换计划是否切实可行，人员培训计划是否按时完成。

(2)新系统已经全部安装完毕且运行良好，资料处理人员已对新系统执行全面的技术检查，验证设计是效、程序符合标准。

(3)高层主管进一步审查新系统的目的、成本和预期效益，以确定新系统的实施能否实现企业的最大利益。

(4)信息系统审计师是否已检查系统的测试结果，并提供相关的报告。

(八)新旧系统的转换

完成上述七个实施步骤后，接下来便是新旧系统的转换，或者说，用新系统正式取代原有的信息系统。新旧系统的转换包括资料档案和应用程序的转换，必须建立完备的描述记录。系统转换过程要严加控制和有条不紊地进行。完成系统转换后，系统开发小组还要编写项目完成报告、新旧系统转换总结说明书和其他系统操作与维护程序等有关文件。

会计信息系统建设成败关键在于应用软件系统的实施。目前，我国企业在建立大型会计信息系统的实践中，出现有些应用效果不好甚至不成功的案例，一般问题都出在实施这一环节。因此，实施是会计信息系统建设过程中最重要的一个环节，需要在科学的方法论指导下按规范化的实施步骤进行。上述的实施步骤一般是针对大型会计信息系统的建设而提出的规范化实施步骤，对于中小型会计软件系统或者通用会计软件，其功能与结构相对简单，“实施”这一重要的环节经常被简化，通常由会计软件开发商或经销商为购买和应用会计软件的用户提供以下的“实施”服务：

(1)指导用户进行软件安装；

(2)指导用户进行软件参数设置与有关编码设置；

(3)辅助用户准备初始化数据并指导用户如何录入和导入初始数据；

(4)培训用户学会软件的操作使用；

(5)帮助用户解决运行过程中可能出现的问题等。

三、会计信息系统维护与评估

新系统的实施并不表示系统开发周期的结束，企业仍然需要对信息系统的运作进行经常性的维护与评估，以确保信息系统能够按照原定要求正常运作，及时发现潜在的问题或因经营环境与管理目的变动而产生的信息处理与使用的新需要。所以，系统开发周期的最后一个阶段就是系统维护和评估。

(一)系统维护

系统维护指的是对系统的日常维修、护理和改善。系统维护并非都是因为系统出现故障,任何信息系统都要通过不断的改进以满足企业经营环境和管理需要的变化。一般而言,系统维护主要有三种类型:

(1)改正性维护(corrective maintenance)

改正性维护是在软件运行中发生异常或故障时进行的。这种异常现象常常是由于遇到了从未用过的输入数据组合情况或与其他软件或硬件的接口出现了问题,这些问题在开发测试过程中没有暴露出来。改正性维护的修改工作应在严密的控制下进行,以防造成不良的后果。

(2)完善性维护(improving maintenance)

完善性维护是为了扩充信息系统的功能。使用者在原来的需求中未提及,但使用一段时间后,又提出了新要求,希望在原系统上加以扩充。

(3)适应性维护(adaptive maintenance)

适应性维护是使运行中的软件能适应外部环境的变化。计算机技术是变化最快的一种新技术,无论是硬件还是操作系统都可以用日新月异来形容。为了适应新的环境变化,跟上新技术的发展,就要对原软件进行必要的修改。随着行业竞争加剧和经营环境的变化,适应性维护显得越来越重要。

维护系统的费用一般占系统开发成本的一半以上,因此,如何有效地控制维护成本也是企业所关心的问题。此外,系统维护还应注意如下几点:

(1)对系统维护中的某些重要步骤,如对现有系统功能的变更,必须经过反复测试才能实施,以保证这些变更既可解决现有的问题,又不会引发新的问题。

(2)系统维护尽可能采取有偿服务的原则,尤其是完善性维护和适应性维护。收费有助于制止使用者提出某些不合理或不必要的系统维护要求,同时又可以明确软件供应商和使用者之间的责任,提高维护的效率和效果。

(3)系统维护作业必须尽可能快速完成,尽量不影响其他相关系统的运行。

(4)尽量避免产生因系统维护作业可能引起的控制失效或系统运作中断现象。

(5)可要求审计师对系统开发周期和应用系统的运作进行审计,以减少系统开发过程中可能出现的缺陷问题,并对系统的效率和效益做出全面的评估。

(二)系统实施后评估

系统实施后评估是指在新系统正式使用一段时间后对其运作状况进行检查与评估。一般在新系统正式运作后数月或一年后进行。

系统实施后评估的目的如下:

(1)确定使用者对新系统的总体满意度;

(2)确定新系统的实际结果与预期目的的吻合程度;

(3)评估新系统的运作效率,必要时提出改进建议;

(4)评估新系统资料、培训和系统描述记录的质量;

(5)确定新系统开发过程是否符合本企业的系统开发周期;

(6)检查系统实施后的实际成本效益是否符合成本效益分析结果;

(7)检查整个系统开发的预算开支和实际开支是否一致;

(8)提出任何有助于改进新系统运作的建议。

内部审计师、外部审计师和系统分析师都可参与系统实施后评估。如果企业缺乏必要的人员,也可从外部聘请独立的咨询机构执行评估。

四、会计信息系统实施过程需要考虑的几个问题

(一)计算机硬件与网络结构的选择

计算机硬件设备与网络结构有多种组合方式,不同的组合方式构成了不同的信息系统结构体系,也决定了不同的计算机工作方式的总体功能。因此,企业在配置相关硬件和选择网络结构时应结合本企业的特点和企业战略目标来决定。

1.单机结构

单机结构由单独一台计算机和相应的外部设备组成。在单机结构中,所有的数据集中输入和输出,并且只能在一台计算机上完成,其工作方式属于单用户方式。单机结构方式一般适用于核算简单、规模很小的公司。

2.多用户结构

多用户结构系统需要配置一台计算机主机(小型机或中型机)和多个终端。数据通过各终端分散输入,主机集中处理来自各个终端的数据。这种分散输入、集中处理的方式,很好地实现了数据共享,提高了系统效率且具有良好的安全性。这种结构一般适用于会计业务量大、地理分布较集中、具有相当的系统维护能力的中小型企业。

3.局域网结构

局域网(LAN)技术是目前最成熟的网络技术之一,以 Netware 和 Windows NT、Windows Server 为代表的网络操作系统很好地解决了网络环境下的数据共享和数据交换等问题。局域网网络操作系统基本上是采用客户机/服务器(C/S)方式,具有可扩充性强、性价比高的优点,并且较好地解决了网络环境下数据交换过程中的瓶颈问题。局域网网络系统是那些内部部门较多、各部门所处的地理位置相对较集中、部门之间数据交换频繁、数据共享要求比较高企业首选的网络操作系统。目前,许多大中型企业都建立企业内部局域网,而会计信息系统也是该局域网中的一个组成部分。

4.互联网结构

国际互联网技术是一门新兴的用于远程共享、异地交换的通信技术,其最大特点是企业在不增加或少增加投资的情况下实现数据异地共享和交换,为那些在全国或全世界范围内建有分支机构的企业提供了一个非常方便、有效的数据通信手段和方式。在 Internet 环境下可以实现会计信息系统的凭证异地录入、异地审核及异地信息与汇总,因而是集团公司和跨国公司首选的网络结构。随着移动互联网的普及以及 5G 技术的应用,将来的会计信息系统也可以适应移动终端的业务处理。

(二)系统软件与应用软件的选择

系统软件主要包括计算机操作系统、计算机语言系统和数据库管理系统。应用软件则是指通用商品化软件、量身定做式定点开发软件、通用和定点开发相结合的软件三种。企业也应根据硬件结构体系与企业发展的要求进行适当选择。

1.操作系统

它是一种有效地管理计算机软件资源和硬件资源的软件,它能够合理地组织计算机的整个工作过程,提高资源的利用率,并给用户提供强大的使用功能和灵活的使用环境。对于采用单机结构作为会计信息系统硬件结构的企业,通常都采用 Windows 操作系统;对于采用客户机/服务器体系的企业,可采用 Windows NT 操作系统,它已成为网络版财务软件的主流操作平台;对于采用多用户、分时体系结构的单位,可采用开源性的 UNIX 操作系统,该系统是全球闻名的强功能的多用户、多任务、分时操作系统,具有良好的可移植性和支持大量的程序设计语言等特点,广泛应用于大中型计算机上。

2.程序设计语言

程序设计语言是进行程序设计的语言系统,它是计算机与人交流的工具,可分为机器语言、汇编语言、高级语言三类。在计算机会计信息系统中应选择表达能力强、表达方式灵活及生成代码效率高、可移植性好的程序设置语言,如 C 语言。

3.数据库管理系统

数据库管理系统是对大量复杂的数据进行有效管理的软件,在会计信息系统中用它来进行数据的管理工作。常用的数据库管理系统有:Foxpro、Clipper、Oracle、SQL Server、Sybase、Informix 等。一般小型企业会计信息系统常用 Foxpro 来编程和管理数据;大型数据库(Oracle、Sybase、Informix)在大中型企业中应用很广;而在 Windows NT 操作系统中将以 SQL Server 最为流行。

4.企业自行开发会计软件

这种方式是国际性跨国公司和银行系统所惯用的方法,这种方法所开发的会计软件具有适应性好、容易维护、服务及时以及安全性能好等优点,但其缺点是开发周期长、软件开发的水平受到开发人的技术限制等。因此,这种方法不适用于小型企业。

5.购买通用会计软件

这种方法的优点是能在很短的时间内以较低的成本建立计算机会计信息系统,而且企业内部不必专设软件开发部门,会计人员只要学会使用软件就可完成一些基本的会计工作。但通用会计软件其功能有限,扩展、维护比较困难。因此,只适应于一些小规模、业务相对简单或管理要求不高的企业。

6.企业自身技术力量与外部的软件开发机构联合开发会计软件

联合开发的机构一般是指高校和科研单位,也可以是一些通用软件开发商。利用这种方式实现的会计软件具有如下优点:外部技术力量可选择,从而可保证所开发的会计软件具有较高水平和较强的功能;所开发的会计软件能适应企业的环境和管理的要求。其缺点是开发费用可能较高,而且开发周期也可能很长。这种联合开发方式一般适用于大中型企业。

(三)认识管理咨询在企业实施会计信息系统中的作用

对于一般的小型应用软件，软件开发、经销、实施与技术支持一般都由软件开发商一体化完成，而对于大型会计软件而言，软件开发和经销一般还是由开发商完成，但在软件实施与服务阶段则需要一支专业化咨询服务队伍。这些咨询专家组成独立的管理咨询公司，应软件开发商和企业的要求，负责双方的沟通、协调和指导，为企业建设大型会计信息系统提供有偿的专业化咨询服务。

组织软件实施的咨询顾问一般具备多方面综合能力与素质，主要包括：财务知识与财务管理能力、对各行各业企业实际管理模式与业务处理流程的理解能力与经验、对计算机技术的综合运用能力、与客户交往及对客户心理的把握、培训与讲解能力等，这些综合能力与素质是专门从事计算机软件产品开发公司技术人员不完全具备的。管理咨询公司拥有一支专业化实施顾问队伍，可以为多家企业组织实施管理软件，进而可以掌握各家企业管理软件产品的特点，从而可以根据企业特定的业务需求为企业选择合适的软件产品。

管理咨询公司作为大型会计软件开发商与应用企业之间的桥梁，不仅对大型会计软件开发商在推出软件产品之后的进一步发展起推动作用，而且对于推动大型会计软件能够在企业成功应用，以及实现企业业务流程优化重组和管理规范化起到非常重要的作用。目前国际四大会计师事务所都有从事这方面的业务。

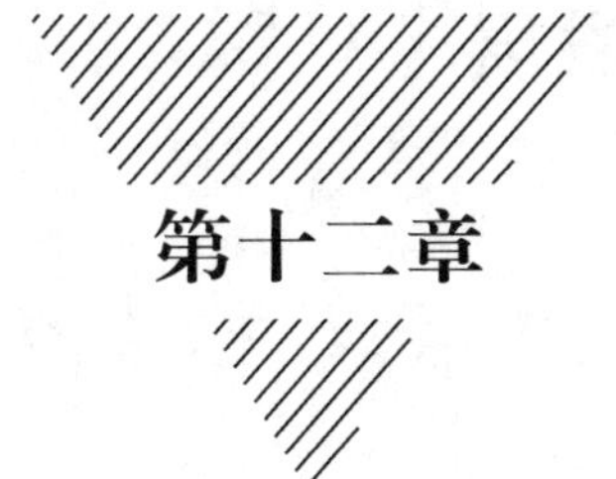

第十二章 会计信息系统内部控制

控制是企业实现其经营目标的重要手段,它可以保护企业资产的完整性,保证记录的真实可靠,检查企业经营政策和规章制度的制定、落实,发现实际工作与既定目标的差距,调整企业的经营行为。对一个企业来说,控制有内部和外部两种。外部控制通过企业所在地区和国家的法律、法规及规章制度,与历史文化和社会意识形态诸因素相结合,影响着企业经营目标的确定,约束着企业的经营行为。内部控制则是由企业自己建立的、嵌入企业经营各环节的一个具有自我组织、自我调节功能的体系。它由多个子系统组成,具有自己的目标,并不断与企业目标保持一致。

许多中外案例表明,由于内部控制机制薄弱或者缺失导致企业承受重大损失或经营失败。在面临市场全球化和竞争日趋激烈的经营环境下,企业管理者愈加关注各项资产抵御风险的能力,关注各种劳动决策所需信息的可靠性,以及防范"白领犯罪"(white-collar-crimes)等问题。这些都促使企业的管理当局逐步意识到内部控制的重要性,因此,建立和完善企业的内部控制体系成为企业经营管理的核心内容。

第一节　内部控制的概念及其发展

一、内部控制概述

(一)内部控制的概念

内部控制概念的发展经历了四个阶段,即:内部牵制、内部控制制度、内部控制结构和内部控制整合框架。当前比较流行的内部控制概念是由 COSO 委员会(Committee of Sponsoring Organizations of The Treadway Commission)在 1992 年颁布的报告《内部控制——整体框架》(Internal Control:Integrated Framework,简称 IC-IF)中提出的:"内部控制是一个提供合理保证的过程,受企业董事会、管理当局和其他员工影响,旨在保证财务报告的可靠性、经营的效果和效率以及现行法规的遵循,其构成要素来源于管理阶层经营企业的方式,并与管理的过程相结合。"这一概念已被内部控制的理论界广泛接纳,在实务中也多以此为蓝本来设计企业的内部控制框架。

(二)内部控制的目标

建立内部控制制度是企业管理当局的责任。由于各个企业的情况不同,在内部控制目标的要求上也有所侧重。总的来说,管理当局设计和实施内部控制主要是为了达到如下几个目标:

(1)确保财务报告的可靠性。管理当局必须拥有可靠的信息系统,从而能为经营决策及财务报告提供正确的信息,内部控制必须保证信息系统提供的信息是真实可信的。

(2)确保资源的有效使用,保证经营活动的效率性和效果性。企业的内部控制必须促进对企业资源有效率和有效果的运用,保护资产和记录的安全完整,避免资源的浪费。

(3)防止、发现并纠正错误和舞弊,确保企业的各项活动遵循法律或法规的要求。随着企业经营形式的多样化,经济业务复杂程度增加,发生错误和舞弊的可能性随之增加。错误和舞弊一般会给企业带来重大损失,导致财务报表信息失真,这就要求内部控制在防止、纠正错误和舞弊方面有所作为。

(三)内部控制的分类

根据不同的分类标准,内部控制一般可作如下分类:

1.按控制的性质和实施的目的分类

按控制的性质和实施的目的不同,内部控制可分内部会计控制(internal accounting controls)与内部管理控制(internal administrative controls)。

(1)内部会计控制。它指有关保护企业资产和保证会计记录可靠性的组织谋划和业务处理程序,包括经济业务的授权审批,企业资产的限制接触,保证会计分类、记录和报告体系准确可靠的一系列措施，如现金、银行存款内部控制制度，成本、费用内部控制制度，存货、固定资产内部控制制度以及会计处理内部控制制度等。

(2)内部管理控制。侧重于督促目标责任的落实与业务效率的提高，如劳动人事制度、新产品研究开发制度、产品生产内部控制制度、产品销售内部控制制度以及电子信息和情报资料内部控制制度等。内部管理控制是建立内部会计控制的基础，这两种控制相互依存，缺一不可。一种控制是否有效，将直接影响到另一种控制的有效性。

2.按风险防范性能分类

根据内部控制抵抗风险的方式可分为：

(1)预防性控制(preventive control)。着重于事先防止不利事项(如差错或弊端损失)的发生。预防性控制属于被动性控制，如制定员工岗位职责手册即为一项预防性控制。

(2)查错性控制(detective control)。着重于及时发现不利事项的发生，属于主动性控制。如验证键入磁盘的交易资料即为一项查错性控制。

(3)更正性控制(corrective control)。通过反馈信息纠正不利事项所产生的影响。如当原材料存量不足时，信息系统的存货控制子系统及时产生输出提示管理当局补充购进材料。

3.按控制的实施环境分类

根据内部控制实施的环境不同，内部控制可分为一般控制(general control)和应用控制(application control)。一般控制是指与企业的会计信息系统和其他资料相关的控制，包括内部控制环境和内部控制架构等要素。应用控制是指运用计算机系统进行会计数据处理过程中所实施的内部控制。

按内部控制实施的环境对各种控制加以分类，是对会计信息系统内部控制的最常用的分类方法。对内部控制的分类如图 12-1 所示：

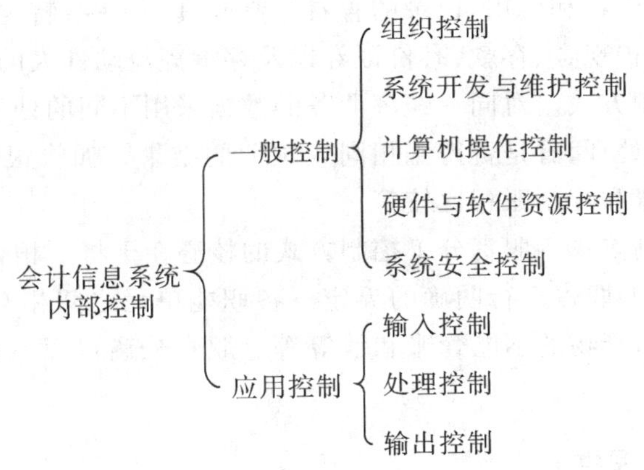

图 12-1　会计信息系统内部控制分类

4.按信息处理方式不同分类

信息系统包括人工处理系统和计算机处理系统，计算机处理系统包括整批处理、实时处理、资料库共享处理、单机作业系统和网络作业系统等。各种形式的信息处理系统需要有与之相对应的内部控制。

(四)内部控制的方式

内部控制是一个体系,不同的内部控制方式有着不同的作用范围,它们在纵横多个层次上协调工作,共同发挥其功能。内部控制方式主要有以下几种:

(1)授权控制方式。任命一个恰当的管理人员来负责交易的授权,只有经授权人审核和确定的业务事项才可以进行会计记录和处理,那些未经授权人批准的会计事项,则不允许进入会计信息系统。

(2)顺序控制方式。将反映业务事项的凭证记录按一定的规则(如发生日期的先后)进行排列,并用连续的编号进行标注,通过编号保持记录的系统性和完整性。支票、发票、重要的日记账、订购单等许多商业凭证都可采用这种方式来控制。

(3)总计数控制方式。在顺序控制的基础上,对已入账事项的、分别产生于不同数据处理过程的两总计数进行比较,以反映可能的遗漏、重复或错误。如将明细账和总分类账的总计数相比较,将复式记账凭证的借贷方总计数相比较等。

(4)档案系统控制方式。在各项经济业务发生前,先建立一个原始文件副本的系统档案,当所有业务开始执行后,每完成一个项目,就勾销一项,最后在档案系统中的未勾销项目就是没有完成控制目标的项目。

(5)进程控制方式。一些经济业务的完成要经过多个步骤或办理多道手续,这些步骤或手续承前启后,一环扣一环,下一个环节工作的开始是以上一环节结束为前提的。进程控制是指将同一性质的经济业务按要求完成的先后进行排列,并按日程表的指示去执行。如一些购销业务需要经多道审批,一些面向高级管理人员的综合报告则来自下属各级经营业绩的逐级汇总。

(6)限制接近控制方式。对某些行为,只限于已被授权的人员接近,未经批准的人员禁止接触。如财产的转移和使用,记录的查看和修改,以及一些特定工作场所的人员出入等。限制性接触对保护现金、存款、有价证券以及存货等流动性大的财产尤为重要。

(7)平行运作控制方式。对同一经济业务的数据采用不同的处理方式,或由不同的人员来做相同或类似的处理,看是否得到相同或预期的结果。如将银行存款日记账与银行对账单核对,将辅助账和控制账相比较等。

(8)职责分工控制方式。职责分工控制方式的核心在于将不相容职务进行分离,对每一个职能部门或人员的职责进行明确的界定。各职能单元之间相互牵制、相互监督。如管钱的不能管物和账,管物的不能管账和钱等等。职责分离可以有效地防止工作人员利用职权舞弊。

(五)内部控制的局限性

任何系统的有效运作都有赖于健全的内部控制。也就是说,必须建立一套必要的机制或程序,进行衡量、监控、调节,从而保证各系统实现其既定的目标。但内部控制不是万能的,它本身存在一定的局限性。正确认识内部控制的局限性,有助于确立内部控制在内部管理中的地位和作用,从而指导企业内部控制构建与实施。内部控制的局限性表现在以下几个方面:

1.内部控制制度的制定和实施要考虑成本效益原则

实施内部控制的成本收益问题会影响其效能。一方面,从控制效果上看,控制环节和控制措施越严密复杂,控制的效果也就越好,但控制环节越多、控制措施越复杂,相应的控制成本也就越高,同时还会影响企业生产经营活动的效率;另一方面,从节约成本、提高管理效率上看,企业的控制环节和控制措施不够严密,又很难真正达到有效的控制结果。只有当一项控制所能给企业带来的效益大于其所花费的成本时,企业管理当局才会考虑设置并实施该项控制。

2.因经营环境、业务性质的改变使内部控制削弱或失效

企业已有的内部控制是针对重复发生的业务设计的,而且一旦设置就具有相对稳定性。如果出现不经常发生或未预计到的经济业务,就会对该类业务缺乏控制能力,从而影响内部控制的效果。同时,信息技术的高速发展与普遍应用,也会给企业内部控制的自我完善提出新的挑战。

3.设计人原因引起的局限性

任何"完美"的内部控制系统,都会因设计人经验和知识水平的限制而带有缺陷;也可能由于制定者从局部利益出发,造成"控外不控内、控下不控上"的局面,使内部控制大打折扣。

4.执行人原因引起的局限性

企业内部行使控制职能的管理人员滥用职权、蓄意营私舞弊,企业内部承担不相容职务的人员相互勾结、串通作弊,或者企业内部行使控制职能的人员素质不适应岗位要求,那么即使具有设计良好的内部控制,也不会发挥其应有的作用。尤其是企业领导或关键人员凌驾于内部控制制度之上的行为,会给企业带来致命的损失。另外,内部控制还可能因为执行部门横向和竖向的不连贯或抵触而削弱。

二、COSO 报告:《内部控制——整体框架》与《企业风险管理框架》

专门从事内部控制研究的最权威机构是 COSO 委员会,其代表作分别是 1992 年发布的《内部控制——整体框架》(IC-IF)和 2004 年颁布的《企业风险管理框架》(ERM)。理解这两份报告对于学习内部控制有重大的指导意义。

(一)内部控制——整体框架

在 COSO 提出《内部控制——整体框架》之前,内部控制出现过多种形态。20 世纪 30 年代以前,内部控制主要表现为内部牵制;20 世纪 30 年代到 20 世纪 80 年代,内部控制被划分为内部管理控制制度和内部会计控制制度;20 世纪 80 年代到 20 世纪 90 年代,出现内部控制结构化的观点,内部控制由三块构成:控制环境、会计系统和控制程序。1992 年的《内部控制——整体框架》引入了要素的提法,从五个要素来研究内部控制:

1.控制环境(control environment)

控制环境是反映董事会、最高管理当局和企业所有者对内部控制及其重要性的整体

态度的控制政策、措施和行为。控制环境是一种氛围,它能增强或弱化企业各种方针政策的作用,直接影响其他内部控制成分。任何企业的核心是企业中的人及其活动。人的活动在环境中进行,人的品性包括操守、价值观和能力等,它们既是构成环境的重要因素,又与环境相互影响、相互作用。影响控制环境的因素还包括:管理哲学及经营模式、正直性和道德价值、董事会及审计委员会、组织结构、权利和责任的分配、员工的胜任能力、人力资源政策等。

2.风险评估(risk appraisal)

风险评估是企业为达到目标而对相关的风险进行确认和分析,以构成风险管理的基础。企业必须制定目标,该目标必须和销售、生产、财务等作业相结合。为此,企业必须设立分析和管理相关风险的机制,以了解自身所面临的风险,并适时加以处理。

3.控制活动(control activity)

企业必须制定控制的政策及程序,并予以执行,以帮助管理阶层保证"为保证其控制目标的实现,其用以辨认并用以处理风险所必须采取的行动业已有效落实"。控制活动主要包括:不相容职责分离、适当的授权审批、凭证和记录控制、资产和记录的接近控制、独立的检查。

4.信息和沟通(information and communication)

信息与沟通指管理当局通过所建立的对经济活动数据进行加工处理的信息系统为经营管理提供信息,并通过该系统实现信息传递的内部控制措施。这些系统使企业内部的员工取得他们在执行、管理和控制企业经营过程中所需的信息,并交换这些信息。

5.监督(monitoring)

整个内部控制的过程必须施以持续恰当的监督,通过监督活动在必要时对其加以修正。

《内部控制——整体框架》报告同时提出,对于任何企业或企业中的任何部门,内部控制都极为重要。企业所设定的目标是努力的方向,而内部控制组成要素则是为实现或达成该目标所必需的条件,两者之间存在直接的关系。与以往的内部控制理论及研究成果相比,COSO 报告提出了许多新的、有价值的观点,主要体现在:指出内部控制应与企业的经营管理过程相结合,强调内部控制是一个"动态过程"以及在这个过程中"人"的重要性,强调控制环境的作用和风险意识,糅和了管理与控制的界限,强调内部控制的分类及目标,明确指出内部控制只能做到"合理"保证以及内部控制应建立在成本效益原则的基础上等。

(二)企业风险管理框架

COSO 委员会于 2004 年颁布了《企业风险管理框架》,认为"内部控制——整体框架"只是包含在企业风险管理框架中的一体化部分,而企业风险管理框架是一个受到企业董事会、管理层和其他人员影响并在战略决策和整个企业中贯穿实施的过程,这一过程是为了识别影响企业经营的潜在风险事件,将风险控制在企业风险偏好的范围内,从而为企业目标的实现提供合理的保证。企业风险管理框架这个概念包含了以下基本内容:

(1)企业风险管理是一个过程。ERM 不是一个事件或状态,而是贯穿于企业营运过程中的一系列活动,它是与企业的各种经营活动紧紧"缠绕"在一起的,是基于基本的商业目的而存在的。

(2)企业风险管理受到人的影响。ERM 不只是一些政策、手册和表格,而是包括了企业中的每一个人。ERM 受企业的董事会、管理层及其他员工的影响,透过企业之内的人所做的行为及所说的话而完成。只有人才可能制定企业的目标,并设置风险管理的机制。反过来,企业风险管理又影响着人的行动。

(3)企业风险管理用于战略决策。企业制定与其使命(或愿景)相一致的战略目标,同时还必须建立实现这些目标的战略,ERM 有助于企业管理层在战略决策时考虑与各种替代战略有关的风险。

(4)ERM 是在整个企业中贯穿实施的。ERM 既要考虑战略规划和资源分配等企业层面的活动,又要考虑市场营销和人力资源等部门层面的活动,同时还包括生产、新客户信用检查等具体的经营过程。另外,企业风险管理也可以应用于那些在组织内部尚没有明确位置的特殊项目和新兴活动的管理过程中。

(5)强调"风险偏好"(risk appetite)的概念。风险偏好是指一个企业在追求价值的过程中愿意接受风险的量,它直接与企业的战略相连。在战略决策过程中,产生于一个战略的回报是与企业的风险偏好保持一致的,不同的战略将企业暴露在不同的风险水平之下。在战略决策中应用风险管理,可以帮助管理层选择与企业的风险偏好一致的战略。

(6)明确企业风险管理只能做到"合理"保证。ERM 认为,不论设计及执行有多么完善,企业风险管理都只能为管理层及董事会提供达成企业目标的合理保证。如果企业风险管理在各个层次上都是有效的,企业董事会和管理层就可以为下列目标的达成提供合理的保证:企业的战略目标、企业的经营目标、企业报告真实性的目标、相关法律法规遵循性的目标。

(7)与 IC-IF 相比,ERM 提出了战略、经营、报告和遵循性四种目标,将 IC-IF 中内部控制的目标进行了拓展。经营和遵循性目标延续了 IC-IF 的观点;而报告目标从 IC-IF 中对外财务报告的可靠性扩大到企业所有对内和对外的报告,目标的范围从仅仅关注财务信息扩展到财务信息与非财务信息并重;另外,ERM 还增加了战略目标,作为最高层次的目标并统领所有其他目标,从而使 ERM 的应用更加深入战略决策层次,与公司治理更加融合。

相应地,企业风险管理框架由内部控制整体框架的五要素发展到八个相互联系的要素,这些要素来源于管理层经营企业的方针,并与管理过程相结合。简要介绍如下:

1.内部环境

内部环境规定了企业的纪律和结构,是企业风险管理所有其他要素的基础。内部环境既影响企业战略与目标的制定、商业活动的组织和对风险的识别、评估与反应,还影响到控制活动、信息与沟通系统以及监督活动的设计和运行。内部环境由许多要素组成,它包括企业的伦理观、竞争意识、人力资源的发展、管理层的经营风格以及有效的组织结构与权责分派体系。董事会是内部环境中最关键的因素,它显著地影响着其他内部要素;管理层也是内部环境的一部分，它建立企业的风险管理哲学，并明确其风险偏好，形成企业的风险文化，并将风险管理与有关的创新活动融合在一起。

2.目标设定

管理层在企业的愿景内，从上至下制定战略目标，选择战略和设定有关的经营目标，并使这些目标保持一致和紧密联系起来。企业风险管理就是使管理层在目标设定、将目标与企业愿景和风险偏好保持一致等方面保持一个合适的过程。企业的目标包括战略、经营、报告和遵行性等四个方面，它们有助于董事会和管理层关注风险管理的不同方面。

3.事件识别

不确定性是客观存在的，管理层不能明确知道不确定性事件是否发生、何时发生及其发生后的结果。事件识别就是管理层分析影响事件发生的各种外部和内部因素。外部因素包括经济、商业和自然环境以及政治、社会和科技因素；内部环境体现了管理层的选择，它包括基层结构、人力资源、各种程序和生产工艺。

4.风险评估

企业判断潜在事件如何影响目标达成的过程就是风险评估。企业管理层是从可能性和后果两个方面进行风险评估的，通常其方法可以把定性与定量结合起来。如果风险自身不能量化，或者无法取得进行定量评估所需的充足资料，或者取得和分析资料不符合成本效益原则时，管理层就使用定性评估；定量评估更准确，在更复杂的活动中可以补充定性评估的不足。潜在事件可能产生许多后果，这是管理层进行风险回应的基础，管理层通过风险评估单独或分类来鉴别这些潜在事件在整个企业层面的正反影响。

5.风险回应

管理层根据风险承受度和成本效益原则识别风险回应，选择并考虑它对事件可能性及后果的影响，然后制定并贯彻风险回应。风险回应可以分为回避风险、减少风险、分享风险和接受风险。回避风险是指采取行动退出产生风险的活动；减少风险是减少风险的可能性、后果或二者兼具；分享风险是指通过转移或者承担一部分风险而减少风险的可能性或后果；接受风险是指不采取减少风险可能性或后果的行动。

6.控制活动

控制活动是确保正确执行风险回应的政策和程序。控制活动出现在整个企业内的各个阶层与各种职能部门，是企业努力达成其商业目标过程的一部分，包括确立应该做什么的政策和如何实现政策的程序。

7.信息与沟通

为了识别、评估和回应风险从而有效地管理组织并实现其目标，组织的各个层次都需要信息。信息有助于风险管理的一种或多种目标的达成，其来源于企业内外，可以是定性或定量，它们保证了企业风险管理随时对变化的环境做出反应。管理层建立信息系统来获取、捕捉、处理、分析和报告有关的信息，将它们转变为行动的指南。信息是沟通的基础，沟通必须满足各个团体和个人的预期，使他们能够有效地执行其职责。

8.监督

企业风险管理必须施以适当的监督，这是一个对风险管理要素的存在、运行和结果进行适时评估的过程。监督可通过日常的、持续的监督活动来完成，也可以通过个别的、单独的评估来实现，以保证风险管理在企业的各个层次和整个过程中都得到应用。持续监督构成了企业正常并不断循环的经营活动，它已经根植于企业内部，及时发挥作用并根据变化的环境能动地进行反应。单独评估是在事后进行，因此持续监督能够更迅速地识别问题，往往比单独的评估更有效。单独评估的频率取决于管理层的判断，管理层根据变化的性质和程度、有关的风险、贯彻风险反应和有关控制活动的人的竞争意识和经验，以及持续监督活动的效果等方面的因素来判断是否进行单独的评估。持续监督和单独评估的有机结合可以确保企业风险管理随时维持较高的有效性。

企业风险管理框架可以通过图 12-2 表示，它体现了风险管理目标与八个要素的有机结合。

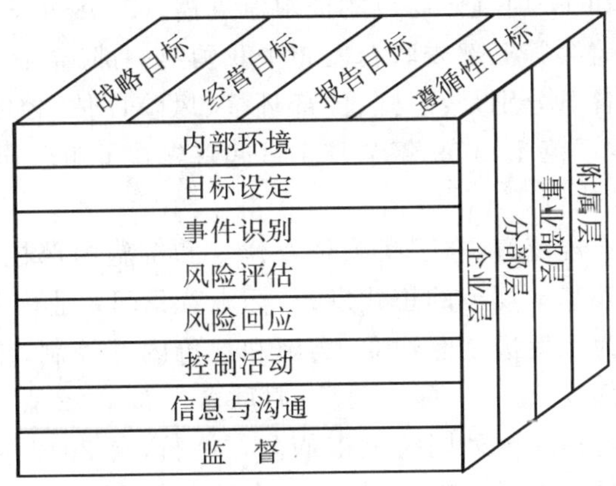

图 12-2　企业风险管理框架的目标和要素关系图

三、我国内部控制的发展进程

我国对内部控制方面的研究和制度建设起步较晚，自 20 世纪 90 年代起，相关组织才开始加大对企业内部控制的推行。20 世纪 90 年代后期，由于我国会计信息失真严重、经济犯罪案件频发、市场竞争激烈、企业效益不高、经营风险增加等原因，政府主管部门开始关注单位内部控制制度建设，先后制定和发布了一系列有关内部控制的法规和规章制度。1996 年 12 月，中国注册会计师协会发布了《独立审计具体准则第 9 号——内部控制和审计风险》，要求注册会计师审查企业的内部控制，并对内部控制的定义、内部控制的内容（包括控制环境、会计系统和控制程序）做出了规定；1997 年 5 月，中国人民银行发布了《加强金融机构内部控制的指导原则》，这是我国第一个关于内部控制的行政规定；1999 年 8 月，中国保监会发布了《保险公司内部控制制度建设指导原则》，要求银行、保险、信托投资等金融机构遵照执行；2000 年 1 月 31 日，中国证监会发布了《证券公司内部控制指引》；2000 年 4 月，中国证监会又发布了《关于加强期货经纪公司内部控制的指导原则》，要求全国证券和期货经纪公司遵照执行。

我国企业内部控制体系的真正建立是从 2001 年出台的企业内部控制基本规范开始

的，并历经近10年多次修订与不断完善，其过程也体现了我国业界对内控的不断认识与发展的过程。2001年6月，财政部发布了《内部会计控制规范——基本规范(试行)》和《内部会计控制规范——货币资金(试行)》之后，又陆续发布了"采购与付款"、"销售与收款"、"工程项目"、"担保"、"对外投资"等内部会计控制规范(试行)，作为统一会计制度的重要组成部分，要求全国所有企、事业单位和政府机关贯彻执行。接着，2002年9月，中国人民银行又发布了《商业银行内部控制指引》；2006年6月5日，上海证券交易所发布了《上市公司内部控制指引》，要求在该所上市的企业于2006年7月1日起执行；同年9月28日，深圳证券交易所也发布了《上市公司内部控制指引》，要求在2007年7月1日起执行。2006年7月15日，财政部牵头成立我国"企业内部控制标准委员会"，研究制定我国企业内部控制规范。2007年3月2日，企业内部控制标准委员会发布了《企业内部控制规范——基本规范》和17项具体规范的征求意见稿。2008年5月22日，财政部、证监会、审计署、银监会、保监会等五部委联合发布了我国第一部《企业内部控制基本规范》，基本规范共七章五十条，各章分别是：总则、内部环境、风险评估、控制活动、信息与沟通、内部监督和附则。该基本规范于2009年7月1日起首先在上市公司范围内施行，并鼓励非上市的其他大中型企业执行。

《企业内部控制基本规范》确立了我国企业建立和实施内部控制的基础框架，被称为中国的"萨班斯法案"，该基本规范的正式发布，标志着我国企业内部控制规范体系建设取得了重大突破。此后，为了促进企业建立、实施和评价内部控制，规范会计师事务所内部控制审计行为，上述五部委于2010年4月26日联合发布了《企业内部控制配套指引》，要求自2011年1月1日起在境内外同时上市的公司施行，自2012年1月1日起在上海证券交易所、深圳证券交易所主板上市公司施行；在此基础上，择机在中小板和创业板上市公司施行。该配套指引包括《企业内部控制应用指引第1号——组织架构》等18项应用指引、《企业内部控制评价指引》和《企业内部控制审计指引》。其中，应用指引划分为三类，即内部环境类指引、控制活动类指引、控制手段类指引，基本涵盖了企业资金流、实物流、人力流和信息流等各项业务和事项，如图12-3所示。

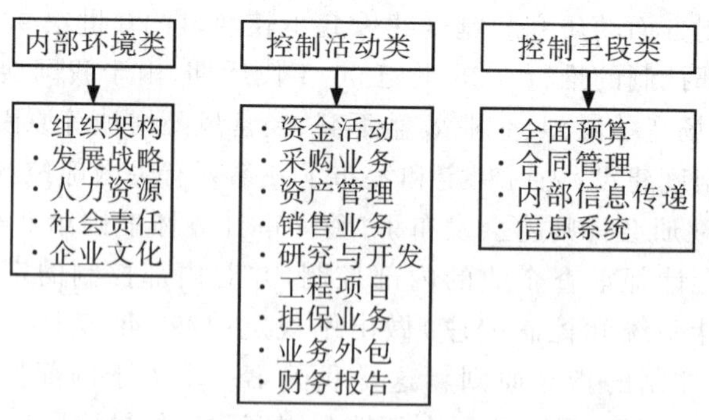

图12-3 《企业内部控制应用指引》及其分类

2010年发布的《企业内部控制配套指引》连同2008年发布的《企业内部控制基本规范》，标志着适应我国企业实际情况、融合国际先进经验的中国企业内部控制规范体系已基本建成。

第二节　信息化环境下的企业内部控制

信息技术的应用已经渗透到了国民经济和社会发展的各个领域和各个层次，对人类社会的政治、经济和文化等方面都产生了巨大的冲击，各行各业都面临着信息化的挑战。新世纪，我国企业兴起一场信息化的热潮。在信息化的过程中，伴随着业务流程的重组和优化，业财融合系统的普及应用，企业的组织结构、管理模式、信息处理方式以及企业文化等都面临一次重大变革，作为企业管理核心之一的企业内部控制机制也应做出相应的反应。信息化环境对企业内部控制产生哪些影响？内部控制应当如何改进才能应对信息社会和知识经济的挑战？企业应当如何加强和完善信息化环境下的内部控制？对这些问题的探讨既有深刻的理论意义，能够发展和丰富企业内部控制理论，又有积极的实践价值，能够很好地指导企业加强和完善信息系统的内部控制。本节对信息化环境下的企业内部控制的程序与方法体系作一简要介绍。

一、信息化环境下内部控制的必要性

计算机会计信息系统是一个比传统手工会计更为复杂的数据处理系统，特别是业财融合的 ERP 环境下的会计信息系统。由于电子技术处理的特殊性，会计与业务流程优化重组后，会计作业流程的环境已改变，在资料搜集、处理、储存与信息输出等方面暴露的风险，靠传统的内控机制远远不能保证数据的安全性和数据处理的准确性，因而需要重新建立基于信息化环境下的内部控制体系。传统手工会计信息系统与计算机会计信息系统的各作业流程的风险与控制的差异对照如表 12-1 所示。

表 12-1　手工系统与计算机系统的风险与控制对照

作业流程或要素	手工系统	计算机系统		
		特征	风险暴露	控制程序
资料搜集	• 资料记录于书面凭证 • 由人工检查资料来源的正确性	• 资料获取可能不通过书面凭证 • 输入资料不需经操作员检查	• 丧失部分审计脉络 • 某些疏忽或故意的差错可能进入系统	• 由计算机系统打印多联式原始凭单 • 由计算机系统的编辑程序执行检查
资料处理	• 由会计人员判断的处理 • 处理作业由不同部门或职员分别执行 • 需要人工登录日记账和分类账，处理过程缓慢	• 由计算机依据指令自动处理 • 全部处理集中由计算机完成 • 不需要人工登录账簿，处理过程快速	• 指令差错可能导致不正确的处理结果 • 可能产生未授权资料处理 • 丧失部分审计脉络	• 认真设计和检查计算机处理指令程序 • 限制接近计算机设备 • 程序变更必须经过明确的审批并记录 • 利用控制总和检查处理结果

续表

作业流程或要素	手工系统	计算机系统		
		特征	风险暴露	控制程序
资料储存与读取	• 交易文件或凭证存置于不同部门 • 各个部门仅能接近部分或个别交易资料	• 资料储存于磁性媒体 • 资料易被删除或不留痕迹修改 • 可能经由终端机从不同地点接收全部的储存资料	• 未经授权可能接近盗窃或更改资料记录 • 资料可能无法直接使用 • 资料记录可能因疏忽或系统故障而被消除	• 计算机硬件和软件的保安防护 • 限制对资料记录的接近(口令、密码) • 定期打印资料文件 • 定期备份
信息形成与输出	• 手工输出信息,数量一般较小 • 基本是书面形式输出	• 快速产生信息输出,数量较大 • 产生多种形式的信息输出	• 整洁打印输出可能使使用者忽略处理差错 • 储存于磁性媒体资料较之书面形式更易于被窜改	• 由使用者检查输出,包括复核有关计算结果 • 对各种资料备份 • 定期把储存资料打印输出
信息传送	• 一般经邮寄或人工传送	• 通过电子通信或网络传送	• 未经授权人员可能接近窜改或毁损资料	• 建立电子传送安全防护 • 资料编码后传送 • 检验已传送资料的正确性
系统设备	• 简单、价格低廉、便于移动	• 复杂、成本较高且安装于固定地点	• 经营过程可能因系统故障而中断 • 系统运作因交易量小而低效运作	• 紧急电源供应,必要的硬件配件 • 建立系统设备的安全防护 • 记录系统使用状况及作业状态

从表 12-1 可以看出,在计算机特定的工作环境下,如果不加强内部控制的力度和范围以及改变内部控制的方法与程序,将使利用计算机进行舞弊比手工操作更容易得手而且不易被发现。因此,计算机会计信息系统加强内部控制的必要性是显而易见的,归纳如下:

(1)计算机会计信息系统应具有的控制比手工系统更为复杂,技术要求更高,它不仅涉及组织控制,而且也涉及计算机硬件、软件、网络环境以及有关文档资料的控制。

(2)随着信息技术的发展和企业间竞争的加剧,会计信息系统产生的信息将日益增多,要想对会计资料进行正确搜集、处理、传递,使输出的会计信息安全可靠,没有健全的内部控制是不可能实现的。

(3)决策管理部门越来越依赖于会计信息系统产生的会计信息,会计信息的可靠性和及时性,很大程度上取决于内部控制功能的强弱。

二、信息化环境下的内部控制体系

在我国，信息化环境下的内部控制一直缺乏成熟的体系架构。为了引导企业充分利用计算机信息系统规范交易行为，提高信息系统的可靠性、稳定性、安全性及数据的完整性和准确性，降低人为因素导致内部控制失效的可能性，形成良好的信息传递渠道，2008年5月由财政部、证监会、审计署、银监会、保监会联合发布的《企业内部控制基本规范》第四十一条中明确指出："企业应当利用信息技术促进信息的集成与共享，充分发挥信息技术在信息与沟通中的作用；企业应当加强对信息系统开发与维护、访问与变更、数据输入与输出、文件储存与保管、网络安全等方面的控制，保证信息系统安全稳定运行。"2010年4月，上述五部委根据有关法律法规和《企业内部控制基本规范》进一步制定了《企业内部控制应用指引第18号——信息系统》。第18号应用指引包括"第一章 总则"、"第二章 信息系统的开发"、"第三章 信息系统的运行与维护"三部分内容。该应用指引从会计信息系统的概述、开发、运行与维护三个方面对如何正确构建会计信息系统内部控制体系进行了全面论述，对于我国企业信息化环境下的内部控制体系建设具有重要的指导作用。《企业内部控制应用指引第18号——信息系统》全文内容如下：

《企业内部控制应用指引第18号——信息系统》

第一章　总则

第一条　为了促进企业有效实施内部控制，提高企业现代化管理水平，减少人为因素，根据有关法律法规和《企业内部控制基本规范》，制定本指引。

第二条　本指引所称信息系统，是指企业利用计算机和通信技术，对内部控制进行集成、转化和提升所形成的信息化管理平台。

第三条　企业利用信息系统实施内部控制至少应当关注下列风险：

（一）信息系统缺乏或规划不合理，可能造成信息孤岛或重复建设，导致企业经营管理效率低下。

（二）系统开发不符合内部控制要求，授权管理不当，可能导致无法利用信息技术实施有效控制。

（三）系统运行维护和安全措施不到位，可能导致信息泄漏或损，系统无法正常运行。

第四条　企业应当重视信息系统在内部控制中的作用，根据内部控制要求，结合组织架构、业务范围、地域分布、技术能力等因素，制定信息系统建设整体规划，加大投入力度，有序组织信息系统开发、运行与维护，优化管理流程，防范经营风险，全面提升企业现代化管理水平。

企业应当指定专门机构对信息系统建设实施归口管理，明确相关岗位的职责权限，建立有效工作机制。企业可委托专业机构从事信息系统的开发、运行和维护工作。

企业负责人对信息系统建设工作负责。

第二章　信息系统的开发

第五条　企业应当根据信息系统建设整体规划提出项目建设方案，明确建设目标、人员配备、职责分工、经费保障和进度安排等相关内容，按照规定的权限和程序审批后实施。

企业信息系统归口管理部门应当组织内部各单位提出开发需求和关键控制点，规范开发流程，明确系统设计、编程、安装调试、验收、上线等全过程的管理要求，严格按照建设方案、开发流程和相关要求组织开发工作。

企业开发信息系统，可以采取自行开发、外购调试、业务外包等方式。选定外购调试或业务外包方式的，应当采用公开招标等形式择优确定供应商或开发单位。

第六条　企业开发信息系统，应当将生产经营管理业务流程、关键控制点和处理规则嵌入系统程序，实现手工环境下难以实现的控制功能。

企业在系统开发过程中，应当按照不同业务的控制要求，通过信息系统中的权限管理功能控制用户的操作权限，避免将不相容职责的处理权限授予同一用户。

企业应当针对不同数据的输入方式，考虑对进入系统数据的检查和校验功能。对于必需的后台操作，应当加强管理，建立规范的流程制度，对操作情况进行监控或者审计。

企业应当在信息系统中设置操作日志功能，确保操作的可审计性。对异常的或者违背内部控制要求的交易和数据，应当设计由系统自动报告并设置跟踪处理机制。

第七条　企业信息系统归口管理部门应当加强信息系统开发全过程的跟踪管理，组织开发单位与内部各单位的日常沟通和协调，督促开发单位按照建设方案、计划进度和质量要求完成编程工作，对配备的硬件设备和系统软件进行检查验收，组织系统上线运行等

第八条　企业应当组织独立于开发单位的专业机构对开发完成的信息系统进行验收测试，确保在功能、性能、控制要求和安全性等方面符合开发需求。

第九条　企业应当切实做好信息系统上线的各项准备工作，培训业务操作和系统管理人员，制定科学的上线计划和新旧系统转换方案，考虑应急预案，确保新旧系统顺利切换和平稳衔接。系统上线涉及数据迁移的，还应制定详细的数据迁移计划。

第三章　信息系统的运行与维护

第十条　企业应当加强信息系统运行与维护的管理，制定信息系统工作程序、信息管理制度以及各模块子系统的具体操作规范，及时跟踪、发现和解决系统运行中存在的问题，确保信息系统按照规定的程序、制度和操作规范持续稳定运行。

企业应当建立信息系统变更管理流程，信息系统变更应当严格遵照管理流程进行操作。信息系统操作人员不得擅自进行系统软件的删除、修改等操作；不得擅自升级、改变系统软件版本；不得擅自改变软件系统环境配置。

第十一条　企业应当根据业务性质、重要性程度、涉密情况等确定信息系统的安全等级，建立不同等级信息的授权使用制度，采用相应技术手段保证信息系统运行安全有序。

企业应当建立信息系统安全保密和泄密责任追究制度。委托专业机构进行系统运行与维护管理的，应当审查该机构的资质，并与其签订服务合同和保密协议。

企业应当采取安装安全软件等措施防范信息系统受到病毒等恶意软件的感染和破坏。

第十二条　企业应当建立用户管理制度，加强对重要业务系统的访问权限管理，定期审阅系统账号，避免授权不当或存在非授权账号，禁止不相容职务用户账号的交叉操作。

第十三条　企业应当综合利用防火墙、路由器等网络设备，漏洞扫描、入侵检测等软

件技术以及远程访问安全策略等手段，加强网络安全，防范来自网络的攻击和非法侵入。

企业对于通过网络传输的涉密或关键数据，应当采取加密措施，确保信息传递的保密性、准确性和完整性。

第十四条　企业应当建立系统数据定期备份制度，明确备份范围、频度、方法、责任人、存放地点、有效性检查等内容。

第十五条　企业应当加强服务器等关键信息设备的管理，建立良好的物理环境，指定专人负责检查，及时处理异常情况。未经授权，任何人不得接触关键信息设备。

三、《企业内部控制应用指引第18号——信息系统》解读

(一)信息系统内部控制概述

《企业内部控制应用指引第18号——信息系统》中所指信息系统，是指企业利用计算机和通信技术，对内部控制进行集成、转化和提升所形成的信息化管理平台。信息系统内部控制的主要对象是信息系统，由计算机硬件、软件、人员、信息流和运行规程等要素组成。

现代企业的运营越来越依赖于信息系统。比如航空公司的网上订票系统、铁路12306系统、银行的资金实时结算系统、携程旅行网的客户服务系统等，没有信息系统的支撑，业务开展就举步维艰、难以为继，企业经营就很可能陷入瘫痪状态。还有一些新兴产业和新兴企业，其商业模式完全依赖信息系统，比如各种网络公司(新浪、网易、百度)、各种电子商务公司(比如阿里巴巴、京东、卓越公司)，没有信息系统，这些企业可能失去生存之基。但同时我们也应当看到，企业信息系统内部控制以及利用信息系统实施内部控制也面临诸多风险，至少应当关注下列几方面风险：一是信息系统缺乏或规划不合理，可能造成信息孤岛或重复建设，导致企业经营管理效率低下；二是系统开发不符合内部控制要求，授权管理不当，可能导致无法利用信息技术实施有效控制；三是系统运行维护和安全措施不到位，可能导致信息泄漏或毁损，系统无法正常运行。

鉴于信息系统在实施内部控制和现代化管理中具有十分独特而重要的作用，加之信息系统本身的复杂性和高风险特征，《企业内部控制应用指引第18号——信息系统》规定，企业负责人对信息系统建设工作负责。换言之，信息系统建设是“一把手”工程。只有企业负责人站在战略和全局的高度亲自组织领导信息系统建设工作，才能统一思想、提高认识、加强协调配合，从而推动信息系统建设在整合资源的前提下高效、协调推进。企业应当重视信息系统在内部控制中的作用，根据内部控制要求，结合组织架构、业务范围、地域分布、技术能力等因素，制定信息系统建设总体规划，加大投入力度，有序组织信息系统开发、运行与维护，优化管理流程，防范经营风险，全面提升企业现代化管理水平。

(二)信息系统的开发

企业根据发展战略和业务需要进行信息系统建设，首先要确立系统建设目标，根据目标进行系统建设战略规划，再将规划细化为项目建设方案。企业开展信息系统建设，可以

根据实际情况，采取自行开发、外购调试或业务外包等方式。选择外购调试或业务外包方式的，应当采用公开招标等形式择优选择供应商或开发单位。选择自行开发信息系统的，信息系统归口管理部门应当组织企业内部相关业务部门进行需求分析，合理配置人员，明确系统设计、编程、安装调试、验收、上线等全过程的管理要求。企业信息系统归口管理部门应当加强信息系统开发全过程的跟踪管理，增进开发单位与企业内部业务部门的日常沟通和协调，组织独立于开发单位的专业机构对开发完成的信息系统进行检查验收，并组织系统上线运行。

1.制定信息系统开发的战略规划

信息系统开发的战略规划是信息化建设的起点，战略规划是以企业发展战略为依据制定的企业信息化建设的全局性、长期性规划。制定信息系统战略规划的主要风险是：第一，缺乏战略规划或规划不合理，可能造成信息孤岛或重复建设，导致企业经营管理效率低下。第二，没有将信息化与企业业务需求结合，降低了信息系统的应用价值。信息孤岛现象是不少企业信息系统建设中存在的普遍问题，根源在于这些企业往往忽视战略规划的重要性，缺乏整体观念和整合意识，常常是“头痛医头，脚痛医脚”，这就导致有的企业财务管理信息系统、销售管理信息系统、生产管理信息系统、人力资源管理系统、办公自动化系统等各自为政、孤立存在的现象，削弱了信息系统的协同效用，甚至引发系统冲突。

主要控制措施：

第一，企业必须制定信息系统开发的战略规划和中长期发展计划，并在每年制订经营计划的同时制订年度信息系统建设计划，促进经营管理活动与信息系统的协调统一。

第二，企业在制定信息化战略过程中，要充分调动和发挥信息系统归口管理部门与业务部门的积极性，使各部门广泛参与，充分沟通，提高战略规划的科学性、前瞻性和适应性。

第三，信息系统战略规划要与企业的组织架构、业务范围、地域分布、技术能力等相匹配，避免相互脱节。

2.选择适当的信息系统开发方式

信息系统的开发建设是信息系统生命周期中技术难度最大的环节。在开发建设环节，要将企业的业务流程、内控措施、权限配置、预警指标、核算方法等固化到信息系统中，因此开发建设的好坏直接影响信息系统的成败。

开发建设主要有自行开发、外购调试、业务外包等方式。各种开发方式有各自的优缺点和适用条件，企业应根据自身实际情况合理选择。

(1)自行开发

自行开发是企业依托自身力量完成整个开发过程。其优点是开发人员熟悉企业情况，可以较好地满足本企业的需求，尤其是具有特殊性的业务需求。通过自行开发，还可以培养锻炼自己的开发队伍，便于后期的运行和维护。其缺点是开发周期较长、技术水平和规范程度较难保证，成功率相对较低。因此，自行开发方式的适用条件通常是企业自身技术力量雄厚，而且市场上没有能够满足企业需求的成熟的商品化软件和解决方案。比如百度的搜索引擎系统就偏重于自行开发。

(2)外购调试

外购调试的基本做法是企业购买成熟的商品化软件，通过参数配置和二次开发满足企业需求。其优点是开发建设周期短；成功率较高；成熟的商品化软件质量稳定，可靠性高；专业的软件提供商实施经验丰富。其缺点是难以满足企业的特殊需求；系统的后期升级进度受制于商品化软件供应商产品更新换代的速度，企业自主权不强，较为被动。外购调试方式的适用条件通常是企业的特殊需求较少，市场上已有成熟的商品化软件和系统实施方案。比如大部分企业的财务管理系统、ERP系统、人力资源管理系统等多采用外购调试方式。

(3)业务外包

信息系统的业务外包是指委托其他单位开发信息系统，基本做法是企业将信息系统开发项目外包出去，由专业公司或科研机构负责开发、安装实施，由企业直接使用。其优点是企业可以充分利用专业公司的专业优势，量体裁衣，构建全面、高效满足企业需求的个性化系统；企业不必培养、维持庞大的开发队伍，相应节约了人力资源成本。其缺点是沟通成本高，系统开发方难以深刻理解企业需求，可能导致开发出的信息系统与企业的期望产生较大偏差；同时，由于外包信息系统与系统开发方的专业技能、职业道德和敬业精神存在密切关系，也要求企业必须加大对外包项目的监督力度。业务外包方式的适用条件通常是市场上没有能够满足企业需求的成熟的商品化软件和解决方案，企业自身技术力量薄弱或出于成本效益原则考虑不愿意维持庞大的开发队伍。

3.自行开发方式的关键控制点和主要控制措施

虽然信息系统的开发方式有自行开发、外购调试、业务外包等多种方式，但基本流程大体相似，通常包含项目计划、需求分析、系统设计、编程和测试、上线等环节。

(1)项目计划环节

战略规划通常将完整的信息系统分成若干子系统，并分阶段建设不同的子系统。比如，制造企业可以将信息系统划分为财务管理系统、人力资源管理系统、MRP系统(销售、采购、库存、生产)、计算机辅助设计和制造系统、客户关系系统、电子商务系统等若干子系统。项目就是指本阶段需要建设的相对独立的一个或多个子系统。

项目计划通常包括项目范围说明、项目进度计划、项目质量计划、项目资源计划、项目沟通计划、风险对策计划、项目采购计划、需求变更控制、配置管理计划等内容。项目计划不是完全静止、一成不变的，在项目启动阶段，可以先制订一个较为原则的项目计划，确定项目主要内容和重大事项，然后根据项目的大小和性质以及项目进展情况进行调整、充实和完善。项目计划环节的主要风险是：信息系统建设缺乏项目计划或者计划不当，导致项目进度滞后、费用超支、质量低下。

主要控制措施：

第一，企业应当根据信息系统建设整体规划提出分阶段项目的建设方案，明确建设目标、人员配备、职责分工、经费保障和进度安排等相关内容，按照规定的权限和程序审批后实施。

第二，企业可以采用标准的项目管理软件(比如Office Project)制定项目计划，并加以跟踪。在关键环节进行阶段性评审，以保证过程可控。

第三，项目关键环节编制的文档应参照《GB8567-88计算机软件产品开发文件编制指南》等相关国家标准和行业标准进行，以提高项目计划编制水平。

(2)需求分析环节

需求分析的目的是明确信息系统需要实现哪些功能。该项工作是系统分析人员和用户单位的管理人员、业务人员在深入调查的基础上,详细描述业务活动涉及的各项工作以及用户的各种需求,从而建立未来目标系统的逻辑模型。这一环节的主要风险是:第一,需求本身不合理,对信息系统提出的功能、性能、安全性等方面的要求不符合业务处理和控制的需要。第二,技术上不可行、经济上成本效益倒挂,或与国家有关法规制度存在冲突。第三,需求文档表述不准确、不完整,未能真实全面地表达企业需求,存在表述缺失、表述不一致甚至表述错误等问题。

主要控制措施:

第一,信息系统归口管理部门应当组织企业内部各有关部门提出开发需求,加强系统分析人员和有关部门的管理人员、业务人员的交流,经综合分析提炼后形成合理的需求。

第二,编制表述清晰、表达准确的需求文档。需求文档是业务人员和技术人员共同理解信息系统的桥梁,必须准确表述系统建设的目标、功能和要求。

第三,企业应当建立健全需求评审和需求变更控制流程。依据需求文档进行设计(含需求变更设计)前,应当评审其可行性,由需求提出人和编制人签字确认,并经业务部门与信息系统归口管理部门负责人审批。

(3)系统设计环节

系统设计是根据系统需求分析阶段所确定的目标系统逻辑模型,设计出一个能在企业特定的计算机和网络环境中实现的方案,即建立信息系统的物理模型。系统设计包括总体设计和详细设计。系统设计环节的主要风险是:第一,设计方案不能完全满足用户需求,不能实现需求文档规定的目标。第二,设计方案未能有效控制建设开发成本,不能保证建设质量和进度。第三,设计方案不全面,导致后续变更频繁。第四,设计方案没有考虑信息系统建成后对企业内部控制的影响,导致系统运行后衍生新的风险。

主要控制措施:

第一,系统设计负责部门应当就总体设计方案与业务部门进行沟通和讨论,说明方案对用户需求的覆盖情况;存在备选方案的,应当详细说明各方案在成本、建设时间和用户需求响应上的差异;信息系统归口管理部门和业务部门应当对选定的设计方案予以书面确认。

第二,企业应参照《GB8567-88 计算机软件产品开发文件编制指南》等相关国家标准和行业标准,提高系统设计说明书的编写质量。

第三,企业应建立设计评审制度和设计变更控制流程。

第四,在系统设计时应当充分考虑信息系统建成后的控制环境,将生产经营管理业务流程、关键控制点和处理规程嵌入系统程序,实现手工环境下难以实现的控制功能,例如:对于某一财务软件,当输入支出凭证时,可以让计算机自动检查银行存款余额,防止透支。

第五,应充分考虑信息系统环境下的新的控制风险,比如,要通过信息系统中的权限管理功能控制用户的操作权限,避免将不相容职务的处理权限授予同一用户。

第六,应当针对不同的数据输入方式,强化对进入系统数据的检查和校验功能。比如,凭证的自动平衡校对。

第七，系统设计时应当考虑在信息系统中设置操作日志功能，确保操作的可审计性。对异常的或者违背内部控制要求的交易和数据，应当设计由系统自动报告并设置跟踪处理机制。

第八，预留必要的后台操作通道，对于必需的后台操作，应当加强管理，建立规范的操作流程，确保足够的日志记录，保证对后台操作的可监控性。

(4)编程和测试环节

编程阶段是将详细设计方案转换成某种计算机编程语言的过程。编程阶段完成之后，要进行测试，测试主要有以下目的：一是发现软件开发过程中的错误，分析错误的性质，确定错误的位置并予以纠正。二是通过某些系统测试，了解系统的响应时间、事务处理吞吐量、载荷能力、失效恢复能力以及系统实用性等指标，以便对整个系统做出综合评价。测试环节在系统开发中具有举足轻重的地位。

这一环节的主要风险是：第一，编程结果与设计不符。第二，各程序员编程风格差异大，程序可读性差，导致后期维护困难，维护成本高。第三，缺乏有效的程序版本控制，导致重复修改或修改不一致等问题。第四，测试不充分。单个模块正常运行但多个模块集成运行时出错，开发环境下测试正常而生产环境下运行出错，开发人员自测正常而业务部门用户使用时出错，导致系统上线后可能出现严重问题。

主要控制措施：

第一，项目组应建立并执行严格的代码复查评审制度。

第二，项目组应建立并执行统一的编程规范，在标识符命名、程序注释等方面统一风格。

第三，应使用版本控制软件系统(例如 CVS)，保证所有开发人员基于相同的组件环境开展项目工作，协调开发人员对程序的修改。

第四，应区分单元测试、组装测试(集成测试)、系统测试、验收测试等不同测试类型，建立严格的测试工作流程，提高最终用户在测试工作中的参与程度，改进测试用例的编写质量，加强测试分析，尽量采用自动测试工具提高测试工作的质量和效率。具备条件的企业，应当组织独立于开发建设项目组的专业机构对开发完成的信息系统进行验收测试，确保在功能、性能、控制要求和安全性等方面符合开发需求。

(5)上线环节

系统上线是将开发出的系统(可执行的程序和关联的数据)部署到实际运行的计算机环境中，使信息系统按照既定的用户需求来运转，切实发挥信息系统的作用。这一环节的主要风险是：第一，缺乏完整可行的上线计划，导致系统上线混乱无序。第二，人员培训不足，不能正确使用系统，导致业务处理错误，或者未能充分利用系统功能，导致开发成本浪费。第三，初始数据准备设置不合格，导致新旧系统数据不一致、业务处理错误。

主要控制措施：

第一，企业应当制订信息系统上线计划，并经归口管理部门和用户部门审核批准。上线计划一般包括人员培训、数据准备、进度安排、应急预案等内容。

第二，系统上线涉及新旧系统切换的，企业应当在上线计划中明确应急预案，保证新系统失效时能够顺利切换回旧系统。

第三，系统上线涉及数据迁移的，企业应当制订详细的数据迁移计划，并对迁移结果进行测试。用户部门应当参与数据迁移过程，对迁移前后的数据予以书面确认。

4.其他开发方式的关键控制点和主要控制措施

在业务外包、外购调试方式下，企业对系统设计、编程、测试环节的参与程度明显低于自行开发方式，因此可以适当简化相应的风险控制措施，但同时也因开发方式的差异产生一些新的风险，需要采取有针对性的控制措施。

(1)业务外包方式的关键控制点和主要控制措施

①选择外包服务商

这一环节的主要风险是：由于企业与外包服务商之间本质上是一种委托—代理关系，合作双方的信息不对称容易诱发道德风险，外包服务商可能会实施损害企业利益的自利行为，如偷工减料、放松管理、信息泄密等。

主要控制措施：

第一，企业在选择外包服务商时要充分考虑服务商的市场信誉、资质条件、财务状况、服务能力、对本企业业务的熟悉程度、既往承包服务成功案例等因素，对外包服务商进行严格筛选。

第二，企业可以借助外包业界基准来判断外包服务商的综合实力。

第三，企业要严格外包服务审批及管控流程，对信息系统外包业务，原则上应采用公开招标等形式选择外包服务商，并实行集体决策审批。

②签订外包合同

这一环节的主要风险是：由于合同条款不准确、不完善，可能导致企业的正当权益无法得到有效保障。

主要控制措施：

第一，企业在与外包服务商签约之前，应针对外包可能出现的各种风险损失，恰当拟定合同条款，对涉及的工作目标、合作范畴、责任划分、所有权归属、付款方式、违约赔偿及合约期限等问题做出详细说明，并由法律部门或法律顾问审查把关。

第二，开发过程中涉及商业秘密、敏感数据的，企业应当与外包服务商签订详细的“保密协定”，以保证数据安全。

第三，在合同中约定付款事宜时，应当选择分期付款方式，尾款应当在系统运行一段时间并经评估验收后再支付。

第四，应在合同条款中明确要求外包服务商保持专业技术服务团队的稳定性。

③持续跟踪评价外包服务商的服务过程

这一环节的主要风险是：企业缺乏外包服务跟踪评价机制或跟踪评价不到位，可能导致外包服务质量水平不能满足企业信息系统开发需求。

主要控制措施：

第一，企业应当规范外包服务评价工作流程，明确相关部门的职责权限，建立外包服务质量考核评价指标体系，定期对外包服务商进行考评，并公布服务周期的评估结果，实现外包服务水平的跟踪评价。

第二，必要时，可以引入监理机制，降低外包服务风险。

(2)外购调试方式的关键控制点和主要控制措施

在外购调试方式下,一方面,企业面临与委托开发方式类似的问题,企业要选择软件产品的供应商和服务供应商、签订合约、跟踪服务质量,因此,企业可采用与委托开发方式类似的控制措施;另一方面,外购调试方式也有其特殊之处,企业需要有针对性地强化某些控制措施。

①软件产品选型和供应商选择

在外购调试方式下,软件供应商的选择和软件产品的选型是密切相关的。这一环节的主要风险是:第一,软件产品选型不当,产品在功能、性能、易用性等方面无法满足企业需求。第二,软件供应商选择不当,产品的支持服务能力不足,产品的后续升级缺乏保障。

主要控制措施:

第一,企业应明确自身需求,对比分析市场上的成熟软件产品,合理选择软件产品的模块组合和版本。

第二,企业在软件产品选型时应广泛听取行业专家的意见。

第三,企业在选择软件产品和服务供应商时,不仅要评价其现有产品的功能、性能,还要考察其服务支持能力和后续产品的升级能力。

②服务提供商选择

大型企业管理信息系统(例如ERP系统)的外购实施,不仅需要选择合适的软件供应商和软件产品,也需要选择合适的咨询公司等服务提供商,指导企业将通用软件产品与本企业的实际情况有机结合。这一环节的主要风险是:服务提供商选择不当,削弱了外购软件产品的功能发挥,导致无法有效满足用户需求。

主要控制措施:在选择服务提供商时,不仅要考核其对软件产品的熟悉、理解程度,也要考核其是否深刻理解企业所处行业的特点、是否理解企业的个性化需求、是否有过相同或相近的成功案例。

(三)信息系统的运行与维护

信息系统的运行与维护主要包含三方面的内容:日常运行维护、系统变更和安全管理。

1.日常运行维护的关键控制点和主要控制措施

日常运行维护的目标是保证系统正常运转,主要工作内容包括系统的日常操作、系统的日常巡检和维修、系统运行状态监控、异常事件的报告和处理等。这一环节的主要风险是:第一,没有建立规范的信息系统日常运行管理规范,计算机软硬件的内在隐患易于爆发,可能导致企业信息系统出错。第二,没有执行例行检查,导致一些人为恶意攻击会长期隐藏在系统中,可能造成严重损失。第三,企业信息系统数据未能定期备份,可能导致损坏后无法恢复,从而造成重大损失。

主要控制措施:

第一,企业应制定信息系统使用操作程序、信息管理制度以及各模块子系统的具体操作规范,及时跟踪、发现和解决系统运行中存在的问题,确保信息系统按照规定的程序、制度和操作规范持续稳定运行。

第二，切实做好系统运行记录，尤其是对于系统运行不正常或无法运行的情况，应将异常现象、发生时间和可能的原因详细记录。

第三，企业要重视系统运行的日常维护，在硬件方面，日常维护主要包括各种设备的保养与安全管理、故障的诊断与排除、易耗品的更换与安装等，这些工作应由专人负责。

第四，配备专业人员负责处理信息系统运行中的突发事件，必要时应会同系统开发人员或软硬件供应商共同解决。

2.系统变更的关键控制点和主要控制措施

系统变更主要包括硬件的升级扩容、软件的修改与升级等。系统变更是为了更好地满足企业需求，但同时应加强对变更申请、变更成本与进度的控制。这一环节的主要风险是：第一，企业没有建立严格的变更申请、审批、执行、测试流程，导致系统随意变更。第二，系统变更后的效果达不到预期目标。

主要控制措施：

第一，企业应当建立标准流程来实施和记录系统变更，保证变更过程得到适当的授权与管理层的批准，并对变更进行测试。信息系统变更应当严格遵照管理流程进行操作。信息系统操作人员不得擅自进行软件的删除、修改等操作；不得擅自升级、改变软件版本；不得擅自改变软件系统的环境配置。

第二，系统变更程序（如软件升级）需要遵循与新系统开发项目同样的验证和测试程序，必要时还应当进行额外测试。

第三，企业应加强紧急变更的控制管理。

第四，企业应加强对将变更移植到生产环境中的控制管理，包括系统访问授权控制、数据转换控制、用户培训等。

3.安全管理的关键控制点和主要控制措施

安全管理的目标是保障信息系统安全。信息系统安全是指信息系统包含的所有硬件、软件和数据受到保护，不因偶然和恶意的原因而遭到破坏、更改和泄漏，信息系统能够连续正常运行。这一环节的主要风险是：第一，硬件设备分布物理范围广，设备种类繁多，安全管理难度大，可能导致设备生命周期短。第二，业务部门信息安全意识薄弱，对系统和信息安全缺乏有效的监管手段。少数员工可能恶意或非恶意滥用系统资源，造成系统运行效率降低。第三，对系统程序的缺陷或漏洞安全防护不够，导致遭受黑客攻击，造成信息泄露。第四，对各种计算机病毒防范清理不力，导致系统运行不稳定甚至瘫痪。第五，缺乏对信息系统操作人员的严密监控，可能导致舞弊和利用计算机犯罪。

主要控制措施是：

第一，建立信息系统相关资产的管理制度，保证电子设备的安全。硬件和网络设备不仅是信息系统运行的基础载体，也是价值昂贵的固定资产。企业应在健全设备管理制度的基础上，建立专门的电子设备管控制度，对于关键信息设备（例如银行的核心数据库服务器），未经授权，不得接触。

第二，企业应成立专门的信息系统安全管理机构，由企业主要领导负总责，对企业的信息安全做出总体规划和全方位严格管理，具体实施工作可由企业的信息主管部门负责。企业应强化全体员工的安全保密意识，特别要对重要岗位员工进行信息系统安全保密培训，并签署安全保密协议。企业应当建立信息系统安全保密制度和泄密责任追究制度。

第三，企业应当按照国家相关法律法规以及信息安全技术标准，制定信息系统安全实施细则。根据业务性质、重要程度、涉密情况等确定信息系统的安全等级，建立不同等级信息的授权使用制度，采用相应技术手段保证信息系统运行安全有序。对于信息系统的使用者和不同安全等级信息之间的授权关系，应在系统开发建设阶段就形成方案并加以设计，在软件系统中预留这种对应关系的设置功能，以便根据使用者岗位职务的变迁进行调整。

第四，企业应当有效利用IT技术手段，对硬件配置调整、软件参数修改严加控制。例如，企业可利用操作系统、数据库系统、应用系统提供的安全机制，设置安全参数，保证系统访问安全；对于重要的计算机设备，企业应当利用技术手段防止员工擅自安装、卸载软件或者改变软件系统配置，并定期对上述情况进行检查。

第五，企业委托专业机构进行系统运行与维护管理的，应当严格审查其资质条件、市场声誉和信用状况等，并与其签订正式的服务合同和保密协议。

第六，企业应当采取安装安全软件等措施防范信息系统受到病毒等恶意软件的感染和破坏。企业应当特别注重加强对服务器等关键部位的防护；对于存在网络应用的企业，应当综合利用防火墙、路由器等网络设备，采用内容过滤、漏洞扫描、入侵检测等软件技术加强网络安全，严密防范来自互联网的黑客攻击和非法侵入。对于通过互联网传输的涉密或者关键业务数据，企业应当采取必要的技术手段确保信息传递的保密性、准确性、完整性。

第七，企业应当建立系统数据定期备份制度，明确备份范围、频度、方法、责任人、存放地点、有效性检查等内容。系统首次上线运行时应当完全备份，然后根据业务频率和数据重要性程度，定期做好增量备份。数据正本与备份应分别存放于不同地点，防止因火灾、水灾、地震等事故产生不利影响。企业可综合采用磁盘、磁带、光盘等备份存储介质。

第八，企业应当建立信息系统开发、运行与维护等环节的岗位责任制度和不相容职务分离制度，防范利用计算机舞弊和犯罪。一般而言，信息系统不相容职务涉及的人员可以分为三类：系统开发建设人员、系统管理和维护人员、系统操作使用人员。开发人员在运行阶段不能操作使用信息系统，否则就可能掌握其中的涉密数据，进行非法利用；系统管理和维护人员担任密码保管、授权、系统变更等关键任务，如果允许其使用信息系统，就可能较为容易地篡改数据，从而达到侵吞财产或滥用计算机信息的目的。此外，信息系统使用人员也需要区分不同岗位，包括业务数据录入、数据检查、业务批准等，在他们之间也应有必要的相互牵制。企业应建立用户管理制度，加强对重要业务系统的访问权限管理，避免将不相容职责授予同一用户。企业应当采用密码控制等技术手段进行用户身份识别。对于重要的业务系统，应当采用数字证书、生物识别等可靠性强的技术手段识别用户身份。对于发生岗位变化或离岗的用户，用户部门应当及时通知系统管理人员调整其在系统中的访问权限或者关闭账号。企业应当定期对系统中的账号进行审阅，避免存在授权不当或非授权账号。对于超级用户，企业应当严格规定其使用条件和操作程序，并对其在系统中的操作全程进行监控或审计。

第九，企业应积极开展信息系统风险评估工作，定期对信息系统进行安全评估，及时发现系统安全问题并加以整改。

4.系统终结的关键控制点和主要控制措施

系统终结是信息系统生命周期的最后一个阶段,在该阶段信息系统将停止运行。停止运行的原因通常有:企业破产或被兼并、原有信息系统被新的信息系统代替。这一环节的主要风险是:第一,因经营条件发生剧变,数据可能泄密。第二,信息档案的保管期限不够长。

主要控制措施:

第一,要做好善后工作,不管因何种情况导致系统停止运行,都应将废弃系统中有价值或者涉密的信息进行销毁、转移。

第二,严格按照国家有关法规制度和对电子档案的管理规定(比如审计准则对审计证据保管年限的要求),妥善保管相关信息档案。